Soft Management

柔性管理

第四版

郑其绪 著

中国石油大学出版社

山东·青岛

图书在版编目(CIP)数据

柔性管理/郑其绪著. -- 4 版. -- 青岛:中国石
油大学出版社,2024.6
　　ISBN 978-7-5636-8077-1

Ⅰ.①柔… Ⅱ.①郑… Ⅲ.①管理学 Ⅳ.①C93

中国国家版本馆 CIP 数据核字(2023)第 252636 号

书　　名:柔性管理
　　　　　ROUXING GUANLI
著　　者:郑其绪
责任编辑:隋　芳(电话 0532-86983568)
责任校对:张晓帆(电话 0532-86983567)
封面设计:王凌波
出 版 者:中国石油大学出版社
　　　　　(地址:山东省青岛市黄岛区长江西路 66 号　邮编:266580)
网　　址:http://cbs.upc.edu.cn
电子邮箱:shiyoujiaoyu@126.com
排 版 者:青岛友一广告传媒有限公司
印 刷 者:泰安市成辉印刷有限公司
发 行 者:中国石油大学出版社(电话 0532-86983440)
开　　本:710 mm×1 000 mm 1/16
印　　张:24.25
字　　数:370 千字
版 印 次:1996 年 10 月第 1 版　2024 年 6 月第 4 版　2024 年 6 月第 1 次印刷
书　　号:ISBN 978-7-5636-8077-1
定　　价:72.00 元

第 四 版 感 言

　　时光飞逝、岁月匆匆,弹指之间《柔性管理》即将迎来她的 28 岁生日。20 多年前,她像一泓清泉悄然流进这个世界,她的清新迥异、她的一片冰心很快被世人瞩目:诸多企事业单位乃至政府部门将其用于人才培训及工作参考;她的理论与方法被众多行业和学者广泛引用;复旦大学 MPA(公共管理硕士)课程"公共政策分析""组织行为学"将其列为主要参考书目,复旦大学在苏州进行的全国 CEO(首席执行官)培训遴选教材时将其列为所选用的 6 部教材之一;上海交通大学研究生课程"管理哲学"将其列为参考文献;中国人民大学、中国石油大学、中国矿业大学等高校都将其列为研究生、本科生教材或参考书,更多高校则将其收为图书馆藏书;2009年秋季高校教材图书征订目录(公共课类)将其列为本科生、研究生基础课教材。与此同时,我在美国、澳大利亚、罗马尼亚、韩国以及我国台湾进行学术交流时,同行们对本书表示了广泛的赞同。我国台湾出版界还曾提出购买本书版权,终因复杂的原因而未果。

　　这些年来,许多朋友不曾认识我,却认识《柔性管理》。常常有一些素不相识的读者与我热情交流,那种认真而执着的神情总是给我以巨大的感染。更让我感动的是我和著名地质学家刘光鼎院士的一次交谈,交谈中他的倾心抒怀让我至今不忘。他告诉我,拿到这本书后他一直读到深夜两点多钟。平心而论,面对多年的心血结晶,作为著作者,我当然希望得到专家的支持,得到社会的认可。因此,当有人赞美她的时候,我的理智使我保持着谦恭平静,但内心深处却每每泛起欣慰的涟漪。

整整 28 年了,《柔性管理》像一个孩童被社会关爱着并健康地成长着。她是幸运的——她的出现伴随着我国社会发展的惊涛骇浪,成为历史舞台上一个和谐的音符;她是幸运的——在外国学者发出"只有中国的'天人合一'和'无为而治'思想才能拯救这个世界"的呐喊声中,她顺应了当代管理的大趋势,提供了理论与实践的依托;她是幸运的——她受到了众多同行专家乃至全社会各行各业人士的关注和青睐。

她得到了人们的赞许,同时她的不足也被一览无余。所有这些都为她的健康成长提供了绝无仅有的土壤,成为再版的精神动力和智慧之源。如今新时代已经到来,新征程已经开始,面对世界百年未有之大变局,面对中华民族的伟大复兴,面对我们的国际担当,《柔性管理》也将与时偕行,为"坚持依法治国和以德治国相结合"的战略引领贡献智慧。为了这次再版,我怀着责任至尊、使命至上的虔诚,多年来一直坚持博学恒学、常思冥思,力图使再版后的《柔性管理》更加全面、深刻、前卫。

作　　者

2024 年 6 月

第 一 版 序

　　为了社会的文明与进步,为了人类的生存与发展,为了追求最大的和谐与效益,当今人类对管理的研究投入了极大的精力,各种管理理论相继出现,以发展"精神生产力"(马克思语)为目的的"人本管理"越来越被提到重要的议事日程,以至于美国人把"开发人力心理资源"列为 21 世纪的前沿课题加以研究,日本和亚洲"四小龙"也在这方面倾注了大量的精力。《柔性管理》就是在这样的形势下,经过作者长期的理论研究和管理实践的积累而诞生的适时之作。

　　柔性管理是管理科学的一个新的领域,在国内外尚未发现有关柔性管理的专著。因而,本书填补了管理科学的一个空白。作者将柔性管理的丰富思想科学地、系统地整理成书,使该书既有严密的理论体系,又有科学的方法群;书中的论述个性鲜明、富有哲理,内涵深刻、外延丰富,文字清新、语言生动。读后不仅使人对这一新的领域心驰神往、仰慕企及,而且给人以实实在在的逻辑启迪和方法指导,给人以智慧和艺术,给人以激情和力量。

　　该书具有首创性、新颖性和针对性的特点。作者在书中高度概括和精确论述了许多富有新意的观点：

（1）柔性管理的本质特征：阴柔原则与软性控制。

（2）柔性管理的鲜明个性：在质的方面表现为模糊性，在量的方面表现为非线性，在方法上强调感应性，在功能上表现为渐进性，在效果上表现为滞后性。

（3）柔性管理的基本原则：内在重于外在，心理重于物理，直接重于间接，个体重于群体，肯定重于否定，身教重于言教，务实重于务虚，执教重于执纪等。

这些内容无疑使该书在管理领域中既有显著的学术价值，又有广泛的实用意义：在学术价值上，该书不仅对建立柔性管理学具有奠基性意义，而且丰富了管理学的框架体系；在实用意义上，它打开了管理的一个新领域，指出了人类管理活动必然的发展趋势，对人类社会的管理实践具有很现实的启示与指导作用。

我们正走在世纪的交叉点上，我们要建设具有中国特色的社会主义。这是最突出的现实，也是最艰巨的任务。我们不能寄希望于跟在外国人后面学步，必须创立具有中国特色的管理理论与模式。因此，仅仅移植国外的一般管理原则是不够的，任何时候都不能忽视从我们民族文化的宝库中汲取营养。事实上，许多国家都在认真研究丰富的华夏文化，并从中提取管理的思想和方法。郑其绪同志的这部著作就是在发扬民族文化传统的基础上，既借鉴了国外有用的东西，又充分展示了我们自己的特长。我相信，当今世界柔性管理和刚性管理的有效结合，必将促使人类的管理活动产生历史性的飞跃。

叶忠海

1996 年 2 月

写 在 前 面

　　提到管理，人们常常有一种错觉：一是言必称西方，二是行必重刚性。似乎这是西方人的"专利"，与东方人无缘；似乎管理就是发号施令——我令你行。然而，自 20 世纪 60 年代起，这种思维的定式被打破了，有着东方文化背景的日本和亚洲"四小龙"在经济上的崛起，引起了世人的思考。人们从"日式管理""新加坡奇迹"和"中国台湾经济起飞"的背后，发现了东方文化浓重的人文色彩。

　　这种情况首先引起了美国的重视，他们在思考：为什么第二次世界大战以后，日本生产效率的增长竟然为美国的 4 倍？在美国人看来，在 20 世纪 90 年代乃至以后更长的时间里，美国企业面临的问题不是技术落后，不是投资无力，不是规章制度的贫乏，也不是通货膨胀的压力，而是如何学习"日式管理"。然而，一旦撩起"日式管理"的面纱，人们会惊奇地发现："日式管理"只不过是在"华夏文化"的中山装之外又套上了一件日本和服，脱去外衣便是中国的传统服饰。被誉为"日本近代工业化之父"的涩泽荣一，积其毕生的经验，用最通俗、最简练的语言道出了这种"日式管理"的

1

真谛——"论语加算盘",意指中华文化加经营管理技术。与此同时,在远隔重洋的美国,一位名叫成中英的美籍华人教授创建了一种理论——C理论,其中一个重要的理念就是"中国管理科学化,科学管理中国化"。这个理论曾经令许多人不理解。然而,随着社会的发展,世人越来越感到东方文明的魅力。进入新时代,中国管理智慧进一步在世界大放异彩:共商共建共享思想,构建人类命运共同体思想,国无大小、民无贫富皆平等相待思想等。这些思想令世界眼前一亮,以至于多国政要纷纷倡导中国引领、中国主导。这令许多西方人难以接受,又无可奈何。这种现实从另一个方面告诉世人:人心向背不可违,柔性管理安天下。一个古老民族的传统文化与现代技术相结合,在亚洲创下了一个个奇迹,世界开始对研究东方式管理产生了浓厚兴趣。人们终于发现,在传统的管理背后还有另一个广阔的领域——柔性管理。

柔性管理是相对于刚性管理而言的。长时期以来,人们只重视带有强制色彩的刚性管理,只强调遵守和服从,否则便给以惩处。显然,这种管理具有不可抗拒的特征。柔性管理则是在研究人们心理和行为规律的基础上,采用非强制方式,在人们心目中产生一种潜在的说服力,从而把组织意志变为人们自觉的行动。可见,这是一种更加深沉、更加高尚的管理,是一种充分体现理性的管理。它具有鲜明的个性和特征:第一,在质的方面表现为模糊性。此时,二值逻辑失效,非此即彼的排中律被视为柔性管理的对立物。因为我们面对的管理对象的心理倾向和行为强度都是模糊的,大部分时候处在两个极端值的中间状态,因此要求相应的思维方法和工作方法必须适度、客观。第二,在量的方面表现为非线性,即不可加性。此时,叠加原理失效。因为人的潜能具有很大的弹性,其强度是在一个区间内摆动的动态值,它因人因境而定,绝不是简单的算术叠加。第三,在方法上强调感应性。此时,权力影响力失效,人们之间的等级观念被淡化和模糊。人与人之间的感情建立是靠理解和尊重,靠对真理的崇尚和对美好的向往,靠高尚的人格和互动的心灵,靠不息的激情和至诚的精神等,而这一切都与权力无缘。第四,在功能上表现为渐进性。表面的规定只具有外在的作用,只有从心理上接受才能产生"效忠行为"。柔性管理正是塑造精神的高尚工作,而这一过程是渐进的,一旦这种塑造工作成功,便在行动上表现为持久性。第五,在效果上表现为滞后性。此时,立竿见影原则失效。因为柔性管理的过程是一个"外在—内在—行动"的转化过程,这一过程具有一定的周期性,而且常常需要周而复始地重复,必须有时间作为保证。正因为如此,柔性管理的工作要适当考虑"提前量",以保证目标与行动在时间上相吻合,同时要求柔性管理工作者具有奉献精神,因为它的效果滞后,大量的工作常常被人忽视或者不被人理解。柔性管理的这些特征决定了它在管理中占有越来越不可动摇的地位。

　　人类的管理活动进入 20 世纪之后,对人的因素的研究兴趣达到了惊人的程度。各种理论相继出现,实践活动普遍展开,以人为本的思想被承认、应用和强化,越来越多的学者提出现代管理的核心是对人的管理,尤其是对人心理的管理。即根据人的心理规律,提高对行为的预测和控制的有效性,创造条件,使被管理者从心理上产生高昂的精神、奋发的热情和自觉的行动,乃至达到"未见其人,先有其心;未至其地,先有其民"的效果,这是一种管理中至高无上的境界。今天的管理者,如果还认识不到这些,还不去主动地、卓有成效地做好这方面的工作,就可以毫不夸张地说:这是不合格的管理者。这个结论绝不是武断的,也不是过分的,而是现代管理对管理者素质的毋庸置疑的要求。马克思早就天才地指出:

"发展一切生产力即物质生产力和精神生产力……"①而"精神生产力"来源于受激状态下的人,来源于柔性管理的特定职能。毛泽东也告诫我们:"世间一切事物中,人是第一个可宝贵的。"②这就是柔性管理的最基本的理论依据。

柔性管理作为概念是历史上不曾有过的,而作为思想却在人类历史上早已存在。从公元前6世纪开始持续约200年的雅典民主政治到欧洲中世纪之前的人本思想的萌芽,从2 000多年前先秦诸子百家的"安人"思想到现代的心理资源开发,可以说整个人类历史始终闪烁着柔性管理思想的火花,流淌着柔性管理思想的小溪。只是,几千年来,因为缺少生存的土壤,没有良好的发展空间,这些宝贵的思想时隐时现、时生时灭。随着人类社会的进步,今天,这火花终于燃起了燎原大火,这小溪终于汇成了波涛涌动的江河,成为世界性现象。柔性管理正是在这时才以它不可抗拒的力量和不可替代的作用显示出它的魅力。柔性管理与刚性管理的有机结合必将使人类的管理活动发生一次历史性的跃升。

柔性管理从思想到实践,又从实践到科学,经历了漫长的历史过程。在这一过程中,中外均产生了柔性管理的思想。今天,我们把它作为科学来研究、应用,就要"以我为主、博采众长、融合提炼、自成一家"。这就是毛泽东倡导的"古为今用、洋为中用"的原则。任何理论,若不能与中国的实际相结合,而只是夸夸其谈,则是没有任何意义的。因此,在这一思想指导下,本书注重突出中国特色。《柔性管理》的结构可分四个层次:第一、第二章主要回溯历史、放眼世界,审视历史上的柔性管理思想和实践,从正反两方面汲取经验、接受教训,用人类文明宝库中的知识为现代柔性管理提供服务。第三、第四章介绍本书的基本概念、理论范畴和思维的基

① 马克思恩格斯全集:第46卷上册[M].北京:人民出版社,1979:173.
② 毛泽东选集:第4卷[M].2版.北京:人民出版社,1991:1512.

本形式,使柔性管理立足于理性、立足于中国特色。这一部分是本书思想的核心和灵魂。第五章至第十一章是柔性管理的愿景与方法体系,也是本书的重点。这一部分用了七章的篇幅,对柔性管理的具体操作进行了较为全面的探讨。第十二章是对柔性管理未来的展望,也是试图解决一个令人困惑的问题——柔性管理如何科技化。这是一个美好的设想,带有一定的预测性和推理色彩,期望能为未来的柔性管理设计、描绘出一个到达理想境界的科学之路。

《柔性管理》的全部内容从时间上来看,是从远古走来、驻足今天而又走向未来的,因而构成了一个开放的、无限的时间隧道。这正体现了柔性管理坚实的根基与永恒的生命力。

柔性管理赋予了我们全新的视野,使我们重新审视和整理古代的文化遗产。对于传统文化,我们既不可妄自尊大,也不可数典忘祖;对于外来文化,既不可崇洋媚外,也不可一概排斥。因为今日之一切绝非昨天的复制:今天的中国是昨天中国的延续,今天的世界是昨天世界的发展,今天的管理是昨天管理的进步。

由于个人视野所限,目前尚无发现其他独创版的柔性管理专著。一些加了前缀的柔性管理书籍以及大量关于柔性管理的文章,所引用的概念及理论大多是本书的成果。因此,衷心希望本书能够作为"引子",引来柔性管理研究的繁花似锦,那就是我最大的满足了。

作　者
2024 年 6 月

目　录

第一章

历史回溯

——人类管理的沿革

　　人类的管理活动经历了极其漫长的历史。自从地球上诞生了人类，就开始了人类的管理活动。然而，管理活动不等于管理科学，管理形成科学只是近百年的事情。因此，管理活动与管理科学在存在的时间上形成了鲜明的反差。

　　我们回溯管理的历史发展，绝不是单纯地复述历史，而是通过考察人类管理活动发展、丰富、深化的过程，认识管理是如何由简单到复杂、由经验到科学、由重事到重人、由刚性到刚柔相济地变化的，从而进一步认识柔性管理作为管理的最新阶段出现的必然性以及它的划时代意义，并从历史的长卷中透视柔性管理的萌芽与火花，以便丰富柔性管理这门年轻而富有魅力的科学。

第一节　人类管理的沿革

　　管理作为人类的一项基本的社会活动,其漫长的发展过程经历了由简单到复杂、由感性到理性、由本能到经验再到科学的变化。在这些变化中,如同人类社会的历史可以划分成不同的阶段一样,管理的历史也可以划分为不同的发展阶段,各个发展阶段既表现出了各自的特点,又表现出了某些管理的共性。对管理的历史发展的考察,既要看到现象,更要发现其本质和规律。

一、史前管理

　　人类史前社会经历了上百万年的历程,其社会组织形态从氏族发展到胞族再到部落。恩格斯在论及这些社会组织形态时说:"这三种集团代表着不同层次的血缘亲属关系,每个都是闭关自守,自己的事情自己管理,但是又互相补充。归它们管辖的事情,包括低级阶段上的野蛮人的全部公共事务。"①恩格斯在这里所说的,就是史前人类的公共事务管理。

　　在原始社会,氏族成为社会制度的基本单位,它是一种由血缘关系结合起来的社会组织。原始氏族有三个基本特点:一是经济上遵循生产资料公有、集体生产、平均分配的原则;二是婚姻关系上禁止族内群婚而实行族外群婚;三是在社会生活中崇敬共同的神祇或图腾。在这样的原始氏族公社中,公共事务的管理起着十分重要的作用,只有通过管理才能维系氏族内部的人群稳定,维系他们的共同生活并保持氏族的特点。他们采取的管理主要有两种形式:一种是由氏族成员选举产生的氏族族长管理日常公共事务,另一种是由氏族成员会议决定重大问题。

　　在社会组织的发展过程中,曾经出现了由几个氏族组成的胞族,其管

---

① 马克思恩格斯选集:第 4 卷[M].3 版.北京:人民出版社,2012:108.

理方式是胞族议事会,并利用宗教仪式强化这种管理。胞族的进一步扩展产生了对考察原始管理具有重要意义的部落。

部落是原始社会中由若干相同或相近血缘关系的氏族或胞族联合而成的社会组织,其公共事务的管理在氏族管理的基础上前进了一步,管理形式比氏族在层次上更加复杂。它既有全体部落成员参加的部落大会,也有部落内各氏族的代表组成的议事会,还有从议事会成员中推举出来的部落首领。不同层次的机构管理的公共事务也不同:部落大会选举部落首领和决定战争与和平之类的重大问题,议事会充当管理行政事务的最高权力机关,首领则管理部落的日常公共事务。在部落的管理中还产生了更高一级的管理组织机构——部落联盟和联盟议事会。部落联盟是由若干血缘关系相近的部落结合在一起形成的社会组织,主要作用在于保障生存区域的安全。它的专门管理机构即联盟议事会,是最高的权力机关,由参加该联盟的各个部落的代表组成,负责处理联盟的内部事务。在联盟内部,各部落平等相处,其代表没有任何特权。联盟也推举出最高首领,而且要经过一定的仪式,得到大家公认后才能确立其首领的地位。部落联盟的管理对促进原始社会的发展起到了重大作用,它不仅沟通了各部落间的经济、文化联系,使原始社会向文明社会发展,也使管理从原始的公共事务管理发展到了国家管理。

正如在纯真的儿童身上更能发现人类活动的许多一般特点一样,通过对原始时代简单管理的考察,我们可以看到管理的一般特点。这些特点包括以下方面:

（一）管理具有普遍性

史前人类社会组织的管理说明,管理从一开始就是涉及社会生活各个方面的活动。因此,研究管理既可以研究特定领域的管理,也可以对普遍的管理进行抽象。

（二）管理具有组织性

史前的公共事务管理说明,管理离不开专门的组织机构,表现为由管理机构进行的活动。这些组织机构既有纵向的层次性,又有横向的分工。恩格斯谈到那时的社会管理时说:"没有士兵、宪兵和警察,没有贵族、国王、总督、地方官和法官,没有监狱,没有诉讼,而一切都是有条有理的。一切争端和纠纷,都由当事人的全体即氏族或部落来解决,或者由各个氏族相互解决。"①因此,研究管理的组织性问题是管理中的一个重要问题。

(三)管理具有权威性

史前人类的公共事务管理说明,管理从一开始就具有权力的性质,只不过那时的权力未经法律固定,因而主要依赖于权威。史前的权力性质属于公权,所有的成员都具有参加公共事务管理的权利,首领的权力也来自公共的意志。正如恩格斯所说:"酋长在氏族内部的权力,是父亲般的、纯粹道义性质的;他手里没有强制的手段。"②既然没有强制手段,也就不可能行使凌驾于集体之上的个人权力。因此,在没有强制手段的情况下,权力的作用也就更加依赖于权威。这时的权力表现为"柔性"的发挥。这可以说是最原始、最简单、最本真的古代"柔性管理"。

(四)管理具有习惯性

远古的管理并非都是"照章办事"。在史前管理中,并不存在成文的法律和规章制度,而管理却井井有条,这种状态主要是靠习惯的因素和习俗来实现的。管理的这一特点从一开始就有,今后也不会消失。这是因为,支配人们行为的因素不仅有理性的,而且有感性的;不仅有必然的,而且有自然的;不仅有成文的,而且有传统的。所谓"习惯成自然",就是通过教育、引导、示范,使人们形成习惯。这也是今天柔性管理的重要方法之一。

总之,这一时期的管理并不是现代意义上的管理,它是一种模糊的、习惯性的、非规章化的简单行为的组织活动,因而我们把这种管理叫作

---

① 马克思恩格斯选集:第 4 卷[M]. 3 版. 北京:人民出版社,2012:108.

② 同①97.

"混沌管理"。

史前管理的基本特征是"混沌自发"。

二、前资本主义管理

自国家产生以后，直至资本主义建立政权以前，这一阶段被称为前资本主义阶段。在这一阶段中，无论是奴隶社会还是封建社会，其管理内容都扩展到政治、经济、文化和军事领域。这些管理统统包含在国家管理之中，因此前资本主义的管理主要表现为国家管理。

史前的公共事务管理是以氏族和部落为基础的，依靠血缘关系来维系。但是在生产发展、社会分工和商品交换的情况下，各氏族和部落间的交往越来越多，氏族和部落的壁垒也就动摇了。一方面，居民互相混杂，社会组织由原来的氏族和部落变为地区性组织；另一方面，社会发生了分裂，出现了拥有私有财产的剥削阶级和丧失了财产的被剥削阶级。为了使对抗的阶级在一个社会中能够生存，"就需要有一种表面上凌驾于社会之上的力量，这种力量应当缓和冲突，把冲突保持在'秩序'的范围以内；这种从社会中产生但又自居于社会之上并且日益同社会相异化的力量，就是国家"①。国家作为阶级矛盾不可调和的产物，其基本职能就是充当阶级压迫的工具，同时还担负着管理的职能。

在国家行使管理职能时，出现了从中央到地方不同级别的管理机构和官职，这些级别和职位一般又与管辖的范围和管理的权限相对应。例如，中国的封建统治阶级中长期有皇帝、诸侯、卿、大夫、士的等级，欧洲中世纪有公爵、侯爵、伯爵、男爵、骑士的等级。在漫长的前资本主义时期，一方面管理逐渐制度化、规范化，同时形成了丰富的管理思想，诸如中国古代的"修身、齐家、治国、平天下"的思想、举贤用能的思想、为政以德的思想、教以人伦的思想、安邦抚民的思想等；另一方面权力逐渐集中和神化，"君权神授"成为愚弄人民的口号，神化王权和对君主的个人崇拜达到

① 马克思恩格斯选集：第4卷[M].3版.北京：人民出版社，2012：187.

了无以复加的程度。亚历山大帝国和秦帝国分别是欧洲和中国历史上的大帝国。亚历山大帝国横空出世,地跨三洲,囊括南欧、西亚和北非大片疆土;秦帝国大气磅礴,吞并六国,虎踞黄河和长江流域的东亚大陆。两帝国的创立者亚历山大和秦始皇都以集权君主政治管理统一的帝国,都以个人的绝对权威行使权力。由于这种权力在运行中缺乏相应的制约,以及权力拥有者的偏见、无知和腐败,因而管理中出现了残酷性、强制性、神秘性和随意性。

总之,前资本主义的管理特点表现为以下四个基本特征:

(一)制度化初露端倪

在前资本主义阶段,国家已经有了明确的规章制度,这些规章制度与法律融合在一起成为管理发展历史中的重要内容。例如,古巴比伦就有著名的《汉谟拉比法典》;古埃及也有刻在石碑上的法律;而古罗马虽然在哲学领域的贡献远远不及古希腊,但在法律方面的贡献是著称于史的。在中国历史上,法律也曾起到相当重要的作用,各个时期都曾涌现出一批主张依法治国的政治家或思想家。

(二)人本思想萌芽

人本思想的核心是强调人的地位、价值和尊严。这种思想早在公元前5世纪的奴隶制时代,地处古希腊核心地带的雅典就出现了。雅典曾经建立了奴隶主阶级的民主政治,尊重公民的民主权利,被誉为古希腊民主政治的典范。11世纪末,特别是进入12世纪,西欧开始了对上帝与人的友善和亲密的热情探讨。这些思想不仅关注人的地位、价值和尊严,也包含对人的天性和自然要求的肯定。这对基督教宣扬的禁欲苦行、追求来世天堂是一个鲜明的反叛。但由于进入中世纪以后战争不断,自然经济占主导地位,日耳曼贵族热衷于战争,对世俗文化教育不感兴趣,以及基督教本身具有排他性等原因,西欧中世纪早期文化和教育牢牢掌握在教会手中,基督教思想一统天下,这就从根本上决定了人本思想不可能迅速传播并贯彻于实践。但是,它为后来的文艺复兴运动做了思想准备。

在中国历史上,尊重人才,强调人的价值,不仅有思想、有理论,而且有波澜壮阔的实践。一部《三国演义》将这种思想和实践表现得淋漓尽致。诸多的政治家、军事家都倡导"尊贤用能""见贤思齐""为政以德""抚百姓,不扰民",为后人留下了宝贵的思想财富。人本思想对今天的柔性管理具有相当积极的借鉴作用。

（三）君权与教权的神圣化

在科学尚不发达、人们的知识还不能解释许多自然现象时,人们把对神灵的崇拜、对上苍的敬畏逐渐转移到君主身上,于是,君主与天、与神画上了等号。"君权神授""受命于天""赖宗庙之灵"成为人们普遍接受的东西,"得天之道者为帝""权者,君之所独制也"。在这种思想的支配下,人们跪倒在君主一人之下:"天无二日,民无二主""一则治,二则乱""多贤不可多君"。这种君权神化的现象,从管理的权威上讲,是具有一定的积极意义的,因此马克思讲:"王权是进步的因素。"①但从根本上讲,这种个人崇拜的做法是迟早要被历史淘汰的。

在君权被神化的同时,教权也在不断发展扩大。中世纪(约公元500—1500年),在亚欧大陆和北非沿海地区兴起了许多大君主国,同时伴随着巨大的宗教势力,磅礴于旧世界广大地区。东亚有以崇奉佛教为主的隋、唐、宋、元、明各朝统治下的中国;西亚、北非有传播伊斯兰教的阿拉伯帝国;东欧有信奉希腊正教的拜占庭帝国;西欧有皈依罗马公教的法兰克王国和查理曼帝国,查理曼帝国瓦解后,又形成了法、德、意三个君主国。此外,接受了罗马公教的英吉利王国出现在不列颠群岛上;13世纪以后一个辽阔的蒙古帝国横亘于亚欧大陆中部;14世纪以后信奉伊斯兰教的奥斯曼帝国征服了小亚细亚和东南欧,后来又扩及北非广大地区。所以,中世纪1 000多年的历史乃是封建君主国和各宗教势力空前兴盛的时代。

君权和教权的神圣化从正面的意义上给我们两点启示:一是管理需

---

① 马克思恩格斯全集:第21卷[M].北京:人民出版社,1965:453.

要权威,二是管理要有凝聚人心的精神支柱。这对我们今天从事现代化管理仍具有借鉴意义,只是今天所提倡的权威和精神支柱具有其崭新的内容罢了。

(四)统治者的残酷性和随意性

由于整个前资本主义时期君主、帝王被神化,人们用自己制造的偶像为自己带来了不可挣脱的束缚,君主、帝王自身的局限性则不可避免地导致了决策的随意性和管理的残酷性。欧洲的整个中世纪如此,中国的几千年奴隶社会和封建社会也是如此。这一时期,人被像商品一样买卖,众多的无辜生命丧失了正常的生存权利;各种刑法实为"刑罚";"王言曰制"导致一言兴邦、一言丧邦,一言生还、一言丧命……这种管理的残酷性一方面反映了当时的管理离科学化的管理还有遥遥路程,另一方面透视出人类野蛮时代遗留下的痕迹。它说明,对人的管理在很大程度上还处在无知和迷茫阶段,这种状态已经成为影响社会稳定、制约社会发展的重要因素。

总之,前资本主义管理的基本特征是"主观随意"。

三、近代管理

从资产阶级政权的建立到19世纪末,人类的管理出现了一个跃升。在资本主义国家取代了封建国家之后,当管理的历史发展到经济管理和行政管理一体化时,人们对管理的认识才超出了经验上升到科学。近代管理理论的产生,一整套有别于封建管理的实践,使得这一时期的管理出现了三大特征:

(一)分权管理

封建国家的管理是建立在专制独裁的基础之上的,一切大权集于一身的君王凭个人意志进行管理。因此,社会的管理水平取决于君主个人的水平,从而严重限制了管理的发展,降低了管理的社会作用。

资产阶级政权建立以后，提出了分权管理，即把国家权力分为立法权、行政权和司法权。分权作为一条原则反映在了 1787 年美国革命胜利后制定的宪法中。1789 年法国资产阶级革命胜利后，在颁布的《人权宣言》中明确肯定了分权的原则。从此以后，资产阶级建立的各个国家都把分权作为国家管理的一个原则。

（二）法治管理

自阶级社会形成以后，法治也就出现了。但是前资本主义的法治不仅法章本身极不完备，而且法章是由专制君主制定并用来保护统治阶级的种种专制特权的。因此，即使有法也不可能真正实现法治，必然还是人治。

资产阶级建立的国家之所以能够实行三权分立的管理，是与其法治联系在一起的。为了做到各种权力既分立又制衡、既分散又联结，每一种权限都必须由宪法和其他法律具体地规定下来，各部门遵循法律规范各司其职，在法定的轨道上正常运转。这种法治管理是资本主义国家优于之前一切管理的一个重要表现。

（三）民主管理

近代的分权管理和法治管理都是作为封建专制的直接对立物而产生的，其目的是制衡权力，使任何个人都无法独揽一切大权，从而从制度和法律上钳制个人权力，避免专制发生。实际上这就为民主管理创造了条件、奠定了基础。民主和自由成为近代管理的重要因素，这无疑是管理上的重大进步，是管理历史上的一次具有重要意义的飞跃。

近代民主管理的思想主要体现在两个方面：一是体现在权力的分配、制衡思想上。古代的亚里士多德曾把国家权力分为审议、管理和司法三要素；到了近代，英国的洛克提出国家权力应分为立法权、行政权和联盟权；在其基础上，法国的孟德斯鸠提出了立法权、司法权和行政权分立；孟德斯鸠的三权分立思想传入中国后，孙中山在增加考试权和监察权后提出了"五权分立"思想。总之，这些思想都是要通过分权而实现民主。二

9

是体现在对人的研究和重视上。英国空想社会主义者欧文谈到发挥工人的积极性时提出："当他按天受雇时，对工作不感兴趣，只是图挣工资而已；而按件工作时则劲头过大，往往工作过度，以致引起疾病、未老先衰和过早死亡。如果他们和其他人在一个利益一致的公社里工作，那么这两种极端就可以避免了；劳动将变得既有节制又有效率，并且很容易管理和调整。"①他还提出，工人是"更加娇嫩和复杂的活机器"，要善于"以仁慈的态度相待，使其精神活动不至于经受过多的刺激性的磨擦"②。这其中已经含有对人的因素重视的成分。从 19 世纪末开始，美国的泰罗在企业里进行了一系列试验和研究。这种试验和研究是建立在这样一种思想基础之上的：如果严格地设计工作，并恰当地规定激励办法，那么生产效率就可以大幅度提高。虽然这种思路既不考虑个人行为和素质的差别，也不考虑管理者对个人的影响，但我们可以看到，在管理活动中注意人的因素的思想已经开始萌芽，并且逐步开始有目的、有计划地研究。这是在近代管理中，较之过去的一切管理表现得最新鲜、最进步和最有意义的良好开端。

总之，近代管理不仅有意识地改变了管理中的随意性和简单化，从而在科学管理方面开始全面起步，而且针对过去管理中的专制化与残酷性，开始了对人的因素的重视与研究，使西欧中世纪萌生的人本思想以一种自觉的方式开始传播。

于是，我们得出结论：近代管理的基本特征是"刚柔并存，刚性为主"。

四、现代管理

20 世纪，人类的管理活动开始进入现代管理阶段。这既是管理历史发展的继续，又与以往的管理活动具有质的不同。以往的管理活动长期

---

① 欧文. 欧文选集：第 1 卷 [M]. 2 版. 柯象峰，何光来，秦果显，译. 北京：商务印书馆，1979：202-203.
② 同①7.

停留在经验上，总体上并未上升为科学，现代管理则是在理论指导下的科学管理，它自身已经发展为一门理论与实践相统一的综合性学科。现代管理主要表现为以下特点：

（一）从经验上升为科学

经验管理主要表现为四个特征：一是管理关系简单，即一方是管理者，一方是被管理者。管理者从事管理，被管理者从事操作，彼此没有双向的联系，没有纵横交叉的参与和制约结构，从上到下直线式管理。二是管理方式单一。管理者单方面向被管理者发出指令，被管理者机械地服从。这种"指令-服从"的管理方式的最大缺陷就是反馈机制极不健全，因此就无法有效地实施管理中的调节和控制。三是管理手段落后。管理缺乏周密的计划，程序混乱，法规不全，没有有效的监督检查机制；单纯运用奖惩措施，难以控制事态发展，容易形成放任自流、杂乱无章的状态。四是认识肤浅。只凭经验或陈规进行管理，不能自觉地对管理工作进行科学的分析研究，不善于通过总结经验教训进行管理改革，墨守成规、周而复始。在这种传统的管理束缚下，管理的改革受到重重阻挠，管理科学难以形成。

进入 20 世纪以后，社会经济与科学的发展极大地促进了管理的革命，对管理的研究风起云涌，硕果累累。人们终于跳出了传统管理的框架，在更广阔的领域展开了对管理的探索，理论争奇斗艳，著作如雨后春笋。管理科学的春天尽管姗姗来迟，却向人类展示了充满魅力的前景。

（二）从"手工操作"向现代化技术推进

现代管理一反过去管理的"手工操作"模式，将现代技术与管理结合起来，形成了管理手段上的革命。过去的管理由于科技不发达，只能采用定性方式，因而带有主观性、思辨性和滞后性的色彩，造成效率低下，人为的失误增加。而在现代条件下，网络平台的普及使办公实现了自动化与信息化，通信设备的现代化极大地增加了管理的信息量，各类咨询业务的展开为决策提供了快捷准确的服务，被管理者素质的提高又为现代管理技术的应用提供了最现实的可能。

（三）从重事的管理转向重人的管理

现代管理之前的管理不仅主要靠经验,而且主要是管事。自 20 世纪开始,对管理的研究出现了名目繁多的理论,呈现出令人眼花缭乱的局面。这些理论可以大致分类如下:20 世纪初为第一阶段,称为古典管理理论阶段,其代表有美国的泰罗、法国的法约尔等;之后到第二次世界大战结束为第二阶段,称为人际关系行为科学阶段,此时大量研究人的需要、动机、激励及人性问题,研究人与人的关系问题及领导方式问题;第二次世界大战结束至今为第三阶段,主要出现了决策理论、系统管理理论、权变理论和管理科学。也有人把三个阶段划分为:1900 年至 1930 年为传统管理时期,就是用古典管理理论研究行政管理;1930 年至 1960 年为行为科学时期;1960 年以来为系统科学时期。总之,不管如何划分,三个阶段的共同点都是研究人,将人作为管理的主要对象:第一阶段重点研究人机关系,第二阶段重点研究人本身,第三阶段则重点研究人与环境的关系,实际上是从更深层上去研究人。

所以,现代管理的基本特征是"刚柔并重"。

五、未来管理

从现在开始的今后漫长的岁月称为未来,这是一个相当模糊的概念,是一个有始点无终点的半开区间。未来管理就是在这个半开区间上实施的管理。对于这个尚未发生的管理,虽然不敢断言它的一切,但是历史与现实已经向我们提供了预测的依据,因为历史发展不会倒退,规律不会人为地被改变。社会发展是一个渐进的过程,我们循着历史的长河去延伸,就可以设想到未来管理的基本特征。

（一）规范化

不管人类社会如何发展进步,由于社会角色不同、认知水平不同,人们永远不可能在思想认识和行为准则方面处在同一条水平线上。就是说，人们的社会行为不仅永远需要规范，而且这种规范将会越来越全面、越来越明确；这种规范将不仅有刚性的，而且有柔性的——一种弥散在社会中的习惯，一种下意识的具有统一意志的文化。实际上管理规范化的程度从一个方面体现了社会进步的程度。

（二）科技化

今后管理的四大方向是管理的柔性化、组织的扁平化、评价的科学化和办公的自动化。这四化的实现和进一步提高，没有科技乃至高科技为依托是难以完成的。单就管理的柔性化而言，想要做到及时、真实、高效，还有很长很长的路要走，本书第十二章将专门讲解柔性管理科技化的问题。而评价的科学化和办公的自动化对科技的要求都是显而易见的。

（三）自律性

当前，一个管理的最新理念——管理的极致是无为——正在被世界普遍认可。无为是管理的最高境界，而这一境界的实现必须以自觉为前提，以自律为归宿。没有内心的承诺，没有自我的主动约束，管理就永远是被动的。在现今世界，极端思维、双重标准，恃强凌弱、诡辩横行，为我所需、自我中心……让这个世界变得无理无序；机会不均、分配不公，发号施令、迫于无奈……造成管理效益的低下。尽管有些现象不一定是普遍的，但给科学管理带来的威胁是不可小视的。未来管理必将在管理与被管理双方的自律性上迈出更大的步伐。

所以，未来管理的基本特征是"刚柔并存，柔性为主"。

现将人类管理发展的五个阶段进行列表对比，见表 1-1。

表 1-1　人类管理发展阶段对照表

发展阶段	史　前	前资本主义	近　代	现　代	未　来
时间界定	人类诞生—国家诞生	国家诞生—资产阶级政权建立	资产阶级政权建立—19 世纪末	20 世纪以来	从今往后

发展阶段	史 前	前资本主义	近 代	现 代	未 来
时间跨度	上百万年	几千年	数百年	100 余年	漫长岁月
基本特征	混沌自发	主观随意	刚柔并存 刚性为主	刚柔并重	刚柔并存 柔性为主

由此,我们可以得到人类管理发展的时间隧道,如图 1-1 所示。

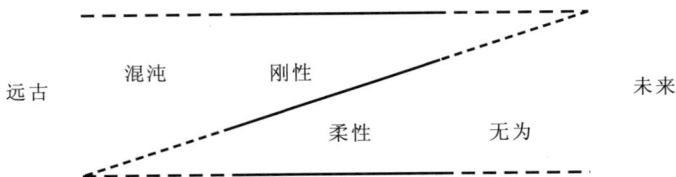

图 1-1　人类管理发展的时间隧道

至此,我们对管理问题沿着历史的足迹进行了梳理,从远古走到今天。管理的前四个阶段的沿革给我们提供了清晰的背景,透过历史的画卷,我们得出如下肯定的结论:

第一,管理的历史同人类的历史一样源远流长。

第二,管理活动经历了一个由模糊到清晰、由经验到科学、由必然到自然、由低级到高级的发展过程。

第三,管理的重点由对事转向了对人。

第四,管理方式由以刚性为主转向了刚柔相济。

第二节　中国历史上的柔性管理思想

尽管柔性管理的提出是最近几十年的事,但是它的思想在历史上久已存在。这种思想集中地反映在中国古代诸子百家尤其是儒家的思想体系,以及 19 世纪末到 20 世纪中叶西方国家的管理理论中。我们将从历史的进程中去发现柔性管理思想的源头,以便古为今用,洋为中用,从而丰富和发展现代柔性管理的思想。

中国文化作为东方文化的主轴源远流长,在数千年的历史中一直保持着足够的强度和韧性,成功地把我国各族人民团结起来,表现出无与伦比的吸引力、内聚力和相容性。这种文化的某些方面可以与未来世界的发展对接,使它具有超前性,因此具有强大的生命力。这种文化还具有强烈的伦理色彩,具有一种在个人、家庭、国家、世界之间建立良好关系的准确而清晰的思维方式,为这个纷乱的世界提供了达于稳定的智慧。西方文化注重征服自然、战胜自然,而东方文化强调天人合一,人与自然保持和谐。德国特里尔大学波尔教授认为,儒学作为东方文化的精髓,说到底就是人学,它的精神实质是承认在人的天性中有一种潜在的向善意识,它派生出的一系列道德观念和较高的成就意识、强烈的集体意识等,都有利于促进经济现代化。儒家文化的积极因素乃是包括西方在内的全人类的宝贵财富,它对于应对后现代社会的挑战,具有超越民族界限的价值和现实意义。

中国文化含有丰富的、独具特色的智慧。它包括天人关系、人人关系和因革关系。它强调,在天人关系上,既要顺应自然,又要对自然加以调整,达到人与自然的和谐;在人人关系上,既要肯定自己的独立人格,又要互敬互爱,"礼之用,和为贵";在因革关系上,既有继承,也有创新。中国传统文化中的柔性管理思想既具有理论性,又具有操作性。我们将从浩瀚丰富的中国传统文化中理出其中的柔性思想。

一、性善论

这是孟子的主张,主要包含三层意思:

第一,人的素质,可以为善。"乃若其情,则可以为善矣,乃所谓善也。"即从人的天生素质看,是可以使他善良的,这就是所谓人性善。

第二,仁义礼智,人所共有。孟子认为,恻隐之心、羞恶之心、恭敬之心、是非之心,这是人人都具有的。"仁"来源于恻隐之心,"义"来源于羞恶之心,"礼"来源于恭敬之心,"智"来源于是非之心。这"四心"是人之所以为人的根本标志。

第三,求则得之,舍则失之。既然人性本善,那么为什么有人为善、有人作恶呢?孟子认为,这完全取决于人们对其本心的探求和放弃——充分发扬心性的本质,就表现为善;放松努力,就表现为恶。

性善论与现代的 Y 理论具有共同之处:

第一,两者都承认人性假设是管理活动的必要前提。麦格雷戈指出,在管理活动的背后必定有某些人性本质的假定。孟子提出"不忍人之政",承认人之善性乃国家管理活动的出发点。

第二,两者都肯定了人性本质上是善良、美好的。

第三,两者都把管理工作寄希望于人们的精神追求。麦格雷戈强调管理中最有意义的是自我实现的满足。孟子则主张"先立乎其大者,则其小者弗能夺也",其中"大者"指心灵,"小者"指耳目等器官。

二、性恶论

人们常把荀子的人性论称为"性恶论"。他在人性论中的中心命题是"人之性恶,其善者伪也"。"性恶"是他论述的出发点,"善伪"才是他的归结处,是他的正面主张,因此荀子的人性论严格地讲应为"性恶善伪论"。

荀子的主要观点体现在以下五种关系上:

第一,"恶"与"化"的关系。荀子认为,人生来就有好利疾恶、耳目之欲等自然属性,若任其发展不加节制就变成恶劣的本性——"恶";若加以必要的教育和引导——"化",就会走向善良。

第二,"化"与"善"的关系。荀子指出,恶劣的人性要靠必要的礼义教化("化"),才能使之弃恶从善("善")。

第三,"生"与"学"的关系。荀子认为,人性是天生的,学也学不到,做也做不来("生");而礼义法度是后天制定的,经过学习就可以得到,经过人为就能够成功("学")。

第四,"朴"与"导"的关系。荀子认为,人的本性来自他的自然素质("朴"),而人的素质本来就是"好利""疾恶""有欲"的,所谓善只不过是对自然素质的引导("导"),并不是对它的背离。

第五,"行"与"性"的关系。荀子指出,饿了就要吃饭,冷了就要穿衣,累了就要休息,这乃人之常情,即人的本性。而像后辈让长辈先吃,甘心为长辈吃苦受累这类德行("行"),虽然符合礼义,却违反了人之本性("性"),因此只有经过后天教育才能做到。

不难看出,荀子的人性论同近代的 X 理论具有相似之处。

三、有善有恶论

周朝的世硕认为人的本性既有善又有恶。发挥人性善的一面,加以精心保养,那么善性就得到成长;扩充人性恶的一面,加以精心保养,那么恶性就得到成长。人的本性既有阳刚的一面,又有阴柔的一面;既有善的一面,又有恶的一面。或善或恶,全在于保养的不同。为此,他专门写了《养书》以阐明自己的这些观点。养即后天的塑造培养。后天养以善性,就使善性不断增长;养以恶性,就使恶性膨胀。

世硕的有善有恶论与现代超 Y 理论颇为接近,都是要求管理者具体情况具体分析,不可一概而论。

四、无善无不善论

和孟子同时代的告子主张人性无善无不善,把人性之初看成一张白纸,其善恶的分化完全取决于人的后天行为。这同孔子的"性相近也,习相远也"的思想基本上是一致的。

在告子看来,人性好比急流的水,从东方开了缺口便向东流,从西方开了缺口便向西流。人没有善与不善的定性,正同水没有东流与西流的定向相类似。水的流向,或者向东或者向西,取决于人们的导向;人的属性,或者为善或者作恶,取决于人们的塑造。

告子主张不要带任何偏见、任何框框去看人,而要注重人性后天的塑造。这是他同孟子、荀子、世硕人性论的最大不同。

五、人性可塑论

儒家在人性论上的最大特点,就是认为管理不仅是对于人性的适应过程,而且是对人性的塑造过程。这就是人性可塑论。

孔子首先提出人性可塑的主张,指出:"性相近也,习相远也。"意思是说,人人所禀受的天性,本来是差不多的,但一经后天的习染,人与人之间便渐渐拉开了距离,不再相近了。事实上,就人性可以塑造这一点来说,中国古代思想家的观点基本上是相通的。例如,在孟子看来,塑造人性,导人为善,关键在于"存其心,养其性",他从树木说到人性:"苟得其养,无物不长;苟失其养,无物不消。"即若得到滋养,没有任何东西不能生长;若失掉滋养,没有任何东西不会消亡。荀子则认为,一定的行为举止和风俗习惯可以改变人们的本性,专心致志的培养教育可以形成人们的积习。告子提出"性无善无不善",其目的也在于说明人性是可以塑造的。

儒家的人性可塑论对于现代柔性管理中发挥教育的功能和人的心灵的优势,以及"存心养性""以善养善"和管理者先善其身,都具有重要的启示。

六、人之能群论

就人类而言,论力气不如牛,论行走不如马,而牛马却为人类所役使,这是为什么呢?荀子的回答是:"人能群,彼不能群也。人何以能群?曰:分。分何以能行?曰:义。"

"群"指人类的社会性,人不仅可以像其他生物那样"集群而居",而且具有自觉的组织形态。"分"指社会分工,是人类生活的保证;"分"是组织手段,是人类社会正常运转的前提,"有分义,则普天下而治;无分义,则一妻一妾而乱";"分"是社会有序化的标志,使人人各得其所,事事各得其宜,整个社会就可以进入一种有序发展的合理状态;"分"形成了一定的社会组织,从而使人类整体力量得到汇集和放大。"义"则是人类社会组织构成的依据、标准和准则。

关于"能群",荀子在《君道》中指出:"能群也者,何也?曰:善生养人者也,善班治人者也,善显设人者也,善藩饰人者也。"就是说这类人善于养育百姓万民,善于管理好各级官吏,善于安排好各种管理职位,善于规定好各级官吏的生活待遇。这种思想与韦伯的"理想的行政体系"相似,都主张管理人员专业化,管理组织等级化,注意管理人员的选拔,合理确定管理人员的待遇。

总之,荀子"群论"的核心是"人之能群,群而能分"。

七、大同社会论

"大同"理想囊括了先秦各家思想的精华,而借孔子之口提了出来。据传孔子在散步的时候,忽然长叹一声,大发感慨:"大道之行也,天下为公。选贤与能,讲信修睦。故人不独亲其亲,不独子其子,使老有所终,壮有所用,幼有所长,矜寡孤独废疾者皆有所养。男有分,女有归。货恶其弃于地也,不必藏于己;力恶其不出于身也,不必为己。是故谋闭而不兴,盗窃乱贼而不作,故外户而不闭,是谓大同。"这个"大同"社会向人们描述了一幅以公有制为基础的理想社会的美丽画卷,它包含以下几个部分:

第一,天下为公。这是大同社会的政治制度。

第二,财产公有。这是大同社会的经济制度。"货恶其弃于地也,不必藏于己",即对于财产,人们只是担心它被丢在地上不被利用,而不是要占为己有。这表明财富为全体社会成员所公有。

第三,各尽其力。这是大同社会的劳动制度。"力恶其不出于身也",即人们厌恶的只是不能充分贡献自己的力量。这说明那时劳动已成为人们生活的一种需要。

第四,男分女归。这是大同社会的分工制度。人们按照性别、年龄和社会需要进行分工。

第五,选贤与能。这是大同社会的干部制度。社会的管理者是被所有社会成员选举出来的,是社会的"公仆"。管理者既要有道德修养——

"贤",又要有工作能力——"能"。

第六,讲信修睦。这是大同社会的社交制度。那时,全体成员团结友爱,诚实无欺,根本不需要法律上的强制。国家关系同样如此。

第七,皆有所养。这是大同社会的福利制度。大家都为社会尽力,都有得到社会供养和照顾的权利。

第八,不必为己。这是大同社会的价值观念。既然社会制度是"天下为公"、财产公有,就决定了人们思想意识上的公有观念,人们自然地把自己融合在集体之中,头脑中没有私有观念。

第九,安定和平。这是大同社会的生存环境。那时,没有盗贼,没有动乱,全社会都过着太平生活,人们用不着搞阴谋诡计、尔虞我诈。大家共同劳动,平等享受,衣食丰裕,社会安定。

大同社会构筑了一个2 000多年前人民大众心目中最美好的社会图景,他们是理想主义者,把社会理想化了。同时,这也正是他们对生活的一种美好追求,是他们的精神寄托。把这种理想巧妙运用,就会成为人们的精神力量。

八、教以人伦思想

"伦"是指人与人之间的等级秩序,是对人际关系的规定。儒家所主张的伦理关系都是家庭关系的推衍。他们乐于称道的伦理关系有五种:君臣、父子、兄弟、夫妻、朋友。古代皇帝被称为"天子",县官称为"父母官",朋友间"称兄道弟",师徒之间称"师父""徒弟";推而广之,以国人为"同胞""四海之内皆兄弟"……所有这些,无一不打上了家庭伦理关系的烙印。所以,古代的伦理关系是以家庭关系为基础推衍出来的。

孟子特别注意人伦关系的教育,他说,人们吃饱穿暖,如果没有教育,便和禽兽差不多了。"圣人有忧之,使契为司徒,教以人伦,父子有亲,君臣有义,夫妇有别,长幼有序,朋友有信。"即圣人为此而担忧,便让"契"担任司徒,主管教育,用关于人与人关系的大道理及行为准则教育人民:父子之间有骨肉之亲,君臣之间有礼义之道,夫妻之间有内外之别,老少之间有尊卑之序,朋友之间有诚信之德。因此,"人人亲其亲,长其长,而天下平"。

总之,儒家主张以"五伦"为基础的社会组织形态,其外观是家庭关系的推衍,其内涵则是追求组织成员之间的亲密性。

九、道之以德思想

"德治"是儒家管理思想的基本原则。孔子从周公的"明德慎罚"引申出"道之以德,齐之以礼,有耻且格",即用道德来引导人们,用礼教来同化人们,则人们不但有廉耻之心,而且人心归服。所以主张让民众明白道德是非,引导他们向善,而对于使用刑罚则小心谨慎。孟子说:"以力服人者,非心服也,力不赡也;以德服人者,中心悦而诚服也,如七十子之服孔子也。"意思是倚仗势力来使人服从,人家不会心悦诚服,而只是因为实力还不足;依靠道德来使人服从,人家才会心悦诚服,就好像70多位弟子归服孔子一样。

总之,在儒家看来,道德教化是管理的前提。要想管理成功,管理者就要以身作则;要想使民众迅速归服,管理者就要道之以德。

十、齐之以礼思想

齐之以礼是儒家所主张的一种处理一切事务的行为规范,因此它似乎带上了某种强制性的色彩。它的柔性管理思想是如何体现的呢?

事实上,礼是管理者修养的标准,是治民的标志,是治国的依据。作为管理者修养的标准,就是强调要以礼为准则,树立管理者的良好形象,以达到教化众人的目的;作为治民的标志,就是让人民在行动中不致迷惑而陷入祸患,在这里,礼起到了一个警示的作用;作为治国的依据,强调"国无礼则不正"。因此,儒家所主张的礼治又带有某种感化性。《礼记·礼器》指出,先王制定的礼,有其本质也有其文采。忠信就是礼的本质,义理就是礼的文采。所以,礼说到底就是一种道德性的规范,仁义忠信等道德原则是礼的本质。

礼的感化性特别表现在"乐"上。孔子说："兴于诗，立于礼，成于乐。"荀子认为："故乐……足以率一道，足以治万变。""乐"足以统率做人的根本道理，足以调整人们各种思想感情的变化，所以乐是熏陶人心、移风易俗、实施管理的重要手段。这种"寓管于乐"的方法与现代企业文化理论具有惊人的相似之处，如日本企业的"野餐会"、美国企业的"周末啤酒狂欢会"等，管理者与被管理者共同参加，不拘一格、上下了解、互相交流，在管理上是更加巧妙的控制手段。这种"松紧结合、宽严相济"的道理同孔子的"一张一弛、文武之道"的主张可谓异曲同工。

十一、修己安人思想

修己安人的思想是儒家"道德管理"原则的集中体现。孔子讲"修己以敬""修己以安人""修己以安百姓"。他的安人思想的外延是很广泛的："场无贫，和无寡，安无倾"，这是对一般老百姓讲的；"老者安之，少者怀之"，这是对特殊民众讲的；"远人不服，则修文德以来之，既来之，则安之"，这是对境外之民讲的。

孔子的安人思想对儒家管理目标设计带来了深刻的影响："安人"成为"仁政"目标的内核，其具体内容就是"保民""爱民""养民""教民""治民"，这就是"不忍人之政"，从而实现"中天下而立，定四海之民，君子乐之"。"安人"还是"王制"目标的基点。荀子认为"人莫贵乎生，莫乐乎安"，主张物尽其用，人尽其才，近者尽心，远人归附，"四海之内亲如一家"。

"安人"就必须"修己"，孔子的"修己以安人"对管理者运用自身形象进行管理是一个古典的理论依据。因为"其身正，不令而行；其身不正，虽令不从""上好礼，则民莫敢不敬；上好义，则民莫敢不服；上好信，则民莫敢不用情"，从而做到"内圣""外王"。

这种修己安人的思想在现代管理中被广泛应用。杜拉克在其著作中特别强调管理中人的因素，日本现代企业管理中"安人"的色彩则更浓厚。

十二、为政以德思想

为政以德思想与修己安人思想有相同之处，都是强调管理者以身作则、讲求道德的影响力，"为政以德，譬如北辰，居其所而众星共之"。管理者要"内修七教而不劳，外行三至而不费"。所谓"七教"，即尊敬老人，长幼有序，乐于施舍，亲近贤人，重视品德，厌恶贪婪，讲求信用；所谓"三至"，即"礼"不必专门讲求而使天下大治，"赏"可以不必花费太多而使官吏高兴，"乐"可以没有声音而使人民和睦相处。这就是管理者为政以德、人民各得其所、社会安定团结的最高境界，实际上也是"无为而治"的最高境界。

为政以德的管理与现代"象征性管理"具有相似之处。

十三、任官得人思想

任官得人思想是我国历史上一贯的思想。儒家主张君主要任贤用能、集众人之长，则上可统一天下，下可称霸诸侯。这实际上是一个尊重人才的问题，"故将大有为之君，必有所不召之臣；欲有谋焉，则就之。其尊德乐道，不如是，不足与有为也"。也就是说大有作为的君主一定有他不随意召见的臣子，如果有什么事情要商量的话，就亲自到臣子那里去。这就叫尊重人才，乐于遵循道义。如果不是这样，便不足以有所作为。

任官得人也是一个管理方法的问题。管理者不必也不可能事事过问，他应该抓大事，"主道治近不治远，治明不治幽"，即管理之道管近不管远，管明不管暗。当然，这一思想是有争议的，这里我们要从"超脱""放权""抓大事"的积极意义上去理解这句话。

总之，任官得人思想与今天的"分级管理"思想是不谋而合的。

十四、王者之制思想

王者之制思想为管理者设计了一系列管理目标,主要内容有:

第一,王者之政——隆礼重法。在儒家看来,"礼"和"法"是管理的两种基本工具,缺一不可。因此,荀子既强调"礼治",又强调"法治",指出:"隆礼重法,则国有常。"

第二,王者之道——平政爱民。孟子提出了"民贵君轻"的思想。荀子则喻:"君者,舟也;庶人者,水也。水则载舟,水则覆舟。""故君人者,欲安,则莫若平政爱民矣。"

第三,王者之论——尚贤使能。荀子指出:"王者之论:无德不贵,无能不官,无功不赏,无罪不罚。朝无幸位,民无幸生。尚贤使能,而等位不遗;折愿禁悍,而刑罚不过。"可见王者的用人方针是没有道德的人不应使他有尊贵的地位,没有才能的人不应该使他得到官职,即尊崇贤者,任用能人。

第四,王者之制——贵贱有等。这是儒家主张的等级制度。用《荀子·礼论》中的话说就是:"贵贱有等,长幼有差,贫富轻重皆有称者也。"这种等级制度包括统治制度、伦理制度、职业制度、管理制度。

第五,王者之人——神明博大。这是强调管理者的素质。《荀子·王制》中说:"王者之人:饰动以礼义,听断以类,明振毫末,举措应变而不穷。夫是之谓有原。是王者之人也。"意思是理想的管理者都能用礼义来约束自己的行动,处理事情能按照法令规定,政治的清明能使最细微的事物发挥其作用,政令制度的兴废能随机应变而不至于束手无策,这就叫懂得了政事的根本,是具有王者风范的人物。

十五、无为思想

"无为而治"的管理是管理的最高境界。孟子指出:"人有不为也,而后可以有为。"管理者有所不为,然后才能真正有所作为。荀子也提出:

"故仁者之行道也,无为也;圣人之行道也,无强也。"这里的"无为"是说不要有意地去做,"无强"就是不要勉强地去做,这就是"为而不为"的含义。荀子还说:"昔者舜之治天下,不以事诏而万物成。"在他看来,像舜这样高明的领导者,其领导活动并不是事无巨细、每件事都给予明确的指示,但一切事情都办得很成功。

作为管理者,从事长远决策,制订切实可行的行动方案,为整体的发展奠定良好的基础,这就是"有为"。但是管理者绝不能对下属的工作包办代替,那样只会劳而无功,上下不讨好,因此必须"无为","行其所无事"。

无为的领导方式实际上是"不管之管",是同现代管理中的"自动化管理"一脉相承的。

十六、和为贵思想

"和"即调和。在儒家看来,这是管理的最佳手段。孟子指出:"天时不如地利,地利不如人和。"荀子认为:"上不失天时,下不失地利,中得人和,而百事不废。"孔子的学生有若则认为:"礼之用,和为贵。先王之道,斯为美。"此后,"和为贵"就成为儒家著名的思想。

"和为贵"并非不讲原则、不讲斗争、一团和气。恰恰相反,"君子和而不同,小人同而不和"。高尚的人既讲原则又讲团结,在对立统一的基础上建立和谐;无知之人则是盲目附和,是不能真正做到和谐的。显然,儒家强调的是前一种境界,反对的是后一种风气。如此看来,儒家在总体上是追求一种"和为贵"的管理方式,把管理活动当作一种协调的过程。这是儒家从管理的协调功能出发,对于管理本质的理解。

十七、中庸思想

中庸的"中"是指不偏于一方,"庸"是指不改变常规。朱熹注释说:"中庸者,不偏不倚,无过、不及。"中庸思想不仅是儒家立身处世的人生哲学,而且是中国式管理所追求的目标。

《中庸》说:"从容中道,圣人也。"管理者若能如此,修己安人自然不成问题。这里"中"的标准是指没有过与不及,没有或偏或颇,没有过严过宽或过刚过柔,没有张而不弛或弛而不张,也没有轻重失衡或长短失度,而是随时皆宜、随地皆宜。"中庸"在管理中的表现就是"恰到好处",也就是不拘泥于一理而不思变革,在自然的发展中不断地调适。管理者必须以真实的感情投入,方能时时得其"中",从而保持心理的平衡。

十八、天人合一思想

在中国的历史上,几乎所有的大哲学家都论述过天人合一思想。"天人合一"就是强调自然与人的一致性,强调规律与行动的和谐性。孟子的"尽心、知性、知天""上下与天地同流",老子的"人法地、地法天、天法道、道法自然",庄子的"天地与我并生,万物与我为一",董仲舒的"人副天数""天人感应",周敦颐的"圣人与天地合其德",张载的"天地之塞吾其体,天地之帅吾其性",二程的"天人本无二""天地人只一道也",朱熹的"天即人、人即天""圣人……与天为一"等,都从不同角度阐述了各自的天人合一主张。

天人合一思想揭示了人和自然的有机性、整体性、系统性和一体化,强调人的行为不但要符合天道的要求,而且应以实现天道的要求为己任,要体现宇宙大化之流行,强调天道与人道、人与自然的紧密联系与和谐统一,追求天、地、人的整体和谐、交融和协调,遵照自然规律去做好一切工作。

至此,我们对博大精深的中国文化中的"柔"文化进行了梳理,发现现代文明中的许多现象都与中国的传统文化相联系、相承接。无怪乎不少西方学者对中国的传统文化研究之后大加赞赏,认为它"具有超越民族界限的价值和现实意义"。

于是,柔性管理作为现代管理的一门科学,从它的理论到思想、方法,都在中国传统文化的海洋里找到了源头。我们将由此展开柔性管理丰富壮阔的篇章。

第三节　近代国外柔性管理思想

伴随着华夏管理文明的发展,在国外各民族中,尤其是到了 20 世纪,也出现了丰富多彩的柔性管理思想。从此,这些思想照亮了西方管理的文明之路。

翻开人类的管理史,我们发现,早在公元前 6 世纪初到公元前 5 世纪末的 200 年间,奴隶制时代的雅典曾经建立了民主政治,欧洲中世纪的 11 世纪到 12 世纪也出现了人本思想。可惜的是,人类管理文明的这点火花很快就熄灭了。在人类的管理史上,真正大量、有意识、有目的地重视和研究人的因素,还是始于 20 世纪。

出于不同的目的,出于主动和被动的原因,出于社会和个人的压力,总之,不管出于什么样的原因,自 20 世纪始人们在管理中对人的因素的兴趣达到了惊人的程度。专家、学者、企业家纷纷从不同的角度开始了对人的研究,各种理论相继出现,以人为本的思想逐渐被承认、被应用、被强化。这些思想许多都带有柔性管理的色彩,成为今天柔性管理科学很好的借鉴。

一、人际关系理论

人际关系理论的代表人物是美国哈佛大学教授梅约,其思想是在历时十年的霍桑实验的基础上产生的。这个理论出现后立刻成为传统管理理论的对立面,因为传统管理理论认为:只要规定标准操作方案和刺激方法,进行严格管理,生产率就可以提高。它不考虑个人行为的差别和人与人之间的关系,排除人的心理因素的作用。而 1924 年开始的霍桑实验,得出了与传统管理理论相反的观点:

第一,传统管理都是以事为中心,实际上应该以人为中心,要在鼓励人的积极性上下功夫。

第二,传统管理把人假设为"经济人",认为金钱是刺激积极性的唯一动力。梅约得出结论:人是"社会人",除了物质方面的需要以外,还有社会和心理方面的需要。

第三,传统管理认为生产率单纯地受工作方法和工作条件的制约。梅约证明,生产效率的上升和下降很大程度上取决于职工的工作态度,即"士气"。而态度或士气又与个人家庭、社会生活和企业中人与人的关系密切相关。

第四,传统管理只注意"正式组织"对职工积极性的影响。梅约注意到"非正式组织"的存在,这种组织和工人有特殊的感情,也能影响职工的积极性。

总之,梅约的理论从研究人机关系转向了研究人群关系,进而使许多管理学家研究的旨趣也发生了转移,开始对人的行为和心理进行研究。

二、需要层次论

需要层次论是美国社会心理学家马斯洛在《人类动机理论》和《动机与人格》等中提出的,这是一种以需要作为人的个性核心的人本心理学理论。马斯洛认为,人的需要有五个梯次:一是生理的需要,即对维持生命和生活所必需的各种物质的需要,如衣食、居住、情欲等;二是安全的需要,即保证生活、工作、生命安全不受侵犯的条件,如稳定性、安全感、经济保障等;三是社交的需要,即隶属关系和爱的需要;四是自尊的需要,如自信心、求知欲、威信和受人尊敬等;五是自我实现的需要,如审美、理解、发挥聪明才智等。

人的行为就是由追求满足的需要所驾驭的。因此,针对人的需要,提供满足的条件就成为激发有效行为的动力。管理者必须善于创造各种环境,以最大限度地激励职工。

三、两种因素论

两种因素论是 20 世纪 50 年代美国心理学家赫茨伯格提出的理论。这种理论认为影响人的工作态度的因素有两种：一种是保健因素，即令职工非常不满意的因素；另一种是激励因素，即令职工非常满意的因素。其理论要点是：

第一，不是所有的需要得到满足都能激励起人们的积极性，只有那些被称为激励因素的需要得到满足才能调动人们的积极性。

第二，不具备保健因素时将引起许多不满，但具备时并不一定会调动强烈的积极性；具备激励因素时会引起强烈的积极性和满足，但缺乏时却并不引起很大的不满。

第三，激励因素是以工作为核心的。也就是说，激励因素是在职工进行工作时发生的。

双因素理论告诉我们：当受到很大激励时，职工对外部因素引起的不满足感具有很大的忍受力；当经常处于"保健"状态时，他们常常会对周围的事物感到极大的不满意。

四、公平理论

公平理论是由美国心理学家亚当斯于 1956 年提出的。它的中心内容是：一个人对他所得的报酬是否满意，不是只看其绝对值，而是进行社会比较或历史比较，看相对值。即把个人的报酬与贡献的比例同他人的这个比例做比较，若比例相等，则认为公平合理而感到满意，从而心情舒畅、精神高昂；若个人的比例小于他人的比例，就会感到不公平，从而情绪低落、怨气横生。这种比较还包括与本人历史上的比例做比较。

公平理论说明，公平是平衡稳定状态，报酬过高或过低都会使人感到心理紧张不安，从而被激励而采取行动以消除或减少引起心理紧张的差异。因此，从管理的意义上讲，管理者要想调动人们的积极性，就必须公平合理地对待每一个人。然而,公平并不是平均主义,而是指各人的收入应与他的贡献尽可能成比例,即以贡献大小决定报酬多少。这样才能使人从心理上感到平衡,从而创造一个公平竞争的环境,让每个人自觉自愿地尽其所能。

五、期望理论

期望理论是美国心理学家弗隆姆 1964 年在《工作和激励》一书中提出的,这个理论的基本关系式是:

$$激发力量(F) = 效价(V) \times 期望值(E)$$

激发力量(F)是指动机的强度,即调动一个人的积极性、激发其内在潜力的强度。它表明人们为达到设置的目标而努力的程度。

效价(V)是指目标对于满足个人需要的价值,即一个人对某一结果偏爱的强度。

期望值(E)是指采取某种行为可能导致的绩效和满足需要的概率,即采取某种行为对实现目标作用的大小。

期望理论为我们提供了产生激发力量的途径:通过恰当地设置有价值的目标,使目标的实现概率不会太小,即具有相当大的实现可能性。在这种情况下让人们充分认识达成目标的效价,从而从心理上产生达成目标的强烈愿望。于是我们就得到了高期望值、高效价,自然而然地也就获得了高激发力量。

六、挫折理论

人的一生不可能事事如意,难免碰到各种各样的挫折。挫折理论所指的挫折包含两个方面:一是阻碍个体动机性活动的情况;二是个体遭受阻碍后所引起的心理状态,就是当个体从事有目的的活动时,在环境中遇到阻碍或干扰,致使其动机不能获得满足时的情绪状态。

形成挫折的原因有自然的,也有社会的,前者如生老病死、天灾人祸、生理缺陷、不测事件等，后者如政治、经济、宗教、工作、家庭及风俗习惯等。

通常情况下，人们在受挫以后，心理和生理上都将产生种种反应。在情绪上，可能愤怒地反击，对构成挫折的事物直接攻击，或转向别人及自己；也可能强行压制愤怒，表现出冷漠、无动于衷的态度。这些情绪反应在生理上表现为血压升高、脉搏加快、呼吸急促、内分泌失调，甚至引起疾病。为了适应这种挫折，人们心理上表现出自我防卫功能，这种防卫可能是积极的、建设性的，也可能是消极的、对抗性的甚至是破坏性的。例如，给自己找一个体面的借口来做解释；逃避到自己认为安全或理想的环境中去；将挫折排除于意识之外，不承认它的存在；改变追求的目标，用其他追求取而代之；等等。

挫折理论的管理意义在于：管理者要在计划、决策和部署工作时做到防患于未然，一旦出现挫折，要消除于事后，并力求做到变消极为积极。

七、X-Y 理论

这是美国麻省理工学院教授麦克雷格提出的两种可供选择的人性观。

按照 X 理论，人的本性是不诚实、懒惰、愚蠢和不负责任的；普通人天生就厌恶工作，因而尽可能逃避工作；为了逃避责任，宁可接受别人的命令；人是没有什么抱负的，把自己的安全看得胜过一切。因此，管理者必须给以强制、控制、命令，或以惩罚相威胁。传统的管理以对职工的管束和强制为主，注重奖惩，就是基于对人性的这种假设。

按照 Y 理论，人的本性并不厌恶工作，而是把工作看作与游戏或休息一样自然；人们也不愿接受别人的控制，更希望自我指导和自我控制。因此，只要创造适当的条件，在适当的激励下，人们都愿意努力。这样一来，组织目标和个人目标是完全可以一致起来的。现在的管理由于对人的本性的认识不一，因而远未能使人们的潜在能力充分发挥出来。所以，妨碍职工积极性发挥的主要原因不在职工方面，而在管理者方面。

八、超 Y 理论(权变理论)

这是美国的洛斯奇和莫尔斯于 1970 年在《超 Y 理论》一文和 1974 年在《组织及其成员:权变方式》一书中提出的。

超 Y 理论的要点是:参加组织的人是各不相同的;不同的人有不同的需要,各人的胜任感不同,管理者要让各人实现各自不同的胜任感;组织形式和领导方式应与管理对象的需要相结合,这样才能提高工作效率;管理应进行多变量的分析,要根据工作性质、工作目标、职工素质等方面的不同情况去考虑问题,而不应采取千篇一律的方式;个人的胜任感是可变的,当一个目标达到以后,应继续激发职工的胜任感,使之为达到新的、更高的目标而努力。

由于超 Y 理论主张根据不同的工作采取适当的管理形式和选用恰当的人选,以及根据不同的人选安排不同的工作和采取相应的管理形式,因此又称为"权变理论"。

九、Z 理论

这是美国加利福尼亚大学日裔美国学者威廉·大内提出的新理论。该理论主要依据的是日本企业的管理经验,其主要观点是:企业主和职工双方是一致的,双方的积极性可以融为一体,职工应树立起作为企业成员之一的思想,企业主在关心生产的同时也应关心职工的劳动和生活问题。这样,劳资以诚相待,上下经常沟通,达到关系融洽,企业成为职工的"大家庭",职工对企业形成了"集体主义"感情。具备了这些条件以后,企业主和职工就可以共商企业的经营决策,这样的企业也就有勇气制定远景规划,并通过培训职工,让职工为实现远景规划而努力工作。

这种理论实际上已经超出了对人性的一般性分析,而将一种社会伦理学的观点渗透到管理之中了。

十、群体冲突理论

自 20 世纪 50 年代以来,人们对群体冲突提出过许多不同的观点。开始时,以美国行为科学家帕森斯为代表的一类观点认为,群体冲突意味着群体的功能失调,具有破坏性,没有积极的功能。后来,不少研究者认为,群体冲突并非只有破坏性的一面,还有对团体起积极作用的一面。

社会学家科塞在 1956 年出版的《社会冲突的职能》一书中提出,没有任何群体是能够完全和谐的,否则它就会无过程和结构。群体既需要不和谐,也需要和谐;既需要分离,也需要联合。而冲突本身绝不会完全是破坏因素,一定程度的冲突远不是必然地使功能失调,它是群体形成和使群体生命持续下去的不可缺少的成分。

心理学家布朗则主张把冲突保持在适当水平,过多的要设法减少,过少的要设法增加。他还从群体态度、群体行为和组织结构三方面提出了调节冲突的策略,积极的、建设性的冲突是应当加强的。例如,从多方案中选择一种方案时,各方案为自己的正确性进行论证并指出其他方案的不足;下级对上级的工作提出批评意见;对组织成员有奖有惩;组织之间进行竞争等。

群体冲突理论还涉及群体内部的冲突、群体之间的冲突以及减少破坏性冲突的办法等一系列问题。

十一、影响决定论

这种理论认为,管理者的作用是通过影响来实现的,有影响力的管理者才是一个单位的真正领导者。这就是影响决定论。

这种理论也涉及环境对人的影响,但主要讨论的是人与人之间的影响。在人与人的关系中,个人与他人互相影响,构成双边关系。所谓影响力大小,是就双边影响之差而言的。以个人来说,如果影响是顺差,即存在影响的净流出,他在群体中就充当着领导者的角色;如果影响是逆差,他就只能成为被领导者或是一个不称职的领导者。

影响力的运用有多种方法,主要有榜样、建议、劝说、强制等。榜样是一个默然起作用的影响方法,它通过吸引、感化发挥其作用。建议是直接起作用的影响方式,它表明一种明显的影响企图,提出某种可供选择的模式并希望别人接受。劝说是建议的进一步强化,它通过说理和诱导的办法,含有一定压力地施加影响。强制则是通过威胁或惩罚,使对方被迫接受某一行为模式。管理者如何施以影响,提高管理效率,是由管理者的境界和能力决定的。

十二、情境理论

一些研究者认为,管理的成败诚然与管理者的品格特质有关,但决定成败的更重要的因素是情境。影响管理成败的情境主要包括本单位的历史情况、前任领导造成的工作现状、本单位所处的环境、本单位工作上的特殊需要、职工的一般知识水平和心理状况、各成员的期望和他们之间的合作程度等。所有这些因素统称环境变数,可分为三类:第一类为因果变数,如管理的方法、组织机构目标及技术等;第二类为干涉变数,如群体的传统、职工的期望态度、激励力量等;第三类为产出变数,如成本、产量、销售额、盈余等。在管理与环境的关系中,管理者不仅要了解自己最适宜工作的环境,还要善于适应新的环境,同时注意改变环境中的某些消极因素。

十三、管理坐标理论

管理坐标理论又称管理方格法,是美国得克萨斯州大学心理学教授布莱克和莫顿于 1964 年提出的。它将管理者对生产的关心和对人的关心用坐标图来表示:横坐标表示对生产、工作的关心程度,纵坐标表示对职工的关心程度,各依从低到高的次序分为九等,分别用垂直于坐标轴的直线标出,最终呈现为 81 格。坐标图中标出了五种典型的管理方式:

第一，一一管理。表示用最小的努力做工作,对职工的关心程度也很低。这是最差的管理。

第二，一九管理。不注重工作,只关心职工,满足职工的要求,使组织处于一种舒适友善的氛围之中,认为只要职工精神愉快,生产自然也就上去了,不必对生产进行具体的管理,因此被称为"乡村俱乐部"型的管理。这是一种片面的管理。

第三,九一管理,亦称任务型管理或权威-服从型管理。这种管理只注重完成生产任务,不注重人的因素,从而扼杀了职工的自主性和创造性,因而也是一种片面的管理。

第四,五五管理,亦称中间型管理或一般管理。这种管理对生产的关心和对职工的关心都处于中间状态,且力图维持两者的平衡并平稳地保持下去。这种管理方式只能保持现状且妨碍变革和创新。

第五,九九管理,亦称团队管理或集体精神管理。这种管理对生产的关心和对职工的关心都达到最高的程度,管理者和职工互相信任、互相尊重、目标一致、关系和谐。这是一种最佳的管理。

管理坐标理论之所以普遍受到重视,是因为它提供了一个分析管理者水平并进而改善管理的简明模式。

十四、品格特质论

这是一种认为成功的管理取决于管理者本人的品格特质、价值系统和生活方式的理论。古德、戴维斯、斯托格迪尔等许多行为科学家都对此进行过研究。他们认为管理者应具有特殊品格:有理想,有责任心,讲道德,有良心;热情,正直,果断,可靠,勇敢;具有丰富的想象力,力求革新,坚韧不拔;知识丰富,智力超群;精力充沛,反应灵敏,体格健壮;等等。

戴维斯从这些众多的、看似无序的品格中过滤出了关键性的四种品格:一是智力比部属的平均智力高;二是社会成熟性和社会宽容度较高,即情绪比较稳定,具有处理极端局面的能力,具有合理的自信和自重,能与他人和衷共济;三是内在动机与驱动力强,即有完成任务的强烈内在要求;四是人际关系与态度良好,重视其部属的价值与尊严。

然而必须指出,给管理者定下统一的品格是理想化的、不可能的,我们只是要求管理者具有管理的基本品格。

十五、双因素模式

1945 年,美国俄亥俄州立大学斯托格第和沙特尔等人提出双因素模式。他们认为,管理者成功的因素最重要的是两个:一个是以工作为中心的主动结构,另一个是以人际关系为中心的体谅。前一个因素指管理者划定他与工作群体的关系,建立定义清楚的组织模式,以及意见交流方式和工作程序;后一个因素指存在于领导者与部属之间的友谊、互相信赖和互相体谅的关系。以工作为中心的管理模式和以人际关系为中心的管理模式各有短长。双因素模式认为,以工作为中心的"主动结构"和以人际关系为中心的"体谅"不是互相排斥的,而是可以结合和统一起来的。

十六、途径目标理论

这是 1964 年美国的杜拉克在《以成果为目标的管理》中提出的,亦称目标管理。

目标理论既不同于只注重任务的任务理论,也不同于只注重人际关系的管理方法,而是主张管理者规定目标,至于如何达成目标则放手让职工做主。具体地说,首先由高层管理者设立总目标,然后各部门根据总目标订立部门目标,职工再根据部门目标订立个人目标,从而形成目标链。在实现目标的过程中,管理者只做总的控制,个人目标则让职工主动去完成。目标完成后,管理者进行评价,同时形成下一次目标。

目标的设置应当既是具体的,又是艰巨的。所谓具体的,就是可以测定的;所谓艰巨的,是指不易完成的,具有挑战性的。在沟通上下目标时,若管理者是内行,则可对下级目标采用指示性的方法;若管理者不太了解专业,则应采用参与性的方法,即与职工协商共同制定目标。

目标管理能使职工在参与制定目标中发现自己的价值和责任,并在达成目标中得到满足。与此同时,又可实现上下沟通,使各部门及职工个人的利益得到统一。

十七、强化理论

强化理论又称行为改造理论。强化、改造、操作和学习是构成这个理论的几个主要环节。

所谓强化,是指通过刺激使某种行为得到加强或抑制。正强化是一种积极的强化,它通过奖励性的措施使行为加强强度或增加出现的频率;负强化也是一种积极的强化,它通过惩罚性措施使不良行为受到抑制或改变。

所谓改造,即人的行为是可以改变的,通过一定的手段使行为中的某些因素加强、某些因素削弱,于是人的行为也就得到了改造。

所谓操作,是指对正负强化都不起作用的一类行为的控制引导。人的行为分为两类:一类是不可控的、不自愿的反射性行为,如眼睛突然受到刺激会自动闭合,这类行为不属改造之列;另一类是可控的、自愿的、有意识的行为,行为改造论着重研究的就是这一类行为。

所谓学习,就是对可控行为的改造,即通过强化实践,使人们的行为方式得到某种永久性的改变。

管理者必须善于通过正负强化手段控制和影响职工的自愿行为,这是管理者的职责。

十八、团体力学理论

这是德裔美国心理学家卢因提出的关于非正式组织团体的理论,涉及团体的要素、目标、规范、规模、结构、内聚力、领导方式等广泛的问题。他的团体一致性理论和力场分析理论尤其突出。

团体一致性理论认为团体是一种强大的力量。当要求某个人改变行为时,如果只是个人承诺改变,则实际上不一定付诸行动,即使改变也难以持久;而如果由团体来承诺改变,那就较有可能发生并能持久。因此,要及时确立团体的新准则,务求明确易懂,并鼓励严格遵守。

力场分析理论认为团体采取某个变革措施时,必然会出现各种"力",这些力从总体上可分为支持变革的驱动力和反对变革的遏制力。将这些力逐个分析,排列为驱动力①②③…和遏制力①②③…,于是形成"力场"。在比较其强弱的基础上,通过确定恰当措施,增强驱动力,疏导和减弱遏制力,最后实现变革的目的。

到此为止,我们列举了20世纪以来国外带有柔性管理思想的18个理论。还可以列举一些,诸如与需要层次论相似的"生存-交往-发展理论"和"成就需要理论",提出外部环境和内在期望是影响人的行为的两个关键因素的"双向决定论",研究人的个性发展过程的"不成熟-成熟理论",研究提高管理者组织能力的"敏感训练法",研究管理行为从独裁到民主的变化的"连续统一体理论",研究管理方法的"支持关系理论"等。这些理论的基本思想实际上与前述18个理论有许多是雷同的。

对于如此众多的理论,我们静思一下,用柔性管理的眼光去观察它,就不难发现,对柔性管理具有启发性和借鉴作用的有如下三点:

第一,要正确认识和评价人性。发挥人性中美的、善的一面,扼制人性中丑的、恶的一面。

第二,必须树立以人为本的管理思想。不仅要研究生产、研究组织、研究环境,而且要研究人,研究人的心理、人的行为、人的喜怒哀乐。

第三,严格要求与关心尊重同等重要。这是管理的两个方面,是永恒的对立统一。

第四节　柔性管理与依法治国并行不悖

曾经有人怀疑,柔性管理突出的是"柔",而依法治国突出的是"刚",这不是矛盾吗?我们说,不矛盾。不仅不矛盾,而且二者相辅相成、互为前提、并行不悖。从管理的意义上讲，柔性管理与依法治国同属于管理的范畴，都是为了让社会协调有序，让人才发挥才智、开发潜能，只不过管理的表现形式不同罢了。我们可以从不同社会形态管理理念的变化及当今世界大格局来具体回答这个问题。

一、不同社会形态管理理念的变化

就人类的社会发展来看，不同的社会形态体现了不同的管理理念。人类社会从远古走来，经历了原始社会、奴隶社会、封建社会、资本主义社会、社会主义社会（含社会主义新时代）等社会形态。概括起来，人类对管理的认识经历了神本—君本—物本—人本—文本的巨大变化。管理理念的每一次变化都极大地促进了社会政治、经济、文化的发展。

（一）原始社会管理理念的基本特征是"神本"

这是因为古人处在无知乃至"野蛮"阶段，对社会现象、自然现象一无所知，于是只能用一种超自然的力量，即神的意志解释未知。平心而论，此时的人类还谈不上真正意义上的管理。

（二）前资本主义社会管理理念的基本特征是"君本"

前资本主义社会包括奴隶社会与封建社会两种社会形态，其基本标志是国家的诞生。人类社会自从有了国家便有了君王，君王被称为"天子"，他代表天意行使权力，所以君权被神化，以至于出现了"王言曰制"等随心所欲的局面。

（三）资本主义社会管理理念的基本特征是"物本"

人类社会进入资本主义阶段，社会追逐利润成为压倒性潮流并发展到疯狂的程度，社会出现了商品拜物教、货币拜物教、资本拜物教。整个社会把金钱和物质神化，其结果是出现了对人和财富的疯狂掠夺。

（四）社会主义社会管理理念的基本特征是"人本"

社会主义核心价值观之一是和谐。和谐包含尊重,强调尊重人、理解人、爱护人,人的尊严高于一切;强调人才资源是第一资源、战略资源,是第一生产力。这是实施柔性管理必然和先天的条件。

（五）社会主义新时代管理理念的基本特征是"文本"

这是一种更高的管理境界,一方面强调管理者要尊重人、理解人、服务人,另一方面又强调被管理者的自尊与自重。这是一个双向作用的过程,使管理理念、管理境界进入一个互动的、彼此各自承担社会道义的更高层次。

二、当今世界大格局

（一）人类社会面临百年未有之大变局,世界将迎来颠覆性变革

主要表现是国家关系、国际规则、运行机制等的秩序重建;社会制度、国际机构以及各种军事、政治、学术团体等的结构重组;创新驱动、科技引领、人才至上,社会发展方式的动力重塑;普世文化、平等诚信、共商共建共享、人类命运共同体等的思维重构。总而言之,社会格局在变,在大变!夺取大变局的主动权只能靠实力、靠智慧,这一切均要求对人才的高能管理与开发,即文本管理。

（二）智能时代扑面而来,人智矛盾再次激化

智能时代的标志是大数据、云计算、互联网及智能制造等。这是一个万物互联、彼此取代、迭代发展的时代,是一个不断制造"新文盲"、造成失业的时代。从"机器吃人"到"智能吃人",智能化压缩了大量工作岗位,以至于若干工作种类消失。世界已经经历了三次工业革命,目前正在进行的是第四次工业革命:第一次发生在 18 世纪,蒸汽机的使用使世界进入

工业化时代——工业 1.0 时代;第二次发生在 19 世纪,电动机等的使用使世界进入电气化时代——工业 2.0 时代;第三次发生在 20 世纪,可编程计算机诞生,世界进入自动化时代——工业 3.0 时代;第四次发生在 21 世纪,基于信息物理融合系统的智能制造,世界进入智能时代——工业 4.0 时代。每一次新技术的出现都是一方面提高了社会生产力,创造了社会财富;另一方面却带来了工人失业、贫富差距拉大、财富向少数人集中。无人商场、无人码头、无人银行、无人餐馆、无人驾驶汽车正在消灭着人的工作、职位、收入乃至和谐。之前的工业革命的冲击对象多是体力劳动者,第四次工业革命将影响几乎所有的人。人工智能正以"渐变—突变"的方式吞噬现有岗位。在这个不可逆转、不可回避的大趋势中,如何构建人类和谐社会、和谐企业、和谐群体是一个历史的大课题,必须在人本、文本原则下升华管理境界。

(三)邪恶势力公开挑战人类正义,大国博弈全方位展开

所谓邪恶势力,是指某些失去理性的大国、恐怖主义、黑恶势力、高智犯罪等。其中,大国无视公理成为人类的最大威胁。有的大国为了一己之利随心所欲,肆意践踏人类正义,多年形成的责任、诚信、民主迅速且自残式地消退,赤裸裸地暴露出虚伪、霸凌的真实面目,甚至到了蛮横无理、不计国格人格的程度。这种情况迫使人类正义不得不背水一战,大国博弈呈现公开化、普遍化、激烈化、长期化的状况,斗争的烈度与频度都大大增加。人类秩序面临挑战,人类文明面临挑战,人类管理面临挑战!如何拯救这个正在毁掉公理的时代?答案是刚柔相济、文本管理。

(四)中国进入新时代,高质量发展势在必行

中国进入新时代的基本标志是:第一,中华民族进入"强起来"的伟大阶段,这是一个中华民族扬眉吐气的时代,是全国人民幸福安康的时代;第二,科学社会主义在我国取得巨大成功,世界共产主义运动波浪式发展,中国特色社会主义将共产主义运动推向新高潮;第三,中国智慧开启构建人类命运共同体的伟大实践,展示我国的大国智慧、大国担当的风

采；第四，我国社会主要矛盾发生变化，主要是人民日益增长的美好生活需要与发展不平衡不充分的矛盾；第五，我国经济发展进入新常态，主要表现是中高速增长，发展方式转变，结构深度调整，发展动力转向。这种境界的实现单靠行政命令是完成不了的，必须靠人民大众自觉的使命担当，靠人才发自内心的大爱展示。在这个过程中，管理的"刚性"与"柔性"同等必要，同等重要！

三、柔性管理与依法治国并行不悖

中国历来强调"人情""天理""国法"三位一体、并行并重，这是中华民族的大智慧，是中国传统法治文化的一大特征。在传统的法治文化中，一个基本的认识就是情、理是法的根，法是情、理的盾。在制定法律的过程中，始终以情、理为前提，体现以"情"感人、以"理"服人的根本要求，欲达此目标就必须以"法"为基础，体现"没有规矩、无以方圆"的管理规律。所以，情、理、法是互通的、互依的，而且在管理的程序上强调情为先，理为本，法为末，从而实现从"管人"到"理人"、再到"安人"的管理境界。这就是习近平所强调的"坚持依法治国和以德治国相结合"。因为依法治国是对不法分子的利剑高悬，而这正是对人民大众的有效保护。所以，我们可以得出如下结论：

（1）柔性管理是情、理、法高度融合的至善至美的管理。

（2）依法治国是对人民最高形式的柔、最大限度的爱。

这是社会主义新时代管理思想的再升华。柔性管理必将以势如破竹之势展示其魄力，以润物细无声之功展示其魅力。

第二章

大潮涌动

——柔性管理的世界性实践

回顾历史是为了服务现在。在历史的漫漫长河中,人类文明史上那一次次闪现的柔性管理思想的火花,那一条条流淌的柔性管理思想的小溪,为今天的柔性管理提供了许多有益的启示。几千年来,因为缺少生存的土壤,没有发展的空间,柔性管理时隐时现、时生时灭。随着社会的进步,今天,这火花终于燃起了燎原大火,这小溪终于汇成了涌动的江河,成为世界性的现象,然而对柔性管理的研究尚未形成普遍的行动,世界上许多国家只是从不同的角度在从事着柔性管理的探索。我们将从这些实践活动中感受柔性管理大潮不可抗拒的力量以及它那不可替代的作用。

第一节　欧美对柔性管理的探索与实践

管理是一种境界,管理是一种力量,管理是一种效益。没有科学的管理,就没有现代社会的一切重大成就。第二次世界大战后,美国作为新兴的资本主义国家崛起,而英国、法国乃至整个欧洲都落伍了,他们猛然发现美国的管理理论和实践促进了它的腾飞,还发现日本的迅猛发展除了靠科技,也靠管理。英国的衰败,美国的兴起,日本的后来居上,从正反两方面告诉人们:管理是人类社会加速进步的杠杆,而且这种管理必须建立在以人为本的基础之上。于是,在欧美,一场围绕着以人为中心的管理从理论到实践的探索展开了。

一、欧美对马克思主义、毛泽东思想的研究与借鉴

马克思主义、毛泽东思想并不像人们所想象的那样被西方社会视为洪水猛兽。面对这样一个科学的思想所产生的重大影响,西方社会的理智使他们冷静下来,从开始的一概排斥和抵制变为研究、吸收与利用。

自 20 世纪 60 年代起,每当理论与实践发生矛盾时,西方经济学家就提出"回到马克思"的口号。马克思被西方社会列为十大经济学家之一,其著作为大学的必备教材。随着社会的发展、时代的变迁,世界上越来越多的人认识到:马克思主义、毛泽东思想是历史发展的智慧凝练,是人类先哲探索的成果集成,是世世代代劳苦大众实践的升华。它启迪思想、指引方向,它揭示规律、成为科学,它适应天下、造福人类,它给这个世界带来公平、正义、富裕、文明。

何以有此感悟?看看历史上人类对美好的追求大概就会明白这一切。从莫尔的《乌托邦》、康帕内拉的《太阳城》,再到 19 世纪欧文等人的空想社会主义,无不具有悲天悯人的高度人道主义精神,希望救万民于水火之中。然而,他们都只能停留在空想上。马克思呕心沥血 40 年,耗费了几乎毕生的精力,终于发现了人类社会发展的基本规律及资本剥削的罪恶渊源,写成了《资本论》。这需要怎样的气度、智慧和毅力啊!他的亲密战友恩格斯同样是一位盖世英才,不仅精通自然科学、社会科学,还掌握了很多种语言。这位天才在弥留人世的最后几天还坚定地表示:我们的事业并不是显赫一时,它将永远存在。

　　如今,永远存在的不仅是事业,而且是思想、是精神。马克思不仅赢得了世界无产者的崇敬,而且赢得了世人的尊重。1999 年,英国剑桥大学就"千年第一思想家"进行评选,结果马克思位居第一。随后,英国广播公司以同一命题在全球互联网上公开征询投票,结果仍然是马克思第一。2005 年,英国广播公司又以"古今最伟大的哲学家"为题调查了 3 万之众,结果还是马克思第一。多么神奇! 坚决主张消灭资本主义私有制的马克思却被资本主义世界一次次评为最伟大的思想家。这个看似令人不可思议的现象再一次告诉我们:真理永辉,正义普世!

　　令我们欣慰和自豪的是,在中华民族的家园中也出现了一位千年伟人——毛泽东。他在把马克思主义中国化的同时,又进行了延伸与发展,从而铸就了毛泽东思想。这个思想在占世界五分之一人口的国度里造就了一个又一个神奇,让中华民族告别了耻辱、扬眉吐气;这个思想让亿万人民在社会主义建设的道路上乘风破浪、气冲霄汉;这个思想洒向世界,让世界向中国伸出友好的手臂,使中国的朋友遍天下;这个思想把中国人民带向世界,带向未来,带向美好。

　　欧美对毛泽东思想的研究始于 20 世纪 50 年代,60 年代以后进入高潮,而 80 年代以后开始反思。他们对毛泽东思想的研究主要是从意识形态着手并总结资本主义自身错误的方面进行的。早在 1948 年,美国学者费正清就提出研究"中国的马克思主义",他的学生本杰明·史华慈于 1951 年出版了后来在西方颇负盛名的著作《中国的共产主义与毛泽东的崛起》,1952 年他又与其他人一起出版了《中国共产主义历史文献》。人们一般把这两部著作看作是西方研究毛泽东思想的开始,这些作者被称为"哈佛学派",又称"自由派"。由于 20 世纪 50 年代美国政府对华政策的限制,当时在欧美研究毛泽东思想的人数较少,影响也不大。

　　从 20 世纪 60 年代开始,对毛泽东思想的研究越来越受到人们的注意,成为研究"中国学"的一个重要内容。由于 60 年代美国出现了"越战、福利、石油危机"三大矛盾,中国社会主义革命和建设取得的巨大成就使美国对中国的封锁、遏制政策彻底破产,也使得他们不仅对马克思主义产生了兴趣,而且对毛泽东在现代中国的理论与实践产生了极大关注。费正清在 1968 年担任美国历史学会主席时发表演讲指出,美国之所以在亚洲接二连三地失败,就是因为执行了错误的政策。他说:"必须把中国古老的格言'知己知彼,百战不殆'变为新时代的东西,必须为与中国和平相处而斗争并取得胜利。"1973 年在美国学术团体主持召开的"把资金优先放在发展'中国学'研究"的会议上,美国学者一致提出"把'中国学'研究作为全国性的事业"。

欧美学者对毛泽东思想的研究辐射面极广,涉及毛泽东的哲学思想、政治思想、教育思想、文化思想和社会思想,出版了大量有影响的学术著作,其中主要有施拉姆的《毛泽东的政治思想》、科恩的《毛泽东的共产主义》、韦克曼的《历史与意志:毛泽东思想的哲学透视》等。在英国,伦敦大学东方与非洲研究学院的现代中国研究所及其所办的刊物《中国季刊》在西方学者中影响十分广泛。该所所长施拉姆对于毛泽东思想的研究尤为引人注意,被西方学者认为是"接近哈佛学派的人"。西方学者在这一阶段的最后一批成果还有《毛泽东的历史地位》《毛泽东传记》《毛泽东的辩证法理论》《毛泽东的〈矛盾论〉》《毛泽东政治思想的基础:1917—1935年》等。

这一时期的研究内容可归结为四个方面:一是传记性著作,二是中国共产党诞生后毛泽东的思想发展史,三是对毛泽东的理论地位的评论,四是对心理文化的研究。

20 世纪 80 年代,欧美学者的研究进入了一个新的阶段。这主要是由于我国在拨乱反正的过程中对毛泽东思想重新作了科学的解释与论述,特别是对"文化大革命"的严重错误进行了深刻的批判,这对欧美学者产成了很大的震动,他们也开始对原来的观点进行反思。从当时的研究状况看,不少欧美学者大量搜集材料,研究毛泽东的政治思想及其方法论与中国社会、中国文化之间的关系。与此同时,也有人开始研究毛泽东思想与邓小平理论之间的关系。

总之,欧美对毛泽东思想的研究,学派纷争,观点各异,各有千秋。出于不同的立场,有人否定或部分否定,但更多的人是公正、客观地研究,因而揭示了毛泽东思想的历史地位和作用,指出了毛泽东思想与中国传统文化的继承关系及其与马克思主义的继承发展关系,指出了毛泽东思想对西方社会的影响及借鉴意义,尤其是毛泽东思想的教育意义、心理文化意义,肯定了"上层建筑对经济基础的作用,即精神向物质的'飞跃'""强调事物和人类感情的辩证运动"等。所有这些,在西方社会的管理中越来越受到关注。

二、欧美管理中的柔性思想

美国对精神资源的开发和利用经历了一个新的突破。1994 年,美国召开第 63 届人才资源开发年会,提出了"开发人力心理资源"的课题,并把这一课题认定为 21 世纪的前沿领域,对精神资源的重视程度可见一斑。

当代美国管理学家米勒于 1984 年在《美国企业精神》一书中提出企业管理的"亲密"原则。他指出,亲密感的需求是一种非常基本的人性需求,有了亲密感,才能提高信任、牺牲和忠诚的程度。他把企业人际关系亲密化程度的演变分为三个阶段:① 工业化之前以家庭为中心的阶段,即把企业员工之间的关系视为家庭关系进行处理;② 工业化时代的敌对阶段,此时组织与个人之间的关系是权力与服从的对立关系;③ 信息社会的命运共同体阶段,此时要求人们建立一种相互尊重、互相关心又彼此独立的新型人际关系,从而创造亲密感。1981 年,美国斯坦福大学帕斯卡尔教授和哈佛大学阿索斯教授在《日本的管理艺术》中提出了美国管理的新思想——七 S 模型。七 S 简言之就是战略、结构、制度、技术、人员、作风、精神。前四项为"刚性"指标,后三项为"柔性"指标。而美国南加州大学奥图教授在《未来的企业》中指出了未来企业必须做好的四件事:合理的工作哲学和工作组织,管理者的价值观,企业文化在生产及行为上的影响,企业文化的正确目标。美国人对企业文化越来越重视,米勒为美国未来企业提出了八项价值原则——目标、卓越、共认、整体、绩效、实证、亲密、正直;迪尔和肯尼迪则提出了构成企业文化的五要素——企业环境、价值观念、英雄人物、典礼和仪式、沟通网络。所有这些研究都从理论上奠定了人本管理的基础,从思想上确立了人本管理的观念。

在实践上,美国企业也迈出了卓有成效的步伐。在 20 世纪 70 年代初尼克松访华以后,美国就开始研究中国的思想工作,他们把中国的思想工作和日本的思想管理融为一体,取得了成效。其中,最突出的就是美国著名的麦道航空公司。该公司在 70 年代就设立了"思想工作部",凡有思想问题或心情不愉快的人,上至总裁,下至普通员工,大到对公司的某些决策有意见、有牢骚,小到情场失意、家庭纠纷,都可以到思想工作部去请教。该思想工作部仅心理学家就有 39 名,专门负责心理咨询。与此同时,工作部还配合公司中心工作,针对职工进行宣传鼓动工作,重点提高职工的责任心、增强使命感。据 1993 年 6 月 10 日《人民日报》的报道,麦道公司还成立了一个"谈心部"。或许它与思想工作部是一套人马、两块牌子,但值得注意的是,这家公司的一名高级管理人员介绍:麦道公司的谈心部是参照中国思想政治工作经验成立的。

1990 年第 23 期《理论与实践》刊载了这样一个故事:上海一家合资企业定期举办培训班,有一次邀请了美国一位管理专家讲课。美国专家在投影仪上弯弯曲曲画了四条红线,向在场人员提问:这是什么曲线?答曰:生产流程工艺曲线。No! 计划指标线。No! 质量标准线,职工考勤线,完成日报,成本变价……No! No! 答案是令人完全意想不到的。这位美国专家说,这四条曲线是中国红军的长征路线。他接着发出感慨:这是世界奇迹,克服了千难万险,但红军并不因为自己多走了路而要奖金。随后他又画了一个小红圈,外面画一个白圈,旁边又画了一个蓝圈。美国专家解释说,红圈是中国共产党,被国民党包围着,蓝圈是美国,为国民党做后盾。当时的国民党比共产党势力大,又有美国支持,但共产党胜利了。红军生活异常艰苦,却无人要求发给额外的补贴,表面弱小的却打败了强大的,靠什么?靠信仰,靠精神……一番话让与会者感叹不已。

不仅企业如此,在军事上美国也特别重视精神的力量。美国著名的高级军事人才的摇篮西点军校对学员的道德养成如同军事素质一样,有着很严格的要求,其主要内容是责任感、荣誉感、民族感。责任感就是随时准备作战,到最危险的地方去接受死亡的考验,按时按质完成一切任务,把个人的前途和愿望建立在完成任务的基础之上;荣誉感就是要有辨别正误的能力,毫不动摇地坚持正确的东西,坚持事实,一切从单位、军队、国家的利益出发,不骗、不偷、不违法乱纪;民族感就是要求军人热爱自己的祖国,勇于为国捐躯、恪守纪律。同时,美国陆军还向士兵提出了"诚实、勇敢、自制、正派、坚定"的品德标准。他们认为,军人应当诚实,不诚实就会毁掉整个部队的道德士气;不论在何种艰难困苦的条件下,都要勇敢尽责;自制才能接受纪律的约束,才能维护军队的统一纪律;应当尊重他人的观点和财产,保持自己的纯洁,承认肤色、政治信仰的不同,做一个正派的人;在困难的时候要坚信自己目标的正确,并决心为之献身。为了促进士兵的思想品德和处世态度健康发展,美国陆军颁布了《品格指导纲要》《品格指导手册》《行动指南》《行为准则》等条令条例,要求士兵每周参加一小时的品格指导课。美国还编辑了两本品格指导教材:一本是《品德箴言》,共六课,即我的国家、做个真正的人、人的社会责任感、持之以恒的奋斗精神、人生的权力、做个公道的人;另一本是《人的自我修养》,共七课,即正确对待自己、正确对待他人、正确对待婚姻、培养内在的责任感、要有目的地生活、关键时刻的道德抉择、继承美国的历史传统。撇开具体的内容,单就教育领域来说,这与我们的品德、理想教育是何其相似! 与此同时,美国对军官的要求也是非常严格的,他们认为"军官是士兵的灵魂"。军官大部分时间和士兵在一起,其一言一行都直接影响着士兵。因此,军官必须时时事事以身作则。

他们不仅平时重视精神的教育和作用,在战场上也非常注意心理的作用。1991 年 1 月,幽默的美国记者从战云密布的海湾战场发回一条消息:尽管中国在这里没有派驻一兵一卒,可是却有一个神秘的中国人亲临前线,指挥作战行动,他就是 2 500 多年前的孙子。这话并非夸张,因为进驻海湾地区的美国海军陆战队军官的背袋里都装着一本《孙子兵法》及一盘解释性录音带。海军陆战队司令艾弗瑞·格雷要求他们反复阅读,务求熟记于心。一部《孙子兵法》,全书 6 000 字左右,言词精粹,内容丰富。在战争问题上,《孙子兵法》主张慎重对待、加强战备、有备无患;在战略上,推崇"不战而屈人之兵",主张在战略谋划上和力量对比上胜敌一筹;在作战行动上,提倡速战速决,突然袭击;在作战指挥上,主张知己知彼、避实击虚、主动灵活、出奇制胜;在治军方面,主张明法申令,恩威、刑赏并用,爱护士卒,善待俘虏。据说,法国名将拿破仑、德皇威廉二世都十分喜爱它。20世纪60年代初,英国元帅蒙哥马利来中国访问时,还当面向毛主席建议,把《孙子兵法》列为全世界军校的共同教材。

英国战略思想家李德·哈特在《战略论》中指出,军事行动要重视刚中带柔的做法。第一,重视心理因素。在物质的领域中,一切工具和条件几乎都常变,唯有心理因素具有较大的恒常性。第二,有效的间接路线。就是如何从敌人内部瓦解民心士气,使敌人自己崩溃。第三,战争的目的就是要敌人投降,使他们的抵抗意志麻木。这样可以避免无辜的杀戮,更可减少自己的伤亡。第四,战争的完美境界就是要产生一个决定性胜利,而不需要任何一个严重的斗争。在这里,李德·哈特所提倡的完全是军事上的柔性攻势思想。

柔性管理的思想在欧美不仅有理论研究,而且有实践活动;不仅吸收了大量的国外柔性思想,而且有自己的创造;不仅在企业管理、军事管理中得到应用,而且在教育、商业、外交、体育、医疗等方面有大量应用。我们介绍欧美关于柔性管理的实践,一方面可以看到东方文明,尤其是中国文化对他们的影响;另一方面要从他们成功的实践中汲取对我们有用的东西,以丰富柔性管理这门年轻的学科,从而让柔性管理在我国的发展中发挥作用。

第二节　亚洲对柔性管理的探索与实践

亚洲是东方文化的源头,是人类最早的发祥地之一,它的风俗文化、传统习惯、思想观念都带有明显的东方特色。这一东方特色又集中表现在中国文化上。本节主要介绍日本、新加坡、韩国等国家和地区在现代管理中的柔性思想,之后再对中国文化在现代柔性管理中的表现进行专门的阐述。

一、日本管理中的柔性思想

（一）日本对毛泽东思想的研究

毛泽东思想不仅是中国人民的宝贵财富,而且是整个人类文明的精神财富。因此,对它进行研究和运用是各国人民都享有的同等权利,不存在垄断和专利。这充分展示了真理面前人人平等、世界文化世人共享的原则。多年来,日本学术界对毛泽东思想进行了广泛的研究。他们凭借地理、历史、文化等方面的有利条件,积累了丰富的文献资料,出版了大量研究论文和著作,其规模之大、涉及的领域之广,在研究毛泽东思想的国外学者群中十分突出。

日本最早接触毛泽东的著作可以追溯到 20 世纪四五十年代。抗日战争期间就有一些官方或半官方的调查机构开始比较系统地搜集中国共产党的报刊和文献,后来又有些学者专程来华,搜集到了当时解放区出版的各种版本的《毛泽东选集》。当时比较认真地学习和研究毛泽东著作的主要是在华的一批日共人员。他们参加了中国人民的抗日战争,有些人目睹了延安整风运动,因而对中国共产党的民族解放理论和有关整风文献有较为直接和系统的了解。他们回国后力图在指导本国的革命实践方面学习中国共产党的经验,从而使日本更多的进步人士接触到毛泽东思想。

而毛泽东思想为日本广大人民所了解,还是在 20 世纪 50 年代以后。从 1951 年开始,我国相继出版了《毛泽东选集》和一些单行本,这些书在日本国内很快就有了译本,在日本民众特别是日本学生中产生了很大影响。这一时期日本出现了一些宣传介绍性质的著述,一些学者开始从事毛泽东思想的研究工作。松村一人于 1954 年出版了《辩证法的发展》一书,对《矛盾论》《实践论》进行了比较深入的分析。

自 20 世纪 50 年代末到 60 年代中期,日本经济的迅速发展带来了许多严重的社会问题,促使一批进步人士更加系统地研究毛泽东思想,试图从中找到解决问题的答案。这时的研究已不完全是学术性的,而是带有鲜明的目的性和应用性。一批研究毛泽东思想的专家学者开始崭露头角,其代表人物就是新岛淳良,他在 1966 年出版了专著《毛泽东的哲学》。此外,除了大学和正式研究机构外,还出现了一些研究毛泽东思想的民间组织,如大冢有章在 1962 年成立了中日友好学院(后称毛泽东思想学院),集中了一批人研究毛泽东思想。

1966 年,中国的"文化大革命"爆发,日共内部也发生了分裂。在这种政治气氛中,日本学者对毛泽东思想的研究也呈现出复杂的局面,但也将研究引向了纵深,主要表现在两个方面:第一,为了理解和评价毛泽东晚年的思想,人们大大拓宽了自己的理论视野。可以说,日本学术界研究毛泽东思想的大部分著述产生于 20 世纪 70 年代。第二,研究的全面展开促进了文献史料的搜集整理工作。日本在 1970 年到 1972 年间就出版了十卷本《毛泽东集》,收集了毛泽东 1917 年到 1949 年的 427 篇著作,之后又编辑了《毛泽东集·补卷》和《毛泽东集·别卷》,收集了《毛泽东集》以外的著作、文章 500 多篇。所有这些,无疑都有助于研究水平的提高。

"文革"结束后,中国总结了社会主义建设正反两方面的经验,完整、准确地理解了毛泽东思想,开始了经济体制和政治体制的全面改革。所有这些都对日本学者研究毛泽东思想产生了影响,使之出现了两个值得注意的动向:第一,一些学者站在新的历史角度和方位上埋头搜集资料,进行更加实事求是的研究;第二,一些学者对中国当前的改革产生了浓厚兴趣,有些人开始对中国改革的理论与实践同毛泽东思想的关系进行比较、研究。

日本对毛泽东思想的研究体现了这样的特点:① 把研究毛泽东思想与研究中国的传统文化相结合;② 把研究毛泽东思想与研究中国的管理相结合;③ 把研究毛泽东思想与研究本国的国情相结合;④ 把研究与应用相结合。因而,日本管理中的柔性思想既有中国文化的折射,又有日本文化的特色。

（二）日本对柔性思想的实践

日本的企业管理在全世界可以说是独树一帜，独具特色。在生存斗争中，日本的企业是一个紧密结合的集体。他们因共同的利益走到一起，组成一个联盟，在无情的竞争中互相团结、并肩战斗，以家庭的规则形成强大的力量。这些管理中体现了典型的柔性管理思想。

第一，休戚与共的集体意识。日本经济的迅猛发展和现代化得益于日本人传统的团体意识和归属意识。正如美国人赖肖尔在《论日本人》一书里所说的，日本人和欧洲人最显著的不同点是日本人重视集体意识。日本人的集体意识突出表现在：个人对集体忠诚，重视个人与集体的融合，崇尚儒家倡导的道德规范。企业还特别重视集体内部的和睦，经常举行形式多样的活动，诸如举办有职工家属参加的运动会，组织集体旅游及年末的忘年会等，使职工逐渐与企业的命运联系在一起，使职工工作并非出于个人的目的，而是出于对集体的责任。职工一旦被企业所录用，工作就成为一种自豪，同时由于生存的压力和稳定的归属意识，会对集体的一切决定绝对服从，即使心中不快，也要为求得"一致"而听命。日本人十分忌讳被"解雇"，因此也就更加重视集体内部的和谐，一般不喜欢采取和别人相悖的行为。所以，同心同德、群策群力、完成任务、积极奉献就成为日本企业职工公认的美德。需要指出的是，日本企业职工集体意识的另一个侧面是集团竞争的必然结果。日本企业集团具有激烈的竞争性，如日产汽车与丰田汽车、松下电器与索尼电器、京都大学与东京大学都存在着激烈的竞争。同时，集团内部、职工之间的竞争也日趋激烈，他们把竞争视为显示自己能力的手段。因此，我们说日本的集体意识是日本经济成功的重要原因之一。

第二，"以人为中心"的人本意识。与西方企业推行"以物为中心"的管理方式不同，日本企业推行的是"以人为中心"的管理方式；西方人把企业看成"利益社会"，日本人则把企业视为"命运共同体"；西方企业把人际关系契约化，日本企业则使人际关系亲密化；西方企业把工作以外的私人关系看作"不正当的恋爱"而极力阻止，日本企业则把亲密的人际关系看作"美妙的婚姻"而公开地提倡;西方企业只鼓励人与人之间的竞争,日本企业则鼓励人们的互相合作和支持;西方企业存在着威严的上下级关系,日本企业的管理者和职工则是"前辈"和"后辈"、"家长"和"子女"、"老师"和"学生"的关系。总之,与西方的个人主义、制衡思想不同,日本企业强调和谐、尊重、自觉、归属,它的组织观念是"家族主义"的,它的领导作风是"家长作风",注重和谐、强调沟通。日本企业管理的三大支柱是"终身雇佣制""年功序列工资制""企业内工会"(有人还加上了"集体决策制"),这三大支柱是日本企业维持亲密型人际关系的制度保证。而这一切之所以得以顺利地推行,在于中国儒家所提倡并经过日本文化吸收改造的家族主义的文化传统。正如美国管理学家米勒所说:"美国的企业不可能采用日本的终身雇佣制,也不能像日本那样,促使员工对公司毫无保留地效忠。"

第三,始终如一的教育意识。日本企业对职工的教育是严格的和一贯的。确定工作单位后,职工首先要接受几个月的培训,有的大公司还要进行军训。这些措施都是为了帮助新来的职工适应公司的环境。正像企业咨询顾问松阪所说:"培训是为了让新职员早日适应环境,成为公司的一名优秀职员。而更多的是培养他的集体合作精神,让他产生自信心。"许多公司在头几周还让新来的职工打扫洗手间,一些公司还送新职工到训练营地,通过夜行军加强他们互助友爱和团结协作的精神。还有的公司对新职工进行心理教育,使他们在内心深处与企业保持和谐,让他们明白,盛气凌人和追求虚荣在企业里是没有市场的。成为终身雇员之后,职工还要不断地接受技术培训和职业道德及心理素质的培训,把成为企业忠诚的战士作为自己的理想。

第四,开发众能的民主意识。日本企业普遍有一种观念:信息社会中人及知识成为最重要的资源,只有善于利用"人的资本",才能最终取得胜利,其基本要义就是"同知、同想、同决策、同负责"。这意味着与传统的观念诀别:传统的观念把职工的作用和角色视为可以购进、使用、解雇和交换的生产要素,而现在人的资源不再是可以任意摆布的乌合之众,应理解为含有潜能的因素,不可只当作增加成本的因素。这种观念决定了企业中的人都要参与决策,不能搞信息垄断;否则,企业的理想就无法成为现实。这种民主的管理方式要求拆除无数的隔音墙,这种墙不仅建在公司的楼房内,也在人们的头脑中。为了形成日本企业管理的特色,正像日本一位企业管理专家所说的:"我们这一套对人的思想管理,一些是从美国行为科学中学来的,还有一些是从中国的儒家思想和《三国演义》中学来的,再加上日本人的拼搏精神,就构成了日本式的企业思想管理。"因此,当我们漂洋过海到日本学习革新创造的"先进经验"时,日方竟直言相告:这不过是学习中国的"两参一改三结合"经验的结果。

日本企业重视精神资源的开发、注意调动职工潜在的积极性已经形成传统。日本大企业家、被称为"经营之神"的土光敏夫,在其《经营管理之道》中提出了许多取得事业成功的诀窍,而他的第一条要诀就是"信念是取得成功的起动力"。他说:"使人取得成就、得到成功的力量是什么?在这种力量中,当然包含着能力。可是能力是必要条件,但还不是充分条件。这个充分条件,就是还需要一种能赋予能力以起动力、黏着力、浸透力及持续力的力量。我们把它称为'执着的信念'。"他解释说,这种信念就是自信心。自信既是能力又是信念,它能给人以见难而上、百折不挠的力量。日本有一个2 000人规模的中型企业,其思想管理中的八条原则是:荣誉高于金钱;艰苦创业;质量第一;关心职工生活,注意工作方法;"两参一改三结合";劳资一家,亲如兄弟;建设企业文化,提高职工素质;发展产业,报效国家。不难看出,其中的不少内容是从中国学来的。美国也学习日本的经验,从20世纪80年代初就开始重视职工培训,每年用于培训的经费达600亿美元,相当于48所普通大学全年经费的总和;培训的职工每年约800万人,和在校大学生差不多。然而,美国的培训着重于技术,对思想管理重视不够,因而培训的成效不大。相比之下,日本人不仅爱学习,而且尤其注意思想的教育。

二、亚洲"四小龙"管理中的柔性思想

被称为亚洲"四小龙"的新加坡、韩国以及我国的台湾和香港在20世

纪末的经济腾飞引起了世人的注目。究其原因,人们发现伦理道德、精神力量发挥了极其重要的作用。

（一）新加坡的价值设计

新加坡的经济腾飞、社会稳定是在前总理李光耀大抓伦理道德建设的背景下形成的,他对学校教育和企业的职业道德教育抓得很紧。美国一些"新儒家"学派的成员,如杜维明等人,被新加坡政府请去进行"伦理价值设计"。美国的社会学家认为,亚洲之所以会出现"四小龙",是因为他们拥有东方文化的支撑,而这又与儒家文化有密切的联系。

李光耀在执政期间一贯强调中国传统的价值观。他在1978年国庆群众大会上一再强调"母语价值观会给我们自信心、胆识和冲动"。他认为,谁失去了文化的根基,谁就有一种若有所失的感觉。李光耀说:"我讲英语可能比讲华语好。但是,即使千年万代我也绝对不会变成英国人,我的内心也没有西方价值观念,有的是东方的价值体系。我要用生动的例子说明思想体系的作用——那种自信心、胆识、热情和充沛的精力。"因此,他提倡学好华语,传授传统的道德观念,教师要首先成为道德品格的导师,发扬待人以礼的美德,恪守五伦,奉养父母。

此外,李光耀还提出了许多闪现着柔性管理思想的见解。他强调保持廉洁,杜绝贪污,指出"我们当政,素以廉洁、公正和效率为依旧";他提出"重用人才,给人才公平待遇",认为"不能只一味要求人才做出贡献,而不给他们公平的待遇";他以身作则,"每一个人的薪酬都提高,总理例外";他提出确定需求、培育人才,如何把工作素质和道德品质兼具的人才分配到政府部门和法定机构是他认真对待的工作之一;他提出管理者与被管理者同舟共济,公务员公开任命,加强合法性;他提出劳资携手提高生产力,认为"一旦失去了和谐,劳资敌对,劳心者与劳力者相轻,熟练工人与非熟练工人不相容,那么,我们的麻烦可就大了",因此,"我们要劳方、资方与政府三方面合作无间,同舟共济",这种劳资政三位一体、发扬合作的精神被李光耀认为"是一项重要的资产";他还提出要向人民群众多做说服的工作,做出了提高人口素质的重大决策等。

　　李光耀一生历尽风云变幻，对政治有深刻的体会。多年来，面对西方媒体的批评，他不亢不卑，以雄雄辩才在国际论坛上畅说他对民主与人权的看法。进入 20 世纪 90 年代，他周游各国，针对民主与人权问题多次演说。他坚持民主与人权必须建立在经济发展的基础上，认为没有繁荣的经济、安定的环境，谈论民主与人权毫无意义。他认为，西方的民主与人权生长于西方土壤，不能放诸四海而皆准，东方的土地孕育不出西方民主政治的繁花盛果。所有这一切，造就了带有新加坡特色的管理文化，造就了新加坡的成功管理。

　　（二）韩国的发展文化

　　韩国的企业刚开始发展时考虑的只有一个问题——"过上好日子"，当时想的是"吃饱了肚子才算人，米缸里面出人心"，所以不顾一切地赚钱。当企业有了一定程度的自立能力之后，就开始扩张势力，争先恐后地增加资本，都想成为大企业。但是，由于没有真正的文化，永远不可能成为一流的企业。事实正是这样，当企业发展了，物质丰富了，担心吃不饱肚子的日子过去了，人们在丰裕的物质生活面前却茫然了，思想空虚了。这是为什么？他们开始研究这一令人困惑的问题。韩国高丽大学原校长洪一植说："道德性是优秀企业文化的绝对标准。立足于道德性树立企业文化，是成为世界一流企业的首要条件。"他的结论是："树立企业道德是比开发尖端技术和改善企业体制更重要的事情。"韩国人认为人的欲望有三个阶段：第一个阶段是基础欲望，追求衣食住的满足；基本上满足了这一欲望之后就上了一个台阶，开始要求提高在社会上的地位，这就是同名誉欲相联系的权力欲；满足了这一欲望之后，便开始追求最后的欲望，即追求生活的质量和价值的文化欲望。他们认为，财富和权力可以在一朝之内获得，也可在一夕之间丧失；财富和权力是幸福的表面，文化才是幸福的本质，而文化的基础是道德，它决定生活的质量。

　　他们还认为，人类欲望的三个阶段也符合企业的发展史，因而提出了韩国企业发展竞争的道德性问题。如何树立企业的道德性呢？集中到一点就是依靠本国高度的道德文化传统——"孝道"。他们深感正处在一种没有道德基础的物质丰富的严重虚假现象之中。他们发现,西欧现代化的浪潮冲击传统的道德文化,使过分的个人主义、上下左右之间的隔阂日益严重,必须认真反省这一点,以"孝道"把现在的幸福同过去和未来的幸福联系起来,使上下左右之间关系融洽,在"孝道"的基础上实现人类真正的繁荣。他们充分开发"孝道"的内涵,并赋予它新的外延:不仅倡导孝敬父母、孝敬老人,还应延伸到企业与国家,效忠企业,尽心尽力,效忠国家,忠于职守……要把"孝心"变成"爱心""忠心",使人与人之间充满团结、和谐,社会充满昂扬奋进的气氛。

(三)我国台湾的理念领导

20 世纪 50 年代初,我国台湾地区满目苍凉。而几十年以后,到 20 世纪末,台湾地区的国民生产总值比 1952 年增长了 60 倍,人均收入增长了近 30 倍。如此可观的发展速度,原因何在?对此,我们不去做全面的探讨,单就管理方面所发生的质的变化进行一些介绍。

20 世纪 50 年代初的一天,蒋介石的办公桌上忽然出现了一本不平凡的书——《中国革命战争的战略问题》,作者乃是海峡彼岸的毛泽东。此书写于 1936 年 12 月,为什么 14 年以后蒋介石又把它找回来了呢?原来,他正在做着沉痛的反思。当年他也曾经翻过这本书,可那时忙于打仗,心静不下来,而且那时也颇为自负,心也诚不下来。如今有了时间,重读此书,他感慨万千。他这才明白,毛泽东确实是一位熟知战争规律的战略家,正是用这些战略战胜了自己。

自此,台湾地区的有识之士开始了对共产党伟大实践的研究,《共产党的辩证法》《共产党的整风》《共产党的干部教育》《共产党的思想政治工作》等研究成果问世。于是就有了台湾地区的三次政治变革,同时也有了三次经济改革:20 世纪 50 年代的旧币和土地改革,60 年代初的经济转型和贸易体制改革,80 年代的"三化"——自由化、国际化、制度化,用以推动经济转轨和工业升级。

在此期间,结合对儒家思想及中华传统文化的研究,台湾地区逐渐形成了"压力管理"和"理念领导"并行的框架。"理念领导"强调对来自不同家庭的企业成员要沟通思想,使员工具有共同的观念和认识。员工有其不同的经历、专长、背景,要用"理念领导"的统御方式在员工之中形成共识,从而让员工做好自我管理,提高工作意愿。这要求企业管理者必须制定经营理念和经营方针,如经营理念为"品质、责任、创新、荣誉",经营方针为"育才留才、研究发展、产业升级、共享繁荣",从而使员工形成共识,共同努力追求更美好的未来。当然,"理念领导"的内容远不止这些,它还包括管理者自身的行为和管理的思想、方法。很显然,"理念领导"是一种柔性的管理认知。同时,"压力管理"也不全是刚性的管理,其中激发人的潜力、荣誉利益驱动、运用压力技巧、集众智等思想都是柔性管理的体现。

台湾地区在几十年的研究中,提出了"管理现代化"的目标。这一目标的本意是指中国人应该走自己的路,要摆脱"全盘西化"的观点,要"创造中华文化的新意义",既不盲目复古,又不任意抛弃传统,从而"创新出既能适应中国环境,又能符合现代化需求的管理制度和方法"。台湾地区的管理特别强调管理者的"安人"思想。为此,他们对管理者提出了八项要求:① 真诚服务。服务真诚,才能获得员工良好的感应,才能彼此相安。② 给予尊重。员工如果得到尊重,就能心安。③ 适当关怀。彼此关怀,大家都安;失去关怀,则容易引起猜疑和反感,形成不安。④ 安定保障。工作有保障,心即能安;动不动就解雇,或心存排挤,员工便不能安。⑤ 合理待遇。待遇太低了大家不安;太高了则引起同行和大众的怀疑和指责,心亦不安。⑥ 工作适合。胜任愉快,自然能安;太多太重太难,或过少过轻过易,都会带来不安。⑦ 适时升迁。该升则升,不该升则不升,大家自然心安;升迁不当或不合时宜,都将导致不安。⑧ 创业辅助。对于特别有才能而又愿意创业的员工,给予辅助,则人才自安。

由此,台湾地区学者提出了中国式管理现代化的思想:① 管理的意义是修己安人。修己是管理的起点,修己的目的在于安人,即推己及人。② 管理的最终目的在于安人。能够安人的管理才是真正的人性管理,不能安人的管理就谈不上合理化。③ 管理的有效力量是感应。虽然感应的力量看不见,但任何人都不能否认其存在。人同此心,心同此理,便是人与人间互相感应的结果。组织成员彼此感应,才能成为一家人。④ 管理的根本精神在中道。中道的真正含义是"合理",所有的人、事、地、物、时的管理都要力求合理。⑤ 管理的最佳原则是"情、理、法"。凡事先尊重对方,动之以情;无效时才晓之以理;再无效,则依法办理。⑥ 管理的基本方法是"经权法"。即站在不变的立场来变化,使事情越变越好,越变越通。⑦ 管理应该发挥象棋的 12 特色。即管理要做到天人合一、确立制度、公平竞争、组织精简、各施所长、互依互赖、无为而治、民主自治、竭尽心力、贯彻始终、千变万化、和平融洽。⑧ 管理的最高境界在"无为而治"。无为而治就是人们所企盼的自动化管理。组织成员自动自发,尽量发挥潜力,人人自由自在而又不致无法无天,即"从心所欲,不逾矩"。

对于上述中国式现代化管理,台湾地区学者称为"软体"工程,若能如此,"即能持经达变而继旧开新了"。美籍华人、美国夏威夷大学教授成中英就是在这样的背景下,经过多年的潜心研究创建了"C 理论",其重要的思想就是"中国管理科学化、科学管理中国化"。

通过以上对亚洲典型国家和地区在管理方面的柔性思想的介绍,可以看出柔性管理思想在亚洲要比在欧美突出得多,也丰富得多。这不能不说是源远流长、博大精深的东方文化带给我们的恩泽。作为东方文化核心的中国文化,对亚洲乃至世界的影响都是不可低估的。

第三节　现代中国柔性管理实践

中国的柔性管理思想既久远又深邃,中国的柔性管理实践既丰富又系统,所以中国人谈论柔性管理最有资格、最有基础。几千年的中国文化把"仁"与"智"巧妙地运用于管理,强调人性的自觉和理性的自觉,把整个世界、天地、宇宙看成一个太极,研究其整体、定位、应变、协调与创新,以期透过人性和理性的自觉达到建立人类理想世界的目标。因此,在管理中强调"以柔克刚""天下莫柔于水,而攻坚者强,莫之能胜""天下之至柔,驰骋天下之至坚"。这一管理思想贯穿中华民族的整个历史。到了现代,中国的管理在这方面又有了进一步的发挥,以至于形成了现代中国管理的一个特色和优势,成为现代中国治军、治国的既定原则和方法。

一、毛泽东等老一辈革命家的柔性管理思想

中国的柔性管理思想从历史上来看是一贯的,是在不断发展和丰富的。现代中国的柔性管理从理论到实践、从思想到方法,都较以前更为光彩夺目。这些思想一方面来自我国传统文化,来自群众的实践;另外一个重要的方面就是来自毛泽东等老一辈革命家的贡献。其主要表现有如下八个方面:

(一)全心全意为人民服务

这是毛泽东倡导的一条根本宗旨,也是管理工作的根本宗旨。他终生不渝地用这一条要求各级各类干部,对以权谋私的行为深恶痛绝,20世纪50年代的"三反""五反"等就足以反映他的决心和魄力。他要求各级领导、管理干部关心人民的生活,提高人民的物质、文化生活水平,要个人利益服从集体利益,局部利益服从全局利益,从而奠定了管理者行为的思想基础。

(二)依靠群众参与管理

毛泽东认为,群众是真正的英雄,群众中蕴藏着极大的积极性和创造性。他强调,在工作中遇到难题,不要独自苦思冥想,要到群众中去找办法,让群众帮助出主意。他要求干部把所做的事向群众讲清楚,听取他们的意见,让他们参与。毛泽东批示的"鞍钢宪法",就明确提出了让工人参加管理。他的这一思想贯穿于管理的全过程,即在决策的制定、实践以及管理的自身活动中,都要依靠群众。他向全党干部指出:"从群众中集中起来又到群众中坚持下去,以形成正确的领导意见,这是基本的领导方法。"①这种"领导和群众相结合",从群众中来到群众中去的无限循环的

---

① 毛泽东选集:第3卷[M].2版.北京:人民出版社,1991:900.

思想方法,被毛泽东提高到了哲学的高度,他说:"这就是马克思主义的认识论。"①

(三)发挥人的因素的作用

毛泽东尤其重视人的作用。他说:"世间一切事物中,人是第一个可宝贵的。"②他批评那些只重视物而忽视人的作用的人,是"见物不见人"。因为任何物都是由人创造出来的,在人和物这两个方面,人是决定性因素。在革命和建设的过程中,只要人的积极性充分调动起来,就没有不成功的。因此,他要求各级组织和干部高度重视人的工作,办一切事情都要思想领先,掌握思想教育,创造良好环境。只有这个问题解决了,群众认清了道理,行动出于自觉自愿,才能团结一致,万众一心,群策群力;才能调动起一切积极因素,团结一切可以团结的人,并尽可能将消极因素转变为积极因素,为伟大的社会主义事业服务。

(四)重视领导者的影响力

毛泽东一贯教育干部要以身作则,身先士卒,用自己的模范行动去教育群众和影响群众;要求领导者吃苦在前、享乐在后,"先天下之忧而忧,后天下之乐而乐";凡要求下级和群众做到的事,领导者自己首先做到,强调身教重于言教。毛泽东自己就是这方面的典范。他历来注意自身的形象,注意用自身模范的行动去影响人,不管是战争年代还是和平时期,不管是危险面前还是困难面前,不管是贫困时期还是富裕时期,不管是在外国人面前还是在中国人面前,不管是要求他人还是对待自己的子女……他都做到对己对人的统一、人前人后的统一、历史和现实的统一。因此,他不仅生前具有巨大的影响力,逝世以后也是人们怀念和学习的楷模。

(五)胸怀全局的战略思想

毛泽东认为,一事物与他事物及一事物的内部各个部分都互相联系、

---

① 毛泽东选集:第 3 卷[M]. 2 版. 北京:人民出版社,1991:899.
② 毛泽东选集:第 4 卷[M]. 2 版. 北京:人民出版社,1991:1512.

互相依存、互相制约,并共处于一个统一体中。无论在指导战争还是国家管理中,研究和处理问题都要从全局出发,忌带片面性。不要只看局部,不看全体;只看树木,不看森林。在工作中,他要求一个地区、一个部门、一个单位的负责人统筹全局,正确决定每一时期的工作重心和工作秩序。在一定时间内只能有一个中心工作,辅以别的第二位、第三位的工作,将各项工作摆到适当的位置上。毛泽东的这一思想从根本上克服了那种朝令夕改、顾此失彼、极端主义、随心所欲的简单经验式的管理方法,为科学管理提供了辩证的思维方式。

(六)一切从实际出发

毛泽东说:"按照实际情况决定工作方针,这是一切共产党员所必须牢牢记住的最基本的工作方法。我们所犯的错误,研究其所发生的原因,都是由于我们离开了当时当地的实际情况,主观地决定自己的工作方针。"[1]他坚决反对照搬照抄外地的、外国的经验,也反对不顾客观情况的变化而固守原来的经验。他提倡因地制宜、因时制宜、因事制宜、因人制宜,一切从实际出发实施管理。实际上,这就是我党一贯倡导的实事求是的思想路线。

(七)理论与实践相结合,一般与个别相结合

理论与实践相结合是中国革命的优良传统之一,一般与个别相结合是基本的管理方法之一。两者说明了一个共同的问题,那就是普遍存在于具体之中。任何工作,如果没有普遍的理论做指导,没有普遍的号召,就没有方向,就没有运动。但仅此还不够,还必须把理论落到实处,根据具体情况灵活运用;必须把一般的号召与个别工作相结合,深入实际、突破一点、取得经验,使一般号召落到实处。实际上这是具体问题具体分析,是原则性和灵活性的统一,是理性与感性的统一。

---

① 毛泽东选集:第 4 卷[M].2 版. 北京:人民出版社,1991:1308.

（八）民主与集中、自由与纪律的对立统一

民主集中制是党的组织原则。对人民群众要实行广泛的民主，要让人讲话。凡属思想性质的问题、人民内部的争论问题，只能用讨论、批评、说服、教育的方法去解决，而不能用强制、压服的方法去解决。但又不能搞自由主义、无政府主义和极端民主化，它影响斗志、涣散人心，因此又必须在民主的基础上实行集中。自由和纪律也是如此，自由是必要的，但又是相对的，自由是相对纪律而言的。不可以没有自由，也不可以没有纪律。

毛泽东等老一辈革命家的柔性管理思想贯穿着唯物辩证法，是马列主义与中国革命和建设实践相结合的产物。这一思想的核心是把人放在中心地位和主人翁地位，把管理工作的重点放在充分调动人的积极性和协调好人际关系上；是理论联系实际，按实际情况处人、处事；是管理者运用自身形象影响教育他人。毛泽东等老一辈革命家的思想是一个浩瀚的海洋，既是对中外传统智慧的继承，又包含了在极其复杂艰苦条件下的天才创造。西方学者普遍认为，毛泽东等老一辈革命家使中国获得的国际影响与地位要远远高于其物质力量可能提供的水平。有的西方学者认为，毛泽东的一系列理论与高超的战略眼光为中国人民提供了信心、意志力和操作技巧。这就是为什么我们能够从毛泽东思想宝库中理出柔性管理思想的原因。

二、治军中的柔性管理实践

中国革命的历史主要是武装斗争的历史，在这一革命进程中，军队的建设尤为重要，军队的工作几乎囊括了所有的革命实践。治军中不仅有严格的纪律，而且有柔性的教育，军队不仅有波澜壮阔的战斗，而且有和风细雨的思想工作。二者有机结合，才使得我们的军队无往而不胜。

在国内革命战争时期，军队中设立党代表和政治部，强调要"加紧官兵的政治训练"，实行军队的民主主义，创立了军队的政治工作，提高了军队的思想政治素质和战斗力,从而在物质条件极差、环境极为艰苦的条件下,始终保持着旺盛的精神。在此期间,军队对群众开展了强有力的宣传工作,主动占领舆论阵地。相信群众、依靠群众、放手发动群众、尊重群众的首创精神,已成为我军群众工作的理论基础。

在抗日战争时期,军队开展了形式多样、生动有效的思想工作,取得了丰富的经验,形成了政治工作的基本原则,即官兵一致、瓦解敌军和宽待俘虏。总结出了政治工作的系统方法:① 规定宣传任务和内容,在思想上动员人民为民主革命彻底胜利而奋斗;② 强调要实事求是、言行一致,抓住群众最关心的问题进行宣传教育;③ 论述了党内教育工作、群众鼓动工作、文化运动工作要互相配合、互相促进的道理;④ 强调宣传鼓动工作和组织工作是我党宣传工作的车之两轮,缺一不可;⑤ 强调干部培养。这一时期,军队开展了整风运动和思想政治教育运动。有力的思想工作使我们在极其困难的条件下发展壮大了人民军队,巩固和扩大了抗日根据地,最后夺取了抗日战争的伟大胜利。

在解放战争时期,为了克服军队中存在着的教条主义和形式主义作风,团结官兵,团结军民,团结友军,瓦解敌军,保证练兵、供给和作战任务的完成,我军实行了政治、经济、军事三大民主,开展了以诉苦和三查(查阶级、查工作、查斗志)为内容的新式整军运动。在解放区农村,开展诉苦运动,实行土地改革,开展拥政爱民活动。在战场上,对被俘士兵进行阶级教育和政治工作。所有这些都对夺取全国胜利起了十分重要的保证作用。

新中国成立以后,中国人民解放军不仅继承发扬了在治军方面的优良传统和作风,而且在思想建设、作风建设和现代化建设中发展了这一柔性思想,出现了学习毛泽东著作热潮、练兵习武热潮。在参加工农业建设、开展群众工作的过程中创立了"一帮一,一对红""官教兵,兵教官"等思想、业务工作的好形式,涌现出了"南京路上好八连""硬骨头六连""雷锋班"等一批先进集体,造就了欧阳海、麦贤得、雷锋、朱伯儒等一批新中国的英雄。

我军在管理工作中的柔性管理思想表现出了强大的战斗力以及对敌

"有理、有利、有节"的斗争策略和艺术,是我军无论战争年代还是和平建设时期永葆战斗力的精神保证。

对于这个问题,蒋纬国也发现了其中的奥妙。他在 1990 年出版的《柔性攻势》一书中,不仅总结了苏联夺取沙皇政权的四大成功因素(心理作战,争取民心;以共产主义思想影响民心;以共产党员为推动力;针对人民的需要号召群众参加革命),而且分析了中国共产党夺取全国政权"完全是运用'以柔克刚'的思维理念。其中,民心争取与掌握、组织的严密与工作精神、因势利导的造势与用势,尤为其主要之方法"。由此,他得出结论:任何一个共产党政权,无不以唯物辩证法"矛盾统一"的基本战术为夺取政权的最高准绳。它的运用原则乃是动摇敌人意志,改变其政策,分化其阵容,利用其内部斗争,再以和平手段进行政治干预,这都是基于"矛盾统一"的原理。它的具体手段是:以心理战争取人心,以共产主义思想教育与影响民心,以共产党员的渗透分化为推动革命的工具,针对民意需要号召群众参加革命。蒋纬国的这些论述从另一个侧面反映了我军在治军和战争中所表现出的柔性思想的威力之大、影响之深。

三、治国中的柔性管理实践

新中国成立以后,党的事业转入了一个新的阶段,开始了由战争转向和平,由打仗转向建设,由治军、治党转向治国、治党、治军并重的阶段,因而柔性管理也运用到了各个方面。

在新中国成立初期,毛泽东提出了警惕资产阶级"糖衣炮弹"的问题,要求务必保持谦虚谨慎、戒骄戒躁和艰苦奋斗的作风。这一教育活动包括了忆苦思甜、爱国主义和国际主义教育、劳动竞赛等。同时,还开展了学习文化、扫除文盲的工作。这一时期,整个社会风气健康向上,干群关系融洽,是新中国历史上光辉灿烂的一页。

在全面建设社会主义时期,针对国内出现的各种矛盾,我党又不失时机地提出了思想工作必须实行"团结、批评、团结"的方针;在与民主党派的关系上,实行"长期共存,互相监督"的方针;在发展科学文化的工作中,实行"百花齐放，百家争鸣"的方针；在经济工作中，实行"兼顾国家利益、集体利益和个人利益"的方针。在具体工作方法上，坚持做耐心的说服教育工作，要人家服，只能说服，不能压服，压服的结果总是压而不服。

在这样的原则下，工作中出现了许多行之有效的做法："抓两头带中间""树立标兵""典型引路""向雷锋同志学习""评比竞赛""个别谈心""对症下药""一把钥匙开一把锁"……从而创造了一种激昂奋进、催人向上的氛围，使人们的潜能得以最大限度地发挥，出现了"让高山低头、让河水让路"的气冲霄汉的社会主义建设热潮。在这一时期，尽管国际国内天灾人祸不断，人民饱尝精神和肉体的磨难，在建设社会主义的积极性、创造性上却发挥了发自内心的"冲天干劲"。这是我国柔性管理的实践在各个领域全面展开的时期。

"文化大革命"时期是全国人民的灾难时期。这一时期，柔性管理的实践不仅没有发展，而且大步地倒退。在"精神万能""政治可以冲击一切""大批判开路"的口号下，人们的心理和行为被扭曲，人们的潜能无从发挥，人们的"干劲"是一种心理变态下的表演。这一时期，无论政治、经济、文化还是管理、组织、协调都出现了前所未有的倒退，给我国社会主义物质文明和精神文明的建设造成了巨大的损失。这一段历史让我们痛感离开了柔性管理，人与人之间就失去了那种真诚和有机的联系，人力资源的潜能就无从开发。

在新的历史时期，中国人民吸取了正反两个方面的经验教训，借鉴国外先进的管理思想和方法，运用心理学、管理学、行为科学和人际关系学等科学知识，在更加理性的基础上开始了我国更高阶段的柔性管理的实践。党中央很快确定了"解放思想，开动脑筋，实事求是，团结一致向前看"的指导方针，确定了"实践是检验真理的唯一标准"的指导思想，把思想政治工作落实在业务上，激励人们建设社会主义的积极性、创造热情和献身精神，把全民族的力量凝聚到建设中国特色社会主义的宏伟事业中来。在进行中国的历史教育、社会主义传统教育、国情教育、民主法制教育、独立自主和艰苦奋斗教育、反对个人主义和反对"一切向钱看"的教育、民主集中制教育、反腐倡廉教育的基础上，明确提出了新时期人的工作的"八个坚持"：① 坚持人的工作与经济工作一道去做；② 坚持先进性与广泛性的统一，提倡先进道德；③ 坚持自我教育，启发群众的主动精神；④ 坚持正面教育，用积极因素克服消极因素；⑤ 坚持办实事，把热情服务与耐心教育相结合；⑥ 坚持寓教于文、寓教于乐，在丰富多彩的精神文化生活中受感染和熏陶；⑦ 坚持尊重人、理解人、关心人的原则；⑧ 坚持身教与言教相结合，发扬以身作则、率先垂范的优良作风。这八个坚持充分体现了在新的历史时期，我国柔性管理思想的新发展。"八个坚持"的核心就是以人为本，充分调动人的潜能，最大限度地为社会主义建设做贡献。

这种以人为本的人本管理思想引起了人们普遍的兴趣和重视，尤其引起了企业管理者的重视。1995 年 3 月召开的全国人大会议上，众多的企业家面对"同样的天、同样的地"，有的企业搞活了，有的企业却陷入了更深的困境这样一个现实，讨论企业"人本管理"的迫切性。他们提出"企业无'人'则'止'""开发人的智力，挖掘人的潜力，提高人的素质，是管理成败的关键所在""人人都是管理者，同时又都是被管理者""最终在企业起决定作用的乃是企业主体：人"，因此应"切实加强以人为本的企业管理，这是国有大中型企业在激烈竞争中立于不败之地的根本"。进入 21 世纪，我国进一步理性地、高瞻远瞩地掀起实施人本管理、建立和谐社会的热潮。对内提出人才强国、科技强军、共同富裕，依法治国与以德治国相结合；对外提出构建人类命运共同体，共商共建共享……进一步展示了21 世纪中国柔性管理思想的风采。古老的人本思想、传统的柔性管理在新的历史时期正发挥着它的特殊作用。

四、中、日、美三国管理特色比较

我们毫不怀疑，科学的管理将因柔性管理的出现和深化而变得完整、充实和光彩夺目。在世界范围内，不管哪个地区和国家，柔性管理的目标都是一致的，但在思想基础、理论基础、思想方法、领导形态等方面又存在着许多的不同，这是由各国的管理理念、民族习惯、文化传统所决定的。

因此,我们在一般性地介绍世界范围内的柔性管理的同时,也注意它们之间的区别。这些区别就是特色,就是各自认为的优势。我们选择了在柔性管理的研究与实践方面进行过大量探索并具有代表性的中、日、美三国进行对比,以进一步加深对柔性管理的了解。

(一)在思想基础方面

中国是太极思想,讲求和谐中道、天人合一;日本是大和思想,强调忠勇服从、自强不息;美国是制衡思想,注意控制平衡、监督制约。

(二)在理论基础方面

中国是集体主义,强调奉献舍己,我为人人,人人为我;日本是集团主义,宣传责任和归属;美国是个人主义,鼓励个人奋斗,强调自我价值,注重实惠。

(三)在思想方法上

中国注意适度,合理追求圆满;日本强调绝对化,下级对上级无条件服从;美国注重业绩,依据实践结果进行评判。

(四)在领导形态上

中国是无为型,强调表率作用,注意人心的向背,希望发挥精神的作用;日本是协调型,尽量避免对抗,注重和谐,用家族式管理达到上下沟通;美国是指挥型,常用命令方式,时有面对面的对抗,也注意透明度,但主要是自上而下沟通。

(五)在工作方法上

中国重安人,通过人心安定达到管理的目的;日本重利益,用利益驱动达到管理的效果;美国重绩效,通过考核业绩确定升降去留。

（六）在综合效果上

不同的思想、理念及方法形成了不同的劳动氛围。中国是安心愉快地把工作做好，在体力和脑力上也许是辛苦的，但在精神上是轻松愉快的；日本是辛苦劳累地把工作做好，在绝对服从和利益压力之下不敢怠慢、不能反抗，但心理上有安全感和归属感；美国是紧张忙碌地把工作做好，有明确的责任、严格的考核和控制，普遍存在不安全感，但却有公平感，个人自由度较大。

中、日、美三国这种管理上的差别就决定了它们在柔性管理的实践中永远不会统一在一个水平上，各国将按照自己的文化传统，结合本国的实际"走自己的路"，形成自己的特色。

第三章

理性认知

——柔性管理的基本理论

　　管理的历史沿革给我们提供了一个基本的事实,那就是从古代管理到近代管理,再到现代管理,始终贯穿着"治人"与"仁治"的思想。只是这种思想在不同的历史阶段所占的分量以及表达形式有所不同罢了。古代社会的管理,内容简单,形式笼统,基本上包含在"国家管理"的框架之内。近代社会的管理,开始从人的心理和行为规律上进行研究,目的是提高劳动生产率,但并没有超出"劳动管理"的范畴。到了现代社会,对人的管理突出了尊重、理解、关心,强调机会均等、人格尊严、公平和谐,这类管理成为柔性管理的基础。柔性管理的思想跨越了几千年的历史,在实践和继承中不断地发展、完善。历史上的柔性管理思想基本上是一种统御术,它体现了科学的一面,但更多的是注重智慧,强调艺术;它是知、情、意的统一,是历史的积淀,是薄积而成的;它表现出非程序性、跳跃性、随机性的特点。因而,严格地讲,它不是现代意义上的柔性管理。我们现在所说的柔性管理是一门科学,是知识,是理性思维的结晶;它强调规律性、因果性、实践性,有自身的体系和范畴。

第一节　柔性管理的基本问题

　　柔性管理是伴随着社会的进步、伴随着人类文明的发展而产生的。它是管理科学发展进步的一个象征,是现代管理的重要标志之一。它的科学性和重要性已经得到了普遍的承认和重视,它的基本范畴正在引起国内外专家的研究兴趣。要研究柔性管理,首先必须对柔性管理的概念、本质、职能及特征等基本问题进行界定。

一、柔性管理的概念

　　一般意义上的管理是指设计和保持一种良好环境,使人们在群体里高效率地完成既定目标。它的外延部分是指计划、组织、人事、领导和控制五项内容。它适用于任何一个组织,适用于各级管理者,目标是要创造效率和效益。柔性管理既具有一般管理的内涵,又具有自己的特征。一般来说,柔性管理遵循人的心理和行为规律,采用非强制方式形成潜在的说服力,从而把组织意志变为自觉的行动。这个概念的主题词是"规律""非强制""潜在"和"自觉"。这也正体现了这一概念所涵盖的四个基本方面:依据是心理和行为的规律,方式方法是非强制性的,对人的影响是潜在的,最终目标是让人们自觉行动。概念本身告诉我们,柔性管理的确是一种更加深刻、更加高级的管理,也是更加丰富多彩的管理。

二、柔性管理的本质

　　本质是指事物本身所固有的、决定事物性质面貌和发展的根本属性。从这一概念出发,柔性管理的本质就是依据人们自身的心理和行为规律,运用柔性管理的原则,对管理对象施加的软控制。柔性管理的本质既体现了一般管理的本质——控制,以及管理的重点——协调,又体现了柔性管理的本质特征——"柔"原则与"软"控制,而且是在顺应人们心理和行为规律的基础上进行的。而一般的管理是以提高生产效率和效益为直接前提的。

柔性管理的本质告诉我们,柔性管理绝不是一蹴而就的工作,不是仅靠制定几项制度、规定几条纪律就能实现的。它既要控制,又不是声色俱厉;既要控制,又要自然而然、自觉自愿;既要控制,又不违背人们的心理和行为规律。否则,就背离了柔性管理的本质。

三、柔性管理的职能

如前所述,广义的管理职能有计划、组织、人事、领导和控制五种。法国管理学家法约尔则把管理的职能概括为计划、组织、指挥、协调、控制五大职能。这两种概括虽然文字上有差别,但本质是相同的。柔性管理的职能与一般管理的职能具有较大的不同,主要是指教育、协调、激励和互补,这是由柔性管理的特殊性所决定的。

教育职能是由柔性管理的最终目标——把组织意志变为人们自觉的行动——所规定的。对于组织的奋斗目标以及各种规章制度,人们是主动执行、维护还是不得已而为之,其效果是大不一样的。如何由被动变主动?唯一的措施就是对管理对象施以教育,使之从道理上理解问题的所以然。实际上这是把管理对象当作人还是机器的观念问题。把管理对象当作机器和工具就没有教育的问题了,而把管理对象当作人,而且是现代人,就不只有教育的问题,同时还必须尊重人格,理解人心,关心人生。这是在刚性管理中不可能有也做不到的管理职能和行为。

协调是柔性管理中大量的、经常性的工作,柔性管理中的协调与一般管理中的协调是不完全相同的。一般管理中的协调也强调众人步调一致,但协调的手段主要是指挥和控制,即通过管理者的"现场作业"和政策、制度的规范与调整达到协调的目的,协调的内容主要是工作活动和生活利益方面的事情。而对于人们思想、意志以及人际矛盾方面的协调,靠管理者的临场指挥或一纸政令是解决不了的,而这正是柔性管理的协调职能发挥作用的领域。在现实生活中,在工作、生产活动中,人们之间会产生大量的矛盾。这些矛盾有时表现在个体身上,如对问题疑惑不解、自相矛盾、喜怒无常、心理障碍,或胸无大志、干无目标、行无动力等;有时表现在群体中,如人际关系紧张、宗派主义、小团体主义、矛盾激化、舆论消极等。这诸多的不可避免的问题,一是具有隐蔽性,难以发现,二是属于思想、认识领域的问题。对此,一般管理难以奏效,只有柔性管理才能驰骋于这个隐形的世界,发挥一般管理所无法发挥的作用。

激励职能表现了柔性管理的主动性。如果说协调职能有时表现为被动性的话,激励职能则不然,它是在人们日常工作、生活、交往中不断地添加"兴奋剂"。这些"兴奋剂"主要是:及时的检查、评价;不失时机、恰到好处的批评与表扬;必要的奖励与惩处;善于利用机会,及时宣传组织的宏伟目标和成绩;宣传敬业精神,增加职业的自豪感;管理者身先士卒、无私无畏的崇高形象;在发生天灾人祸等突发性不测时,管理者的关心和及时解决问题;等等。在这些最能牵动群众情绪,又最易于感染群众情绪之处,及时地施以影响,可使人们的情绪向着稳定、高昂、持久的方向转化。在这一系列的管理活动中,柔性管理的激励职能必然得以充分发挥。

互补职能是相对于刚性管理的强制性和不可抗拒性而言的。刚性管理强调以外在的规范为主,主要通过各项政策、法令、规章、制度形成群体与社会的有序行为,管理者的意志通过这些具体条文得以体现,人们的一切行为都有章可循、有据可依,是非功过的评说都有统一的标准、统一的尺度。这些有形的东西不仅具有很强的可操作性,使人们有明确的行动方向,而且给人以安全感和依托感,使人们放心地、充满希望地在制度框架内自由行动。因此,刚性管理在管理中是初始的,也是必需的。但是,这种管理由于其形式化和外在性,在人们没有自觉接受之前,又有机械、肤浅和简单化的负面效应,因而常常出现"好马无人骑"或者"好经无人念"的管理落差现象。柔性管理通过自身的特殊魅力,让被管理者不仅感受到刚性制度的严肃与严谨,而且体验到柔性环境带来的温馨和鼓舞,从而弥补了刚性管理中的不足,形成相辅相成、全面协调的管理。

四、柔性管理的特征

柔性管理是一个从内容到形式都极其丰富的管理,具有鲜明的个性特征。这些特征集中体现在模糊性、非线性、感应性、塑造性和滞后性上。

第一,在质的方面,柔性管理表现为模糊性。此时,二值逻辑失效,非此即彼的排中律被视为柔性管理的对立物。因为我们面对的管理对象是人,而人的大脑是一个"灰箱",是一个神秘莫测、奥妙无穷的世界,它的思维内容即使近在咫尺,也似远在天涯般难以捉摸。人们感情上的东西、潜意识的东西是一种非常特殊的客观存在,不可能像度量显在的物体那样用一个精确的数字表示出来,因为人们心灵深处的东西本来就是模糊的。这是由人的思维机制决定的,是大脑思维的质的体现。不仅如此,作为思维的外在表现的人的行为,其强度、指向也常常是模糊的,这就是人们的行为、语言、声调、表情、举止等常常带有"亦此亦彼"和"非此非彼"色彩的原因。也就是说,从大脑潜在的思维到人的外在行为,其表现都是模糊的。这种模糊性就思维的趋势而言带有很大的不确定性,它究竟向着哪一极发展,取决于当时的环境和条件。管理者必须对这样本质上是模糊的问题进行模糊化处理。这就是在柔性管理中二值逻辑为什么被排斥的理论依据。管理者必须冲破传统的思维方式,从习惯了的非此即彼的排中律和二值逻辑的束缚中解放出来,寻求两个对立的极端值之间的、与现实问题相吻合的中间状态,力戒将问题极端化。我们在决策中只能寻求"满意解",而不是"最优解"。因为人类提供的信息不仅是模糊的,而且是庞杂的,要从这些信息中做出最优化的决策,其难度越来越大。"最优解"越来越只具有数学的意义,或者只在非常狭小的范围里存在。在处理人的问题(诸如分析、评价、沟通、了解、批评、表扬)中,必须立足于多种选择,而不是把问题推向极端。

第二,在量的方面,柔性管理表现为非线性。此时,叠加原理失效。这种非线性在柔性管理中大量地、经常地存在着,使数学运算的最基本的规则变得无法应用,最简单的数学等式常常以不等式的形式出现。这不是故弄玄虚,也不是梦言呓语,这种现象的产生是由人的内在本质决定的。因为人的潜能具有很大的弹性,潜能表现的强度是在一个相当广阔的区间内摆动的,其大小是一个不断变化的动态值,它因人、因事、因境、因时而定,绝不是简单的算术叠加。

柔性管理的非线性特征主要表现在两个方面:一是工作中投入的精力与产生的效果呈非线性关系,二是个体数量与总体功能呈非线性关系。前者是显而易见的:在柔性管理中,付出的精力与产生的效果可能正相关,也常常不相关,甚至负相关。如果针对性强、方法得当、诸因素相协调,则两者可能正相关;但常常因工作对象的素质不同或情况一时不明,两者呈随机状的不相关状态;甚至可能因方法不当或导向错误,工作越做越糟糕,从而使两者呈负相关状态。第二个特征则相对复杂得多:人的总体功能绝不单纯是人数堆积的结果。首先,这种功能因人而异,人的思想素质、认识水平、传统习惯、执行能力乃至身体健康状况的不同都可以影响内在主动性的发挥,这是一种天然的必然性,即使在同一时间、同样的环境中,由于上述的原因,其外在行为的强度和质量也会有很大的差别。因此,作为行为载体的人体,其数量的加减绝不等于其"行为绝对值"的加减,此时人群的综合功能可能被放大,也可能被缩小。其次,人体功能的发挥也受环境的影响。这种环境有自然的,有社会的;有政治的,有经济的;有心理的,有外界的;有即时的,有持久的。它对人的影响从强度、深度到方位、指向都各不相同,因此所调动起来的积极性的大小和指向也各不相同。这就是说,环境对人的影响既有数量的不同,也有质量的不同。最后,人体功能的发挥还因时而异。因为人体自身是一个多变量的集合体,这些变量会因为时间的变化而变化,诸如人的精神、情绪、认识、体能等心理的和生理的状态此时和彼时可能不同,今天和明天可能不同,今年和明年更可能不同,作为这些变量的函数的人体功能亦会随之变化。总之,柔性管理在量的方面处处表现为非线性。认识到这一点,管理者就应时刻注意工作的规律性、科学性,而不再是考虑问题靠线性思维,具体操作靠手工式地堆积时间、堆积人力。果能如此,对人的管理便跳出了简单化、低效率的藩篱。

第三,在方法上,柔性管理强调感应性。此时,权力影响力失效。在柔性管理中,人们之间的等级观念被淡化和模糊了,人与人之间感情的建立是靠理解和尊重,靠对真理的崇尚和对美好的向往,靠人格的高尚和互动的心灵,靠不息的激情和至诚的精神……而这一切都与权力无缘。因为柔性管理的一个基本方法就是通过心灵沟通、感情认可,在自觉自愿的情况下主动发挥人们潜在的积极性。这种方法的实施过程中没有咄咄逼人的气势,没有畏惧无奈的应付,而是管理者与被管理者双方心灵的感应。这种感应虽然闻之无声、视之无形、触之不及,却可以真真切切、实实在在地被感觉到。它像一座无形的桥梁连接着彼此的思想,像一股巨大的洪流驱动着人们共同行动。因为柔性管理一旦发生作用,就会变成人们心领神会、心驰神往的憧憬,成为发自内心而见之于外的行动,成为自觉的意识,人们的行为就会从"必然王国"进入"自由王国"。人们不再是被动地接受管理,而是成了真理的宣传员和行动的示范者。这种力量巨大而神奇、持久而有效,人们只有身临其境、深入其中,才能够感觉到那种由于理解、感激、鼓舞而迸发出的不可遏止的力量,才会相信这种看似神奇的东西在每个人身上都存在着孕育的条件,只要植入种子,每个人都可以让它生根发芽。

第四,在功能上,柔性管理表现为渐进性。此时,短期行为被排斥。那种追求表面的、一时的"辉煌"的急躁情绪都被认为是短见和肤浅。因为表面的服从可能只是为了应付,一时的泰然可能预示着危机。因而,这种"辉煌"就必然是脆弱的、短命的。人们只有从心理上接受、从观念上转变才能真正产生"效忠行为"。因此,柔性管理不仅要解决现实生活中一个个具体矛盾,而且要放眼长远,解决传统和观念问题;不仅要做事发之后的工作,而且要做防患于未然的工作;不仅要做一人一事的工作,而且要创造环境,形成"润物细无声"的氛围,从而把实与虚、近与远、事与人结合起来。柔性管理就是这样在做净化灵魂、塑造精神的工作,这也正是它的远见卓识之所在。

柔性管理在功能上的渐进性主要表现为对习惯、观念及认识的塑造过程。人们习惯了的事物、观念上的东西以及认识了的问题是比较难以改变的,而社会的发展和进步又要求人们必须不断地提高认识、更新观念。在改革的年代,许多习惯了的东西不一定是正确的,至少不一定是先进的。于是,旧有的、落后的传统与先进的思想观念就构成了一对永恒的矛盾。诸如在长期封闭的思想支配下,社会生活中不仅有封建的文化传统、自然经济思想和教条主义僵化思想的影响,而且有"不患寡而患不均"的平均主义分配观,有强调万事不求人的自然经济观,有不为祸始、不为福先、安贫乐道的人生价值观以及明哲保身、但求无过的人生哲学;在思想领域中,勾心斗角、内耗不断,嫉贤妒能、打击先进,不讲原则、拉帮结派,不讲人格、见利忘义,苛求他人、疏于律己……所有这些都无法靠一纸规定得到解决,而只能在柔性管理中寻找根源、从长计议,用积极的思想观念、道德规范、科学知识去引导人、塑造人。久而久之,造就环境,形成共识,深入人心。于是,人们的行为在经过了设计、体验、强化、定型等一系列环节之后,就由不习惯走向习惯,由不自觉走向自觉,从而在行为的质的方面表现为自觉性、持久性、抗干扰性。事实上,在日常的管理中,随着事物的发展变化,人们的思想也会不断地变化,而且必须变化,新旧矛盾的更替永远不可穷尽。加之在今后相当长的历史时期内,各种思想的交织、融合与斗争不会消失,因此柔性管理的渐进性永远是它鲜明的个性特征。

第五,在效果上,柔性管理表现为滞后性。此时,立竿见影原则失效。柔性管理效果的滞后性是指从开始工作到发挥作用,在时间上出现的落差。这种落差揭示了柔性管理在效果上的周期性。众所周知,在刚性管理中,法律、规章制度一经颁布便产生效力,它不允许因为不理解而拒不执行,更不允许以不理解为借口而公开对抗。就是说,自文件规定的生效日期起到执行是零周期,其作用的发挥没有滞后性,文件执行与生效在时间上是同步的。刚性管理中虽然对文件的执行也希望自觉,但绝不以自觉为前提,它的最终目标是追求统一、有序。柔性管理则不然,它要求人们对事物要理解、行为要自觉,即把外在的规定变为内心的承诺,从而不仅主动执行,而且自觉维护。显然,完成这一"外在规定—内在接受—自觉行动"的转化过程是需要时间的,这就是滞后性产生的根本原因。在柔性管理中,要求立竿见影是武断的,也不能因为滞后性而放弃柔性管理的工作,否则就不仅是武断,而且是无知了。

柔性管理滞后性的滞后周期有很大的差别——从顷刻之间到几天、几年乃至几十年、上千年都有可能。例如,因为误解产生的矛盾一旦被点破,顷刻之间便烟消云散,但解决认识上的问题所需要的时间要长一些,而某些传统和思维方式的改变所用的时间就更长。我们对极左思想的否定已经进行了几十年,但它的影响至今尚存;新文化运动对重男轻女的思想进行了批判,但一个多世纪过去了,这一思想仍有市场;至于赌博、偷盗、懒惰、不孝等恶习,从古到今几千年来一直受到人们的抵制,但至今仍未绝迹。可见,思想领域里的东西、传统习俗(包括恶习)中的东西,要改变是非常困难的,需要一定的时间周期作保证。只不过我们应当尽量缩短这个周期,使工作和效果在尽可能短的时间内统一起来。

第二节　现代管理对象的特征

柔性管理的基本问题既受自身规律的规定,又受管理对象特征的影响。

现代管理者所面对的管理对象,既不是古代人也不是近代人,而是处于社会大变革时期的现代人,因而就必然表现出不同于古代人也不同于近代人的现代人特征。社会人所表现出的综合特征是由社会大环境规定的。几千年的封建社会形成了人们封闭保守、知足常乐、不为祸始、不为福先、以不变应万变、不敢越雷池一步等的观念和行为特征,这些特征在几千年的封建社会中保持不变,可算是"天不变,道亦不变"了。而处在百年未有之大变局的年代就不同了,社会的政治体制、经济体制在变化,人们的思想观念、思维方式在变化,科技水平、信息密度与广度在变化。为适应这种变化,人们的行为特征也要发生变化。近代西方关于人的行为与心理的各种理论已不能完全满足柔性管理的需要,我们必须结合中国的国情,理出影响现代人行为特征的因素,明确现代管理对象的特征,作为从事柔性管理的出发点和依据。

概括地讲,现代管理对象的特征表现在六个方面:知识普及社会化,民主意识常态化,竞争意识合理化,谋求公平大众化,社会生活现代化,追求完美普遍化。所有这些,造就了现代中国充满朝气、充满智慧、充满希望的一代又一代人。

一、知识普及社会化

新中国成立初期,由于传统农业社会解体,再加上连年的战争和灾荒,国家贫弱、人才匮乏,可以说是一个不折不扣的"文盲充斥的国家"。尤其是在广大农村,常常一个村庄都找不出一个能写会算的人。1949年,"四多四低"充斥全国:① 农村人口多,90％以上的人口居住在极端落后的农村;② 农业劳动力多,90％以上的劳动力在生产力极端低下的农业部门;③ 文盲人口多,全国 80％的人口是文盲、半文盲;④ 贫困人口多,1950 年全球每日支出不足 1 美元的极端贫困人口为 13.8 亿人,仅中国就有 5.5 亿人,占了 40％以上;⑤ 教育水平低,15 岁及以上人口平均受教育年限为 1 年(世界平均 3.17 年),低于发展中国家平均水平的 2.05年;⑥ 人力资本总量低,我国人力资本占世界总量的比重不到 7％;⑦ 科技人才比例低,1949 年具有大学文化程度的仅 18.5 万人,占总人口的0.034％,国内专门从事科研工作的人员不足 500 人,全国科技人员不超过 5 万人,相当于就业人员的 0.028％;⑧ 发展水平低,人类发展指数仅为 0.225。

由于没有文化,不少农村干部开会、学习、部署工作时只凭大脑记忆,这就必然导致"丢三落四",再加上对有些问题不理解或者误解,常常发生"县里开三天,回去'一袋烟'"的情况,上级苦口婆心开三天会议,文盲干部一袋烟的工夫就传达完了。在这种情况下,科学无从谈起,真理大打折扣。正因为如此,1949 年中国人口占世界总人口的 1/5 以上,但经济总量不到世界总量的 1/20。正像列宁说的那样,在一个文盲充斥的国家,是建设不成社会主义的。

经过半个多世纪的努力,我们的教育事业得到了巨大发展,我国人民的文化素质有了明显的提高,高中阶段教育毛入学率已超过 90%,高校每年上千万的毕业生走向社会,再加上大量的函授教育、在职培训、自学考试所发挥的作用,我国人民的文化素质不断提高。而愈是有文化、愈是重视教育,愈有利于多出人才,出好人才。一个良性的循环就这样逐渐形成。

到 2021 年底,中国人口 14.12 亿人(不含港澳台),15 岁及以上人口平均受教育年限 9.91 年,已经高于世界 8.82 年的平均水平;主要劳动年龄(女 16 岁至 55 岁、男 16 岁至 60 岁)人均受教育年限 10.9 年,其中受过高等教育的比例为 23.61%;新增劳动力平均受教育年限 12.4 年。到 2021 年,我国人才资源总量已经达到 2 亿多人,超过了美国全部从业人口。全国大专及以上人口 2.18 亿人,相当于 1949 年的 1 178 倍;全国高等教育阶段在校生 4 430 万人(美国约 1 700 万人),相当于 1949 年的 379 倍。

管理对象文化素质的提高不管是对社会还是其本人来说,所带来的变化都是全方位的。我们仅从管理的角度来分析这种变化。人们文化素质的提高不仅增强了对信息的敏感性,而且增强了对问题的洞察力。人们对任何问题都要问一个为什么,有能力质疑,有能力分析,有能力识别。人们办事情、想问题,已不再单从朴素的感情出发——那样做多少带有盲从的成分。"只知低头拉车,不管抬头看路",这句曾被用来比喻没有阶级斗争观念的话,用来比喻只顾盲从、不辨是非的做法也是合适的。现在人们不再是消极被动地工作和生活,不再是没有文化知识的平庸与愚昧,也不再把管理者看成是普度众生的"救世主",而是用智慧的心灵、自信的精神、乐观的态度、旷达的胸怀去面对现实中一个又一个酸甜苦辣的问题。这就迫使管理者要"水涨船高",不断加强学习、研究以及自身的修养,在管理方法上掌握规律、讲究艺术。

二、民主意识常态化

随着市场经济体制的建立和改革开放的不断深化，人们要求自由、要求民主的呼声越来越高，这是历史发展的必然趋势，也是社会进步、民族素质提高的象征。

毛泽东曾设想建立一个既有民主又有集中、既有自由又有纪律的心情舒畅、生动活泼的政治局面。然而，由于种种原因，这种政治局面一直没能很好地建立和完善起来。长期以来，我们只承认集体意志，笼统地反对个人奋斗；只强调服从，忽视个人必要的自主性。在这种思想文化的影响下，人的个性被扼杀了，创造性被禁锢了，民主权利被削弱了。这既是落后的文化观念积淀的结果，也有社会政治生活不正常的影响。因此，许多时候分不清知足常乐、清心寡欲究竟是应该赞扬还是否定，于是一些人便"问题面前牢缄口，孰是孰非暗点头"。社会主义的民主虽然在不断发展，但进展缓慢。改革开放以来，人们的民主意识可以说是产生了一个跨越——跨越了历史的几千年，跨越了社会主义建设的几十年。从个人的发展到国家的前途，人们不再停留在议论上，而是要求公开，要求公平，要求参与。在会议上，在领导面前，人们从来没有像今天这样畅所欲言，人们的思想从来没有像今天这样解放。这一历史的跨越是一种艰难的跋涉，也是一种社会生活的洒脱。跨越是坎坎坷坷、曲曲折折的路，也是平平常常、自然而然的路。我们应该珍惜这一伟大变革时代所带来的进步。

然而，在不同的历史时期、不同的国家，民主从形式到内容是不尽相同的。在我国民主意识日益强烈的情况下，如何搞好我们的民主定位是非常重要的，否则，连起跑点都不知道，何来的冲刺空间呢？在毫无指示的路口，仅凭着良好的感觉，行走到毫无偏差的程度是非常困难的。没有民主不行，全靠它也不行，偏离了方向更不行。民主搞好了是一大幸事，搞歪了便是灾难。历史的经验告诉我们，民主是社会政治生活生动活泼的反映，也是容易被心怀叵测者利用的旗号；对人们要求民主与自由的强烈愿望进行压制和放纵都是错误的。管理者务必在人民群众民主意识空前增强的今天进行正确引导，让民主制度化、规范化。

三、竞争意识合理化

曾几何时，一提起竞争，人们便联想到资本主义社会尔虞我诈、互相倾轧、"大鱼吃小鱼"等可怕景象，因此长期以来都是实行"共产主义大协作""无偿支援""一大二公三平调"，使得我们本来就缺少的竞争意识更没有发展成长的土壤了。因此，当有人用"不想当元帅的士兵不是好士兵"来激励人生时，会得到"好兵不一定当元帅""好兵何必要当元帅""进步为什么要入仕途"的回答，甚至把"元帅瘾""官迷"的大帽子也压了下来。一时间把刚露头的一点竞争意识给围了个水泄不通。然而，社会的进步是阻挡不住的，人们观念的变化是与社会相适应的。不久，不仅有人重提"不想当元帅的士兵不是好士兵"，而且还出现了"不想当冠军的运动员不是好运动员"等的口号，这些口号不仅在报纸上刊登，而且广播里有声，电视上有形。为什么？就是因为这是一种目标，是一种志向，是一种精神。诚然，"想当"不一定能当，但有了这种精神，便会走出一个奋斗的人生，压根就"不想当"，自然就不会去奋斗。"想当"者或许不能如愿，从而留下遗憾，而这遗憾正是真切的人生，真正体现了生命的价值与质量。"想当"者在竞争中实现了两个"最大化"——为社会贡献的最大化和人生价值的最大化。而今天，这种竞争意识在企业、在农村、在学校，乃至在全国遍地开花，"重在参与"的话随处可以听到。不怕失败、不怕挫折的英雄气在弥漫，一股强大的高端引领意识正在全国蔓延，一种自强自信的竞争胆识形成的民族力量正在悄然汇聚，它必将显示出那冰雪消融后山洪暴发般的力量。

面对管理对象这种竞争意识的增强，管理者应给予肯定与鼓励。这就要求管理者自身的观念和工作方法也要改变。传统的教育总是把人训练得"合群"，即使自己有不同的看法、想法，也尽量加以隐藏或压抑，有时甚至自欺或欺人。现在，很多人认为应从小训练孩子独立思考的能力，鼓励他们独立形成见解、寻求表现。这种不同的教育思想从总体上形成了不同的性格。所以,现代管理者不要害怕下属争强好胜、标新立异。恰恰相反,需要的是给予鼓励,即提供竞争机会,搭建竞争平台,鼓励担当作为。

四、谋求公平大众化

公平心理自古有之,谋求公平人心所向。改革开放以来,人们的交往逐渐增加,物质逐渐丰富,资金逐渐雄厚,但在社会生活和物质分配中出现了种种不公,因此随着人们观念的变化,要求公平的心理越来越迫切。在反对平均主义、砸烂"铁饭碗"的口号下,分配不公、机会不均已经引起了人们的心理失衡。在"让一部分人先富起来"的口号下,一些人用非正当手段成为暴发户,拉大了贫富的差距,已经引起了人们心中的怨愤。愈是如此,人们愈是渴求公平。如果问题得不到及时解决,便不可避免地会形成一个恶性循环。

人们的辛勤劳动都和切身利益有关。只要条件许可,人们都会争取最大限度的利益满足。在人类所创造的财富相对缺乏的条件下,人们对各自利益的追求必然会引发矛盾,形成不同的利益个体和利益集团。随着生产社会化程度的提高,人们之间的相互关系日益紧密,各种信息的沟通日益频繁,人们之间的依存日益明显。这一切使人们逐渐认识到,解决相互间利益矛盾的最好办法就是利益的公平分享。公平原则表现在生产领域就是公平竞争,表现在流通领域就是等价交换,表现在分配领域就是按劳取酬,表现在政治领域就是机会均等。

世界各国改革的实践都曾碰到过一个共同的难题——如何解决效率与公平的矛盾?在许多人看来,凡是能够促进效率的分配都是不大公平的,而能够体现社会公平的分配又都是影响效率的。不难看出,这种两难困境的产生是以收入均等为社会公平的观念为指导的。解决这种两难困境的关键在于在机会均等的基础上确定报酬公平的社会公平观。真正的社会公平必须考虑投入与收入间的合理关系,在机会均等的基础上实现对人的能力和努力起促进作用的报酬公平。面对市场经济的发展以及人们公平心理的日渐突出,管理者一是要关心每个人的物质利益,满足人们合理的需要,这是协调人际关系的基础;二是要引导人们树立正确的利益观念,正确对待物质利益,不做损公肥私、损人利己的事情;三是注意政策调整,纠正分配问题上的不公平现象;四是创造社会生活中机会均等的环境,除在物质利益上保证公平外,在其他方面也创造公平竞争的环境;五是善于用法纪和制度保护人们的正当权益,惩罚和打击损害人民利益的行为。

五、社会生活现代化

改革开放带给中国人民的变化可以说是天翻地覆的:从经济领域到政治领域,从观念形态到思维方式,从社会活动到家庭生活等,改革开放的所到之处荡涤了历史积淀下来的"污泥浊水",使天地焕然一新,人们的精神面貌为之大振,社会生活变得多元化。

就全国人民的生活水平而言,1992 年国家统计局组织有关单位拟就了全国、城市、农村三类小康生活标准的量化指标(见《人民日报》1992 年10 月 4 日第 8 版)。其中,全国小康生活标准如下:人均国民生产总值2 400 元;第三产业产值占国民生产总值的比重为 36%;基尼系数为0.30~0.35;贫困人口比重在 5%以下;人均年收入 1 400 元;人均住房面积 15.5 米²;人均日摄取热量 2 600 千卡[①],蛋白质 75 克;恩格尔系数为47%~49%;人均文化用品、文化教育、生活服务支出比重为 16%;平均预期寿命 70 岁;中学入学率 55%~60%。

30 年之后,2022 年 2 月 28 日国家统计局发布《中华人民共和国 2021年国民经济和社会发展统计公报》,详尽地介绍了 2021 年我国经济和社会发展的指标。这些指标令世人震惊,令国人振奋,许多指标超出了1992 年全国小康生活标准的几倍乃至几十倍。这里仅就几个主要指标进行比较:2021 年,国内生产总值超过 114 万亿元,为 1992 年 2.7 万亿元

---

① 1 千卡≈4.2 千焦。

的 42 倍多;2021 年我国人均国内生产总值达到 80 976 元,为 1992 年全国小康生活标准的 33 倍多;2021 年第三产业增加值占国内生产总值的比重为 53.3%,远超 1992 年设定的指标;2021 年基尼系数为 0.47,处于相对高位,但实现了全面小康;2021 年全国居民人均可支配收入 35 128 元,为 1992 年标准中人均年收入的 25 倍多;2021 年全国城镇居民的人均住房面积为 39.8 米²,农村居民人均住房面积为 48.9 米²,均超过了 1992 年标准;2021 年全国居民恩格尔系数为 29.8%,与 1992 年标准相比明显降低;2021 年城镇人口占全国人口比重为 64.72%,而 1992 年城镇人口占全国人口比重仅为 27.63%;2021 年全国人口平均寿命是 77.3 岁,超过了 1992 年标准中的平均预期寿命,也超出了欧美等许多发达国家和地区的人口平均寿命;2021 年高中阶段毛入学率为 91.4%,远远超出 1992 年标准中的中学入学率。

　　管理对象生活水平提高的直接结果是不满足于温饱,也不满足于小康,而是追求更高层次的精神需要。古人云:"仓廪实而知礼节,衣食足而知荣辱。"这只说出了问题的一个方面,因为并非仓廪实而都"知礼节",也并非衣食足而都"知荣辱"。事实上,在生活水平提高之后,我们看到了两种现象:一种是智力投资。不仅自己学习,而且努力为子女创造良好的学习条件;追求高雅的艺术和情趣,追求和谐,注意个人修养,建立良好的人际关系;讲究效率,关心效益,珍惜时光;自尊、自爱、自强、自信,对内彬彬有礼,对外不卑不亢。另一种则是空虚无聊,挥霍无度。修坟建庙,酗酒赌博;感情转移,寻欢作乐;丧失理想,丧失人格。同是丰富的物质生活,却引来了两种不同的结果,不能不引人深思。原来生活水平的提高并不是道德理想提高的充分必要条件。管理对象生活水平提高了,必然要追求精神上的满足,这种精神上的追求有可能是高层次的,也有可能是低层次的,甚至是低级的、颓废的、反动的。因此,管理者在管理对象生活水平提高之后,要不失时机地把人们的精神追求引导到高尚、进步的道路上来,具体地说是把精神引导到自强自信、担当作为上来。这就是管理者实施柔性管理的先见之明和高超之处。

六、追求完美普遍化

追求完美是一种追求完善、追求美好的心理趋向,是人类天性中的一种本能的反应。我们都有这样类似的体验:听一个动人的故事,不愿意半途中止;看一部情节曲折的电影,总希望有一个好的结局;约定一个时间,总爱选择一个简单明了的数字;到银行存款,总是凑够一个整数;干一件事情,总希望一帆风顺;对未来的一切,总是虔诚地祝愿心想事成……凡此种种,无不生动地体现出人们追求完美的天性与本能。

正是这种心理的完美趋向才使人们对生活充满了激情和信心,产生了希望和憧憬。一片绿叶、一朵小花可以令人遐想,一叶小舟、一朵浪花可以引人神往,更不用说那蓝天白云、青山绿水是如何令人陶醉,甚至那五彩的服饰,那穿梭的车流,那巍峨的建筑,都不失为一道道美丽的风景线,人们可以发挥想象去渲染放大那背后的美好故事。总之,人们希望听到的、看到的、经历的一切都是美好的。于是,人们就自觉不自觉地以这种无形的心理尺度去检验我们生活的质量:事业是否成功?学业是否优秀?朋友是否真诚?家庭是否和睦?爱情是否幸福?身体是否健康……然而,现实生活往往不尽如人意,与人们美好的愿望相比,现实生活存在诸多遗憾和缺欠。正因为如此,万物之灵的人类才创造出了生物圈内绝无仅有的、往往表现"美中不足、余味无穷"或者"玉碎宫倾、遗恨千古"的文学艺术作品,来作为对"不甚完美"现状的解释、修正和补偿。有的则在文艺作品中创造出完美的理想境界,借以谋求自身心灵的相对满足和平衡……

这种完美心理愈强烈、愈深刻,人们对于艺术与美的创造就愈活跃、愈勤奋,对艺术与美的欣赏则愈深沉、愈细腻。人类的创造热情、献身精神和对美好的追求,正源于对完美世界和幸福生活的向往。同时,完美心理愈强烈、愈深刻,对那些没有思想准备的人来说,经受打击的能力也变得愈弱,因而很可能成为导致悲剧发生的心理障碍。面对失败,面对不太完美的现实,常常有两种态度:愈挫愈勇或一蹶不振。前者值得颂扬,而做好后者的工作可能更有意义。面对应得未得、得而复失、人际冲突、事业受挫、财产损失、子女无成、青春逝去、健康受损等，如何从不完美中寻求完美，如何变不完美为完美，甚至如何接受完美与不完美同在的现实？这一切，需要管理者付出教育、引导、协调的心血。可以这样说，人们心理完美的趋向是绝对的，而与之对应的社会生活现实的完美程度总是相对的。因此，人类历史进程中才始终闪烁着"改革"的光辉字眼，人类的管理过程中才永远把"协调"作为不变的主题。

管理对象的这些特征都是在新的历史时期内所形成的新的现象。除此之外，中国人还具有许多美好的传统特征，大家比较熟悉的有勤劳善良、勇敢智慧、艰苦朴素、尊老爱幼等，还有知恩图报、淡泊宁静、忍辱负重、中庸和谐、天人合一等。无疑，这些都是柔性管理的有利因素。但是几千年的封建社会也给人们留下了一些不好的习惯和思想，如因循守旧、嫉贤妒能、自私自利、目光短浅、个人崇拜、等级观念、怕冒风险、不求上进等，这些构成了柔性管理的阻力与干扰。因此，现代管理者既要看到传统观念的二重性，又要把握管理对象的现代特征，以此为基础，开创柔性管理的新局面。

第三节　柔性管理的基本原则

任何一门科学，在它的发生、发展和应用中，都有应该遵循的基本原则。尽管我国古代就萌发了柔性管理的思想，尽管近代西方国家从人本主义出发，对人的管理进行了大量的理论与实践的探索，尽管现代管理以尊重、关心为基调出现了"日本模式"和"新加坡模式"，然而作为一门科学，作为一种更加高级、更加深刻的管理，柔性管理必须具有科学的理论体系。其中，柔性管理的基本原则就是理论体系中的重要一环，这就是：内在重于外在，直接重于间接，心理重于物理，个体重于群体，肯定重于否定，身教重于言教，务实重于务虚，执教重于执纪。

这八项基本原则实际上是八个命题，每一个命题都是一对矛盾，在每一对矛盾中都有一个起决定作用的主要方面。我们强调矛盾的主要方面是为了突出柔性管理的本质，因为"事物的性质主要地是由取得支配地位的矛盾的主要方面所规定的"[①]。这当然不是否认矛盾的另一方，而是若将矛盾的主导方面转向另一方，则这种管理从本质上讲已不再是柔性管理。我们承认这八对矛盾着的双方因一定的条件，一方面互相对立，一方面又互相联结、互相贯通、互相渗透、互相依赖，因而又表现出统一性。但是我们必须抓住矛盾的主要方面，这样才能在柔性管理的领域驰骋自如而不至于像毛泽东所指出的那样："不懂得这种方法，结果如堕烟海，找不到中心，也就找不到解决矛盾的方法。"[②]下面，我们对柔性管理的八项原则进行解析。

一、内在重于外在

我们知道，管理工作千头万绪，方法多种多样，但归结起来，对人的管理只有两类形式：

一类是外在的管理，诸如法律法规、政策制度、合同公约以及各类监督机构和执法执纪人员。它以明确的形式向人们昭示，以公开的身份严格管理，带有明显的强制性和不可抗拒性。这种管理是必要的、有效的，尤其是在由大乱到大治的转变过程中更能显出奇效。

另一类是内在的管理，诸如感情投入、说服教育、关心体贴、形象影响、传统舆论、激励尊重、心理沟通等，它以潜在的、润物细无声的方式，在人们心目中形成深刻的、持久的影响，从而把管理者的心愿和组织的目标变为人们自觉的行动。显然，这种方式具有明显的感情色彩，人们对于管理者的意志不仅认可、理解，而且以自觉的行动将其变为现实。

两种形式——内在和外在，两个特点——引导和强制，两个结果——主动和被动。可以肯定地说，任何一个管理者都毫无例外地希望被管理

---

① 毛泽东选集：第 1 卷［M］．2 版．北京：人民出版社，1991：323．

② 同①322．

者在融洽的气氛中主动工作,而这恰恰是柔性管理的宗旨和目标,也是管理者协调能力和管理艺术的集中体现,是许多人知之而未及的"无为而治"管理境界的体现。习近平2021年在"七一勋章"颁授仪式上的讲话中指出:"拥有人格力量,才能赢得民心……要明大德、守公德、严私德,清清白白做人、干干净净做事……"这是有充分根据的:第一,外在管理的理想效果的实现必须通过内在管理起作用,人们只有理解了才能在行动中表现出最大的自觉;第二,内在管理有时可以发挥超常的作用,即使在外在管理的"空挡区",人们也会主动地自我约束;第三,内在管理可以有效地预见矛盾、发现矛盾、化解矛盾,避免因矛盾的激化而导致工作被动,甚至引发不堪设想的后果,这种教训是有先例的。总之,内在重于外在是"以柔克刚"思想的具体体现,名为柔,实则刚,有管理之实,无激化矛盾之害,因此外在管理一旦形成,矛盾的主要方面就转向了内在管理。

二、直接重于间接

柔性管理在工作方式上可分为直接和间接两种。所谓间接方式,就是管理者借助于媒体进行的宣传教育,形成传统舆论,或者利用会议动员、创造环境等一般的、普遍的工作形式。这类方式的最大特征是广泛号召、形成舆论,但缺乏针对性和深入性,对人群中的不同心态没有质与量的把握。就是说,这种方式只能顾及矛盾的普遍性,而无法知晓矛盾的特殊性。所谓直接方式,就是在一般性工作的基础上调查研究,发现特殊,因人而异地做针对性的工作。它的特点是管理者与被管理者直接见面、沟通思想、交流感情,解决问题直接、迅速、彻底。所以,我们不仅要注意矛盾的普遍性,更要研究矛盾的特殊性;既注意面上的工作,更注意点上的工作;既要有"背靠背",更要有"面对面"。这就是直接重于间接的基本内容。

这一原则是由柔性管理的特殊性决定的,柔性管理成功的关键就在于情真意切,在于尊重理解。要做到如此,必须直接与被管理者接触。人是讲感情的,中国人更是如此。宽恕礼让,以德报怨,滴水之恩涌泉相报,这些都是中国人的传统美德,这些美德是通过人与人之间的直接交往继承和发扬的。此外,解决矛盾主要是做好个别人的工作。像流水一样,渠道的堵塞常常不是在宽阔处,而是在细微点,细微之处的不畅可导致渠道的断流。解决这些矛盾,靠间接的、一般的号召很难奏效,只有直接地、有针对性地去解决问题才能发挥关键性作用。另外,成功的实践也告诉我们,柔性管理主要是做好一人一事的工作。我们在社会主义革命和建设的历史上,在做人的工作中总结出了"一把钥匙开一把锁""抓两头,带中间""一帮一,一对红""对症下药"等好方法。这些方法都体现了由一般到特殊的辩证法,体现了柔性管理中直接重于间接的思想。

三、心理重于物理

柔性管理中的"物理"有着特殊的内涵,它是相对于"心理"而言的,是一个有形物,主要指可见的两个方面:一是客观的物质条件、自然环境和生活水准,二是用于激励的物质和经费。而心理是无形的,是一个不断变化的广阔而神秘的世界,主要指内心的情感活动。

在柔性管理中,物理的作用是重要的,必要的经济基础不仅是事业起步的条件,而且是生活的必要保障。一个优裕的物质基础和良好的生活环境不仅使群众庆幸,同时也使管理者省心。然而现实又不尽然,优裕的物质条件是靠创业者的奋斗实现的,创业精神才是无尽的财富。过分强调物理因素,就必然压抑甚至窒息心中的热情,这恰恰是柔性管理的大忌。所以柔性管理把注意力转向了心理,这是一个正在开发的取之不尽、用之不竭的精神资源,它的奥妙神奇是不言而喻的。人们对这个世界的把握远不及对周围物质世界的把握。心灵深处的东西近在咫尺,却又如此难以发现和认识。有的人表面上心平气和,内心却是倒海翻江;有的人此时此地默默无闻,换个时间和空间则生龙活虎,判若两人。这种表里不一的现象,这种此一时彼一时的事实,统统反映了心理世界的复杂性。人们目前尚无法知道心理能量的极限到底如何计算,难以估计它改天换地的潜力究竟有多大,但是它作为资源宝库是毫无疑问的。稍微回顾一下历史就可以明白:没有创业精神就没有今天的大庆油田;没有艰苦奋斗、自力更生的精神,就没有我国第一颗原子弹的爆炸和今天大漠深处的马兰城……其实,国外也是如此:没有冒险精神,就没有今天美国西海岸的繁荣;没有舍生忘死的奋斗精神,就没有苏联西伯利亚的开发……这一切仅仅靠物理的因素是不可能实现的,甚至是不可想象的。于是我们得出结论:就柔性管理的本体而言,力量来自物理的和心理的两大因素,即有形的和无形的两大力量,二者形成一体两面。只有心理的积极性没有必要的物理条件固然不行,而只有物理因素没有心灵深处的主动更不行。没有心理的动力,物理因素可以化为乌有;有了心理的动力,没有条件可以创造条件! 这就是心理重于物理的道理。

四、个体重于群体

在柔性管理中,群体是指若干个体组成的集合,个体则是这个集合中单个的人。柔性管理在用于群体和个体的过程中,其方法和效果是不一样的。用于群体往往是一般号召、造成舆论、产生轰动效应,用于个体则是"一把钥匙开一把锁",是"随风潜入夜",点点入心,深刻具体。

柔性管理中强调个体重于群体的原则还因为如下的事实:其一,柔性管理的职能之一就是协调,协调关系只能从个体开始。日本学者涩谷昌三在研究了心理领导术之后指出:"领导人的实力与领导基础的建立,必须从平常周围人事应对方面下功夫。"就是说管理者必须与具体的人打交道,在打交道中形成共识,形成"相似"。心理学家在对魅力的研究中发现,人们对与自己相似的个体易于保持好感,这就是"类似性因素"使然。因此,管理者务必把工作落于实处,对一个一个的个体做工作,唯有形成众多不同的优秀个体,才有可能向成功迈出一大步。其二,辩证法告诉我们,解决矛盾、协调关系、理顺情绪、调动积极性必须从关键之处抓起。我们的一切规范都是对群体而言的,考虑的是群体的普遍性,没有考虑个体的特殊性,但是现实生活中没有一般的人、抽象的人。个体在群体中不仅所起的作用不同,而且其自身也各不相同。我们应当承认个体的特殊性——他们有不同的志向、爱好和需要,有不同的性格、追求和态度,有不同的知识、技能和潜力,这就是个体复杂性、特殊性的一面。管理者若不理清个体的这种复杂性,就很可能误用有关规章制度的一般原则,很可能误用批评和表扬等本来行之有效的方法,甚至因不能及时发现、处理潜在的矛盾而导致本不该发生的恶果。所以,尽管一切外在的管理措施的制定都是针对所有的人,而在贯彻落实的时候又恰恰不能用同样的力度对待所有的人,于是矛盾的主要方面就转化为个体,甚至转化为个体中的个别人,即那些对组织意志不理解、有成见或执行任务有困难的人,这一部分人在某一段时间、某些问题上往往成为实现组织目标的障碍,成为明媚阳光下的暗影,成为美的旋律中的杂音。解决了他们的问题也就解决了整个群体的问题,一个和谐、融洽、同心协力的集体就会出现在面前。

五、肯定重于否定

肯定与否定是在柔性管理中经常使用的方法,而肯定重于否定不单是方法问题,同时也是管理艺术问题和指导思想问题。一个人生活和工作在社会上,无论做事还是做人都希望得到认可,而且认可的程度越高越好,这是人的良知和自尊心使然。这种认可虽属本能,却不由个人意志所定,它是众人对他的情感延伸的结果,是众人情感在他身上的集合。这种社会对一个人情感的延伸和集合,实际上构成了这个人的社会存在价值。

正确地运用肯定与否定首先要正确地评价人,而对人的评价是最困难的。由于人的心与言、言与行常常表现出不一致性,因而在把握人的行为过程中存在潜显相随、真假相伴的矛盾。长期以来人们只能从质的方面去定性地评判人,难以用数学的方法进行度量。随着科学的发展和评价技术的提高,现在对人的评价也开始从质与量两个方面进行,并且评价方法正在走向成熟。因而,我们今后可以比较准确地获取对一个人的评价信息,从而为我们准确有效地运用肯定与否定提供可靠的依据。

必须指出的是肯定和否定都是必要的。肯定是从正面指出其长处,以利发扬;否定是从反面指出其问题,以便克服。这里所要强调的是在运用肯定与否定的过程中,要把工作的重点放在肯定的一面。这是因为:第一,我们的目的在于提倡、发扬优势,抑制不足。任何个人或群体都是矛盾着的统一体——既有积极的、正确的、光明的一面,又有消极的、错误的、阴暗的一面。在大多数情况下,前者是主流,后者是支流,前者是多数人(包括自身)认可的,后者是众人否定的。柔性管理的任务就是倡导主流,否定支流,而否定支流也是为了倡导主流。第二,就人的心理趋向来看,人心趋于美好,希望个人的表现得到承认。大多数人都希望事业成功、家庭幸福、人际关系和谐、自己的所作所为得到赞赏,至少是被认可。他们自身并不希望存在影响自己进步、引起他人反感的那些不足,只不过自己没有认识到罢了。管理者在评价一个人的时候,充分肯定其成绩不仅会给其心理上带来满足,精神上带来安慰,而且使其有明确的是非观念并为继续发扬成绩增强了信心,在此基础上否定其不足,不仅合情合理,而且易于被接受并引发思考。第三,实践已向我们证明这是有播种必有收获的工作方法。实践是检验真理的唯一标准,大量的实践使我们有了深切体会:只要把握好肯定与否定的度,把握准确信息并选择合适的时机与场合,重在肯定,无一不收到良好的效果。

六、身教重于言教

对被管理者的教育有多种形式,诸如树立典型、学习材料、宣讲规范、个别谈心、反例警示、创造环境等,其中运用较多的是言教,而效果最好的则是管理者的身教。因此,就言教与身教而言,天平的砝码自然滑向了身教的一边。这里绝不是否认言教的作用,言教在任何时候、任何情况下,作为宣传主张、晓之以理、导之以行的启蒙教育都是必要的、有效的。但这只完成了教育的初始阶段——知,继而到来的是第二个阶段——行。要知行统一,柔性管理工作者就必须懂得身教、言教并用,且身教重于言教的道理。管理者的示范作用将是一个不可忽视的巨大而潜在的影响力,是一个无声的命令。

管理者"不以奢为乐,不以廉为悲",努力淡泊以明志,宁静以致远,用自身的良好形象去创造一个特殊的典型,就可以起到一般典型所起不到的作用,成为"公生明,廉生威"的化身。毛泽东自离开家乡、投身革命到去世,几十年间,多少次出生入死,从不顾及个人安危,从不脱离群众一时一刻,他的吃、穿、住简单得让人吃惊。他一生无私、献身、廉洁、俭朴,他的伟大风范、他的崇高形象、他的与日月同辉的精神激励教育了几代人,他用他的身教为我们留下了一笔巨大且宝贵的财富。

七、务实重于务虚

在柔性管理的过程中,我们发现影响群众积极性的因素往往是些实际的问题,而这些实际问题又是合情合理的,不加以解决或不能做出客观的解释,工作就难以进行甚至是一筹莫展。解决的办法第一步是务虚,即调查研究,预测规划;第二步是务实,即付诸实践,解决问题。然而,有的管理者有一种恶习,即坐而论道,不办实事,发一通议论,作一番指示就算完了,至于解决问题,对不起,那不关我的事。人人都反对官僚主义,其实官僚主义这个幽灵每天都在我们周围游荡。清谈之风盛行,就是这个幽灵在作怪。清谈误国,这是历史上的一大教训;清谈误事,这更是举目可见的事实。一个人的历史遗留问题没解决好,要不要彻底解决?职工进修学习困难、文化生活贫乏,要不要考虑?有人家庭不和睦,夫妻长期两地分居,有人失恋、离婚,要不要关心?社会风气不好,单位治安状况差,要不要处理?等等。看似小事,实则不然,它关系到国家政策能否落实,关系到管理者能否以情化人,进而关系到被管理者能否充分发挥积极性,全力以赴地投入工作,于是问题又回到了柔性管理的最终目标上。我们要听从列宁的告诫,不要成为一个光想做大事情的空想家,要做一个善于同细小的要求结合起来的实事求是的政治家,做小事情有助于争取做大事情。

从管理对象的情况来看,管理者必须顾及他们的切身利益。马克思曾经说过:"人们奋斗所争取的一切,都同他们的利益有关。"①邓小平也指出:"革命是在物质利益的基础上产生的,如果只讲牺牲精神,不讲物质利益,那就是唯心论。"②所以,管理者必须破除那种"君子喻于义,小人喻于利"的传统观念。柔性管理重视精神的作用,但并不是单纯地说教而不关心群众的实际问题。恰恰相反,正是知道许多思想上的矛盾往往是实际问题得不到解决所造成的,正是懂得物质可以变精神、精神可以变物质的互变规律,我们才重视务实精神,而不能把工作停留在务虚的阶段上。即使是一时解决不了的问题,也应当向群众讲清楚,相信群众是通情达理的,对我们的困难是会理解的,因而同样可以调动大家的积极性去为共同的目标奋斗。

八、执教重于执纪

柔性管理中的执教工作是最基本的工作,从古代的人性可塑、导人为善,到今天的理念管理、团体意识都是强调执教的原则。因为人心灵深处的东西最终只能靠个人去改变,人的思想只能循循善诱,因势利导。人的行为是受思想支配的,是人的心灵的外在表现,而人的精神和认识是客观世界以及人为环境作用于大脑的结果。目前人的大脑如何接收和筛选信息,人的心灵如何感知和顿悟于外来信息的刺激,以至于产生共鸣的感情等问题尚属"灰箱",很难直接观察和测量,因而柔性管理要想深入人的内心世界,激励人的精神,改变人的意志,不可能在人的心灵中直接作业,只能通过感情交流、舆论宣传、典型引路、信号分析、因势利导,这一切都属于执教的范畴。因此,毛泽东强调指出:"企图用行政命令的方法,用强制的方法解决思想问题、是非问题,不但没有效力,而且是有害的。"③

然而这并不否认执纪的运用。对于错误的思想、错误的言行不能听

---

① 马克思恩格斯全集:第 1 卷[M]. 北京:人民出版社,1956:82.
② 邓小平文选:第 2 卷[M]. 2 版. 北京:人民出版社,1994:146.
③ 毛泽东文集:第 7 卷[M]. 北京:人民出版社,1999:209.

之任之,对于起破坏作用的行为不能放任自流,在教育疏导无效的情况下,为了教育本人,更为教育大家,鞭策后进,必须克服消极因素,抵制消极影响。说到底执纪还是属于执教的范畴,是众多执教方法中的一种。我们在此把执纪突出出来加以专门论述,是因为它带有惩罚性和强制性色彩。在柔性管理中应当力戒执纪,只能是不得已而为之,这就是执教重于执纪的本意。

至此,我们对柔性管理的八个原则进行了一一介绍,其目的在于让人们进一步认识柔性管理,从质的方面把握它,从行动上正确运用它。因为原则是一切行动的根据,是解决矛盾的思路。正是这些原则规定了管理者从事柔性管理的行为方向,进而引导和启迪人们探索工作方法;也正是这些原则反映了柔性管理与其他形式的管理的质的区别,把柔性管理的特殊性、独立性鲜明地表现了出来。

第四章

模糊思维

——柔性管理的基本认知形式

人的任何一种能力都来自对客观现实的认识、适应和改造,自然界和社会生活中大量存在的模糊现象成为人类模糊思维得以存在与发展的基础。现在,人们面对大量纷繁复杂的、原本就是模糊的问题已不再束手无策,我们已经理性地打开了模糊思维的大门,使得模糊思维成为解决客观现实中这类"灰色、模糊与混沌"问题的有效方法。这一方法在柔性管理中构成了思维的艺术乃至处理模糊问题的理论依据。

第一节　模糊思维的客观性和科学性

所谓模糊思维,即主体就对象的类属边界和性态的非确定性,从质的方面把握其可能的分布(程度、水平),以达到对事物较精确的认识的思维方式。

随着社会实践方式的变化和科学技术的发展，人类的思维方式经历了"古代模糊思维—近代确定性思维—现代模糊思维"这样一个否定之否定的过程。模糊性和确定性的关系问题是认识论中古老而又重要的问题。人们在自 14 世纪以来的几个世纪中一直追求事物的确定性，但现实中所得到的精确认识总是少数的、特殊的，而以模糊为基本特征的认识，无论就认识的过程还是认识的结果来说，都是多数的、普遍的。人们越来越清楚地认识到：明晰兮，模糊所伏；模糊兮，明晰所倚。因而，当今人类智能的发展开始由量的精度向质的活性转移。

柔性管理正是借用了模糊思维这一思维方式，因而毫无例外地围绕着思维的确定性和思维的模糊性而展开。因此，我们必须从理论和实践两个方面正确地认识和把握它。

一、人类思维演进的三个阶段

人类思维机制的形成与发展经历了一个漫长的过程。现代哲学与自然科学的发展证明，人类改造世界的活动，即人与自然界之间的交换活动，有三种基本的形式：实体（狭义上的物质）交换活动，能量交换活动，信息交换活动。这三种活动彼此渗透、交织和转化，贯穿于人类社会实践活动和社会发展的全过程。与以上三种活动相对应，人类的思维方式经历了古代模糊思维阶段、近代确定性思维阶段、现代模糊思维阶段三个阶段。

（一）古代模糊思维阶段

这一阶段人类的认识以模糊认识为基本特征。在原始时代（包括新、旧石器时代）和农业时代（包括奴隶社会和封建社会前期），科学极不发达，生产力水平低下，人们不能认识复杂变化的大千世界。对于宇宙间的各类事物，人们无法做出科学的概括，只能通过群体朴素的原始思维方式来表达，于是就形成了原始思维的模糊性，对事物的"数"和"形"的概念都无法做到精确的把握。人们的采集活动、狩猎活动以及后来的种植业、畜牧业都是人与自然之间的实体交换活动。人与人之间的交换活动也停留在非常简单的水平上,如石斧换绵羊等,仅此而已。这种实体交换活动只有质的概念,而没有量的比较。在实体交换起主导地位的这一时期,能量交换和信息交换处于比较低的从属地位。人类在认识上充满着对超自然的力量的崇拜。人类思维的这一阶段所表现出来的最大特征就是模糊性和神秘性。

（二）近代确定性思维阶段

14 世纪以后,科学技术逐步从神学的禁锢下解放出来,在许多领域都取得了突破性的成就,为人类认识自然、认识社会、认识自身开辟了全新的视野。特别是数学分支的巨大突破,使得人类思维领域的大量现象都可以用精确的数字加以描述。人类开始摆脱混沌状态,进入智慧的乐园。能量守恒定律的发现将人类与自然界的物质交换活动推进到能量交换阶段,人类对自然的认识逐渐精确化;蒸汽机的发明与应用以及煤、石油等非再生能源的开发使用,标志着人类与自然界的物质交换活动步入一个崭新的领域;天体物理学、力学、化学、生物学、电磁学等自然科学都因成功地应用经典数学而获得突破。科学发展的日益数学化使得人类认识问题的方法由定性到定量、由粗放到精细,大大巩固了确定性思维在认识活动中的地位。与此同时,人类的思维活动又逐渐步入另一个极端——力图用经典的数学工具将自然界的一切现象进行精确描述。人类思维的这一阶段所表现出来的最大特征就是确定性和思辨性。

（三）现代模糊思维阶段

从 19 世纪开始,人类的思维模式又孕育着新的变革。人类在对能量交换和守恒关系进行进一步探索的同时,也发明了电报、电话等通信技术,使人类的交换活动进入信息阶段。“二战”以后,以核能控制、宇航工业、通信卫星、基因工程、计算机网络等技术为基干建立的现代信息控制系统,标志着人类阔步进入信息时代。信息的控制是以不确定性、模糊性为基础的,由此便出现了非确定性的模糊思维的问题。同时,科学技术的发展由高度综合到分门别类,新的边缘学科、交叉学科不断出现,使层层推理、精确描述的传统思维方式受到严峻的挑战。在日益复杂化的认识对象面前,传统的确定性思维模式已经力不从心,甚至一筹莫展。正如模糊数学的创始人、美国加利福尼亚大学教授查德所言:"一个系统的复杂性与分析它所能达到的精确程度之间存在着粗略的反比关系。"也就是说,一个系统的复杂程度越高,有意义的精确化便越低。于是,面对这些复杂的系统,思维的模糊性便不可避免了。人类思维的这一阶段所表现出来的最大特征就是科学性和理性。

综上所述,人类的认识活动体现了否定之否定规律,呈现螺旋式递进状态。

二、二值逻辑对人们是非观念的影响

管理者面对的工作对象是人、事、物,它们在许多时候具有模糊性,发展方向具有多值性。模糊性是事物质的反映,多值性是事物量的体现。我们要想真正做到对事物全面科学的把握,就必须从质与量的结合上下功夫,就思维对象的类属边界和性态的非确定性从质的方面把握其可能的分布(程度或水平),以达到对事物较准确的认识。这已经成为辩证唯物主义思想方法的理论依据。

就人本身而言,不仅人的内在思维是模糊的,行为的外在表现也是模糊的。这种模糊性和不确定性说明人的思想认识和外在行为永远不会停留在一个水平上,必然要向某一个方向发展。至于如何发展以及发展到何种水平,则在很大程度上取决于当时的环境和条件。

就事而言,它的发生与发展既有一定的规律性和必然性,又有很大的或然性和随机性。即使带有规律性的东西,其渐变过程的中间状态也是模糊的。事物的发展及终结同样是多指向的。在许多时候,矛盾的加深与化解、事态的恶化与好转并没有严格的界限。我们希望万事如意,却常常事与愿违;我们虔诚地祝愿心想事成,又偏偏以失败告终。就是说,事情的成与败、好与坏往往同时隐含其中,相伴而生,相对而在。条件不同,事物的发展方向就不同,终止的水平也不同。这一切都反映了事物的模糊性和性态的非确定性。因此,不管就人而言还是就事而言,其发展方向和水平都具有多种可能。而终结到哪一种可能上,则取决于我们的"操作"。

长期以来,人们对人对事常常自觉或不自觉地偏离客观,忽视其模糊性、多值性、可变性的固有特征,从而导致处理问题时的简单化和极端性,本无矛盾却引发了矛盾,本是小矛盾却变成了大问题。这种情况的出现主要是因为二值逻辑对人们思维方式的影响。二值逻辑是相对多值逻辑而言的,是任一命题具有且仅具有"真"或"假"二值之一的各种形式逻辑系统的总称。二值逻辑的特点是命题的结论真假分明,具有确定性。这种思维方式经历了从 14 世纪到 19 世纪几个世纪的深化,渗入各个领域,也在人们的是非观念上打下了深深的烙印。人们在认识事物的过程中极力地追求确定性,非此即彼的排中律在许多地方被硬性使用。好与坏、对与错的评判常常忽略了中间的广阔地带,而将介于两极之间的"好坏共存""对错兼备"状态人为地推向极端。不改变这种违背辩证法的思维方式,不把事物的中间部分找回来,从而还事物的本来面目、给事物以多个发展的终结点,我们的工作就难以摆脱形而上学的羁绊。

与此同时,二值逻辑的影响还借助人们追求完美的天性得到加强。追求完美是人们的"天然必然性",是人的本能的一种反映。人们这种天性表现得愈强烈,就愈是不允许失败,不允许有缺陷。人们希望听到的、看到的、经历的都是美好的。于是,人们就自觉不自觉地以这种无形的心理尺度去检验生活水平和工作质量,一旦发现现实中存在着诸多的遗憾,便无法接受这种不尽如人意的现实。然而,事实教育了人们,不管如何固执地、一厢情愿地去追求事物的最佳状态和确定状态,事实上人们所得到的精确认识和极端状态总是少数的、特殊的,而以模糊、多值为基本特征的认识无论就过程还是结果来说,都是多数的、普遍的。《语文研究》1986年第 1 期有一篇文章对"人剥削人"的解释是:"一般说来,前一个'人'指的是坏人,后一个'人'指的是好人。"这种标准是极端片面的。众所周知,在半封建半殖民地的中国,民族资产阶级中的大多数人是支持或至少不反对新民主主义革命的。香港回归前许多大资本家积极投身于香港的建设工作并努力支持祖国的建设,怎么能划入坏人的范畴?可见二值逻辑对人们是非观念的影响是根深蒂固的。

在自然界与人类社会中,对于许多对象的特征及客观属性是很难用"是"或"非"做出回答的,事物的存在往往都带有模糊性的特征。如果不顾这一现实,非要人为地追求其确定性,就难免导致背离客观事实的事情出现。第二届中国艺术节 1989 年 9 月在北京举行,期间要评选 50 名"艺术大师",以表彰那些为发展中国艺术事业做出杰出贡献的艺术家。这无疑是一件令人振奋的事,但遗憾的是参选条件之一为"年龄要在 65 岁以上",65 岁以下者即使有突出成就也只能从堂皇的艺术宫殿门缝里窥视一眼"艺术大师"的荣誉桂冠。二值逻辑在这里充当了一个不光彩的角色。这本来是一个模糊的问题,65 岁以上不见得是"大师",65 岁以下不见得不是"大师"。举世赞誉的诺贝尔奖,谁能说它不是一种崇高的荣誉呢?但它的获奖者最年轻的仅 17 岁。因此,评奖时应看对人类、对社会的贡献,而不能用一个数字将参评者推向两个极端——有资格者和无资格者,这是对二值逻辑的滥用,这是对模糊问题硬性地精确处理。

同样,在对人的评价中,我们常常用"合格、不合格""成功、失败""勤奋、懒惰"等二值结论界定一个人的状态,而抽掉了两极间的中间部分。然而这中间部分正是事物模糊性的客观存在之处。模糊理论的本质正是反对绝对化、极端化,承认两个极端值之间是连续变化的,其表现形式是有无数个离散值,无数个隶属度。那种用精确的方法去处理本质上是模糊现象的做法已经引起人们的异议。查德说:"现在的科学都是基于二值逻辑的,因而我们所说的是整个科学态度上的转变。不光是在计算机科学中,而是更一般的在科学思维中,有一种长期存在并根深蒂固的传统:尊重数字上的和精确的东西。为了能够研究复杂系统,特别是对人的推理起重要作用的系统,我们大家必须放弃这一传统。"这就是人类的思维为什么要从量的精度向质的活性转化的原因,也是改变对二值逻辑到处硬性使用的依据。

纵观人类思维发展的历史,从古代模糊思维到近代确定性思维,再到今天的科学模糊思维,人类思维经历了一个否定之否定的螺旋圈之后终于上升到了科学的、理性的状态。在思维的领域,人们同样在不断地否定自己,从而也就不断地发展和完善了自己。人们的思想方法终于摆脱了"必然",走向了"自然"。

三、模糊思维的客观性

模糊思维是客观存在的现象,生活中和科学上大量的事件都是偶然的和随机的,即不确定的。当人们拿起一个鸡蛋时,究竟用多大力气才不会使其滑落又不会捏碎,这并不需要进行精确的计算,事实上世界上最高速的计算机也无法进行临场指挥,然而人们凭借触觉和视觉,在极短的时间内就可做出恰如其分的指令和动作。在这一极短的时间内,人的大脑进行了高效率的模糊思维。

模糊思维在技巧性的活动中占有支配性的地位。体操运动员在单双杠上翻飞,在平衡木上跳跃,如何恰到好处,所用的力量、角度、姿势,甚至呼吸的平衡都要在一瞬间由大脑指挥系统完成;乒乓球运动员在闪电般的对抗中,球拍角度的把握、手臂高度的确定、步伐的移动、回击的对策等也要在刹那间由大脑发出指令;跳水、跳高、游泳等竞技活动也是靠大脑临场做出高速判断完成的。

模糊思维在识别信号中同样显示出了它的神奇作用。当一个身影从远处闪过时,人们可以大致判断出是否自己熟悉的人,通过讲话声,甚至脚步声、呼吸声也可以在短时间内做出识别和判断。在对人心理的把握中,有经验的人通过面部表情、形体动作、声音语调就可以感知对方的心理。

模糊思维在角色体验、艺术审美活动中也有突出的表现。角色扮演者要通过动作、表情、话语来表达剧情,也需要借助内部体验加以把握,需要进行科学的模糊思维。

模糊思维在对人的评价中,在把握对象的内在因素中,在创作领域,在科学研究和发明创造中,在接收外界信息及加工整理中……在几乎所有的领域中发挥着神奇的作用。这时的排中律已完全失去了作用,因为它所判断的对象的符号变得模糊了,只有模糊思维才能客观地、公允地、神速地起作用。

四、模糊思维的科学性

自 1965 年查德在其著名论文《模糊集合》中提出模糊性问题之后,人类对它的认识就在不断地深化。对模糊思维机制的研究既不是心血来潮,更不是子虚乌有的理论虚构,而是人类哲学认识不断深化的客观要求,也是现代生命科学、思维科学及信息论、控制论、系统论等学科蓬勃兴起的必然结果。模糊思维是一种客观的、科学的思维方式。

罗素说过,知识是一个程度上的问题。知识能否表达和交流在很大范围内是一个程度的问题。按程度区分,人类的知识分为言传知识(即能清楚而明确表达的知识)和意会知识(即默然不能表达的知识)。康德认为,我们并不总是能够用语言表达我们所想的东西。正所谓"言有尽而意无穷"。一位熟练的汽车司机驾驶车辆安全通过狭窄的道路,一位高级厨师凭着火候、颜色、气味烹饪出美味佳肴,一位高明的中医靠切脉、观气色治病……这些技艺都带有强烈的"只可意会,不可言传"的色彩,即"意之所随者,不可言传也"。席勒在《论语言》中指出:"当心灵用语言表达出来时,就不再是心灵的语言了。"这种"含不尽之意于言外"的现实正说明意会知识确实是客观存在的,从而证实模糊思维是科学的、可信的。事实上,这种默然难以表达的现象反映了时间和空间的不可划分性和无限延伸性,因为时间的分界点所占时间的长短、空间的分界线或分界面所占空间的大小都是无法确定的。不管我们对时间和空间划分得多么精确,它们的分界处总是存在一定的可以继续再分的时间和空间。这一切都导致了人们对客观事物感觉上的不确定性,因而才有了"有无相生,难易相成,长短相较,高下相倾,音声相和,前后相随"之说。所以,伏尔泰得出结论:"世上不存在能够表达我们所有观念和所有感觉的完美的语言……人们不得不用两个概括的词'爱'和'恨'去表达彼此迥然不同的成千上万种的爱和恨。"

从模糊思维的过程来看,人的大脑具有一种执行不精确指令的能力,它具有概念思维和体验把握两种工作方式。尤其是体验把握,它主要是一种内部经验活动,这种活动的特征之一就是模糊体验的综合评判和顿悟发现。这种综合评判和顿悟发现即模糊思维的结果,正像运动员掌握了一个技巧,表演家把握了一个意境,评判人领会了一个标准,从而在意会的基础上达到了对知识的理解,于是模糊思维产生了一个逻辑跳跃,形成了一个新的思路。被誉为计算机之父的冯·诺依曼指出:"神经系统是这样一台计算机,它在一个相当低的准确度水平上进行复杂的工作。它只可能达到二位至三位十进制数字的准确度水平。我们还不知道,有哪一种计算机在这样低的准确度水平上仍能可靠地、有意义地进行运算。"人脑的这种低精度换来了高可靠性,就是靠反复地体验调整、综合评判和顿悟发现,即模糊思维。在我们日常生活中,大部分指令都是不精确的,但是我们在完成各种相当复杂的任务时并没有遇到多少困难,而计算机却很难完成这些任务,因为大部分问题无法用精确的公式表达出来。

五、模糊思维的特征

模糊思维是一个十分复杂的问题,用控制论的术语说,就是人的大脑是一个所谓的"灰箱"装置,我们对其思维的载体和机制的研究尚不彻底,对此我们将要继续付出努力进行探索。但是,模糊思维所表现出的鲜明特征却是无可争议的。

(一)模糊性

模糊思维的模糊性不仅表现为接收的信息是模糊的,即思维对象本身的模糊性,而且表现为思维过程的模糊性。主体对思维对象的了解主要是通过对象的离散行为或离散信息,通过聚类分析和模糊推理,进行由个别到一般、由有限到无限的转换,没有必要也不可能将对象的连续信息加以穷举。只有恰当地省略事物发展的大量中间状态,才能形成对其结论的相对确定的划分，达到定性的、明晰的把握。思维主体将思维对象的大量中间状态省略，就是一种思维模糊化的过程，但清晰的结论往往掩盖了这一过程。恩格斯认为，人类真实、详尽无遗的知识只在于思想上把个别的东西提高到特殊和普遍。而模糊思维就是将有限量的信息通过模糊识别、模糊分析、模糊评判和模糊顿悟这一有机整合过程，达到无限量的结论这种质的转换。

思维的模糊性还表现为语言表达的模糊性。例如对"一半"的解释，不同的词典不完全相同，有的说"整体中分称为半"，有的说"1/2 称为半"。而在实际应用中，"半"绝大部分不是"整体中分"或"1/2"，如"半池春水""半塘荷花""半部《论语》""半壁江山"等都是模糊量。正是这种模糊性使得我们的语言丰富多彩、充满魅力。另外，诸如好坏、深浅、高矮、宽窄、爱憎、喜怒、强弱等都是语言中经常出现的模糊词。这些模糊词的应用非但没有造成混乱，反而使我们所表达的意思更加宽广而和谐，既给人以美感，又给人以思考的余地。

（二）非逻辑性

模糊思维的非逻辑性表现为跳跃性和非因果性。它超越了正常逻辑思维的层层推理、步步求证的束缚，海阔天空，甚至使看起来风马牛不相及的事情彼此交错；它既像历史的再现，又不沿袭历史的变迁；它看似杂乱无章，却又隐含着明确的目的性；它不分先后次序，不讲因果关系。而在整个模糊思维过程中，正是这种非逻辑性给思维带来了活性，正是这种非逻辑性为提取有价值的信息提供了"检索"的基础。

模糊思维的非逻辑性还表现为及时放弃旧的思路转向新的思路，及时放弃无效的方法采取新的方法，因而在思维效果上常常呈现为突发性，以一种突然降临的情景标志某个突破的到来。表面上看这种思维似乎是违反常规的，使人感到不可思议，实际上这不仅是大脑生理能力的一种反映，而且是人们后天知识积累的升华，是知识素材、智力水平、紧张的思维劳作、良好的精神状态、和谐的外部环境因素作用的综合发挥。

（三）意会性

模糊思维的第三个特征是意会性,即不可言传性。从脑生理学上看,人的脑电波有不同的分类:一种是快波,即努力工作时大脑的活动节律;一种是慢波,即正常人休息时大脑的活动节律;还有一种称为θ波,是一种更慢的波,也就是处于幻想状态或催眠状态时大脑的活动节律。模糊思维中的灵感、顿悟总是伴随着θ波而出现,这时人们的思维处于最解放的状态,可以产生许多联想、比较、判断乃至顿悟,但表现在语言上却是"难以言状"。例如我们评价一个人,主体通过对评价对象的言谈、气质等要素的感知,结合大脑中已存有的"印记"以及实践经验,在没有太多事实依据的情况下就可以得出评价结论。这种结论是如何得到的,有时连人们自己也说不清。正像德国科学家普朗克首创量子论假说时,连他自己也感到茫然不知所措,甚至怀疑这个假说的真实性。殊不知这正是模糊思维在起作用,只是其道理不可言传罢了。

（四）瞬时性

信息时代人们接收到的各种信息越来越庞杂,思维系统承受的负荷越来越重,迫使人们的思维不得不向着"活性"发展。而模糊思维的机制就正好适应了这一发展变化。

我们面对的信息不仅数量大、速度快,而且面向各种对象,尤其人们自身提供的信息是动态的、不连续的、主次混杂的、外显与内隐相结合的,有时还是真假相伴的。对于这些信息的处理,目前的计算机是无能为力的。事实上只有人脑才能越过常规的信息综合和推理的模式,达到"观古今于须臾,抚四海于一瞬"的境界。我们评价一个人,即使事先并没有任何思想准备,只要主体对评价对象比较熟悉,稍加思索,就可以有条有理、因果分明地进行评价。这里的"稍加思索"就是模糊思维在极短的时间内对评价对象的过去、现在,工作、生活,单位、家庭,成绩、失误,能力、潜力,政治、业务等诸方面的行为表现进行了"扫描",而且在"扫描"的基础上进行提取、分析、组合、评判、抉择,这一切都是在瞬间完成的。我们不得不承认人脑模糊思维的这种神速和有效。

柔性管理面对的对象是人,说得更确切一些是人的精神世界和心灵深处,这里所发出的信息永远具有不可置疑的模糊性。清晰只是相对的,模糊则是永远的。因此,柔性管理的一个最基本的思维方法就是模糊思维。我们不仅要通过模糊思维去恰如其分地处理那些来自人们自身的、必然的模糊问题,从中发现本质,发现真谛,从而有针对性地做好人的工作,而且在解决问题的方法上也要体现模糊性。今后的问题是我们对模糊思维不仅要承认它、应用它,而且要在深度和广度上进一步研究它,以便使之在柔性管理中发挥更大的作用。

第二节 模糊思维的"度"

世间任何事物,只要有质的存在,就必有量的内涵。事物之所以能够存在,是因为决定其质的量保持了一定的度。所以,度是保持质的稳定性的量的限度,是和事物的质相统一的限量。度体现了质和量统一状态下的和谐关系。

一、模糊思维中度的思想

模糊思维并非人为地制造模糊,而是基于思维对象本身固有的质的模糊性,利用模糊思维巨大而神奇的功能处理这一人类社会和自然界普遍存在的现象,给这些现象定格,这就是模糊思维中度的思想。

（一）度的概念

度是一个十分重要的哲学范畴,它是事物保持一定质的数量界限,是质所规定的量的活动范围的临界点,是特定的、严格的数量"能级点"。关于度的哲学思想早已有之:我国伟大的思想家、教育家孔子的"中庸之道"以及"过犹不及"的思想;古希腊哲学家毕达哥拉斯关于"宇宙的和谐"的思想;德谟克利特关于"如果超过度,那么最好的东西将变为最坏的……在各方面适度是最美好的"的论述;亚里士多德关于"对任何价值来说都有一定的度,越过了度,价值就会失去自己的'能力'"的论述……我们从先哲们对度的认识上或多或少地感受到了一种朴素的辩证思想。随着现代科学的发展,特别是马克思主义哲学产生以后,度被作为唯物辩证法的重要范畴确定下来——度是维系事物自身平衡和事物之间的关系良性互动并达到统一的存在。人们发现,任何事物都有自己的度,它们之所以能够存在,就是因为每个矛盾统一体当中对立的双方克服了对立的属性,找到了一种"共同的存在"。因此,度的本质属性是统一性,度的灵魂是平衡性。

(二)度的特征

度作为独立的哲学范畴,受质和量的关系所制约,依量变到质变的规律形成自己的特征。

1. 度的客观性

度是任何客观事物本身所固有的,而不是主观随意的外界赋予。因为世界上任何事物的存在都是质和量的统一,事物之所以能够保持自身的质和量相对稳定的状态,就是因为有度来维持。否则,世界就会陷入瞬息万变、不可捉摸的混沌之中。

2. 度的确定性

一个特定的事物只能有一个特定的度,越过了这个特定的度,一物就会转为他物。水的度是 0～100 ℃,0 ℃和 100 ℃就是水的临界点。超出了这个度,水就失去了它的液体的质。

3. 度的层次性

任何事物的发展过程,从产生到灭亡都遵循否定之否定的规律进行。在孕育、发生、发展、兴旺、衰败、消亡的过程中,事物的度自始至终相伴随,而且随着质的发展变化呈现出不同的层次性。

4. 度的相对性

度是相对稳定的,其稳定程度取决于质的变化,又反过来影响质的水平。度是保持质的稳定性的唯一显在的要素。但是,事物内部的矛盾斗争是不断发展、变化的,因此事物的质也是不断变化的,这就决定了一方面度的发展变化是绝对的、永恒的,另一方面度的存在是相对的。

5. 度的系统性

就像任何事物都不是孤立的存在一样,度的存在也不是孤立的,而是组成一定的系统。在不同的层次上、不同的系统中、不同的时空里都存在着不同的度。这些度有些是互相关联的,有些是互相制约的,有些是互为因果的。总之,它们构成了一个"度系统"。

二、模糊思维中度的平衡

既然模糊思维是主体就对象的类属边界和性态的非确定性,从质的方面把握其可能的分布,那么模糊思维的过程就是把握事物发展的"程度和水平"并加以引导、推动的过程,这就是模糊思维的度平衡或称适度点。我们经常说的注意"分寸",把握"火候",掌握"界限"等,就是指事情要做得适度,形成事物内部矛盾统一时双方最佳的量的规定。这是人们在认识客观事物的基础上,使主观的努力与客观事物的度相互平衡、相互适应,从而实现主体与客体的最佳存在和发展的状态。于是,模糊思维在柔性管理中的表现就是寻求适度、把握适度、应用适度。这种思想既有哲学的深度又有实践成功的美——适度思想充满了哲学的、文化的、行为的巨大魅力!

(一)适度的概念

适度是指在认识和把握客体的度的基础上,使主观的努力与客观事物的度相互平衡和适应,从而实现主客体的最佳存在和发展状态。孔子提倡"无过、不及",就是对"过犹不及"和"物极必反"的不适度状态从质的方面进行的矫正。"过"与"不及"都是要走向反面的。孔子"无过、不及"的思想在一定程度上揭示了质与量的辩证关系。也就是说,一定的质是与一定的量联系在一起的,量的过与不及都会影响甚至改变事物的质。

因此,为了保证事物质的相对稳定性,必须既反对"过"又反对"不及",也就是主观的努力必须与客观事物相符合。这种思想就是我们平常所说的"恰如其分""恰到好处"。它表现在时间上就是"适时"——不早不晚,不前不后;表现在空间上就是"适中"——不上不下,不左不右;表现在规模上就是"适量"——不多不少,不大不小;表现在速度上就是"适速"——不快不慢,不急不缓;表现在人际关系上就是"适可"——不即不离,不谄不媚;表现在行为上就是"适当"——不卑不亢,不偏不倚……

适度有两层含义:一是主客体关系的和谐统一不是一方依附于另一方,而是双方互依共存。适度作为反映主客体关系的概念,表现在实践中,即主客体双方处于彼此一致、相互符合的协调状态中。这种和谐统一使主体的目的、需求、愿望与客体的性质、特点、量度趋于协调一致,而不是使一方消极被动地服从另一方,也不是把一方归为另一方的取消式合并。二是主客体关系的和谐统一是一个动态过程。适度是主客体的动态和谐统一,因为主体的目的、需要、愿望、价值取向等都是一个动态的发展过程,而且很多情况下主客体常常并不一致,因此主客体的和谐统一呈现出动态的发展过程,而不是静止不变的。

(二)适度思想的沿革

适度思想在人类历史上早已有之,它不仅为中华民族所拥有,而且为世界各民族所共有。从 2 000 多年前人类历史上出现的和合思想、中庸思想、无为思想、太极思想、兼得思想、伦理思想到现代的统筹兼顾思想、对立统一思想、实事求是思想、与时俱进思想、科学发展思想、和谐社会思想等,所折射出来的适度思想是如此大气磅礴和丰富多彩。这些思想对我们的思维方式和行为方式一直发挥着不可替代的规范指导作用。

1. 中国历史上的适度思想

历史悠久的中国传统文化是各种思想的"集大成",是取之不尽、用之不竭的"智库"。中国的传统文化百家争鸣、百花齐放,从两汉开始逐渐形成了以儒家为主,"儒""道"交融,兼蓄各家的基本格局。中国传统思想中的适度思想所体现出的那种天人合一、整体和谐的无为、中庸、慎独……

不仅影响着伦理、道德，而且影响着治国、平天下的大略。我们把这些思想与模糊思维进行对照，以便取其精华，古为今用。

1）和合思想

和合思想是儒家、道家、墨家等文化流派相互碰撞、相互渗透、彼此融合形成的辉煌成果，是中华传统文化中具有代表性的优秀文化之一，是独具东方智慧的哲学范畴和思维方式。习近平曾经对"尚和合、求大同"的时代价值给予了高度评价。和合思想强调差异中的一致、矛盾中的统一，在承认事物差异性、多样性的基础上，把落脚点放在不同事物彼此共存、相互交融、共同发展上。

如今，和合思想作为中华文明的精神魂魄，经过漫长历史的演化，早已浸润和沉积在民族文化的各个方面和层面：在人与自然的关系方面，和合思想表现为"天人合一"的观念，成为中华民族延续至今的自然观；在个人与他人的关系方面，和合思想表现为"和为贵""己所不欲，勿施于人"的观念，成为中华民族进行社会建构、约束和规范自身行为的伦理观；在民族与民族的关系方面，和合思想表现为"协和万邦""天下大同"的观念，成为国人对外交往的外交观；在个人与自身的关系方面，和合思想表现为"格物、致知、正心、诚意、修身、齐家、治国、平天下"的观念，成为国人崇尚并力行的人生观。

总之，和合思想广泛而深刻地影响乃至支配着中华民族的价值取向、思维方式与行为法度，是中华民族文化的精髓和千百年来追求的理想境界。和合思想是中国传统思想文化中最富生命力的文化内核。和合思想不仅要求个体身心和谐、人际和谐、群体与社会和谐，更要求人与自然和谐，强调"天人共存、人我共存"的辩证立场，以宽容、博大的胸怀张扬天道与人间和谐融洽。因此，和合思想对于解决当今时代出现的各种问题具有奠基和统领的意义，对于弘扬社会主义核心价值观具有滋养和涵盖的作用。

2）中庸思想

中庸思想的基本特征是注重事物的均衡性和行为的适度性。中庸思想的产生是基于这样一种背景，即任何事物或行为都包含着两个相互对应或对立的方面。只有当这两个对应或对立的方面处于均衡状态时,事物或行为才达到一种最合理、最完美的境界;反之,这个事物或行为必然就是失之偏颇的。

中庸思想主张用调和的方法使矛盾双方达到均势、平衡、稳定、和谐的状态,绝不是无原则的迁就、无标准的附和。《中庸》中所提出的"和而不流""中立而不倚"就表现出了很强的原则性,即绝不是随意认同,取消矛盾对立面的差异性,而是在矛盾的两端吸取合理的因素,求得多种因素特别是对立因素的统一、和谐,并不是对立双方因素的简单相加。这种思想在《论语》中也表现得很充分,诸如"君子矜而不争,群而不党""君子和而不同,周而不比,泰而不骄""君子尊贤而容众"等。即君子庄重谦和而不争强好胜,善于交往而不结党营私;君子和睦友善而不苟同,处事周到但不依附勾结,坦然但不骄横;君子尊重贤才同时又容纳普通人。这些君子作风都不是只顾一端不顾其他,而是兼顾两端,既把问题处理得恰到好处又不失原则。

所以,中庸思想认为事物矛盾的双方在一定条件下是可以并存、共同发展的,而并不都是一方克服另一方,或两败俱伤、同归于尽。中庸并不否认矛盾、差异和必要的斗争,它本身就是矛盾的统一体,只不过它注重把矛盾、差异和斗争限定在相互依存的统一体中,防止因过度的矛盾冲突而破坏不同事物共同存在的基础。概括起来,中庸的内涵主要有两个方面:一是客观地承认不同,承认矛盾着的两个对立面,如阴阳、天人、义利、经权等;二是不同的事物通过"中"的把握,可以和谐地、有机地结合为一体,如阴阳和合、天人合一等。

3)无为思想

无为思想的代表人物是老子,他认为:"有无相生,难易相成,长短相较,高下相倾,音声相和,前后相随。"这些客观现实中相互对立的事物又相互统一,相互独立又相互依存,从而说明了相互对立又相互依存是事物存在的普遍形式。针对处于对立统一的客观世界,老子提出"无为"的理念,用辩证的原则指导人们建立自己的社会秩序和生活秩序,帮助人们寻找顺应自然、遵循规律的行为方式。

"无为"并非"不为",而是不妄为、不乱为,它是顺应客观态势、尊重自然规律下的主动和超脱。所以,老子又说:"无为无不为。""无为"的起点是"无不为","无不为"是实现"无为"境界的必然前奏。"无为"是一种处事和处世的理想状态。老子并不反对主动性,而是倡导"为而不恃""为而不争""为而有度"。

4)太极思想

太极是阴阳之母,是运动中的平衡状态,是和谐之极限。太极思想强调对立面之间的相互变化或换位,体现了辩证思想的深沉和精髓。太极哲学观源于《易经》,老子承前启后,之后影响到孔子,而至《易传》,形成了先秦哲学的主体。有人讲,太极思想是放之宇宙而皆准的宇宙哲学,是至高真理,它对宇宙之和谐进行了高度概括而又富于美感。

任何事物都由两个相反的对立面组成,二者的相互转化处于一个动态的过程中,同时又组成了一个统一、平衡的体系。任何事物都不是绝对的,只是相对而言的。太极阴阳论是古人的自然观,也是传统文化艺术的美学观。中国传统民俗文化讲究和谐、对称、均衡,要求阳刚与阴柔协调,形成一体。

5)兼得思想

众所周知,在管理系统中存在着许多具有对立乃至排斥关系的范畴。不同的管理者对此会采取不同的态度和方法加以处理。第一种方法是片面强调对立,肯定一方而否定另一方,"非此即彼"的排中律被硬性地使用;第二种方法是无原则地调和折中,把对立各方的是非曲直模糊混淆,没有主次、无法辨认;第三种方法是"两者兼顾",既寻求各方关系的适度,又区别各方的特色、特征和本质的存在,这就是管子所倡导的兼得思想。在管子的管理实践中,面对宽与严、正与奇、刚与柔、霸道与王道、礼治与法治等许多对立的现实,他的基本的处事方法都运用了兼得思想,从而使齐国变得强大,成就了赫赫霸业。

兼得思想认为对立各方的存在具有一定的结构,应该根据这一具体结构将对立、排斥的各方适度结合起来,既肯定对立又追求各方在具体结构中的适度动态结合,保持每一方相应的存在和发展。

6）伦理思想

中国传统伦理思想可以概括为七个方面：人伦关系、精神境界、人道精神、整体观念、修养践履、推己及人、天人和谐。《尚书·尧典》中最早提出了正确处理以家族为本位的父、母、兄、弟、子五种关系，从此我国就有了"修其五教""布五教于四方"的主张，即"父义、母慈、兄友、弟恭、子孝"。按照"五教"的规范，几千年来中华民族的家庭成员间和谐相处，各守本位，遵守着严格的伦理秩序，形成了闻名于世的中华民族的家庭文化。后来，孔子又倡导君君、臣臣、父父、子子的"三纲五常"的伦理思想，在我国历史上发挥了长期而又重要的作用。

"和"是这些传统思想中最典型、最基本的内容之一，体现了中国传统的集体伦理观，成为中国管理思想的重要特征。孟子提出了"天时不如地利，地利不如人和"的思想，"人和"是指团结一致、和谐相处。他还把"得道者多助，失道者寡助"即人心向背看作统治者是否具备"人和"的基本条件，把它提到决定事业成败的高度来认识，主张以和谐为最高原则来处理人与人之间的关系。中国古代的伦理观体现了当时在人伦、道德、精神追求等方面的适度思想。

2. 中国现代的适度思想

管理根植于不同的文化、思想、社会、传统、风俗、信念及各种制度中。我国在长期的管理实践中继承了古代适度思想的宏观性、全局性、协调性的特点，形成了统筹兼顾、对立统一、实事求是、与时偕进、科学发展、和谐社会等管理思想，这些思想又进一步丰富和发展了我国传统的适度思想。

1）统筹兼顾思想

统筹兼顾是指运用唯物辩证法的观点处理总体与部分、部分与部分、总体与环节之间关系的一种哲学方法。毛泽东强调"统筹兼顾，各得其所"，这是一个战略方针。改革开放以来，我们正确处理了 12 个带有全局性的关系：改革、发展、稳定的关系，速度和效益的关系，经济建设和人口、资源、环境的关系，第一、第二、第三产业的关系，东部地区和中西部地区的关系，市场机制和宏观调控的关系，公有制经济和其他经济成分的关系，收入分配中国家、企业和个人的关系，扩大对外开放和坚持自力更生的关系,中央和地方的关系,国防建设和经济建设的关系,物质文明建设和精神文明建设的关系。这充分体现了我国改革开放以来对执政规律、发展规律最适度的把握。

2)对立统一思想

毛泽东在《矛盾论》中对对立统一规律进行了全面深刻的论述,并提出了一系列在具体工作中分析和解决矛盾的思想方法和工作方法。对立统一思想也是邓小平辩证思想的一个重要方面,他在改革中始终强调四项基本原则是我们社会的"质"和"基石",改革与四项基本原则之间是"对立统一、相互依存"的关系。改革必须同生产力的现实水平和进一步发展的客观要求相适应,改革的性质、内容和方法必须与社会主义社会基本矛盾的性质、情况和解决的方法相符合。邓小平指出,改革是社会主义制度的自我完善,其革命性变革也只限于"一定范围内"和"某种程度上",而不是整个社会制度的根本变革。正是在这种情况下提出了以和谐发展为主要目标的科学发展观、双循环战略等,我国经济与社会发展面临的一系列矛盾才得以正确处理。在对立中把握统一才能实现发展的全面性、协调性和可持续性。

3)实事求是思想

实事求是的思想路线有着完整且丰富的内容。1941 年 9 月,毛泽东在《改造我们的学习》一文中指出,"实事求是"的"实事"就是客观存在着的一切事物;"是"就是客观事物的内部联系,即规律性;"求"就是我们去研究。同年 12 月,毛泽东为中共中央党校题写了"实事求是"四个大字作为校训。经过延安整风运动和党的第七次代表大会,实事求是的思想路线得到了全党的确认和拥护,并在实践中得到广泛应用。

邓小平对实事求是思想及其在我们党的思想路线中的地位和作用做过很高的评价,他多次指出实事求是是毛泽东思想的出发点、根本点。同时,邓小平根据革命和建设的经验教训,在新的历史时期提出"解放思想、实事求是"的新理念,认为要使我们的事业不断取得成功,就必须坚持解放思想、实事求是,一切从实际出发,在实践中检验真理和发展真理。这些思想已成为新时期我们党的思想路线的基本内容。

4）与时偕行思想

《易经》讲天地万物，一切皆受时间制约，故君子"终日乾乾，与时偕行"。"与时偕行"即与时俱进，它是马克思主义的理论品质，是党的思想路线新发展的时代内容，是中国共产党人具有的政治信念、思想观念、精神状态和高尚境界。十六大报告指出："与时俱进，就是党的全部理论和工作要体现时代性，把握规律性，富于创造性。"

体现时代性就是要按照时代变化和历史发展趋势，既不可停滞不前，也不能超越特定时代和客观条件而空想、冒进，这就要求我们正确把握所处的时代特征，准确把握党的历史使命；把握规律性就是要把握事物运动过程中内在的、本质的、必然的联系，按照客观规律办事，当前尤其要重视和把握共产党执政规律、社会主义建设规律和人类社会发展规律；富于创造性就是既要继承前人又不墨守成规，做到有所发现，有所发明，有所创造，有所前进，这样才会使我们的事业始终与时代发展同步，保持蓬勃朝气、昂扬锐气和浩然正气！

5）科学发展思想

改革开放以来，我们长期保持了高速的经济增长态势，但是许多地方的质量和效益却没有同步提高，具体表现为经济增长中的贫富差距拉大、环境污染、生态破坏、资源短缺、经济结构失衡、高投入高消耗、粗放式管理等方面。因此，如何把握好事物发展的"度"，保持质与量的统一，统筹兼顾，实现全面、协调、可持续发展成为一个紧迫的问题。

科学发展观是从新世纪新阶段的实际出发，适应现代化建设，努力把握发展规律、汲取人类发展的有益成果，着眼于丰富发展内涵、创新发展观念、开拓发展思路、解决发展难题而提出来的。科学发展观就是坚持以人为本，树立全面、协调、可持续的发展观，促进经济社会和人的全面发展、同步发展。科学发展观是辩证的发展观，它是针对社会存在的"失度"现象，运用质与量的观点加以分析而提出的。这一重大战略思想充分体现了中国领导集体的适度思维的辉煌成果。

6）和谐社会思想

任何社会都不可能没有矛盾，人类社会总是在矛盾运动中发展进步的。构建社会主义和谐社会是一个不断化解社会矛盾的持续过程。

和谐社会思想既强调人与人的和谐，又要达到人与自然、人与社会的和谐；既要注重内部各阶层、各利益团体之间的和谐，又要争取外部世界的和谐发展；既要培育微观的各个社会组织细胞的和谐发展，又要促进宏观的整个社会的和谐发展；既要经济、政治、文化等各个系统的和谐，又要形成各系统内部的和谐。因此，社会的和谐是一个十分复杂的系统，这一系统要求矛盾的双方或多方能够在一个统一体内相互包容、协调运作、良性转化和融合，始终使社会处在健康的、富有生机和活力的状态之中。

在当前国际国内政治、经济、科技、军事、文化空前复杂的大背景下，党中央对内提出自强自信、担当作为、消灭贫困、共同富裕，对外提出建设人类命运共同体、共商共建共享等一系列理念，充分彰显了中国的大格局、大智慧，而它的源头就是和谐社会思想。它处处体现着相互依存、相互包容、相互转化、相互平衡的思想境界，闪耀着适度思想的智慧之光。

（三）适度思想的魅力

魅力是一种令人倾慕、令人心悦诚服的力量，是一种使人愉悦、使人跃跃欲试的感受。人类丰富多彩、波澜壮阔的社会实践反复见证了适度思想的非凡魅力。

1. 适度思想是社会发展稳定的平衡器

当今世界，全球化已是势不可挡的趋势。市场经济在全球扩展，各国之间的政治、经济、文化联系日益紧密，商品、劳务的跨国流动带来相互影响和作用；与此相联系，各种政治力量和利益集团出现整合与重组。全球化作为一种必然的世界现象，正在向每一个民族、每一个国家走来，世界上任何国家和民族都将毫无例外地被卷进全球化的浪潮中去。

然而，令人遗憾的是一种逆全球化的思潮也在蔓延，全球化愈是普遍、愈是深入，就愈是需要严格的"游戏规则"。反观现行的全球化"游戏规则"，会发现渗入了太多的政治因素，掺杂了太多的民族主义、单边主义、霸权主义，带来了太多的不公平和非理性，导致一些国家利益受损，乃至丧失了国家的政治主权和经济独立，沦为西方发达国家的附庸，最终葬送了国家的发展机遇。因此,在对待全球化的问题上我们必须反对极端全球主义和反全球化的逆流,而只有适度思想之光的普照才能应对全球化引发的矛盾。

在对待全球化的问题上,既要积极参与,同时又要保持自己的相对独立性;既实事求是地承认全球化带来的巨大机遇和利益,又要清醒地认识到可能存在的风险和挑战。在参与全球化的过程中,我们要灵活运用适度思想,与极端民族主义、贸易保护主义、双重标准、零和思维等进行博弈,以寻求平衡点,争取更多生存和发展的空间,分享更多经济全球化的成果。

在国内,适度思想是建设和谐社会的需要。发展问题是一个备受世界各国关注的问题,但发展不是盲目的,我们必须以科学的精神树立正确的发展观。面对复杂的自然系统、社会系统、经济系统,适度思想强调要树立全面、协调、可持续的发展观,特别注重统筹城乡发展、统筹区域发展、统筹经济社会发展、统筹人与自然和谐发展、统筹国内发展和对外开放。五个统筹系统辩证地反映出了适度思想的精神实质和内涵。我们反对只抓经济建设而不协调社会、自然和人本身发展的短视行为和片面思维,反对以牺牲环境为代价的对自然过度开发换来的经济增长,反对盲目追求一时的政绩和传统的GDP(国内生产总值)考核指标模式。物质文明、精神文明和政治文明的建设是相互联系、相互促进的,人类的活动和生态环境是互为因果、互相影响的。

适度思想的平衡观要求稳定和谐式发展。适度思想认为任何一个系统不论大小,都存在一个和谐的平衡状态,这种平衡保证了系统有序、协调、合理地运行。一个明显的例子是在分配方面允许一部分人先富裕起来,先富带动后富,然后共同富裕。这符合"效率优先、兼顾公平"的分配方式,如果这种平衡、合理的状态被打破,则要么导致平均主义的低效率,要么导致贫富悬殊带来的社会不稳定。

适度思想的层序观要求循序渐进式发展。适度思想认为每个系统都有严格的等级层序,即有从低级到高级、底层到上层、简单到复杂的等级层序。这就要求我们协调好自然系统、社会系统和经济系统等大系统的运行规律。例如在经济系统内部,第一、第二和第三产业有明确的层序和分工。第一产业是第二和第三产业的基础,必须十分重视第一产业的发展,发挥第一产业在国民经济中的作用。而随着国民经济的发展和人民生活水平的提高,第二、第三产业必然蓬勃兴起,需要大力培育新的产业集群,形成新的经济增长点。因此,要正确对待第一、第二和第三产业之间的承接关系,使各产业之间相互促进、相互合作,保证国民经济的循环、有序、协调发展。

适度思想的动态观要求螺旋推进式发展。适度思想认为任何系统都会不断地运动变化,并与环境发生物质的、能量的和信息的交换。系统各要素之间都是动态的平衡,绝对静止、永不变化的系统是不存在的。科学发展观的可持续发展就是系统的动态发展的体现。人类的生存发展依赖于自然,同时也影响着自然结构、功能与演化过程。人类社会发展正是一个从和谐到失衡,再到新的和谐的螺旋式上升过程。科学发展观、双循环战略就是把不断追求人与自然的和谐,实现人与社会全面、协调、可持续发展作为人类共同的价值取向和最终归宿。

2. 适度思想是解决二律背反困扰的方向盘

二律背反是一个哲学概念,指两个正确命题之间相互排斥而呈现的矛盾现象。二律背反现象是管理中的一大困扰。可以用二律背反来表征的自我矛盾的命题和思路在社会上和管理中随处可见:一方面是"三个臭皮匠顶个诸葛亮""众人拾柴火焰高",另一方面是"一个和尚挑水吃,两个和尚抬水吃,三个和尚没水吃",数量与效益发生了矛盾;在社会主义市场经济下,企业一方面必须去找市场,另一方面又必须去找"市长",这是市场规律和行政干预的困扰;一方面规定党的领导在企业中处于"核心"地位,另一方面又实行厂长负责制,厂长在企业中处于"中心"地位;一方面是"任人唯贤",严格品德标准、人格意识、政治意识,另一方面又强调"不拘一格",用人要有灵活性、艺术性,用人思想发生了对立;严格纪律必然会限制某些行为,以至于招致愤懑,过分的自由又会导致纪律松散、效率下降,这是"自由"与"纪律"的困扰;要实现公平,使收入均等化,就必然牺牲效率,而提高效率就要多劳多得、优劳优酬,难以实现"公平"。另外,还有用人不疑与监督制约,用当其时与人才储备,用人所长与用人所好,高端引领与群众英雄,人才流动与人才稳定,引进人才与本土人才……管理理论与管理实践无法摆脱的这些二律背反现象一方面形成了管理的困扰,另一方面又是正常现象。

二律背反现象无时不有、无处不在,具有许多复杂系统的共同特点。它在许多地方、许多情况下是不可避免的,所以才成为管理理论与管理实践中永恒的矛盾,也才成为管理理论研究与管理实践探索中永恒的热点。智慧的人类运用适度思想不断巧妙地解除二律背反的困扰,在管理实践中创造了一个又一个闪光的案例。

3. 适度思想构成了人类社会的美

面对纷繁复杂、瞬息万变的社会现象、自然现象,经历了反反复复、大大小小的失败和成功,人们终于形成了相对一致的、科学理性的处事方式,这就是把握适度、追寻适度。

适度才能存在。过犹不及、物极必反,任何事物都必须保持一定的数量界限方能存在,一旦超出这个界限,事物的质也就不复存在了。环境的失度导致某些生物种群灭绝,组织结构的失度加速组织的瓦解,企业的过度扩张导致衰败,运动的过度导致健康的逆转……人们在这些方面得到的教训太多了!

适度才能发展。适度思想在社会和经济发展过程中扮演着异常重要的角色,在决策活动中起着决定性的作用。适度思想的应用水平决定着决策水平,决策水平的高低直接关系到整个行动的成败,影响整个社会经济的发展。社会的发展与稳定,规模的扩大与质量的提高,市场的广度与生产的供给,管理中的继承与改革、刚性与柔性……都必须把握适度。它如同天平的支点,把握不好就会使管理偏离方向,失去平衡,失去发展的机遇。在管理行为中,在决策活动中,如何确定这个支点,既是人们理性的反映,也是人们灵性的体现。

适度才能和谐。适度思想强调矛盾的对立统一性,强调"和"。因此,适度思想对社会稳定具有重要的理论和实践意义。随着改革开放的发展,各种社会矛盾呈现出复杂的状态,对各种矛盾的处理必须采用"适度"

和"中和"的方法,把矛盾限制在质量互变的"度"的范围内。

适度才能美。如前所述,适度构成了存在美,适度造就了发展美,适度形成了和谐美。所有这些均吻合了"道法自然""保合太和"的中国美学的基本法则,其表现形式是自然、质朴、和谐、适度。在中国,对美的欣赏和理解是"天人合一""恰如其分""本真纯真"。古希腊哲学家柏拉图也认为"美就是恰当"。所以,人类对美的追求,最终总希望达到"思与境偕,情与景融"的境界。

总之,适度已经成为我们的一种思维境界和理念。它能给我们认识上的美,同时也能给我们实践上的启示和灵感。世界的和谐需要适度,科学的管理需要适度,社会的发展需要适度,人类的发展也需要适度。人们将在把握适度的价值、追求适度的境界、享受适度的感悟中,从有限的空间和无限的意义上继续创造永无止境的、出神入化的适度意境。

第三节　模糊思维与柔性管理

前面已经就模糊思维的客观性和科学性进行了研究,并论述了它的基本特征,还将模糊思维与儒家"度"的思想进行了分析对照,并指出了其合理性、科学性与可行性。总之,我们对大量的自然现象、社会现象以及语言、文学、技艺诸方面所表现出的模糊性进行了较为全面的解析。之所以用如此大的篇幅介绍模糊思维,最终目的是将其应用于柔性管理,这是由管理对象质的模糊性决定的。

一、管理对象质的模糊性

柔性管理所面对的思维对象是人,更具体地说是人的大脑意识和心灵活动。它所展现给我们的主要是思想、情感、行为倾向以及潜意识等一些抽象的难以捉摸的东西。它们摸不着、看不到,就像自然界的磁场一样,是一种很特殊的客观存在。要弄清楚这些东西,人们只能依据自己大脑中的许多模糊体验进行模糊把握,而难以像对客观存在的有形物那样给予精确的观察、度量与把握。

管理者的思维对象可分为三大系统:黑色系统、白色系统和灰色系统。我们说一个系统是黑色的,就是说这个系统黑洞洞的什么也看不见,提供的信息量非常少,我们对它几乎一无所知。例如,对于外星人、黑洞、反物质等问题,到目前为止我们还几乎处于无知的状态。说一个系统是白的,就是说这个系统给人的信息量很充分,清清楚楚,一目了然。例如,人的体重、身高、血压、脉搏等通过测量都是可知的。而介于白色系统和黑色系统之间的系统被称为灰色系统,这种系统所提供的信息不完全、不充分,我们对它的把握是一种"一知半解"的状态。人的大脑就是这样一个灰色系统,人的思想意识、心理活动、行为倾向等的表现都是模糊的、动态的。

人的思维活动像"磁场",人的大脑像"灰箱",这就决定了我们要获取人们心灵深处的东西的困难性,以及所获取信息的模糊性。管理者面对如此一个部分已知、部分未知的灰色系统,如何从扑朔迷离、虚无缥缈的状态中"曲径通幽",从而洞悉它、利用它、驾驭它,是对管理者智慧、能力、意志、心态的挑战。

管理者获取管理对象内在的许多模糊现象不是最终目的,其目的是对这些带有"亦此亦彼"色彩的模糊现象进行引导。在外力的影响下,这种亦此亦彼的现象可以向一极转化,也可以向另一极转化。例如,正在失去信心,及时地给予支持,于是又重新振作,失去与恢复只是一步之遥;处在迷茫之中,及时指点迷津,于是明白了事理,迷茫与清醒并非天壤之别;正在痛不欲生,因为解除了误会,立刻"转危为安",生与死只在顷刻之间;正在犯罪的道路上举棋不定,因为外部因素的作用而改变了主意,善与恶只是一念之差……因此,柔性管理不仅要考虑管理对象提供的信息的模糊性,而且要对于"亦此亦彼""进退两难""举棋不定""犹豫不决"等模糊的或者是矛盾的心理和行为及时给予引导与化解。

认清人的大脑与心理的这一特殊性,对于柔性管理中客观分析矛盾、正确决策、恰当协调、及时把握等体现哲学素养的方方面面,都具有点石成金、出奇制胜的神奇作用。

二、柔性管理中的模糊思维

模糊现象是一种客观的、普遍的存在，甚至是一种永恒。我们无法改变它，更无法消除它，只能适应、利用它。柔性管理中的模糊思维最基本的表现就是对模糊现象进行"定格"，这是对质的量化，是过程与即时的完美结合，是模糊与确定的辩证统一。它需要实事求是、尊重规律，通过博学、审问、慎思、明辨来进行模糊判断、模糊把握、模糊顿悟，从众多含混不清的答案中选择最贴近现实、最反映客观的适度点。模糊思维与管理的密切结合必将引起一场推动管理变革的大潮。

（一）语言表达力戒二值化

柔性管理的重要工具之一是语言，语言表达的是管理者的感情、认识、思想乃至风格。法国作家雨果说过："语言就是力量。"语言运用得科学、适当，就能动人心弦、感人肺腑，就能征服人心，起到缓解矛盾的作用。这就要求管理者的语言与模糊现象相吻合，不要人为地将模糊问题推向极端。

大港油田某企业曾经有一批"请调大军"，对此新厂长并没有大惊小怪，更没有埋怨指责，而是发出肺腑之言："咱们厂是有很多困难，我也怵头。但领导让我来，我想试一试，希望大家给我半年的时间，如果半年后咱厂还是这个奶奶样，我辞职，咱们一块走！"这些话没有唱高调，朴实无华，既是人格的展现，又是模糊语言的恰当运用。他没有坚定地表示决心，而是"我也怵头"；他没有把话说绝，而是"我想试一试"；他没有正面阻止调动，恰恰相反，他说"如果半年后咱厂还是这个奶奶样，我辞职，咱们一块走"。然而，谁也不会相信这是一个来"试一试就走"的厂长。相反，人们正是从他那入情入理、内心坦荡的言语中感到了力量，感到了希望。于是，一心要干下去的人增强了信心，失去信心的人振作了精神。模糊语言在这里发挥了惊人的作用，后来这个企业的巨大成功被中央人民广播电台在早间新闻联播的黄金时间进行了连续一周的宣传。因此,柔性管理首先要端正思维方式,冲破传统的、习惯了的"非此即彼"的二值逻辑束缚,寻求两个极端之间的中间状态,使之真正地与现实问题相吻合。

在对人的管理中,在对人的评价中,在对人的心理的平衡中以及在对外交往中,二值逻辑应当被排斥,而代之以模糊思维。因为,第一,极端化的人、极端化的事是极少数的,多数的人和事表现为中间状态。第二,处于中间状态的现象若处理得当,可以收到积极的效果;否则,有可能把问题推向我们不希望出现的极端。第三,我们已经有了处理模糊现象的成功实践,而这种实践首先是从语言开始的。例如,外交事务中常常用"在适当的时候访问贵国"来回复邀请,"适当的时候"就是模糊语言,既显得彬彬有礼、十分中肯,又创造了一个留有余地的宽松环境。在这里,语言的表达方式成为至关重要的问题。为此,需要特别指出模糊语言的运用中应注意的几个问题:

1. 心诚言善,避免极端

管理者首先从心理状态上调整适当,才可能避免过激情绪和偏见。心诚方能中肯,心柔方能言善。即使面对的对象是犯了错误的人或者是反对自己并已被实践证明反对错了的人,同样应该从教人以理、导人以善的愿望出发,带着强烈的责任意识去表达心愿。果真如此,便必然会实事求是,心平气和。

2. 保持尊重,力戒刺激性语言

我们历史上有一段时期,处理问题时只强调斗争性,不注意艺术性和可接受性,以为语言越尖锐越好、越辛辣越好,嗓门越粗越好、越高越好。这种语言表达方式在柔性管理中是绝对要不得的。因为第一,人人都有自尊心,不愿意接受攻击性语言;第二,这是极端思维、简单粗暴的处事方式;第三,不符合柔性管理的原则,是一种短视行为。法国科学家高斯提出蒸汽可以推动物体的观点后,人们认为荒谬至极,视高斯为疯子,将其关在疯人院 20 年直至死亡。由此可见,当人们对超越认知范围的事物进行判断时,常常难以把握分寸而导致错误。在面对问题,尤其是尚未搞清楚的问题时,我们宁可沉默也不能使用过激言词刺激他人甚至伤及无辜。

3. 含蓄双关,发挥语言魅力

语言含蓄幽默、一语双关,是管理者的工作艺术、水平、修养和风格的综合体现。含蓄双关的语言发人深思,给人启迪,同时避免了枯燥无味、言之无物的空洞说教。我们在生活中常听到一帆风顺、旗开得胜、独木不成林、一花独秀不是春等一语双关、含蓄而发人深思的话,这些都是模糊语言的应用。清朝末年,一个卖药商人买了一个官职,在家宴请宾客以示庆贺。他穿上五品官服,十分得意,全然没有羞耻之感。此时两个秀才对诗,一人曰"五品天青褂",另一人对"六味地黄丸"(意指此官是靠卖药买来的)。含蓄双关的语言辛辣地讽刺了这一丑恶现象。

4. 留有余地,莫把话说绝

把话说到无以复加的地步,几乎没有不失败的。因为第一,事物是发展变化的;第二,任何事物都包含着对立的两个方面;第三,任何真理都是相对的;第四,个人的认识是有局限性的。因此,凡事"拍胸脯",其势咄咄逼人,往往预示着失败的到来。我们在看到一个人的成绩时要发现他的不足,指出其不足时要肯定他的成绩。古希腊哲学家赫拉克利特说:"当你试图创新时,凡事模棱两可最为有效。"我们决不是无原则地提倡模棱两可,而是倡导在创造性思维中运用模棱两可的思维方式,让所有可能走通的大门都敞开着,从而经过深思熟虑选择最好的方案。

(二)处理问题避免极端化

管理实践中往往会遇到大量模糊不清、似是而非的问题,会有诸多二律背反问题,还会有随机出现的问题。对于这些问题恰到好处的处理无不体现着模糊思维适度思想的魅力,即处理问题的非极端化。

1. 关于全面与重点

我们经常说的全面性、两点论、两手抓都是哲学思想及辩证法的通俗表达。作为管理者,思想方法上的"非此即彼"往往导致工作中的"顾此失彼"。因此,纵览天下事,胸中有全局,这是避免片面性、克服盲目性的基础,是实施管理的起点,否则就难以避免"跳极端舞"。有些管理者在处理诸如物质文明和精神文明、思想工作与业务工作、本单位利益与全局利益等关系时,总喜欢对立起来,习惯于"单打一",常常挫伤一部分人的积极性,扭曲一部分人的心态。即使在一些小事情的处理上,由于受"非此即彼"思想的影响,也常常把事情搞糟,其原因之一就是因为不懂全局。显然,这是思想方法的片面性所导致的一种极端。同时,全面性不等于平均用力,两点论也不是半斤八两,全面性中有重点。事实上,没有重点就没有特色,没有优势,没有效益。管理者不可能也决不能事事平摊精力。在全部的工作中能否突出重点、抓住关键,这是体现管理水平的一个重要方面。就是说,对每一项工作的投入必须把握一个适度点。没有适度就没有平衡,没有适度就没有中心,就必然导致被动、应付和劳而无功的结果。"文化大革命"结束后,国家建设百废待兴,邓小平抓住了一个中心、两个基本点。在起草《关于建国以来党的若干历史问题的决议》时,他提出,确立毛泽东同志的历史地位,坚持和发展毛泽东思想,这是最核心的一条。在香港问题上,我们紧紧抓住了主权问题;在改革中,我们紧紧抓住了中国特色。这就是善于分清主次,以重点带一般,以一般保重点,使各项工作都找到自己应有的位置。而要真正做到这一点,又必须把握全局,了解全面。因此,全局和重点、重点和一般既互相对立又互依互存,既互相排斥又互相贯通。

2. 关于改革与继承

改革与继承的关系问题既有很强的理论性,又有鲜明的实践性。任何一项工作,如果只有继承而没有改革,或者只有改革而没有继承,都将变得凝滞与偏斜。两者的关系处理不好就容易背离适度,走向极端,把继承与发展割裂开来,对立起来。这里必须指出两种错误的认识:一是认为改变就是改革,于是一些本来正确的东西、需要继承的东西被抛弃了。所以,改革不能建立在否定一切的思想基础上,不能简单地抛弃,武断地搞一刀两断,那是对历史的亵渎。改革不是标新立异,不能随心所欲,也不能搞改头换面、做表面文章。二是认为继承不代表水平,因而轻视继承的工作。改革确实需要能力和魄力,但继承也绝非易事。首先,继承是历史发展中不以人的意志为转移的客观必然,是历史发展的必需。不然,离开继承,何谈发展?离开继承的改革,基础何在?没有继承的改革必然是空中楼阁，是可望而不可即的东西。改革不能没有继承。他山之石尚且可以攻玉，何况我们的优良传统？其次，继承不仅需要水平，而且需要奋斗，因为继承需要在发展中坚持、在坚持中发展，而需要继承的优秀的东西也会有人反对它，诋毁它。因此，继承优良传统和正确的方针政策，不仅需要能力，而且需要魄力；不仅需要谦虚的美德，而且需要实事求是的精神。除了上述两种错误的认识之外，在改革与继承的问题上还有两种扭曲的心态：一种是小生产者的狭隘眼界和排外心理，提到改革便有一种天然的反感情绪，信奉以不变应万变的处世哲学，满足于维持一种表面的、暂时的"泰然"。因此，常常使改革举步维艰。另一种是小肚鸡肠、感情用事。为了突出个人、显示权力，把改革简单化、庸俗化；为了"立竿见影"而急功近利，搞短期行为；到了一个新的岗位，轻易地抛开前人的工作思路，简单地肯定与否定等。这些扭曲的心态不仅使继承工作无从谈起，而且必然使改革走向混乱。在改革与继承的关系上，不能割断历史，不能否定一切。"新竹高于旧竹枝，全凭老干为扶持。"只有在继承基础上的改革才不会成为无源之水、无本之木。

3. 关于"最优解"与"满意解"

现代社会中，决策质量往往直接影响事业的成败，人们总希望做出最优的决策。然而，今天的社会各系统向人们提供的信息量越来越大，越来越庞杂，决策达到最优化的困难越来越大。"最优解"只具有相对的、数学的意义，或只在非常狭小的范围里存在，而在错综复杂的系统中并不存在。因此，十全十美、无懈可击的决策只能作为理想目标去靠近，而永远无法达到。对于许多灰色系统，我们只能得出相对的"最优解"。正如美国著名学者海博特·赛姆在《灰色系统理论的数学方法及其应用》中所指出的，从实际出发我们所追求的应该是"满意解"，而不是"最优解"。在现实生活中，任何一项决策都存在着支持因素和反对因素，巨大的效益往往伴随着巨大的风险。有的时候，为了得到某一结果而不得不放弃一些利益，"有所得必有所失"的现象不仅在战争年代存在，在今天仍然是一个普遍的现象。在决策的过程中，我们必须以高度负责的精神、以严格的科学态度全面掌握情况，多方咨询，认真研究，以求完美。但是，我们又不能理想化,不能以时间为代价久拖不决,坐失良机。我们只能尽量把损失压缩到最低限度,做到得大于失,而永远找不到"一本万利"的决策。我们的思想方法只能立足于"求大得,存小失",追求基本的完美而不是绝对的理想化。为了提高决策的效益和效率,即提高决策的命中率,我们的目标不妨弹性些、可调些,我们的要求不妨"灰"一些,得到的决策不是最优,而是满意。这才是面对复杂的现实问题做出的主观符合客观的选择。

举一个日常生活中的例子:你托人买一件衣服,有两种表达方式——"买一件 100 元钱的衣服"和"买一件 100 元左右的衣服",哪一种表达方式更好一些呢? 从效果上我们不难得出结论:前者难以实现,后者则容易做到。海博特·赛姆也举过一个著名的例子:若在一片玉米地里寻找一个"最大"的玉米,需要对所有玉米进行比较才能得出,而若寻找"很大"的玉米,则容易得多。这如同我们规定工人每人每天完成 100 个零件,标准定得很高,只有少数人能达到;而要求每人每天完成 80 个,标准放得较宽,则多数人可以达到。哪一个好呢? 显然后者可以调动更大的积极性,实际上这也是"最优解"与"满意解"的问题。在许多时候,"最优解"只是理论值、理想状态,"满意解"才是实际值,具有现实意义。

4. 关于"有问题推定"与"无问题推定"

思维中的"无问题推定"是借用法律上的"无罪推定"得出的。法律上有两种推理方式:有罪推定和无罪推定。18 世纪意大利法学家贝卡利亚提出:"刑事被告人在未经法院判决为无罪的情况下,即作为罪犯对待,这就是'有罪推定'。从科学的意义上讲,这是错误的,'有罪推定'应被'无罪推定'所取代。后者是指刑事被告人在未经法院判决为有罪的情况下,应当被认为是无罪的。"1789 年法国的《人权宣言》吸收了这一思想成果,在第 9 条规定:"对任何人,在被宣判为有罪之前,都推定为无罪。"一个多世纪后,1948 年,联合国大会通过的《世界人权宣言》第 11 条第 1 款也明确规定了无罪推定原则:"凡受刑事控告者,在未经依法公开审判证实有罪前,应视为无罪。""有罪推定"和"无罪推定"是两种截然不同的思维方式:凡不能证明无罪就是有罪和凡不能证明有罪就是无罪。面对日常生活和工作中的议论、猜测以及匿名信所反映的"问题",同样出现了"有问题推定"和"无问题推定"两种相反的做法,即凡不能证明无问题就是有问题和凡不能证明有问题就是无问题。诚然,有些议论、猜测是有根据的,正所谓"无风不起浪",有些匿名信是符合事实的,对办案起了重要的辅助作用。但是问题的另一方面就是造谣中伤、制造混乱、诬陷好人,甚至恶作剧。为了保护好人、伸张正气、明辨是非,对任何"问题"都必须调查、研究、分析、取证,此前应采取"无问题推定"。

"有问题推定"与"无问题推定"与模糊思维有什么关系?从字面上似乎一下子看不出有什么关系,其实不然。前者是在未搞清问题的情况下就下结论,是一种反科学的和鲁莽的行为,它是制造冤假错案的理论根源,是形而上学的表现。它把问题推向了极端,没有后退的余地,只有一个选择。而后者首先是尊重科学、尊重事实、尊重人格。"无问题推定"在绝不伤及无辜与绝不放走错误两者之间的现实选择上选取了绝不伤及无辜这一面,以确保公民人身权利不受侵犯。它所体现的价值观念是以保护人民为最高原则,因此具有十分深刻的道德、伦理内容和意义。"无问题推定"不等于"无问题",而是在调查取证的基础上决定有无,它在对问题的处理上具有多个选择,这正是模糊思维所展现的中间地带或叫中介状态。

柔性管理中少不了与人打交道,尤其是管理者要经常对某人、某事、某现象、某行为做出评价,此时"无问题推定"就可以给我们以启示和指导,使管理者保持工作的主动性。

5. 关于沉默搁置与当机立断

管理者所面对的问题有一类是属于突发性的,这类问题情况紧急,需要当机立断。此时,管理者无法按照既定的程序和方法去运作,只有依靠自身的直觉,凭借丰富的知识和经验进行决断,这就是随机决策。

然而,管理者所面对的问题更多的是常规性的,这些问题的解决常常需要调查研究、周密运筹,需要适当的沉默与搁置。在决策的问题上,在表态的问题上,不看条件、不分问题的类属,一味地强调雷厉风行、态度鲜明是不恰当的,轻易地扣上优柔寡断、坐失良机的帽子是武断的。从理性上讲,我们应当尽量避免随机决策。因为随机决策不可能按照正常的决策程序进行操作,这时决策失当的概率是比较大的。一个重大的决策靠头脑一热就拍板定案,往往是要付出代价的;对于群众的要求(包括合理的要求)草率表态,常常是要被动的;对于人们思想上的问题轻易地下结论,妄图三言两语解决问题,这只是天真的想法。

总之,对有的问题不能急于求成,无法当机立断的必须适当沉默与搁置。这样做既可使问题明朗化,又可使一些矛盾自行消亡。例如,可开可不开的会议、可定可不定的规章、可管可不管的工作、可说可不说的话语等,搁置一下,问题可能会自行解决或者发现更好的处理办法。有些问题立说立做反而可能引发更多的矛盾。这不是被动地任由事态发展、久拖不决,而是矛盾着的事物的转化需要一个过程,管理者的把握也需要一个过程。日本松下电器公司就把"接受时间法"视为解决问题的最佳方法之一。因为这种沉默与搁置是理智的表现,无言的思索之后才可能心领神会、成竹在胸。这是一种负责精神,因为领导者说话不能朝令夕改,不能意气用事。沉默与搁置还是一种积极的等待,有些矛盾会随着时间的推移而变化,而由于认识水平或误解产生的问题有时会随着时间的推移而消失。即使问题依然存在,适当的沉默与搁置也会为寻求合理的解决方法提供时间的保证。至于哪些问题应当搁置、哪些问题需要当机立断,以及搁置的方式方法、时间周期和当机立断的程度、力度等,又是一个模糊思维的问题。

6. 关于容忍与引导

管理工作中有一个越来越突出的问题,就是理顺人心的工作。这是一项非常困难的工作。难就难在人虽近在咫尺,心却远隔天涯;难在信号模糊,真假难辨;难在着急不得,放松不得。思想问题的一个突出表现就是亦此亦彼,模糊可变。此外,群众中一些不负责的议论,群众过激的批评行为,同事间的不友好做法,个别人的"屡教不改"……对这些首先要能够容忍、谅解,然后才有可能心平气和地、理智地对待。这是解决问题的基础,是管理者以模糊求真知的管理艺术。

这些问题的存在不以领导的好恶为转移。作为管理者,对于人们思想中出现的哪怕是荒诞不经的问题也要能够容忍,容忍的目的是引导。

管理者必须坚信认识上的问题是可以改变的,行为是可以引导的;否则,就不能以积极的、平静的心态对待这一切。平时我们说对某一现象不能容忍,实际上对它的出现已经容忍了,只是不能容忍它继续存在、继续发展或者再次发生罢了。我们强调容忍,因为它不仅是管理者的一种美德,而且是一种"退一步,进两步"的策略,是一种"不争而善胜,不言而善应"的成熟,而绝不是在是非面前放弃原则、无所作为,不是"彼亦一是非,此亦一是非"。有的人看似态度鲜明、疾恶如仇,对待错误思想(有时是不同意见)拍案而起,表现出一种"是可忍,孰不可忍"的冲动,但十有八九会把问题搞僵,使本来可以化解的矛盾加深,把可能并不复杂的问题复杂化。这与管理者应有的风范和水平都是不相称的。对任何人我们都不能要求十全十美、洁白无瑕。不允许别人有缺陷,这本身就是管理者的缺陷。说到底,这是一个管理者能否带队伍,能否组织人力、起用人才的问题。2015 年 6 月,习近平在贵州调研时强调:"统筹兼顾,协调联动,善于运用辩证思维谋划经济社会发展。"当今对管理者的素质要求越来越突出组织协调、哲学思维的能力,这几乎已成为中外管理中没有争议的共同认识。

7. 关于"粗"与"细"

我们的生活和工作中有许多问题需要进行模糊处理,或部分模糊,或阶段性模糊。四川成都宝光寺有一副对联:"世外人法无定法然后知非法法也,天下事了犹未了何妨以不了了之。"这副对联所展示的哲学思维、人生境界以及练达的处世智慧不仅告诉我们对"了犹未了"的"天下事"模糊处理的方法,而且给了我们巨大的启迪与享受。郑板桥的名言"难得糊涂"与这种理念具有异曲同工之妙,"难得糊涂"讲的正是做人做事的模糊艺术。难得糊涂绝非真的糊涂,而是聪明之下的机警,纷繁之中的理智;是大事上清楚,小事上糊涂;根本问题清楚,枝节问题糊涂;原则问题清楚,生活小事糊涂;法律制度清楚,人际恩怨糊涂。当今的管理者正在由权力管理向形象管理、理念管理、文化管理转化,在处理人际关系和各种交往中恰当地运用模糊艺术,会给管理者带来巨大的助力,因为中国人在传统的人际交往中注重道德,讲究人情,推崇一种"示范-回报"模式。

因此,管理者要善于运用模糊思维处理人与事,尤其在对待人的问题上、在枝节问题上、在非原则问题上，无须刨根问底、追根求源。

8. 关于"就低"与"就高"

现实事物绝大部分都具有模糊性。对事物的模糊性和人的行为的模糊性难以用一个数字恰当地表示出来，事实上许多时候也没有必要。我们表扬一个人责任心强，没有必要追求具体的数字表达，非要说这个人的责任心"80分"或"90分"，这样反而让人感觉生硬、不好理解。所以，对于这样的模糊问题可用定性的方法模糊处理。对此，我们要掌握的一个基本原则就是对于正面现象的评价"就高不就低"，对于负面现象的评价则"就低不就高"。这个原则为处理模糊问题规定了一个方向，带有明显的模糊性。在对人的评价中，在运用批评与表扬时就要遵循这样的原则。有些企业家就采取了这样的原则，凡为企业做出贡献者，奖励时体现重奖原则；凡对企业起消极作用者，处理时体现轻罚原则。这是一个行之有效的模糊处理极端问题的方法。

（三）模糊≠放弃原则

我们用了大量篇幅论述模糊现象，研究模糊问题，若是走马观花、蜻蜓点水，可能会有模棱两可、似是而非的感觉，甚至感觉隐去了原则性。我们说，模糊并非无原则，模糊思维是科学思维，体现了对规律的尊重，模糊处理是恰当把握事物的度的智慧。

模糊思维是对客观现实的承认与科学的处理。对于人来说，总是"金无足赤，人无完人"；对于事来说，总是矛盾对立统一的，"我中有你，你中有我""成中有失，败中有得"。这是事实，也是必然！辩证唯物主义者就应该承认这一事实，适应这一必然，从而采取科学的方法——模糊思维去正确地对待它。谁违背了这一规律，谁就会重蹈用二值逻辑对待多值问题的反科学覆辙。

模糊思维是成熟的表现，是高明的工作方法和艺术。我们多次讲"度"、讲"吻合"、讲"和谐"，就是指方法与规律相符合，只有这样才能做到恰到好处。毛泽东告诫我们："判定认识或理论之是否真理，不是依主观上觉得如何而定,而是依客观上社会实践的结果如何而定。"①正是这一思想指导我们实事求是,表里如一,尊重现实,尊重规律。任何人都不是满身光环、毫无瑕疵,也不是一无是处、谬误百出,因此我们对任何人都既要肯定又有否定,肯定其长,否定其短。这绝不是无原则,而是事物本身就是这样模糊地存在着。

事实上,我们在强调运用模糊思维的同时,也从来没有放弃过坚持原则。古代有"和而不流""群而不党""中立而不倚"的优秀思想,今天有"大事讲原则,小事讲风格""坚持原则,机动灵活""有理、有利、有节"等精彩论述。所有这些都体现了鲜明的原则性,这些原则性与模糊思维的和谐所表现出的那种相辅相成的精彩是管理中的大智大美。

---

① 毛泽东选集:第 1 卷[M].2 版.北京:人民出版社,1991:284.

第五章

高扬精神

——柔性管理方略之一

精神作为改造社会、征服自然的巨大力量早已为人们所认识。同时，精神还是净化人们心灵、推动道德进步、坚定人生信念的杠杆。精神境界的高下决定着一个人作为的大小，正所谓"雾茫茫太阳无光，不雕琢宝玉如砾"。让阳光穿云破雾，令宝玉熠熠生辉的力量就是精神，它可使人的道德修养、能力水平、心理素质全面进入最佳状态。

第一节　中国国情

做任何事情都必须"知"，只有知之，方能治之。实施中国式管理，实施柔性管理，就必须了解中国国情，立足中国、立足现实、立足未来，拓展中国管理思想，形成中国管理风格。

一、中国的人口状况

中国的人口众多是一个突出的国情。为了说明这一点，我们要在历史的长河中去观察和认识中国人口发展演变的过程。

人类出现在大约在二三百万年以前，在漫漫的历史长河中，人口基本处于静止状态。进入新石器时代以后，人口才开始缓慢增长，公元开始时世界人口约 2 亿人。到 1830 年世界人口增加到 10 亿人，就是说世界人口发展到第一个 10 亿人用了几百万年的时间。到 1930 年左右，世界人口发展到 20 亿人，这次用了 100 年的时间。1960 年左右，世界人口发展到 30 亿人，用了约 30 年。1975 年，世界人口发展到 40 亿人，仅用了 15 年。1987 年，世界人口发展到 50 亿人，用了 12 年。1999 年和 2011 年，世界人口分别达到 60 亿人和 70 亿人，都是用了 12 年。2022 年 11 月，世界人口达到 80 亿人。可以看出，世界人口增长 10 亿人所需的时间越来越短。

中国的人口状况如何呢？在原始社会，中国约有 1 300 多万人。直到 1730 年才达到 1 亿人，中国人口达到第一个 1 亿用了漫长的时间。到 1764 年，中国人口增加到 2 亿多人，用了 30 多年的时间。到 1819 年，中国人口增加到 3 亿多人，用了 55 年的时间。到 1840 年，中国人口达到 4 亿多人，用了 21 年的时间。到 1949 年，中国人口发展到 5.4 亿人，这 109 年人口发展比较慢，主要是战争、灾荒等原因造成的。1957 年增加到 6.5 亿人，用了 8 年。1966 年达到 7.4 亿人，用了 9 年（这期间有 1959—1961 年三年困难时期）。1971 年达到 8.5 亿人，用了 5 年。1977 年达到 9.5 亿人，用了 6 年。1982 年达到 10.3 亿人，用了 5 年。1991 年达到 11.3 亿人，用了 9 年。1995 年 2 月 15 日凌晨，一个名叫赵旭的男婴在北京妇产医院出生，宣告中国第 12 亿位公民诞生。2005 年 1 月 6 日，我国第 13 亿位公民诞生。2018 年，中国人口达到 14 亿。

二、中国人口的文化状况

我国曾有很长一段时期处于半封建半殖民地的状态,教育落后成为中华民族近代典型的特征之一。1949 年,我国 90% 以上的人口居住在极端落后的农村,全国 80% 的人口是文盲、半文盲。教育发展水平十分低下,15 岁及以上人口平均受教育年限为 1 年左右,大大低于世界平均水平(3.17 年),也低于发展中国家平均水平(2.05 年);具有大学文化程度的仅有 18.5 万人;国内仅有 30 多个专门的科学研究机构,专门从事科学研究工作的人员不足 500 人,全国科学技术人员累计不超过 5 万人。造成这种状况的原因主要是外国列强的侵略、连年的战乱和灾荒。

在中国共产党的领导下,这种状况到 20 世纪 80 年代前后已经有了很大改观:全国学龄儿童入学率由 1952 年的 49.2% 上升为 95.9%,文盲人口由 1953 年的 4.32 亿人减少至 2.38 亿人,成人文盲率由 1949 年的 80% 迅速下降为 22.8%;15 岁及以上人口平均受教育年限由 1949 年的 1 年提高至 4.25 年,已接近当时的世界平均水平(5.29 年);总人力资本增长了近 8 倍,占世界总量的比重达到 21.1%;自然科学技术人员从 1952 年的 42.5 万人上升至 595 万人,其中全民所有制单位从事科学技术工作的科技人员为 434.5 万人,具有研究生学历的有 1.08 万人,普通高等学校毕业的有 188 万人,占全部总数的 43.3%,高级职称达 2.04 万人,中级职称为 18.23 万人。

从 2010 年第六次全国人口普查的结果来看,我国 31 个省、自治区、直辖市(不含港澳台)中具有大学文化程度的人口为 1.2 亿人,具有高中(含中专)文化程度的人口为 1.88 亿人,具有初中文化程度的人口为 5.2 亿人,具有小学文化程度的人口为 3.59 亿人。

这种发展状况令我们振奋,令我们欣慰。然而,面对新世纪人类的发展,面对新时代我国第二个百年的奋斗目标,面对加快建设制造强国、质量强国、航天强国、交通强国、网络强国、数字中国的雄心壮志,我们仍有一种时不我待的紧迫感。正因如此,进入 21 世纪以来,中国深入实施人才强国战略,从基础教育到高等教育进行队伍强化、学科整合、制度创新、体制创新,完善人才战略布局,目标是加快建设世界重要人才中心和创新高地,形成人才国际竞争的比较优势。

令人欣慰的是,我们正在向着这个雄心勃勃的目标迅速靠近。国家统计局公布的 2021 年中国人口最新数据显示,截至 2021 年,我国具有大学文化程度的人口已经达到 2.18 亿人,相当于 1949 年 18.5 万人的 1 178 倍,与 2010 年相比,每 10 万人中具有大学文化程度的由 8 930 人上升为 15 467 人,15 岁及以上人口的平均受教育年限由 9.08 年提高至 9.91 年,已经高于世界平均水平(8.82 年);人类发展指数从 1980 年的 0.423 上升为 2021 年的 0.761,在"极高、高、中、低"四个档次中,中国的人类发展指数进入"高"档;全国高等教育阶段在校生 4 430 万人,相当于 1949 年的 379 倍;全国科技人力资源 1.02 亿人,相当于 1949 年的 2 040 倍,其中大学本科及以上学历者约为 6 530 万人;文盲率由 4.08% 下降为 2.67%。我国国民受教育状况的持续改善反映了我国大力发展教育的措施取得了极大的成效,我国人口素质得到了整体性提高。

与此同时,随着我国国民文化素质的整体大幅度提高,国家现代化的一个重要指标——城镇人口比例发生了重大变化。到 2021 年,居住在城镇的人口为 90 199 万人,占 63.89%;居住在乡村的人口为 50 979 万人,占 36.11%。与 2010 年相比,城镇人口增加 23 642 万人,乡村人口减少 16 436 万人,城镇人口比重上升 14.21%。随着我国新型工业化、信息化和农业现代化的深入发展,以及农业转移人口市民化政策落实落地,10 年来我国新型城镇化进程稳步推进,城镇化建设取得了历史性成就。这种情况必然会反过来促进劳动人口文化素质的提高。

三、中国的资源状况

我国领土面积约占世界陆地面积的 1/15,差不多相当于整个欧洲大小,海陆兼备,疆域辽阔,自然条件复杂多变,矿产资源储量丰富。从远古时代起,我们的祖先就劳动、生息、繁衍在这块辽阔的土地上。尽管我国素有"地大物博"的美称,但庞大的人口数字使我国在主要资源方面人均占有量均大大低于世界人均水平。我国的淡水资源总量为 28 000 亿米³,占全球水资源的 6%,但人均淡水占有量仅为世界人均占有量的 1/4;我国森林覆盖率约为 24%,低于全世界 32% 的平均水平,我国人均森林面积不足世界平均水平的 1/3;人均耕地面积只有世界平均水平的 1/3,而且由于城乡建设的发展,仅有的耕地还在减少着。这一方面使我们为在中国共产党领导下解决了温饱问题所创造的奇迹感到自豪与欣慰;另一方面也使我们深刻地认识到必须树立"人口众多,资源短缺"和人均意识,不断提高国民的素质,不失时机地做好未雨绸缪的工作。

四、中国的消费状况

我国众多的人口形成了惊人的消费力。1991 年我国进行了一次比较全面的消费统计,那时我国人口 11.3 亿人,每天消费粮食 74 万吨,相当于一个粮食基地县全年的总产量;消费猪肉 4.7 万吨,即每天要屠宰生猪 100 万头;消费食用植物油 1.7 万吨,即每天要吃掉 55 万亩油菜籽所产的油;消费糖 1.6 万吨,即每天要吃掉 4.8 万亩甘蔗所产的糖;消费鲜蛋 1 870 万千克,即每天要吃掉 18.6 万只良种卵用鸡全年的产蛋;消费酒 3.6 万吨,全年累计喝掉的酒可以装满 1.5 个杭州西湖;每天用煤 60 万吨,相当于一个大中型矿井的全年产量。如今,30 多年过去了,中国人口已经达到 14 亿多人,而且已经全面建成小康社会,消费力更加惊人。

五、中国精神

早在 1924 年,孙中山在论及怎样使中国早日完成现代化时就讲过,我们今天要恢复民族的地位,便先要恢复民族的精神。毛泽东认为"人总是要有点精神的",他在延安时期就倡导"中国作风和中国气派"。邓小平一再强调要建设社会主义精神文明,"必须是围绕和推动社会主义现代化建设的精神文明建设,必须是促进全面改革和实行对外开放的精神文明建设,必须是坚持四项基本原则的精神文明建设"。江泽民指出:"不能设想,一个没有强大精神支柱的民族,可以自立于世界民族之林。"胡锦涛号召:"面对新形势新任务,我们要在全党全社会大力弘扬伟大民族精神。"习近平在第十三届全国人民代表大会第一次会议上更是详细论述了中国精神:"中国人民是具有伟大梦想精神的人民。在几千年历史长河中,中国人民始终心怀梦想、不懈追求,我们不仅形成了小康生活的理念,而且秉持天下为公的情怀,盘古开天、女娲补天、伏羲画卦、神农尝草、夸父追日、精卫填海、愚公移山等我国古代神话深刻反映了中国人民勇于追求和实现梦想的执着精神。中国人民相信,山再高,往上攀,总能登顶;路再长,走下去,定能到达。近代以来,实现中华民族伟大复兴成为中华民族最伟大的梦想,中国人民百折不挠、坚忍不拔,以同敌人血战到底的气概、在自力更生的基础上光复旧物的决心、自立于世界民族之林的能力,为实现这个伟大梦想进行了 170 多年的持续奋斗。今天,中国人民比历史上任何时期都更接近、更有信心和能力实现中华民族伟大复兴。我相信,只要 13 亿多中国人民始终发扬这种伟大梦想精神,我们就一定能够实现中华民族伟大复兴!"所有这一切都在对外宣示一个真理:中华民族的崛起离不开精神,中华民族的伟大复兴必须先造就精神,中华民族的全面现代化必须先造就人的现代化。

中华民族是一个有着悠久文化传统和鲜明精神个性的民族,在历史上曾为人类文明的发展做出过不可磨灭的卓越贡献。按照中华民族的固有精神和社会发展运动的规律,如果没有 19 世纪中叶帝国主义的入侵,中华民族定将以平稳的步伐、坦然的心态步入现代化。中华民族过去能够自立于世界民族之林,今后以至永远都可以自立于世界民族之林!这已从中国历史上无数铁的事实中得到了证明。中华民族在近代历史上遭受了如此多的灾难,如果没有中国精神的维系,中华民族早已不复存在。

我们再回顾一下新中国成立初期和中国共产党十一届三中全会之后中国人民的创造实践,无论是敌对势力对我们实施封锁的时期还是改革开放的年代,由于我们坚持了中国精神,敌人的疯狂就无能为力,自由化思潮就无法兴风作浪,社会主义建设就破浪前行。因此,我们珍惜中国精神,永远倡导中国精神,捍卫中国精神! 这种中国精神就是:自强自信、不屈不挠的奋斗精神,崇尚真理、追求卓越的科学精神,全民凝聚、众志成城的和合精神。

其实,世界各国都非常看重本民族的精神。世界上的发达国家在振兴社会发展的时候,几乎无一不是在本民族精神的鼓舞下进行的,无一不是坚持弘扬自己的民族精神,增强民族自信心和凝聚力,从而调动全体社会成员的积极性和创造性。在某种意义上说,恰恰是这些精神使民族的内部凝聚力得以发挥,从而有效地促使他们较早地实现了现代化。

马克思刚刚转向共产主义者的时候,就注意到了无产者不仅要摆脱物质的贫困,而且要摆脱精神的贫困。他把物质富有和精神富有视为向共产主义过渡的必要条件和共产主义社会的本质特征。他在 1844 年发表的《经济学哲学手稿》中深刻指出:"贫困是被动的纽带,它迫使人感觉到需要最大的财富即另一种人。"[1]私有制给无产者不仅带来物质上的贫困,还造成了精神上的贫困,因此他们迫切要求改变这种处境,成为物质和精神上都富有的人,能够完整地表现人的全部意义的人。所以,一切无产者都要从马克思主义那里、从知识中寻求精神财富。除此以外,中华儿女还要从经久不衰的中华文化宝库中寻求精神食粮,使中国精神万古长青。

这就是中国的国情,令我们自豪,又令我们担忧;令我们振奋,又令我们思危;充满了生机,又潜伏着暗流;充满了光明,又预示着波折。中华民族古老深沉、坚强博大、勤劳勇敢、聪明智慧、团结奋进、永志不屈,我们每一个中国人都要尽可能多地从中华民族的精神中吸取营养,成为集众多优秀品质于一身的人。

---

① 马克思恩格斯全集:第 42 卷[M]. 北京:人民出版社,1979:129.

第二节　"千年追问"的思索

有一个千年的追问:"人生何如?"就是说,人生怎么度过?人生该做什么,如何做?之所以称其为"千年追问",是因为自古以来人们就在对生命进行探求,以求达到完美人生。这样一个千年的追问,不知难倒了多少人。有人说,人生如画,岁月如歌;有人说,人生如罪,光阴苦度;有人说,人生苦短,转眼百年……这一个个人生的感叹在向我们诉说着不同的人生体验。

恩格斯在《路德维希·费尔巴哈和德国古典哲学的终结》中曾经说过:"行动的一切动力,都一定要通过他的头脑,一定要转变为他的意志的动机,才能使他行动起来。"①然而支配人们行为的动机,并不是头脑中固有的,而是"外部世界对人的影响表现在人的头脑中,反映在人的头脑中,成为感觉、思想、动机、意志"②。这就是说,人们的一切行动都是受思想支配的,而支配人们行动的思想是人们所处的社会条件、生活条件、工作条件、文化教养及环境影响等客观条件作用于大脑的结果。柔性管理的任务就是把这些条件组合利用,并施之以思想、道德、传统的导向,把人们的思想和行为塑造成民族进步、社会发展所需要的理想状态。马克思主义已经告诉我们人的思想、行为活动的基本规律,我们的任务就是运用这一规律解决人生何求、人生何从、人生何为的基本问题,这也是实现美好人生的最根本的问题。到目前为止,对人所进行的教育没有一个能超脱这些范畴,因为这是规律和现实。曾风靡全球的《第五项修炼》的作者彼得·圣吉也在其著作中多次倡导人生观、价值观教育的重要性。可见,这是一个世人都在思索的问题,是一个世人都不敢掉以轻心的问题。解决好这个问题离不开精神的光辉照耀。

---

① 马克思恩格斯选集:第 4 卷[M]. 3 版. 北京:人民出版社,2012:258.
② 同①238.

一、人生何求

　　人生何求？就是说人生追求什么？这是对人生的定位。对此，众说纷纭。尽管过去许多哲人都有过出色的论述，然而时代和阶级的局限使他们大抵越不出"浮生若梦，为欢几何"之类的樊篱。今天，对于这个问题许多人已经有了全新的理解。请看一个普通女青年从她切身实践中得到的体会："一个人活着，不应是为我而存在，应该为人民的需要而存在。""我不能碌碌无为地活着，活着就要学习，就要多为群众做些事情。既然是颗流星，就要把光留给人间，把一切奉献给人民。"她说出了深刻的人生内涵！她，就是张海迪。

　　实际上，这里涉及的是一个人生观问题。而人生观是指一个人对整个人生的根本观点，是人生的态度。它要回答人为什么活着、怎样活着的问题。我们平常所说的幸福观、生死观、荣辱观、道德观、理想观等，都是人生观的基本内容。由于对这些问题所持的态度不同、认识水平不同，因而形成了不同的人生观。我们所提倡的人生观是只求奉献、不求索取的高尚的人生观，同这种人生观针锋相对的是集形形色色个人主义于一体的"人不为己，天诛地灭"的人生观。我们必须倾全力抑恶扬善，树立高尚的人生观。

　　高尚的人生观来自崇高的理想。自盘古开天地至今，历史沿着进步的道路延续，多少志士仁人循着美好的理想英勇奋斗，甚至以身殉国。中国共产党人泣血奋斗、不屈不挠，为的是让人民走上富裕之路，进而构建人类命运共同体，这一理想的主旋律始终是我们的力量之源。

　　树立高尚的理想是不容易的，有人说理想之剑只能在铁与火的熔炉里锻造，而难以在风平浪静中浇铸。诚然，老一代革命者在烈火硝烟中呼啸前进，用鲜血和生命维护着理想的圣洁。但在今天的盛世太平之日，不仅仍然需要理想，而且要下决心树立理想，因为今天树立理想的周期更长，难度更大。昔日用血肉培育的理想，今天需要用汗水来养护。高尚的人不只是出现在战场，在今天的社会主义建设中同样存在。

树立理想固然困难,坚持理想可能更加困难。在今天,坚持理想就应像郑板桥的《竹石》一诗所说的那样:"咬定青山不放松,立根原在破岩中。千磨万击还坚劲,任尔东南西北风。"老一代开辟的理想之路,仍需要一代又一代人披荆斩棘继续开拓。我们不应有好高骛远的空想,那是瞬间即逝的朝霞;也不去做海市蜃楼式的迷梦,那是过眼烟云的虚幻。我们每迈出一步都要坚实牢靠,都要光明磊落,不为物牵,不为利诱,堂堂正正。然而,甜蜜的温情、丰裕的生活却容易使人沉沦。往往存在下面的情况:有的人能够激流勇进,却在静水中停泊;有的人能够在逆境中奋起,却在舒适中蜕变;有的人能在风浪里挽狂澜于既倒,却在顺流中江河日下。我们不得不问,这是为什么? 说到底还是人生的理想支柱不牢。我们不是不要花前月下的温情,但不能在卿卿我我中萎靡;我们不是不要欢畅的痛饮,但不能在灯红酒绿中沉迷;我们不是不要在绿荫下的漫步,但不能在平静的湖面上不再划动双桨。可以肯定地说,美好理想的实现不是靠那些贪图享乐、空有大志的宠儿,而是靠在任何时候都为富有的人生搏击风浪的骄子。马克思告诫我们,为了不在空虚的苟且偷安中生活得碌碌无为,来吧,让我们一起走向坎坷不平的遥远途程! 马克思在这里向我们指出了一条坚持理想、丰富人生的道路,那就是,一要准备吃苦、准备付出、准备奋斗,二要持之以恒、顽强不懈。

那么,在我国经济和社会发展进入新时代的今天,如何坚持理想、丰富人生? 还是那句话:只求奉献,不求索取,做一个高尚的人。因为若非如此,我国社会主义现代化建设三步走的战略就不能实现,社会主义精神文明建设就要落空。可是,芸芸众生之中,过去有人因误入歧途而衔恨不已,有人因夭折于漫漫求索中途而抱恨九泉;今天又有人"有利就想、有钱就图"而盲目冒险淘金落得有"家"难回,有人借改革开放的空子追求低级趣味而招致四面楚歌。然而前仆后继者却始终如烧不尽的野火、扑不灭的烈焰一般。商品的大潮、金钱的诱惑考验出了一大批民族的精英,他们淡泊明志、宁静致远,成为中华民族改革路上的中坚。诸葛亮在《诫子书》中讲:"静以修身,俭以养德。非淡泊无以明志,非宁静无以致远。"千百年来,多少人以此自勉,不仅因为这是真理,而且因为许多人难以做到。在人生的道路上,每个人都力求达到最佳生存状态,不同的人生观后面有不同的人生信念:拼命赚钱以享荣华,是一种人生;梦寐以求黄袍加身,也是一种人生;淡泊宁静以求事业有成,又是一种人生。沉湎于填塞自己物欲的无底洞,热衷于追求低层次的需要,等于自己给自己判了永无休止的苦役。人生要追求一种永恒的充实,就不要在名利虚荣上勉强自己,而应面对纷繁复杂的人生淡泊处之。淡泊方能冷静,从而在静谧中默默净化世间纷纭尘屑;淡泊方能超越狭隘的表层生活,去体验人生的内涵;淡泊方能"独上高楼","望尽天涯路"。

这里我们不得不剖析一个令人苦恼的问题——消灭利己主义问题。我们经历了历史上规模最大、范围最广的对利己主义的讨伐,涌现出了数不清的利他主义的可歌可泣的英雄,也曾极大地改变过中国的社会风貌,使我国成为"君子国"。古往今来,无数道德家、伦理家、宗教家都为消灭私欲、消灭利己心而进行过不懈的努力,希望达到忘我、无我的境地,认为无私无欲才是得道。无数仁人志士为此历尽千辛万苦,经历种种磨难,而成其正果者寥寥无几。人类或者说人类中最高尚的一部分人一直把消灭私欲作为人生的最高课题,一直在为摆脱自己的利己心而奋斗着,同时又为不能摆脱这个利己心而苦恼。越想消灭它,越难消灭它。对不少人来说,最后只得承认消灭不了,于是内心充满了矛盾和痛苦,充满了剧烈的内在冲突。真正的伟人,真正消灭了利己主义的人,不是没有,但不是很多。

为什么消灭利己主义的斗争这么艰巨?因为利己主义的伦理观背后包含了一些重要的唯物主义的合理内核。从一定意义上说,利己是一切生物的本能。广义地说,一切物质都有肯定自己的现有状态的倾向,只要否定这种状况的外力不发挥作用,物质就绝不会自己否定自己(请注意,这并不是说现代伦理学等于利己,而是说利己心是现代道德、现代伦理学必须高度重视的一个基础)。事实上,马克思主义并不抹杀个人利益,并不是要我们去追求一个无私无欲、无条件牺牲的道德境界。相反,马克思理论的基础是工人阶级的利益被侵害,工人阶级的生存受到威胁。从这个意义上说,马克思主义就是革命阶级的利己主义,工人阶级的利己主义。今天,精神和物质的冲突、政治和经济的冲突、无私奉献和按劳分配的冲突、思想政治工作和经济体制改革的冲突表现得十分强烈。这些冲突的核心是伦理学的冲突,是利他主义和利己主义的冲突。

我们不是一般地反对利己心,而是反对极端利己主义,因为:第一,极端利己主义把利己行为绝对化。一方面,使利己主义和利他主义处于对立和冲突之中,在实际上否定了个体的利他倾向;另一方面,使个体利己主义和群体利己主义处于对立的冲突之中,实际上是以个体利己主义否定了群体利己主义。第二,极端利己主义使损人行为得到认可。第二条是第一条的必然产物。损人最终又必然导致损己,这就是摆在极端利己主义理论面前的一个难以逾越的伦理陷阱和逻辑悖论。从哲学意义上说,一切生命最终都要归结到死,也就是归结到利他。由于历史原因,传统利他主义在方法论上走向片面性和绝对化,把利他和利己绝对对立起来,忽视了利己行为的唯物主义的合理基础,抹杀了人的恒常行为和特殊行为的界限,由此导致了在实践中遭受挫折。因此,人类对利他主义的美好追求必将成为历史长河中永不淹没的浪花。

人的利他心有两个来源:一个是情感,人有同情心,能推己及人;一个是理性,人有报恩心,能认识到自己的利益是别人给的。因此,发扬利他主义,实现利他与利己的统一,就必须强化对极端个人主义和极端利己主义世界观、伦理观的批判;就必须倡导集体主义、利他主义,讲精神,讲奉献;就不能把利他主义、集体主义绝对化,似乎英雄不能有儿女情长,模范不能有个人要求,最终人们不敢当英雄、不敢当模范,害怕成为利他主义者。因此,反对利他主义的最好办法就是将利他主义绝对化、神圣化、宗教化。所以,探索和实现利己和利他在生命体中的统一,是一个长期而艰巨的任务。

一切生命都源于"生",而归于"死",生死的对立和统一贯穿于生命的始终。因此,一切生命体本身都固有两种倾向:一种是"欲",是"占有",是"攫取",是以自我为中心,人的存在依赖于此,这就是利己倾向,"生"是这些特征的集中表现;另一种是"爱",是"给予",是"奉献",是以他人为中心,人的幸福依赖于此,这就是利他倾向,"死"是这些特征的最高形式。

但是,不能因为承认利己心而去膨胀个人主义、利己主义,去压制、排斥利他主义,更不能以"利己心人皆有之"为借口,为自己找一条掩盖利欲熏心的理由。实际上这又回到了人生观问题上。"人生苦短",生命何求?这种"生命的追问"到处存在。生命本无所谓意义,你能给它什么意义,它就有什么意义——"操之在我,主动在我"。

我们不能失去行为的自制力,失去自制力就必然走向放纵。凡欲成大事,必先克己,从修身做起。任何人都一样,一个人不能管理自己,就不能管理他人。不能修身,则不能齐家,不能论事治国,更不能闯荡天下,实现自己的抱负和理想。人获得每一点成就都要付出代价和牺牲,这种代价和牺牲的核心是克己。克制自己还是放纵自己?这是每一个希望获得成功的人必须面对的选择。人生中有许多令人心动的东西,如金钱、权力、物质、美色,这些东西可以让人舒舒服服地接受。人要放纵自己,真是太容易了,一次、两次、三次……一分、两分、三分……你明知这些东西损伤你的形象,损害你的健康,侵蚀你的前途和事业,但是事物在渐变中发生,人们易于接受渐变,不易察觉渐变,侥幸带来了暂时的舒适和满足。为了长远利益和更高的目标,为了人生的高尚,拒绝眼前的安适不但是值得的,而且是必须的。这就需要自制力,需要付出巨大的代价和极大的努力。人一旦战胜了自己,不但可使自己身心健康、事业有成,而且可使自己的意志品质获得极大的磨炼,使自己享受到前所未有的自由。克己的核心当然是克制自己的欲望,但我们不是要简单地消灭欲望,唯物主义者承认欲望的合理性,同时强调欲望实现方式的正当性。这里我们不能不提到钱,钱是许多人犯错误的诱因。自从人类发明了钱,它就成了生活的必需品,成了实现人的欲望的手段。因此,钱也成了欲望的一个重要的组成部分。人对金钱的欲望是不是正当的?当然是正当的。但是,人对金钱的欲望也必须采取正确的表达方式和实现方式来满足。

我们不能失去外部的制约,膨胀人性中的丑陋。侥幸心理是可怕的,是悄然进行的,这就更加可怕,往往一旦发现就为时已晚。因此,只有靠自觉,靠自制。古人云:"吾门如市,吾心如水。"当我们心静如水的时候,也就达到了"人到无求品自高"的境界。所以,人们只有从"天下熙熙皆为利来"的世俗偏见中摆脱出来,才能坚持崇高的理想,创造辉煌的人生!

至此,我们可以对"人生何求"给出一个最基本、最核心的回答:人生要实现对社会贡献的最大化,实现个人价值的最大化。

二、人生何从

人生何从?就是说人生的处世之策是什么?这是一个如何与时俱进、处理好个人与他人、个人与社会关系的问题。有的人不能说没有天资,不能说没有知识,也不能说没有能力,可事业并不顺利,生活并不舒心。这是为什么?一个重要的原因就是没有解决"人生何从"的难题。

生活在社会中,个人必然会与他人发生联系,形成一定的人与人之间的关系。中国传统思想的一大特点就是十分重视协调人际关系,并且形成了丰富的可供今天借鉴的人际关系规范。我们进行伦理观教育,就是借用中国这一传统思想宝库,达到弘扬社会主义道德的目的。

1. 中国传统的人伦思想

古人将人际关系及行为准则称为"人伦"。随着社会的演变,重视人伦作用的倾向越来越强,并与个人修养和齐家治国联系起来,逐步形成了一套较为系统的理论主张及行为规范,在中国历史上产生了极为深远的影响。这种人际关系理论主要包括君臣、父子、夫妇、兄弟、朋友之间的关系,被称为"十际"或"五伦","始则终,终则始,与天地同理,与万世同久,夫是之谓大本"(《礼记·王制》),这种思想在历史上发挥了重大的作用。孟子曰:"父子有亲,君臣有义,夫妇有别,长幼有序,朋友有信。"五伦和顺是先秦儒家关于人际关系的理想模式。父子有亲,是指父慈而教,子孝而箴;君臣有义,是指君令而不违,臣共而不贰;夫妇有别,是指夫和而义,妻柔而正;长幼有序,是指兄爱而友,弟敬而顺;朋友有信,是指朋友之间道义相同,志气相合。班固在《白虎通义》中将处理君臣、父子、夫妇关系的原则概括为"三纲",即"君为臣纲,父为子纲,夫为妻纲"。历代统治阶级都大力提倡这一原则,以维护自己的统治。需要指出的是,五伦之中除了朋友关系之外,都不是建立在人与人之间平等基础上的,这些原则无不贯彻着尊卑贵贱、上下长幼的等级原则。这种几千年来封建的人伦关系对维护封建的统治具有一定的历史意义,但绝不是我们今天从行为上需要继承的。我们吸收和借鉴的是倡导人际关系平等有序的思想以及处理朋友关系的原则。

2.中国传统的道德思想

道德是一定社会调整人们之间以及个人和社会之间关系的行为和准则。依据中国古代伦理思想自身的特点,在排列上,首先是仁、义、礼、智、信等重大道德原则,其次是忠、恕、孝、悌、慈、廉、耻、节等基本道德规范,再次是被称为"至德"的最高道德标准——中庸,最后是义利问题。

"仁"是古代伦理思想的核心。仁的核心是爱人,仁的根本是孝悌,修养方法是通过主观努力,严于律己,"克己"达仁。"义"是仁的具体规范之一。"义者宜也",孔子提出"君子以义为上"。孟子最重视义,并经常把仁义联用。"礼"泛指古代的典章制度和道德规范。作为典章制度,礼可以用于"经国家,定社稷,序民人,利后嗣"(《左传·隐公十一年》);作为道德规范,就是要做到"君令臣共,父慈子孝,兄爱弟敬,夫和妻柔,姑慈妇听"(《左传·昭公二十六年》),以保证贵贱有等、亲疏有体。礼具有政治的、伦理的双重意义,用之于国家可以正国、立国,用之于修己则可以正心、立身。孔子非常重视礼,他号召人们学习礼,践行礼。他要求人们对违背礼的事物勿听、勿视、勿言、勿动,"克己复礼",归依于仁的境地。"智"是实现仁的重要条件。孔子说:"知者不惑。""智"是从属于仁的,"仁者安仁,知者利仁"。孔子将智、仁、勇作为"三达德",作为志士仁人的前提条件。"信"指诚实不欺。孔子强调人要"主忠信","人而无信,不知其可"。信是为人立身的根本,所谓"信者,行之基也"。

"忠"是一条社会道德规范。历史上对忠的解释不全相同,或指为人坦诚,忠于朋友,即"与人忠";或指忠于国家,"临患不忘国,忠也";或指忠于民众,"忠于民而信于神";或指个人修养、境界,"无私,忠也";或指忠于君主,"臣事君以忠"。"恕"是为人处世必须遵循的道德规范。孔子对"恕"的解释是"己所不欲,勿施于人""己欲立而立人,己欲达而达人",即要推己及人。忠和恕是儒家给人们规定的信条,宋代朱熹加以解释说"尽己之谓忠,推己之为恕""忠者天理,恕者人道"。"孝"是在以血缘关系为纽带的宗法家族制度的基础上产生的意识形态,孝是事亲之意,"善事父母曰孝""万物本乎天,人本乎祖",故人应孝。中国古代非常重视孝道,认为"士有百行,孝敬为先"。孔子甚至说:"五刑之属三千,而罪莫大于不孝。"不孝不仅是违背道德的,而且是法律所不允许的。"悌"即"善事兄长曰悌"。"慈"指上对下的爱,即父母爱子为慈。"廉"指人的行为方正有威。孔子认为廉是"临大利而不易其义""不以贵富而忘其辱",不能丧失自己的人格。"耻"指"不从枉""羞为非",即人们应有羞耻之心,存基本的道德标准,不可为非。"节"指人们的节操、气节、人格,所谓"临大节而不可夺也"。

"中庸"最早见于《论语》。朱熹解释说:"中者,无过无不及之名也;庸,平常也。"中庸要求人们"执两用中",即把人的感情欲望、思想行为控制在一定的道德规范之内,既不过分,也无不及。孔子称:"中庸之为德也,其至矣乎!"把中庸视为最高道德原则。

"义利"被朱熹称为"儒者第一义"。"义"指思想行为符合一定的道德准则,"利"指物质利益和功利。先秦儒家提倡重义轻利,孔子"罕言利","不义而富且贵,于我如浮云""富与贵,人之所欲也,不以其道得之,不处也"。孔子还把对义利的态度作为评判人的标准:"君子喻于义,小人喻于利。"这些思想虽然在历史上是一家之言,但影响却是极为深远的。

上述诸多道德原则及规范虽然不是中国古代伦理道德思想的全部,却包括了它的主要内容。其中许多有价值的原则规范,如"交友以信""推己及人""父慈子孝""临大利而不忘其义""不以富贵而忘其辱""积善成德""吾日三省吾身""礼之用,和为贵"等道德修养,以及后来的"杀身成仁,舍生取义"的英雄气概,"富贵不能淫,贫贱不能移,威武不能屈"的立身情操,"天下兴亡,匹夫有责"的爱国情怀,"先天下之忧而忧,后天下之乐而乐""鞠躬尽瘁,死而后已"的奉献思想,"天下为公"、世界"大同"的社会理想等民族精神的精华,不知哺育了多少古今英雄人物,唤起了多少志士仁人为民族的兴旺而奋斗。这些思想也是团结、融合各族人民的纽带和抵御外侮的精神力量,培养了中华民族勤劳、勇敢、热爱和平、与人为善的民族性格。我们在去掉了糟粕之后,对已经为全民族所认同了的价值观、道德观,非但不能舍弃,还要作为今天教育的内容进行继承和发扬。

总之,人生何从? 答:顺理、多容、有量、善合。顺理则礼,多容则融,有量则谅,善合则和。

三、人生何为

人生在世,何为? 就是说人生如何作为才能实现人生价值? 这个问题永远是人生的热点,又是难点。这里有两个问题需要搞清楚,即如何看待人生价值和怎样实现人生价值。

人生面临着许多选择,每一次选择都是对自身的一次检验。在人生的众多选择中,人们总希望选择能够体现人生价值的岗位,这本来是一个并不复杂的常识性问题,然而却被社会上一个接一个的冲击波撞击得倾斜了,模糊了。有人试图找到不经奋斗便成功的捷径,有人则怀疑人生价值与奉献是否具有必然的联系,有人甚至牺牲他人利益、集体利益乃至国家民族的利益去实现个人的"价值"。因此,柔性管理有责任梳理这纷乱的思路以明辨是非。

传统的人生价值取向是主张奉献,甘当"铺路石""螺丝钉""老黄牛",其楷模有张思德、王进喜、雷锋、卓娅、奥斯特洛夫斯基等,主要从奉献的角度讲价值。无疑,以奉献作为人生价值的尺度将永远是社会所提倡的,是高尚的,是主旋律,我们不能离开这个标准去奢谈人生价值。但是,在改革开放条件下,在社会发展已经进入新时代的今天,人们的思想观念发生了许多变化,价值观的外延也相应扩大了,人生价值的观念已由单值向多值发展,即在奉献的基础上又增加了新的体现人生价值的内容,总的说来除了社会价值,还有知识价值和精神价值。

社会价值以劳动、创造、奉献为特征,强调以自身的劳动、创造为社会做贡献。没有劳动和创造,就无价值可言,这是最根本的人生价值所在。马克思说:"任何一个民族,如果停止劳动,不用说一年,就是几个星期,也要灭亡。"①因此,离开人的社会价值去谈人生价值是没有任何意义的。

知识价值即一个人所占有的知识、所受的教育程度。随着科技的发展,随着"科技是第一生产力"观点的普及,社会越来越重视知识、重视人才,所以知识成为决定一个人社会分量的重要方面,也成为人们精神上的一种满足和寄托。许多人通过各种渠道获取知识,社会也在为鼓励学习知识进行大力宣传、倡导和创造条件。这种价值观是一种观念上的进步和整个社会的进步。

精神价值即人们追求的精神生活上的一种满足。它除通过为他人服务以满足社会需要、减轻他人负担和痛苦,从而体现出一种高尚的、受人尊敬的道德之外,还希望获得生活上的满足。"云想衣裳花想容",这是人们的自然心态,因为凡是美的东西都能赏心悦目,都是一种享受。人们看电影、听音乐、吟诗绘画、游览自然风光等,都是为了丰富自己的生活、愉悦自己的心境,并在不知不觉中吸取美的营养,得到美的滋润,获得美的启迪。

总之,在奉献这个主旋律的基础上,人们还希望进步,希望得到应有的物质与精神的享受,如果三者都达到了,这就是最有价值的人生。

那么,如何实现人生价值呢? 我们先讲一个故事:佛祖释迦牟尼曾经问他的弟子"一滴水怎样才能不干涸",弟子们回答不出来,释迦牟尼说"把它放到大海里去"。故事非常简单,却告诉人们一个深奥的道理。一滴水,晶莹如珠,非常漂亮,可一经风吹日晒,很快便化为乌有。如果注入江河,流入大海,它就有了强劲的生命力,就可以活跃于波峰浪尖,同众多的水滴一起形成威武雄壮的波涛。于是一滴水不仅显示了它的存在,而且发挥了它的作用,体现了它的价值。

同样,一个人价值的实现也是"水滴"与"大海"的关系。毛泽东在青年时代曾就个人与天地的关系而抒怀:"一个之我,小我也;宇宙之我,大我也。一个之我,肉体之我也;宇宙之我,精神之我也。"这揭示了一个深刻的道理:一个人只有献身社会,才能找到那短暂生命的价值;只有与"天

---

① 马克思恩格斯选集:第 4 卷[M].3 版.北京:人民出版社,2012:473.

地"相融,才能使人生升华,成为永恒。爱因斯坦也说过,一个人对社会的价值首先取决于他对增进人类的利益有多大的贡献。一切正常的人都希望得到他人的认可,都希望展示自己的才华,实现自己的人生价值,这是人之常情,也是成就事业的心理基础,是难能可贵的。只是有人不知如何去把它变为现实,往往出现愿望与效果背道而驰的局面。其中一个重要原因就是过分强调了个人价值和自我实现。我们当然不否认个性,不否认个人的主观能动性,不否认个人的特长、爱好,但是这一切都有一个先决条件,那就是个人的发展不能以牺牲他人的进步为代价,而且要符合社会发展的潮流。实际上,这又回到了"水滴"与"大海"的关系上来了。在目前这个高科技、高智能的社会里,任何一个人要想有所作为,都不可能单独存在。既然一个人的生存和事业离不开他人,离不开集体,离不开社会,那么他唯一的选择就是与之协调相处,既享受他人的劳动、社会的财富,又服务于他人、奉献于社会。而在奉献与索取的天平上是不能搞平衡的,不管从道德价值上还是社会义务上来看,天平的砝码只能偏向奉献的一端。

于是,我们回答人生何为的追问,那就是奉献。奉献社会,同时也奉献个人。

第三节 永恒的教育

人才发展的四大要素是素质、教育(学习)、实践和环境。其中,素质提高、学习取得成效主要都是依靠教育,青少年如此,成人同样如此。从总体上看,教育分为道德教育与工作教育两种。

一、道德教育

在建立和发展社会主义市场经济以及进一步改革开放的大背景下,我们必须以爱国主义、集体主义、职业道德和社会公德教育为中心,进行普遍的、持久的道德教育活动，以适应中国进入新时代所面对的一系列挑战。

（一）爱国主义教育

爱国主义是巨大的精神力量。在改革开放中扫除民族自卑心理，振奋民族精神，增强民族团结，激发人们对祖国的强烈自豪感、对祖国兴衰荣辱的责任感，这是爱国主义教育的终极目的。

爱国主义从来都是动员和鼓舞人民团结奋斗的一面旗帜。爱我中华是中华民族的优良传统，是我国人民对祖国山河、历史、文化、语言以及优秀传统的深厚感情。这种感情集中表现为民族的自尊心和自信心，表现为维护祖国的独立、富强的献身精神。在今天，就是要了解中国国情，不因祖国曾经的落后而自卑，也不因他国的领先而媚外，更不贬低祖国母亲而求荣；就是要勇敢地维护祖国的尊严，在外国人面前不卑不亢；就是要百折不回，为振兴祖国而学习、工作、拼搏。

（二）集体主义教育

集体主义是指人的言行以合乎集体的利益为最高标准的思想体系，是社会主义的道德原则。发扬集体主义精神，首先心中要有集体，要有他人，要顾全大局，必要的时候能牺牲自我。个人利益与集体利益一般情况下是一致的，"社会主义社会是保护个人利益的唯一可靠的保证""只有社会主义社会才能给这种个人利益以最充分的满足"①。但是，由于在目前条件下，劳动还是分配消费品的主要尺度，改革的不断进行和不断深入有时会使个人利益与集体利益发生矛盾，而这种矛盾首先是在根本利益一致的基础上的矛盾，同时这种矛盾又不可能通过牺牲集体利益去满足个人利益的方法解决，这就要求个人必须服从集体。其次，要有集体荣誉感，为了集体的荣誉，个人应该做出应有的贡献，决不为了自己的利益而给集体抹黑。最后，要处理好个人与他人的人际关系，维护集体的团结，

---

① 斯大林选集：下卷［M］.北京：人民出版社，1979：355.

形成良好的人际环境。

（三）职业道德教育

市场经济的发展突出了效益原则，社会化分工越来越细微，任何一个环节出了问题都会导致生产的阻滞、社会服务的低效率乃至反效果。因此，职业道德是建立在对自己职业在社会中的地位作用认识基础上的一种敬业精神，是一种对本职工作热爱的理性的道德。讲求职业道德就要热爱本职工作，熟悉本职工作，成为岗位上的专家；就要兢兢业业，恪尽职守，克服感情色彩，按理性原则办事；就要不断学习，善于总结，树立科技是第一生产力的观念；就要克服行业不正之风，反对利用岗位之便任性而为。

（四）社会公德教育

社会公德涵盖了人们生活、工作、学习的整个空间，是外延最广泛的一种道德体现。从远古到现在，从现在到永远，大到舍己救人、助人为乐，小到排队上车、不大声喧哗，从与同事交往到与家人相处，无一时无一处不包含着社会公德问题。社会公德不仅体现一个人的思想素质，在许多时候也是人格力量的展现。不偷不欺、不淫不荡，见义勇为、助人为乐，谦虚礼让、不卑不亢，遵守纪律、举止文明，尊老爱幼、知恩图报，虚怀若谷、风度高雅等，既是人们认识水平的体现，也是人格在发挥作用。社会公德常常更现实、更直接地影响着我们的生活和工作，它对社会风气的优化，对人民的团结和谐，甚至对全民族素质的提高都具有重要的意义。同时，良好的社会公德所形成的氛围还是陶冶人、改造人的大学校，良好的社会公德使那些魑魅魍魉、卑鄙丑陋之辈无藏身之地，良好的社会公德启发人们的良知，使作恶之人在巨大的正义力量面前弃恶从善。因此，柔性管理一定要善于借用公德的力量，并且不断地进行社会公德的教育。

二、工作教育

工作教育具有紧跟形势、紧贴实际以及阶段性、综合性的特点。它的主要内容有形势教育、传统教育、纪律教育、业务教育。

（一）形势教育

适时的形势教育能够使人胸怀全局，放眼长远，增强对事业的洞察力，提高效率。形势教育有三个层次：第一是国际形势教育，第二是国内形势教育，第三是单位形势教育。

国际形势教育主要介绍世界焦点、热点问题。在政治方面，主要是各国人民反对霸权主义的斗争，资本主义国家内部人民反对剥削、争取民主的斗争，全世界人民维护世界和平的斗争，我国在重大国际斗争及重大事件的处理中的策略，我国同世界各国人民的友谊以及世界形势的发展与展望，政治斗争、军事斗争与经济、科技、情报领域的融合等；在经济方面，介绍世界经济发展形势，各地区、国家的发展状况，我国对外经贸状况及所进行的努力与斗争等；在科学技术方面，介绍国际科技动态，各门学科的前沿阵地，各国为发展科技所付出的代价乃至所进行的斗争，科技情报战在当今的发展及对策等。通过这些介绍，使人们扩大视野，开阔胸怀，把握分寸，把握方向，激发热情，做好工作。

国内形势教育内容更为广泛，有政治的、经济的、科技的，乃至体育的、文化的、艺术的等。这些内容有经常性的，如政治、经济基本策略；有随机性的，如体育赛事、科学发明。总之，就是要把我国在社会主义建设中所取得的重大成就和在国际上取得的重大胜利及时宣传到群众中去，用以鼓舞斗志、激发民族自豪感。还要向群众介绍我们在前进道路上所遇到的困难，不管是自然的还是人为的，不管是来自国外的还是国内的，不管是政治方面的还是经济方面的，都要如实地告诉群众，以取得群众对国家、对政府的理解、关心，同样还是为了调动人们的积极性。只有这样从正、反两个方面调动起来的积极性才能更持久、更有承受力。

单位形势教育同样是重要的,一部分群众可能更关心单位形势,因为单位的情况变化与其切身利益关联更密切、更直接。同进行国际、国内形势教育的道理和内容一样,管理者要善于把本单位的基本形势向广大职工进行介绍,让每个人都来关心单位,分享单位的荣誉,同时分担单位的困难。

在进行形势教育时要注意四个问题:第一,要实事求是,留有余地;第二,要注意科学,把握心理;第三,要分析形势,提出任务;第四,要认真取舍,给人以鼓舞。最后一条非常重要,我们进行形势教育的重要目的之一就是鼓舞群众、动员群众同心同德为总体目标而奋斗,如果一个形势报告未能给群众以鼓舞,不管语言多么生动、资料多么丰富,这个教育都是失败的。

（二）传统教育

传统教育是被实践证明了的行之有效的教育,它有成型的内容、有群众的基础,因而是一种比较易于操作的教育。传统教育也有三个方面的内容——民族传统教育、革命传统教育和单位传统教育。

民族传统在我国历史上占有光辉的一页。中华民族源远流长,几千年的文明史造就了光辉灿烂的民族文化和民族传统,有些流传至今、长盛不衰,如勤劳善良、勇敢智慧、疾恶如仇、见义勇为、崇尚科学、追求有序、谦虚诚实、重义守信、尊老爱幼、知恩图报等。这些民族的传统美德在今天仍然是重要的精神财富。

革命传统是千千万万革命先辈以生命和鲜血为代价凝结而成的革命精神。党的三大作风、革命斗争的光辉历史、气壮山河的英雄事迹是革命传统的集中体现。具体地说就是:第一,理论联系实际。在任何艰难困苦之下都刻苦学习、努力钻研,把理论与实际结合起来,用于指导革命和建设,使我们从理论与实践两个方面立于不败之地。第二,密切联系群众。亿万群众在革命战争中付出了血的代价,而在和平建设时期又献出了火一样的热情。革命和建设就是靠他们向前推进并取得胜利的,在这一过程中党和群众是鱼和水的关系。随着时代的发展,这种关系在一些地方被淡化，一些无知无能、糊涂愚昧者甚至在将这一关系推向恶化，我们必须毫不犹豫地奋起护卫这一关系，伸张正义，打击邪恶，使密切联系群众这一优良传统得以发扬。第三，批评与自我批评。因为我们是为人类的美好事业而献身的，所以我们不怕有缺点和错误，因为这是难以避免的，同时我们还应敢于揭露错误，正所谓"过也，人皆见之；更也，人皆仰之"。只有如此，我们的行为才能不断被校正，才能经得起检查，也才能理直气壮地批评别人的缺点。第四，实事求是。由于心态不同，对事物的了解深度不同，观察事物的观点方法各异，更由于一些人的私心作怪，这一认识论中的重大原则问题一直在斗争中波浪式前进。历史的经验证明，实事求是，尊重规律，我们的事业就前进，就兴旺；反之，就遭受挫折、历经坎坷。因此，我们应从正、反两个方面吸取经验教训，循着历史的规律、社会的规律、自然的规律办事情，想问题。第五，艰苦奋斗。艰苦奋斗是我们克敌制胜的法宝，是锻炼人才的方法，是锤炼思想的途径。有了艰苦奋斗的思想，就能在改革开放中抵制各种腐朽思想的侵蚀，永葆劳动人民本色；就可以防止任何特权思想，与人民群众同甘苦、共患难，永不脱离群众；就能抵制和克服自私自利、贪图享受、腐化堕落、萎靡不振等坏作风，在工作中不怕困难、不畏险阻、勇往直前。现在出现的腐败分子，无一不是从放弃艰苦奋斗、追求享乐开始的，我们应引以为戒。第六，坚持民主集中制。民主集中制是我们党的根本组织原则和领导制度。民主集中制是民主基础上的集中和集中指导下的民主，是马克思主义认识论和群众观点的体现。民主集中制的民主就是使个人和组织的意愿、主张得以充分表达，使积极性、创造性得以充分发挥；民主集中制的集中就是全党意志、智慧的凝聚和行动的一致。坚持民主集中制就要健全机制，完备法制；就要尊重客观规律，实事求是，敢讲真话；就要决策科学化、民主化；就要疏通民主渠道，广开言路；就要加强监督，严格纪律；就要完善集体领导和个人分工负责相结合的制度；就要加强教育，形成共识。

单位传统教育又称企业文化或企业精神教育，在一些地方还称为风俗习惯教育。它是团结群众更直接的精神纽带，是激发群众的精神力量，是单位的特色所在。因此，每个单位高明的管理者都非常重视本单位的优良传统教育,并使之形成特色,或以语言、标识、偶像、艺术等形式固定下来,成为精神财富。

(三) 纪律教育

纪律是维护正常工作秩序、生产秩序和社会秩序的基本条件,是贯彻各项方针政策的重要保证,也是人类文明建设的重要内容,因此加强纪律教育具有规范性的意义。

我们曾经吃尽了没有纪律的苦头。"文化大革命"中,社会被一种反动的无政府主义思潮所控制,否定各级国家政权和社会权威,鼓吹个人绝对自由,主张建立"无命令、无权力、无服从、无制裁"的社会,腐蚀人们的灵魂,毒化社会风气,致使沉渣泛起、丑恶当道,整个社会出现大倒退。自由主义是一种腐蚀剂,它使团结涣散、关系松懈、工作消极,客观上起着对事业的破坏作用。自由主义的表现是非常广泛的:在政策、规定面前,对自己有利就执行,否则就"消极怠工",予以抵制;对歪风邪气、坏人坏事不抵制、不批评、不斗争,采取事不关己、高高挂起的态度;在日常生活中只要自由,不要纪律,自由散漫,当面不说,背后乱说,不分场合发牢骚、讲怪话;只要求别人符合自己的心愿,自己却我行我素,不讲公德等。

因此,我们必须教育群众,提高执行纪律的自觉性,讲清楚纪律和制度的重要性,讲清楚纪律与自由的辩证关系,并同时批判无政府主义和自由主义思潮。

(四) 业务教育

业务教育包括自身岗位业务的教育和科学文化知识的教育。思想教育与这些教育相结合才不会显得空洞无物和空泛无力。

岗位业务教育主要是结合单位中心任务、岗位素质要求所进行的教育。当今社会,要想提高工作和劳动效率,单凭热情和经验已远远不够。劳动的复杂化、生产技术的高科技化、信息量的扩大、产品更新换代周期的缩短以及办公的自动化、交往的多样化等,对每个岗位人员的要求也提高了。适应这种变化的唯一有效方式就是岗位教育(或称岗位培训),这不仅是岗位业务的需要,也是岗位思想素质提高的需要,就是说岗位教育既要体现业务教育,同时还要体现思想教育。

科学文化知识教育主要是知识教育。现代化的实现是一场伟大的革命,它要大规模地改变我国落后的生产力,改变不适应生产力发展的生产关系、科学技术水平和文化教育水平。这在许多领域中都是一项崭新的工作,许多问题都要从头学起,从头做起。法国前总统德斯坦在研究了日本为何迅速成为经济大国之后指出:"日本取得成功的秘诀是一种神奇的三角形,这个三角形的三条边是工作、技术和竞争性。""二战"后美国之所以在许多技术领域处于垄断地位,是因为它采取各种手段从国外聚集了一大批科技精英。有人说,许多一流科学家移居美国,是美国在"二战"中的最大胜利之一。由此看来,不能不说文化教育、科学技术水平对一个国家的现代化建设起着重要的作用。正由于此,毛泽东早在1956年就发出了向科学进军的伟大号召,并身体力行,60多岁仍在学习文化知识。令人遗憾的是,我们后来并没有一以贯之地集中精力去落实,以至于事隔21年之久,邓小平讲到教育和科技工作时还激动不已:"靠空讲不能实现现代化,必须有知识,有人才。"[1]"我们祖先的成就,只能用来坚定我们赶超世界先进水平的信心,而不能用来安慰我们现实的落后。"[2]

未来是美好的,她向我们展示了一个充满神奇色彩的新纪元。未来又是严肃的,我们还面临着许多可以预测的和随机出现的困难。且不说国际政治风云如何变幻,机遇如何稍纵即逝,单是世界科技的迅猛发展以及竞争的日渐深化和激烈化就已向我们提出了严肃的挑战。面对现实的挑战,总结历史的教训,在经历了痛苦的探索之后,我们终于能够集中精力以经济建设为中心,努力发展生产力,使我国走向中等发达国家的目标了。邓小平说,我们的这个目标对发达国家来说是微不足道的,但对中国来说,是一个雄心壮志,是一个宏伟的目标。就是说,要实现它,还需要长时间的奋斗和拼搏,而且主要表现在科技上的奋斗、智力上的拼搏。这一

① 邓小平文选:第2卷[M].2版.北京:人民出版社,1994:40.
② 同①90.

历史性的重任首先落在了我们这一代人身上。学无止境,"登高山复有高山,出瀛海更有瀛海";攀登辛苦,"学海无涯苦作舟"。但是,学习又是一种高尚的行为,只有投入才能体验学海泛舟的欢乐、书山攀登的豪迈;只有投入才能使生活变得充实,精神变得富有。因此,邓小平指出,无数的事实说明,只有把全副身心投入进去,专心致志,精益求精,不畏劳苦,百折不回,才有可能攀登科学高峰。这永远是一条真理。

教育竟担负着如此重大的责任,它不仅"教以人伦",而且教人以理;不仅进行思想教育,而且进行科学知识教育。柔性管理既要兼顾全面教育,又要突出重点,多从思想、道德、行为上给以引导与规范。

第四节　让中国精神领航新时代

如前所述,中国精神就是自强自信、不屈不挠的奋斗精神,崇尚真理、追求卓越的科学精神,全民凝聚、众志成城的和合精神。这种精神造就了中华民族永远立于不败之地的磅礴力量。今天,必须让中国精神领航新时代。

精神是一种潜能量、暗能量,它表现为信念、意志、主动性、执着心……精神的威力无比、魅力无限、不可计量、不可违抗。精神可以引发超常效应:历史上,长征的胜利、大庆的会战、我国第一颗原子弹的爆炸,都闪现着光辉极致的精神;今天,我们的航母、航天、国防,我们的高铁、"天眼"、大飞机,人前人后皆精神。同时,精神也可以导致异常效应。失去了精神,对个人而言,是毁己、败家、废业;对民族而言,可以亡党灭国。因此,当今这个新时代所倡导的精神应该集中在领航思维、自信情怀、人因意识上。

一、让领航思维成为新时代主旋律

领航思维是非我莫属、舍我其谁的霸气,是敢于担当、气贯长虹的英雄气！归根结底是一种自强自信、自励自为的精神。然而，领航思维真正成为大众共识尚有很大阻力，因为近代社会给我们的心灵带来了太多太多的创伤。中华民族前进的车轮越过秦时明月汉时关，历经唐宋的兴衰、元明的起伏，驶入清朝末期。这是一个前所未有的黑暗时期：民族失去了尊严，国家任人宰割，家庭风雨飘摇，生命朝不保夕，世界上没有人瞧得起中国。1894 年，日本竟从水上、陆上同时大胜清朝军队，清政府苦心经营的北洋水师顷刻覆没。1900 年，八国联军在中国土地上肆无忌惮地烧杀抢掠……

祖国山河破碎、任人宰割，四万万同胞齐下泪……为此，多少仁人志士为之奋斗，希望拯救这个多灾多难的民族，探索一条振兴中华的复兴之路，然而皆无济于事。谭嗣同带着"有心杀贼，无力回天"的感叹，喋血刑场。孙中山十次起义，三度流亡，九死一生，同样没能拯救中华。在中国共产党诞生之前，中华大地上出现过 300 多个党派，但无一能够担当起民族解放、中华振兴的重任。是中国共产党浴血奋战 28 年，建立了新中国，确立了中华民族的希望之路。

新中国的诞生并没有很快改变落后面貌，在建设社会主义的道路上，有一个阴影长期不得摆脱，那就是贫穷。贫穷就会在经济上受制于人，贫穷就不可能有效发展生产力，贫穷就无力对民生投入，贫穷就会在国格、人格上被人蔑视。

中国不能落后，中国必须走向富裕强大！为了文明富强的这一天，中国共产党面对一穷二白、面对自然灾害、面对封锁围堵，不停地探索、奋斗。在新中国成立初期，万吨水压机、合成牛胰岛素、两弹一星都曾经震惊世界。那是何等的艰苦卓绝啊！为了升起中国的"蘑菇云"，几万大军"上不告父母、下不告妻儿"，挺进罗布泊，战胜饥饿、浮肿，终于创下了旷世奇闻。在国际上，外交节节胜利。1971 年 10 月 25 日，从联合国大会传来喜讯：大会以压倒性多数通过决议，恢复中华人民共和国在联合国的合法席位。整个会场沸腾了，我们的朋友在欢呼、在歌唱，甚至振臂高呼。为了这一天，我们左冲右挡、不辞辛劳，雅加达的豪雨、非洲的烈日、阿尔及尔的不眠之夜，一切都在这胜利中得到了报偿！然而，这一切依然没有改变中国贫穷的状况，直到 1978 年确立了中国特色社会主义道路，才开启了又一个非凡的岁月，开启了又一个火红年代。

中国共产党凭着弥天的大勇、超凡的智慧以及对人民的无限忠贞，在建设社会主义的道路上奋勇前进！随着改革开放这场伟大历史变革的深入，我们的党也在不断地变革着自己，不断地纯洁、净化着自己。中国特色社会主义建设的步伐越走越稳，越走越健，越走越自信。2014 年，党及时地发觉发达国家经济低迷、发展徘徊、恢复乏力的"新常态"，同时又借鉴发展中国家"中等收入陷阱期"的教训，不失时机地确立了中高速增长、发展方式转变、结构深度调整、发展动力转向的中国经济新常态。如今，党正以创新、协调、绿色、开放、共享的五大发展理念信心百倍地引领中华民族发展、前进，提出了一系列前瞻性、战略性、决定性的思路：大众创业、万众创新，供给侧改革，中国制造 2025，"一带一路"倡议，互联互通战略，人才战略，依法治国战略……这是何等的胸有成竹！这是何等的大智大勇！逼得国际上敌对势力气急败坏：他们一方面唱衰中国，把中国说得危机四伏、一无是处，企图让国人失去信心；另一方面又捧杀中国，无度地夸大中国的实力，妄图让国人沾沾自喜、失去前进的锐气。其实，两个声音都是一个目的——搞垮中国，两个声音只有一个解读——中国共产党在发展的关键时刻又一次正确抉择、带领全国人民扬帆远航新时代！

这就是为什么必须横扫百年阴霾，横扫历史阴影，让领航思维成为主旋律。邓小平讲"杀出一条血路来"，石油人讲"有条件要上，没有条件创造条件也要上"，航天人讲"干惊天动地事，做隐姓埋名人"，习近平讲"在世界形势深刻变化的历史进程中始终走在时代前列"，要成为"重要参与者、贡献者、引领者"。这些思想集中起来就是自力更生、自强自信的必胜信念，就是全民凝聚、不屈不挠的奋斗精神。所以，领航思维是一个战略性思维。我们要么不做，要么做到最好。

二、让自信情怀成为下意识

所谓下意识，就是不知不觉、自然而然的思想、行为取向。今日中国经过 40 多年的改革开放,乾坤扭转、地覆天翻,在各个方面展示了惊人之变:在政治上经历了幼稚—成熟—坚定之变,在经济上经历了无助—自助—助人之变,在科技上经历了跟跑—并跑—领跑之变,在军事上经历了无奈—自主—亮剑之变,在外交上经历了吞声—发声—厉声之变,在国际事务上经历了旁观—参与—主导之变。因而,整个国际社会对中国也经历了俯视—平视—仰视之变。这一个个"变",让中国智慧、中国模式显示出魅力。20 世纪美籍华人成中英教授提出的"科学管理中国化"的命题正在成为现实与共识。改革开放 40 多年,世界到处充满中国元素,怎能不令人荡气回肠、感慨万千! 2013 年国家动员 8 000 名中外专家,对十大领域、1 149 项关键技术进行调查,发现 195 项(17%)达到国际领先水平,355 项(31%)与国际先进水平同步,599 项(52%)尚处于跟踪阶段。我国在科技领域正在迅速地向并跑、领跑转变。这个调查已经过去 10 年多了,可以想见,现在的数据会更加振奋人心。

2020 年 9 月,国际科学期刊《自然》增刊《2020 自然指数-科研城市》以"自然指数"为主要衡量指标给出了全球科研城市排行榜,中国共有 6 座城市入围前 20 名,如图 5-1 所示。其中,北京蝉联第一,继续领跑全球。

排名	城市/都市区	位置	2019 份额	2019 文章数	占本国份额比重
1	北京	中国	2846.37	6018	21.0%
2	纽约都市圈	美国	2066.37	4894	10.3%
3	波斯顿都市圈	美国	1909.81	4325	9.5%
4	旧金山-圣何塞	美国	1692.50	3979	8.4%
5	上海	中国	1480.48	3227	10.9%
6	巴尔的摩-华盛顿	美国	1371.14	3536	6.8%
7	东京都市圈	日本	1155.52	2529	38.2%
8	南京	中国	980.32	2047	7.2%
9	巴黎都市圈	法国	976.60	2680	43.6%
10	洛杉矶都市圈	美国	902.26	2283	4.5%
11	芝加哥都市圈	美国	802.17	1963	4.0%
12	首尔都市圈	韩国	787.15	1619	54.8%
13	武汉	中国	730.11	1513	5.4%
14	伦敦都市圈	英国	719.87	2174	19.1%
15	广州	中国	661.75	1515	4.9%
16	苏黎世	瑞士	610.24	1491	41.0%
17	新加坡	新加坡	607.95	1254	100.0%
18	圣迭戈都市圈	美国	576.18	1465	2.9%
19	剑桥	英国	567.24	1589	15.0%
20	合肥	中国	547.61	1279	4.0%

图 5-1　全球科研城市排行榜前 20 名

《麻省理工科技评论》称,全世界的城市都在试图复制硅谷,但到目前为止,只有一座城市成为硅谷真正的竞争对手,它就是北京。《华盛顿邮报》称,美国真正应该害怕的是中国新一代年轻人的创新创业,这才是中国未来的真正优势所在。令我们骄傲的航天人,400多名总指挥60%以上在45岁以下,技术人员70%以上在35岁以下。"神舟八号"团队组建时平均年龄31岁,"天宫一号"团队平均年龄30岁。中国人的领航时代开始了!

三、让人因意识植根心中

人因意识即应时而谋、运筹制胜、成败在人的主导思想。古人讲战争取胜的条件是天时、地利、人和,其实没有讲全。其中最重要的因素没有讲,就是决策、指挥,即东汉文学家王粲所讲的"时谋",就是及时谋划、正确决策。他的原话是这样的:"恨我无时谋,譬诸具官臣。"即怨恨自己没有抓住机会、应时谋略,就像那些无才无能的官员大臣。实际上,自古以来就存在着这样一个事实:再好的条件,没有高水平的、及时的运筹,一切皆为零。所以,一个完美的决胜系统应当是天时、地利、人和、时谋。而且,当前面三个条件具备以后,时谋就成为关键因素。历史和现实都证明:英雄引领未来,群众创造历史。这是群众史观与英雄史观的辩证统一。而且,英雄不分年龄,王者无须资历,成败尽在人为。总之,成也精神,败也精神。精神不倒,无往不胜;精神崩溃,万事皆空。组织是这样,个人也是这样。于是,"立志—自信—奋斗—成功—再立志"就成为人生周而复始的彩环,立志是人生的起点,自信是永恒的动力,奋斗是人生的常态,成功是人生的精彩。

在人生道路上,要不断更新观念,改变自我,因为观念决定行动。观念不变,一切照旧;观念更新,柳暗花明。善于更新观念、改变自我,是一种自我革命精神。面对未来、面对新时代,若干旧有的观念必须更新、转变。这些改变体现了勇气,体现了智慧,体现了精神,体现了人因的决定性作用!

（一）"短板—长板"的观念之变

木桶原理认为短板决定水平,因而长期以来人们只盯着自己的短板忧心忡忡、失去锐气。其实恰恰相反,长板才是优势和特色,一个人的绝技常常使他成为专家,他的水平是由长板决定的,这叫长板思维。只需要将自己的优势、特长发挥到极致,就会有超脱超越、超前超人的发现。这就是尺有所短、寸有所长的道理。袁隆平、屠呦呦都是世界级的科学家,但是让袁隆平去搞疫苗不行,让屠呦呦去种水稻不行。要想成为领航者,必须有所为有所不为,有先为有后为。大国工匠、专家学者都是个性发展、特色发展、长板发展,他们的成功与精彩都展示了一个道理:不求十项全能,只求身怀绝技。

（二）"定式—质疑"的观念之变

定式是对传统思想及行为的固执。在现实中,崇尚经验、反感改变的经验主义拒绝新事物,思维固化、行为固执的定向思维扼杀了思维的活性。若干思维的定式长期固守在人们心中:"逆境出人才""万事开头难""大河有水小河满""凡是敌人反对的我们就要拥护"……其实,这些重复了千百遍、千百年的认识,稍微沉思一下、改变一下,就会有新的思想出现,形成打破僵局、柳暗花明的局面。曾有一个非常优秀的女孩,组织上多次动员她入党,用她的话来讲:"我就是不入。我一想起支部那两个党员就不舒服,他们比我差远了。"于是她就形成了定式——一想到入党就想到那两个让她不舒服的党员,所以永远不入党。后来,她与一位资深的老党员聊起了此事,仅仅几句话就打破了多年的思维定式。这位老党员告诉她:"你知道我们的党为什么几十年一直保持着她的光荣、正确、伟大,保持着强大生命力和活力吗?就是因为有你这样的优秀分子不断进来,不能担负使命的党员出去。"短短几句话使女孩大彻大悟,立刻递交了入党申请书。后来,她成为我国一名优秀的外交官。所以,我们要学会向常理挑战,向习惯挑战,向自我挑战,随时随处挑战。

（三）"白色—灰色"的观念之变

白色向灰色观念转变即由追求事物的确定性向模糊判定转变。强调这个转变是因为我们的思维对象具有灰色性。如前所述,我们的思维对象可以分为白色、黑色和灰色三类系统。灰色系统的典型特征是边界不清、是非不明,亦此亦彼、亦真亦幻。邓小平讲"摸着石头过河",就是对建设中国特色社会主义这样一个灰色问题的模糊把握和高度概括。

（四）"人助—自助"的观念之变

自古以来,世人明白:求人不如求己,人必自助而后天助之,而后人助之。对此,我们不仅具有优良的传统,而且具有丰富的实践。20世纪五六十年代,我国进行原子弹的研制,在异常艰难的情况下,靠着精神、智慧和能力实现了人类壮举。无独有偶,在新时代,一次又一次上演着此类壮举。在我国的世界级工程港珠澳大桥的建设中,非常重要的"外海沉管隧道"技术当时我们并不擅长,真正掌握这项核心技术的是几家外国公司。当时大桥岛隧工程总工程师林鸣院士尝试联系了一家荷兰公司,希望引进他们的技术和经验,但对方狮子大开口,而且语气嘲讽。林院士当即决定:不求人,自己搞! 于是带着团队走上了自主创新的道路。一年后,我们的技术成功了,不仅成功了,而且震惊全世界。从此,我们的沉管隧道技术领衔全世界。林院士受邀去荷兰进行经验交流,荷兰公司升起中国国旗、奏响中国国歌,以示敬重与欢迎。实践一次次让我们明白:很多事情,只能靠自助;有了自助意识,就有了创造奇迹的不竭动力,就可以创造奇迹!

（五）"二值—多值"的观念之变

二值到多值观念的转变即思维由极端向适度、中度转变。二值思维是一种非此即彼、只看两极的极端思维,用数学来表达就是一个只有"0"和"1"的有限点集——$\{0,1\}$。这种思维方式对部分事物可用,但多数情况不行。它人为地将事物推向极端,把事情做过、做尽、做绝、做僵。于是就出现了若干不正常：极度悲伤无泪，极度愤怒无语，极度热情无从，极度作为无余，极度不公无宁。

多值思维则表现出了巨大的灵活性，它寻求的是亦此亦彼、把握适度。用数学来表达就是一个具有无限个选择点的闭区间——$[0,1]$。它对于处理大量二律背反现象得心应手。二律背反现象是指同样正确的两个命题放在一起发生矛盾的现象，如发展与环境，自由与纪律，任人唯贤与不拘一格，人才稳定与人才流动，机构改革的分与合等。处理这一类问题，只能依托多值思维，寻求适度点，否则就必然陷入一筹莫展或者简单化、极端化的境地。有人误解多值思维、适度思维是无原则、和稀泥、搞折中，其实，多值需要智慧，适度孕育成功。

第六章

创造激情

—— 柔性管理方略之二

我们无法凭着自己的感觉在这个世界上纵横驰骋，也无法找到一条人生的捷径从此一劳永逸。太多的期待、太多的幻想支撑起我们心灵的大厦，但失败和失望又常常撞击这个圣洁的殿堂。人们需要寻求精神的力量，与各种艰难与不测奋斗、抗争，于是激情这个充满了无限玄机的现象引起了人们极大的兴趣。自古以来，不知有多少人崇尚激情，颂扬激情，创造激情。它给人以力量，给人以高尚。因此，柔性管理中要将激情作为精神资源去研究、去开发、去利用。

第一节　生命中的激情

激情作为一种精神，作为人生前进的力量，必然要在现实生活中表现出来，而且这种表现常常既有撼天动地的气魄，又有不动声色的从容，令人倾心、令人入迷。我们只有了解它的表现，才能认识它的规律。

一、激情的内涵

激情是一种超越自然、超越平凡的超常感情，是一种处在激发状态下的高昂的精神。有人说，激情是奔涌于生命中的熔岩，一次又一次以火山爆发的景观震撼这个世界；席卷人生的激情如席卷心灵的风暴，呈现出的是气吞山河的气概或悬崖飞瀑的奇观。这是激情迸发时惊心动魄的壮观景象。

激情使人的气质趋于浪漫，它给任何一个垂青于激情的人的生命注入一种一如既往、执着入迷的追求精神；激情给生命带来充沛的精力和旺盛的活力，从而使那些单调枯燥或机械乏味的劳作诗化为音符跌宕的不可省略的过程；激情使生命处于"充电"状态——随时都有可能击穿或摧毁困难的屏蔽和艰险的阻隔。没有激情的生命只能称为"生存"，而算不上严格的哲学意义上的"生活"。

能让生命燃起激情的时代是伟大的时代，能够创造激情的生命是伟大的生命。在今天这个伟大的时代里，在这个到处充满了引燃激情火花的土地上，谁还点燃不起激情的圣火，其责任完全不在自身之外。有的人在快餐文化空前泛滥的潮流面前，在没有钱的苦恼和有了钱之后的空虚面前，在事业稍遇不测和爱情鸟飞去之后，丧失了往日的激情，或为灯红酒绿的诱惑所俘虏，或为扑朔迷离的金元银钞所折腰，或为专在懦夫面前逞强的艰难险阻所却步，从而使生命滑入萎靡不振的泥淖。而更多的人则是从从容容，把已有的激情珍藏于胸，再去创造新的激情，因而能够不断地在困难中求生，在绝壁间寻路。

二、生活中的激情

激情是一种可贵的精神，是一种超常的感情，然而每个普通人又都可以拥有它。普通人一旦拥有了激情，就可以成为不平凡的人，成为生活中的智者和强者。激情的外在表现是多方面的,是不同层次的。下面所列举的这些表现都蕴涵着丰富的激情,但又不完全等同于激情,它既是激情的直接表现,又是激情的作用使然,二者常常构成互为因果的关系。我们将从激情的种种表现中去认识激情。

（一）憧　憬

憧憬是对理想的追求,对美好的向往。

人生不能没有理想,不能没有追求,而憧憬便是对理想追求的原动力,是一种渴求美好的激情。理想可以是各种各样的,憧憬却是相同的,没有憧憬的生命,无异于没有水流的江河,无异于没有绿叶的树木。果真如此,生活该是多么单调,世界该是多么荒凉,就是生命本身也会因为失去憧憬而显得苍白、凝滞。

没有必要去畏惧别人对自己憧憬的责怪,只是要不时地审视自己究竟在憧憬什么。

年轻的时候,人人都有憧憬——飞黄腾达的事业、安逸舒适的生活……如同一双温存的手,抚动着幻想的琴弦,奏出美妙的幻想曲,那时他是飘飘然的。随着太阳升起的每一天,在年轻人的眼里都似一幅美丽的画卷,充满着浪漫的色彩。他们想象着总有一天将得到所憧憬的一切,于是他们奋斗,他们敢上天揽月、下海擒龙,即使身上留下了累累伤痕,也视为勋章和鲜花,因为毕竟历练了身心,到达了苦苦追求的目的地。这听起来似乎近于梦呓的话语,的确是年轻人的追求,而且这种追求是任性的、专注的。青春年华的最初时日常常就是这样在顽强着迷的憧憬中度过,而当时却丝毫不认为这多少有些幼稚和天真,相反却觉得这样的憧憬才是富有的人生。

随着青春渐渐逝去,几经生活的挫折、比较成熟之后,回顾过去,才发现那时毕竟是未经艰难世事雕琢的青年人,总是把生活想得那么容易和美好。当生活中的艰难打破了他们的梦境后,他们才得以实实在在地直面复杂的人生,在比较理智和现实的基础上构筑新的憧憬,寻求新的激情,使生活变得更加充实。于是,人们从中悟出了这样的道理:生活中不能没有憧憬,而这憧憬既不能是低级庸俗的又不能离开自身条件,只有那些与祖国命运联系在一起的憧憬才是美好的,才能通过辛勤劳动实现。

憧憬,这个激情的使者,为人们带来希望、带来鼓舞,人们永远离不开它。我们的生命将在憧憬中延伸。

(二)淡 泊

淡泊即不受尘世名利的吸引,把人间的富贵、声誉、地位等看得十分清淡。

人生虽然短促,但历经风雨,难免会有种种烦恼和痛苦,而对待人生的这种感情波涛,人类造就了一种最能体现理性特征的应对方式——淡泊。陶渊明的"采菊东篱下,悠然见南山"即以这样一种淡泊的心境使我们感到一缕淡淡的清香。

淡泊是对名利而言的。人们之所以淡泊名利,往往是为了坚持心中的是非,其实淡泊本身就是一种人生的境界。有人以一种有形物作为人生的归宿,以物质的、肉体的欢愉作为人生的追求。而淡泊则以心灵的宁静、事业的追求作为人生的乐趣,并以此作为人生的最高享受。

淡泊之源是思想,只有深刻的思想才能造就淡泊的人生。而深刻的思想只有在经历或目睹了坎坷的人生之后才能形成。以淡泊之情对待人生,并非不要欢乐,不近人情;相反,正是为了在坚持心中的是非中追求一种永恒的欢乐,寻找一种高雅的享受。为此,他可以不要名利,省去许多的烦恼,他比那些物欲主义者轻松得多,也潇洒得多,所以说淡泊其实是激情的另一种表现形式。

人生寻常事,处处皆有乐。一声赞美、一次家宴、明月当空、落日红霞、林间小路、山溪流水……都是我们可以享受的。淡泊名利所带来的对物欲的超脱、人格的升华、众人的钦佩、成功的欢乐更是一些人所无法体验的。因此,只要我们能够时时以一种淡泊如水的人生态度去看待生活,我们的生活就会充满诗一般的情趣,永远饱含激情。

（三）宁　静

宁静是物我俱静的美好境界，是相对于喧闹而言的。在这个世界上，若要干点事情并干出点名堂来，不但需要环境的清静，更需要内心的安宁。宁静是一种精神，是思想、修养、学识、气质、年龄、阅历诸"元素"在人格自我完善的圣火中升华的结果。

宁静不是一潭死水，封闭陈腐；也不是一块顽石，毫无生气。宁静是冰凌下缓缓流动的江河，是箭在弦上的等待。静的深处有动，静的结束是动的开始。宁静是创造的契机，也是成功的准备。"于无声处听惊雷"是在宁静中显气势，在宁静中见恢宏的最生动的写照。唐代诗人韦应物当过几任地方官，在繁杂的公务之余，唯爱焚香扫地静坐，于静中悟得诗中真谛。居里夫人一生追求宁静的家庭和工作环境，专心致志地在实验室工作，从而发现了镭元素，做出了划时代的贡献。还有近代中国画坛泰斗齐白石，他在暮年谋求变革画法，闭门谢客十载。他后期那些最得意的作品，都是"心闲气静时一挥"的成果。由此看来，"非宁静无以致远"的确是金石之言。

宁静何以如此显神通？原来，当人心静如水之时，人们的心力、智慧、灵感都将调动起来，集中起来，处于活跃状态，创造的潜能也就能得到最好的发挥。宁静是人生宝贵的财富，它使人忘掉了荣辱毁誉，摒弃了俗虑杂念，排除了外界干扰，五脏六腑皆为之清静，古今中外皆为之洞明，灵感之君容易登堂入室，从而展开想象的翅膀，飞翔在创造性思维世界的无限空间里。

国外有些企业为了让科技人员免受干扰，思维处于最佳创造境界，设置了各种形式的"静思室"，使其心境宁静下来，让创造潜能涓涓涌出。有"日本爱迪生"美名的中松义郎拥有 3 000 多项发明，他酝酿新发明时就会进入特设的"静思室"，不接电话，拒绝会见任何人，于宁静中寻觅思维触角的新突破。

那些执着的先行者、远行者、独创者和改革者，他们自尊、自强、自信、自立的人格于宁静中造就，他们独思、独行、独立、独创的精神于宁静中培养。开拓、进取、创造、生机,这一切生命的律动,源头都在于宁静。

宁静是一种意境,宁静是一种思索,宁静是一种代价,宁静是一种激情。拥有一份宁静,就拥有一份清醒,知道冬天过去是春天,黑暗的尽头是光明,苦海的彼岸是乐土,奋斗的结果是成功;拥有一份宁静,就拥有一份富有,就可以在心中保持一块属于自己的永恒的净土,从而超越狭隘的表层生活,去体验人生的一切创造;拥有一份宁静,就拥有一份力量,去抚平心灵在奋斗奔波中的疲倦和伤痕,去欣赏由于来去匆匆而忽略的美,去把生命顽强地延伸。

(四)坦　荡

坦荡是指心地纯洁、胸襟宽阔,是个人表现出的气质、情怀和感情。

为何坦荡亦是激情的表现呢? 我们说,坦荡并非人生固有。不同的人在不同的时间面对不同的事情,此时可以坦坦荡荡,彼时则隐隐匿匿;"君子坦荡荡,小人长戚戚"并非指的是具体的人,而是君子作风,具备了君子作风方可坦坦荡荡。所以,坦荡既是胸怀,又是感情,更是激情。常以坦荡为荣,则必有坦荡之心,从而诱发出光明磊落、事无不可对人言的激情。

坦荡做事是不容易的,坦荡做人就更困难。善于隐藏自己未必是坏事,把自己隐藏得太深又未必是好事。灵活与老练有益于事,但欺骗和奸诈却令人发指。在正与邪、是与非、诚实与欺骗、奸诈与坦荡之中,人们常常感到力不从心,人们在呼唤坦荡。

为什么矛盾总是层出不穷呢? 为什么总是在自我的圈子里挣扎呼号、作茧自缚呢? 为什么要循着别人的眼光去寻找落脚之地呢? 冷静地思考一下,我们便会发现:尽管有欺骗,但善意在它的反衬下不是显得更美了吗? 尽管有风雨雷电,但不是使人更加珍惜和风丽日了吗? 尽管摔倒在众人前,但不正是这一跤的激励,方才一路艰辛一路歌,调整坐标继续跋涉了吗? 所以,坦荡终将战胜卑鄙,战胜敌意。走自己的路,敢恨敢爱,敢哭敢笑,能错能改,能败能胜,恣意挥洒青春与活力,用自己的双手掌握人生的航船;走自己的路,劈波斩浪,风雨无阻,无怨无悔,坦坦荡荡。

终有一天你会发现：事业热衷于脚踏实地的人，爱情垂青于忠实诚恳的人，生活青睐于坚韧不拔的人，朋友信赖于以心交心的人。丢掉那份虚伪，摒弃那些顾虑，忘却那些烦恼，袒露真实，勤恳做事，坦荡做人——成功总是属于我们。

（五）真　诚

真诚是指真实诚恳，不虚假。它是对人对事的态度。

曾几何时，我们渴望辉煌与成功，富于幻想与憧憬。然而，当岁月为我们的人生之树增添了一圈圈崭新的年轮时，我们愈来愈感到首先需要的是真诚。因为真诚是火，当心与心之间横出樊篱时，它会焚去所有的阻隔，引导心灵共同拥抱美好与真情；真诚是水，当思想里积起种种难以沟通的障碍时，它会洗去一切误解，在不同的思想之间串流一条理解的小溪。

真诚的人坚强自信、乐观向上，在他们的眼里，困难是胜利的前奏，失败是成功的信号；真诚的人从善如流、热情大方，生活里平易近人，虚怀若谷，乐于助人，行为高尚；真诚的人疾恶如仇、崇尚真理，他们是现实生活的清洁工，又是良好社会秩序的交通警。真诚像春天的明媚阳光，即使照不到所有的地方，也会把温暖带去。

缺乏真诚，心灵会生长芥蒂与隔膜，人与人之间无法沟通；没有真诚，生活会失去美好，变得虚伪与沉重，社会也将失去纯真与同情。向往真诚而不知其内涵的人，将永远无法做到真诚。人云亦云、随波逐流不是真诚，固执己见、独断专行也不是真诚。真诚需要忘我，需要付出。只有思想上达到并保持一种毫无顾虑、毫无压抑的至高、至善的境界时，方能自然流露真诚，这犹如青春对于人生，只有心中的"天线"不断接受美好、欢乐、勇气和力量的信号，才能青春永驻、风华长存，哪怕古稀高龄仍觉年轻，因为他的思想达到了超凡脱俗的境界。真诚就要把心胸扩展、把虚伪斩断，让非分的欲望、灰色的思想一起付诸流水，从而多一点善心美意、多一些热情奉献。就像杜甫身居陋室，喊出的却是"安得广厦千万间，大庇天下寒士俱欢颜"；就像范仲淹胸怀"先天下之忧而忧，后天下之乐而乐"

之心。而今有多少人，虽然很会使用"外交辞令"，却令人一眼看穿其虚假的本性；又有多少人，虽然拥有太多的钱财，却不能买到一丝真诚。人们终于明白：真诚金钱不换，真诚巧语难当。真诚是理想里的一片白云，真诚是生活中的一泓清泉，真诚是感情里的一支劲歌，真诚是奋斗中的一叶风帆，真诚是火热的激情，真诚是动人的诗篇。恪守真诚，它会帮我们创造金色人生！

（六）冒　险

传统上一直把冒险视为缺乏科学根据的铤而走险，而今我们要给冒险赋以全面的意义。这就是冒险的另一面，即在成功与失败、希望与失望之中，迎着风险，捕捉机遇。这需要胆识，需要激情。

在中国，由于几千年小农经济的生产方式和习惯势力的影响，传统的保守心理和求稳心态很有市场，许多人缺乏积极开拓进取的冒险精神，乐知天命，率由旧章，不敢越雷池一步，以不变应万变，庸碌一生，自生自灭。把安于现状、不思进取视为谦虚恭谨的高风亮节；把与世无争、老守田园看成是安分守己的传统美德；把知足常乐，不为祸始、不为福先奉为人生处世哲学。从而，终生与冒险无缘。因此，面对一条只要是尚未走过的新路，便总是担心前面有险情，结果总是以不走为最妥。然而，正是因其不敢走新路，便也永远达不到理想目标。我们再也不能把冒险与蛮干等同起来，只要一提到冒险总不免投以贬抑的目光。要知道，一个人只可能在有限的范围内了解事物的全貌，永远不可能对所有领域全部认清。因此，从事任何一项新的工作总有一定的冒险成分。

智者的冒险是伟大，是开拓。公元前那个曾经横跨欧、亚、非三洲的亚历山大以其亲身体会证明：只有不怕艰世、敢于冒险的人才能完成光辉的业绩。恩格斯曾把冒险精神礼赞为18世纪推动资产阶级变革和创造的"时代特征"。高尔基主张，在劳动和创造的领域里不要担心大胆闯荡和奋不顾身。美国前总统罗斯福则称，害怕是我们唯一应当害怕的东西。因此，冒险是一种动力，是一种勇敢，是一种高尚。宋庆龄曾在1932年冒着粉身碎骨的危险登上了我国自行装配的第一架飞机试飞，她的冒险精神振奋了众多将士的民族精神。美国航天飞机"挑战者"号坠毁后,芭芭拉·摩根坚定地表示不怕灾难重新发生,她最终成功地执行了航天任务。在我国历史上,神农氏冒险尝百草,张骞冒死出西域,红军九死一生万里长征,都取得了辉煌成就。人类历史就是一部与天奋斗、与地奋斗、与人奋斗的冒险史、挑战史。不是我们喜欢冒险,更不是提倡无谓的冒险,而是没有冒险就没有与旧观念的决裂,就没有创新和进取。

冒险与成功非但不是形同水火、无法相容,相反,它们总是形影相随、血肉相伴。我们必须注入一种义无反顾、知难而进、无所畏惧的冒险精神,必须培养一种气壮山河的激情,到浩浩太空去,到皑皑南极去,到茫茫大海去,到漫漫大漠去,向科学的每一个未知领域进军! 向竞争中的每一个风险区域挺进!

激情的表现还有其他的形式,但不管还有多少表现形式,都是上述六种基本表现形式的派生和演变,诸如矜持、沉默、勇敢、容忍等,无一不透视出上述基本表现形式的影子。我们发现、总结这些激情的表现,是为了在柔性管理中应用它,而不仅仅是欣赏它。

第二节　激情的作用

激情的作用是神奇的,甚至是神圣的,每一个了解激情、感受激情的人对此都毫无疑义。

一、激情提高人生境界

境界本是一个中性词,境界有高有低,有好有坏。人生境界是说人生所达到的程度或表现出的状态。人生境界有各种形式:卑微如涧边之草,崇高如峰间之松;物欲如流水行云,奉献如巍巍泰山;奸诈如荒漠荆棘,坦荡如丽日阳光……世间所有的人都可以在这个人生境界的百科全书中找到自己的"模型"。只是有人发现有些模型的可恶,便毅然决然地丢弃它,从而另选高尚;有人却灵魂扭曲,视可恶为可贺,向着凄迷孤苦、岌岌可危的悬崖走下去。何以有如此天壤之别?这个精神世界的问题只有用精神的力量才能做出回答。

(一)庸人眼中的人生

幸福是人人都想追求的,但幸福是一个内外兼顾的人生境界,并不是可以轻易获得的。没有外在的物质保证,固然难以谈得上幸福;而有了大把的钞票,人生也未必就一定幸福。因为人不但需要物质生活,还需要内在的精神生活。

精神生活是人类须臾不可离开的东西。历史早已昭示:人文关怀和经济杠杆一起,构成了人类前行的双足,二者相辅相成,缺一不可——一只脚是站立不稳的。然而,目前却有相当一部分人成了"单足瘸腿",他们追求物质生活的现代化标准,而不追求精神生活的现代化层次,要物的现代化而不思人的现代化,要"肉"的现代化而不要"灵"的现代化。以精神文化生活而论,他们沉迷于色情凶杀小说而不愿接触富有人文深度的文学作品,捧歌星、影星、模特而不敬重英雄、科学家和艺术大师,只想着如何挣快钱而不去思考种种人生问题。

细想之,又没有什么奇怪的,庸人的眼界只能达到如此地步:有钱便醉生梦死,无钱又寻死觅活。他纯粹是个"自然人",生活中不仅没有激情令他超越于金钱物质之上,也没有起码的精神支柱令他生活丰富多彩。在这种人身上即使植入激情的种子,也不会发芽,因为他身上缺乏培植激情的养分,这就是理想、文化、道德。他必须从打基础开始,真正走向生活,而不是再回归动物界。

(二)人生佳境的实现

当年莎士比亚以饱含激情的诗笔,为人类谱写了最美好的赞歌:"人类是一件多么了不起的杰作!多么高贵的理性!多么伟大的力量!多么优美的仪表!多么文雅的举动!在行动上多么像一个天使!在智慧上多么像一个天神!宇宙的精华!万物的灵长!"人类确实是一件了不起的杰作。在衣食住行构成的物质世界之外,人类还有一个无与伦比的精神世界。那实在是大地不足丈其广博,海洋不足测其深邃,万物不足量其丰富,苍穹不足比其神秘,以这样的精神世界去开拓外部世界,确实是触处生辉、着手成春。所以,人类才有如此辉煌的今天和更加辉煌的明天。

这就是人生佳境,这种佳境又是如何实现的呢?具有高尚精神境界、生命中充满了激情的人们这样回答:人是需要精神家园的,生活的意义和价值就是人类的精神家园。如果物质的获取不能同时带来内心的丰富和充实,则获取愈多,离精神家园愈远,结果必然陷入空虚、孤独和迷惘,最终丧失追求的意义和价值,成为无所归依的精神流浪儿。生命的价值固然包括物质上的享受,但更重要的还是精神上的享受,是崇高的人生理想的寄托。所以,我们赞颂当今的经济大潮,但同时保持着警醒:经济的振兴不能以文化的断裂为代价,物质的追求不能用精神的失落来换取。就是说激情的长河永远不能堵塞,有了激情才能向往美好,追求高层次的人生境界、高品位的享受。创造人生佳境的人与仍处于"自然人"阶段的庸人的不同之一就在于:前者一面生活,一面追求着、思考着;后者仅是生物性地活着,没有精神境界的自觉追求,更不会做深层次的思考。

因此,激情催人进入人生佳境,人生佳境又不断产生激情,二者互相促进,形成循环。我们既要善于把握激情,又要善于利用激情促进人生境界的不断提高。

二、激情催人奋进

人们常把人生比作航船,在乘风破浪驶向远方的航程中,信仰乃是航向,激情便是力量。

激情使我们永葆青春,因为青春不是年华,而是心境。生于德国、儿时西渡美国的塞缪尔·厄尔曼,本是个名不见经传的凡人,年逾七旬方始写作,他的《青春》拨动了许多人的心弦,使人如听晨钟,如闻暮鼓,朝夕自策自奋:

"青春不是年华,而是心境;青春不是桃面、丹唇、柔膝,而是深沉的意志、恢宏的想象、炽热的感情；青春是生命的深泉在涌流。

"青春气贯长虹，勇锐盖过怯弱，进取压倒苟安。如此锐气，二十后生有之，六旬男子则更多见。年岁有加，并非垂老；理想丢弃，方堕暮年。岁月悠悠，衰微只及肌肤；热情抛却，颓唐必致灵魂。忧烦、惶恐、丧失自信，定使灵魂扭曲，意气如灰。

"无论年届花甲，抑或二八芳龄，心中皆有生命之欢乐，奇迹之诱惑，孩童般天真久盛不衰。

"人人心中皆有一台天线，只要你从天上人间接受美好、希望、欢乐、勇气和力量的信号，你无不青春永驻、风华长存。

"一旦天线降下，锐气便被冰雪覆盖，玩世不恭、自暴自弃油然而生，即便年方二十，实则垂垂老矣；然则只要竖起天线，捕捉乐观信号，你就有望在八十高龄告别尘寰时仍觉年轻。"

这字里行间涌洒出的激情，不知使多少人倾倒，不知令多少人受益。松下电器公司元老松下幸之助慨而言之："20年来，《青春》与我朝夕相伴，它是我的座右铭。"匹兹堡钢铁公司日方董事长狄原幸吉披露心曲："《青春》打动了我的心灵，热情断不可少，得凭青春锐气进行变革。"甚至有人将此文镶于镜框，摆在写字台上，以资自勉；有人把它揣在衣兜里，随时研读。

激情的力量是伟大的，它促使我们坚持不懈、永远向前。在前进中常常有狂风恶浪或者暗礁险滩，有时为前程渺茫而叹息，有时因风平浪静、月光水色而消沉，有时在静水中停滞，有时在狂涛中退却。此时最需要的是力量，是勇敢，是刚强，而这一切都可以从激情中获得足够的补充。两万五千里长征何其艰难，可红军战士"更喜岷山千里雪，三军过后尽开颜"；在抗日战争最艰难的时候，人们吃饭都成了问题，于是开展大生产运动，"没有枪、没有炮，敌人给我们造"；解放战争，枪林弹雨，炮火纷飞，"百万雄师过大江"，展示了解放大军的英雄气概；新中国成立后，为了建设新国家，"旗如林、歌如潮"，战天斗地；为了拿下大油田，"乐在天涯战恶风"；为了党的事业，"鞠躬尽瘁，死而后已""小车不倒只管推"；为了改革开放，迎难而上，"苟利国家生死以，岂因祸福避趋之"……所有这些感天地、泣鬼神的壮举,这些令高山为之低头、日月为之逊色的豪言壮语,都是伴着革命的激情而来,在革命的激情鼓舞下而为的。

诗人臧克家说:"有的人活着,他已经死了;有的人死了,他还活着。"这里揭示的是深层意义上的生存价值。夏明翰牺牲了,可他那"砍头不要紧,只要主义真。杀了夏明翰,还有后来人"的豪情至今犹在;焦裕禄逝去了,可他"鞠躬尽瘁为人民"的精神风范永驻人间;雷锋倒下了,可他那"对待同志要像春天一样温暖,对待工作要像夏天一样火热,对待个人主义要像秋风扫落叶一样,对待敌人要像严冬那样残酷无情"的火一般的激情不仅留给了我们,而且传遍了世界。更不要说毛泽东、周恩来、朱德等老一辈革命家的光辉形象和充满了真理、智慧的思想将会如何光照千秋万代了。古往今来,无数志士仁人、英烈豪杰,虽生命短暂却流芳百世、光彩夺目,正是因为他们人格不朽,精神灿烂,业绩辉煌,光照人间!

追根溯源,前人留给我们的精神财富,后人不停奋斗的豪情,无不来自民族气节、崇高理想、高尚人格和执着的追求。于是他们才有如此充满激情的感情流露:"与其永恒的平庸,不如瞬间的辉煌!""鬓染霜,又何妨?""与其感叹,不如实干!""工作多变、信仰不变!""把全部的爱献给伟大的事业!"……这种激情,鼓舞了多少人雄心永在、志气长存;这种激情,造就了多少人积极进取、磊落坦荡;这种激情,使多少人气冲霄汉、风华永存;这种激情,激励着无数奋斗者弹奏出永恒辉煌的生命乐章。

三、激情促人成熟

有人对激情有一种误解,认为激情就是激动,甚至是一种失去理智的狂热,是不成熟的表现。持这种观点者恰恰说明了他自身对问题认识的浅薄和不成熟。如前所述,激情的表现形式多种多样:有山呼海啸般的感情跌宕,也有稳如泰山的深沉;有不加掩饰的光明磊落,也有不动声色的淡泊宁静;有气贯长虹的冒险精神,也有沉默矜持的谨慎态度;有雄心勃勃的理想,也有脚踏实地的平淡……总之,激情造就了应对各种局面的积极的人生态度,因而它是理性的展示,是成熟的标志。

如同对激情有错误的理解一样，对成熟同样有各种片面的理解：有人认为成熟即世故圆滑、会搞关系，有人认为成熟是不动声色、神秘莫测，有人认为成熟是明哲保身、模棱两可。实际上，成熟是一种理性的反映，是一个人在认识规律、把握自我的基础上，对人对事恰如其分的应对能力。人的成熟是有智慧、有力量、有作为的表现，是以摆脱自发、达到自为的程度为标志的，是人的行为达到高度自由状态的体现。孔子所言"不惑""知天命""从心所欲"大抵就是成熟的体现。人既是一个个体，又是一个社会性的存在，除了面对自我，具有自我意识外，又时时处处不可避免地与周围的世界，与社会、自然以及其他人发生着千丝万缕的联系。主宰自己的命运，肩负起改造社会的重任，两者都极为重要。不能把一个人与社会、与他人发生冲突就视为不成熟，关键是其在与社会、与他人发生矛盾时所持的态度。高尚的激情在胸，便必有成熟练达的行动。

当然，成熟需要实践和时间的日积月累，需要从感情到经验，又从经验到理性的飞跃。成熟不是绝对的，不是一成不变的，它总是随着人的自身发展和社会的进步而不断深入。到目前为止，几乎所有的伟大人物，由于受客观和主观因素的制约，都存在着一定的局限性，甚至犯过错误。可见，绝对的成熟是没有的，大多数情况下，有的人在这方面比较成熟，有的人在那方面比较成熟。同样，成熟也不是保险箱和万能钥匙，从而保证你时时处处万事大吉、一切顺利，它能做到的，只是使你比不成熟的人少走弯路，比自己的不成熟时期更智慧罢了。

成熟是人生希望达到的状态。只要不断加强修养，明辨是非，健全人格，把激情恰当地灌注于行动中，而不是为了某个功利的目的误把世故当作成熟去追求，人人都可以尽快走向成熟。

四、激情助推柔性管理

我们知道，激情是一种巨大的精神力量，是一种超常的感情，它到来的时候可以是火山爆发、江河奔腾，又可以是含情脉脉、情深似海。因此，激情可以造就一个特殊的环境，在这样的环境中，草木有情，山水有意；可以造成一种特殊的气氛,在这样的气氛中,呼唤真诚,排斥奸诈。总之,这样的环境、这样的气氛,使高尚与正义扬眉吐气,使卑鄙与邪恶无藏身之处。

可想而知,在这样的氛围中实施管理,首先是易于实施教育,因为这时的人们很少有私心杂念,甚至达到了忘我的程度,看问题、想问题比较客观、公允,因而对真理与正义易于接受。其次,易于说服,易于沟通。因为这种氛围充满了人情、真情,人人动情,这种情真意切必然带来感情相通、心心相印。在这种情况下进行说服规劝的工作,犹如高山流水、自然流畅。最后,易于引发豪情,创造生命的辉煌时刻。因为辉煌的每一时刻都要创造,都要付出代价。平庸者视"无为"为保险,奋斗者以付出为乐事,这种付出要由精神来支持,激情的氛围则提供了奋斗的豪情。战前的动员、临场的演说、出征的壮行都是借助激情创造氛围,给人以勇敢和力量。

因此,激情于个人素质升华,于组织实施管理,都具有密切的关系和重要的意义。激情像弥散在我们周围的空气,不注意它则感觉不到它的存在,一旦注意它,它就无处不有。聪明者善于发现激情的火花,并设法把它引燃、放大,用以燃起人生旺盛之火;糊涂者则让激情自生自灭;愚蠢者甚至躲避激情之火,宁愿庸庸碌碌地苟活着。

我们希望人人都成为聪明者,让激情为我们服务,让激情为我们带来美好!

第三节　创造激情

清晨,迎着初升的太阳来到天安门广场,聆听着威武雄壮的《义勇军进行曲》,注视着冉冉升起的鲜红的国旗,一种庄严肃穆的气氛使我们屏住呼吸,只感觉全身热血沸腾,仿佛每一个细胞都在颤动。在那个时刻,我们只感到共和国的存在以及由此而带来的崇敬和鼓舞,激动的泪花在闪耀,急促的心跳在加剧,一股不可遏止的激情油然而起……

如若换一个时间，换一个地方，换一个内容，此情此景便很难出现，这就是环境创造激情的特定条件。激情是如此神圣，激情是如此重要，而激情又可以创造出来，真是上苍作美、人类有幸。那么，如何创造激情呢？

一、追求理想

夏夜，我们凝视着神秘的太空，看那弯月像一只小船似的从东方托起，缓缓划过缀满繁星的天际。此情此景常常引发我们联想：这浩浩天幕，不就是一片博大的生命之海吗？船在海中航行，驶向胜利的彼岸；人在生命旅程中搏击，实现着憧憬的理想。

前方是岸，船儿前进才有希望；人有理想，生命才能闪光，这是最普通的道理。因此，自古以来，人们都在赞颂理想、倡导理想、追求理想，因为理想给人以力量。张海迪发觉自己是颗"流星"时，曾经想到过自杀，而当她树立起远大的理想之后，她改变了生活态度："既然是颗流星，就要把光留给人间，把一切奉献给人民！"她不再悲观失望，在高尚的理想面前，她一方面有意识地通过英雄形象激励自己，一方面严肃认真地探索生活道路。她面对疾病 11 次大反复、4 次施行大手术、躯体三分之二失去知觉的现实，充分利用自己的"两只手和一个好脑子"。她从自己疾病的痛苦推想到别人疾病的痛苦，以此为发端，立志学医。她没有把青春的时光浪费在对个人不幸命运的哀叹里，而是分秒必争地利用一切时间去学习，她不仅学医学，而且学文学、学音乐、学书法绘画、学多门外语、学无线电修理。她在事业的理想中找到了精神力量之源，用不懈的追求找到了人体代偿性弥补缺陷的办法，从而达到双手的延长和生命的延续。斯大林说过，伟大的毅力只为伟大的目的而产生。张海迪的实践便是铁证。

理想还给人以激情。因为追求真理需要付出、需要勇气，且不说过去追求真理曾使人们遭受封建神权的残酷迫害，也不说革命先辈为追求真理所经历的血与火的洗礼和磨难，单就它无情地占有你全部的光阴，使之"青春作赋、皓首穷经"，也的确是一个莫大的代价。但是这些并没有影响志士的决心。追求真理、为理想献身的激情使他们置常人的舒适于不顾，乃至九死而不悔。那执着不二的精神,奏出了人类文明史最壮丽的乐章。古代一位炼金家曾说,化学家是非常奇怪的一些人,被一些狂热的冲动所驱使,在烟雾和蒸气、煤灰和火焰、毒害和贫困之间寻找他们的乐趣;即使在这些不幸中,他们"仍然生活快乐,甚至宁死也不愿和波斯国王换个位置"。这是对追求理想的高尚行为的一个绝好的刻画。在浩瀚无垠、不可穷尽的宇宙之中,对理想的追求非到这种执迷不悟的程度方能产生灵感、引发激情、升华人格。鲁迅曾在《过客》中揭示了这种人格——坚韧地追求,无须成功与胜利的保票,即使前边是荒坟,也照样往前走。加拿大著名医生班廷曾说过,最大的快乐不是在于占有什么,而是在于追求什么。英国物理学家法拉第的座右铭是:"拼命去争取成功,但不期望一定成功。"可见,追求、理想在这里扮演了多么重要的角色。追求愈坚,激情愈烈。

理想又给人以勇敢。因为追求理想的道路不是平坦笔直的,它坎坷不平、蜿蜒曲折,有峰峦沟壑、荆棘枯藤,有洪水猛兽、风雨雷电,还有流言蜚语、明枪暗箭……躲避既是不明智的,也是不现实的,唯一的办法就是知难而进、迎难而上,"敢上九天揽月,敢下五洋捉鳖",不向困难让寸分。事实上,充满了理想的人总是拥有超过常人的胆识,那雄赳赳、气昂昂的气势,那让高山低头、大河让路的气概又常常使困难变得渺小,而最终的胜利归于敢于奋斗者。

这里,我不禁想到了20世纪50年代起创建大漠深处原子城的英雄们。1958年,解放军核试验场区勘察大队踏上了西出玉门关的征程。沙漠、瀚海,可怕的地方。20世纪初,一位外国探险家说过,人在这里是无法生存的,早已被沙漠掩埋的楼兰古城就是明证。可是,革命人不相信这些!一批在国外学习、工作的科学家提前回国,住进了戈壁滩上的地窝子,一些专家、教授也云集在沙漠戈壁,几万建设大军在这里安营扎寨。他们平地挖坑,苇子盖顶,戈壁滩上出现了一个"地窖城"。没有菜吃,野菜、榆钱成了代用品;比金子还宝贵的水是从几十里外的孔雀河弄来的,又苦又涩。罗布泊的天气复杂多变,五级以上大风每年刮150多天;夏天酷热,地表温度高达70摄氏度;冬季奇寒,滴水成冰。谁能想到,我国第一颗原子弹竟是用手摇计算机计算数据的，当年发射第一颗原子弹的103 米高的铁塔竟是使用了近乎原始的方法矗立起来的！谁又能想到，当苏联把关键技术撤走后，我们的科学家是付出了何等的勇敢和智慧来弥补空白的！

为什么？这一切是为了什么？回答是简单的："为了一个共同的理想，为祖国、为科学献身。"这就是那个年代、那些英雄们的追求。为了祖国和科学，几十万人演绎了一部波澜壮阔、震惊世界的英雄史诗。

崇高的理想竟是如此催人奋进。我们要创造激情，就要首先树立理想，并且勇往直前把理想变为现实。于是，激情便产生于这一过程之中。

二、热爱生活

生活是美好的，这是热爱生活的人的赞美；生活是痛苦的，这是对生活失去信心者的呻吟；生活是一场梦，这是虚无主义者的无可奈何；生活是一场戏，这是"游戏人生"者的玩世不恭。总之，不同的人对生活的看法和理解是不同的，即使是同一个人，由于情况的变化，对生活的认识也会发生变化。客观地讲，生活既是美好的，又是严肃的。你以什么样的态度去对待生活，生活也将给你什么样的回报。这不是因果报应，更不是"天人感应"，而是人类自身驾驭自然、改造社会的能力的体现。

改革开放的壮举为我们带来了多彩的生活，太平盛世使我们置身幸福的海洋，沸腾的生活燃烧着我们沸腾的心，火热的生命里处处充满着激情的火花。这就是今天的生活。我们热爱生活，我们感激生活。这才是人类生存状态中一种积极的情绪反映。这种热爱与感激是"润滑剂"，能够调节人与人之间的关系，增进人与人之间的感情；它还是"美容师"，能够美化我们的生活，装点生活的氛围；它又是"兴奋剂"，可以激发我们的情绪，鼓舞我们的士气；它还是"催化剂"，可以激励人们建功立业、创造人间奇迹。日本的松下幸之助从几个人的手工作坊起步，几十年如一日为之奋斗，对于同仁、对于合作者永远充满感激之情，正是他的真诚和感激成就了具有世界影响的事业。我国台湾同胞李志仁为贫困、偏远和少数民族地区捐款建造了十几所学校。有人不解：把钱捐在名山大川尚可提高知名度，捐在这些地方纯粹是"拿钱冒水泡"。李先生却充满深情地讲，我不是施舍他们，是深深地感激他们。那里的人民不贪享受，不弃穷乡僻壤，世世代代恪尽职守，苦做苦吃，用自己的辛勤劳动养活一代又一代子孙。他们本土难离，眷恋家园。我感激他们，是他们在为我们的国家守卫着这片疆土，我要让他们的孩子有机会学习文化、增长本领，把这片还相当贫困的地方建设得更美好，使他们更加热爱生活。

我们得到阳光的照耀、雨露的滋润、大地的赐予、人民的厚爱；我们更得到改革开放带来的思想解放及生活水平的提高，得到世界人民对我们的赞誉；我们还得到了同志友谊、朋友关心、父母亲情、天伦之乐。生活给予了我们一切，该得到的我们都得到了。从这个意义上讲，我们热爱生活，我们感激生活，我们知足常乐。剩下来的就只有我们向生活的回报，这个回报的起点就是热爱。热爱生活才能以火一般的情怀对待生活：热爱生活、事业，热爱学习、科学，热爱高山、大海，热爱阳光、鲜花，甚至热爱辛劳、挑战，热爱坎坷、磨难。尽管生活中会有风风雨雨，生命历程中也有曲曲折折，但我们将其看作生活的赐予。因为没有苦难，没有挫折，我们绝难享受到真正的淳厚与甘甜；没有失败，没有曲折，我们就难以体验到成功的惊喜与欢乐。有朝一日，当我们辛劳一天之后，当我们丢下工作中的矛盾静思之际，当我们将生活中大量"剪不断、理还乱"的问题带来的烦恼抹去之后，当我们在说不尽的矛盾冲突以及由此而引起的感情波澜稍加平息之时，我们面对生活仍然充满激情，那时我们就有理由宣布：我懂得了生活，理解了生活，生活是一种享受！我感激生活，热爱生活，生活是一种创造！

三、创造环境

环境是引发激情最直接的因素。每当我们唱起《国际歌》，"英特那雄耐尔就一定要实现"的豪情使我们禁不住热血沸腾；当我们高唱《义勇军进行曲》时，"我们万众一心，冒着敌人的炮火，前进"的民族之音使我们胸中涌起感情的波涛,恨不得立刻与恶势力拼个你死我活。一支歌竟是如此感人肺腑,不仅是因为词曲雄壮激昂,还因为特殊的气氛和环境。因此,不仅各国有自己的国歌,学校有校歌,工厂有厂歌,运动会有会歌,就是联合国也有自己的歌。这支独特的歌是 1945 年美国诗人 H.J. 罗梅在苏联作曲家肖斯塔科维奇为电影《相逢》谱的主题曲《相逢之歌》的基础上,重新填词而成的。其歌词是:

> 太阳与星辰罗列天空,大地涌起雄壮歌声。
>
> 人类同歌唱崇高希望,赞美新世界的诞生。
>
> 奋起解除我国家束缚,在黑暗势力压迫下,
>
> 人民怒吼声发如雷鸣,如光阴流水般无情。
>
> 太阳必然地迎着清晨,江河自然流入海洋。
>
> 人类新世纪已经来临,我子孙多自由光荣。

联合国家团结向前,义旗招展,为胜利自由新世界,携手并肩。

歌曲是感情的抒发,是意志的挥洒,它具有独特的感染力。在一个充满激情的环境里,常常是一曲之后泪满衣襟,就是这种感染力与我们心声发生了共鸣。

文学作品同样具有创造环境的作用。当我们吟诵"两个黄鹂鸣翠柳,一行白鹭上青天"时是何等的惬意,而"风萧萧兮易水寒,壮士一去兮不复还"又是多么悲壮,"天苍苍,野茫茫,风吹草低见牛羊"使我们倍感塞外苍穹的壮观,"西出阳关无故人"则给我们带来一丝凄凉和惆怅。毛泽东的诗篇"北国风光,千里冰封,万里雪飘……"带给我们多少激情与美的享受,那"待到山花烂漫时,她在丛中笑"的绝句又如此陶冶情操,使我们人格升华。

读一部好的文学作品,欣赏一幅高雅的绘画,看一场好的电影,听一支格调非凡的歌曲,吟诵一首壮丽的诗篇,都可以给人以美的享受、思想的鼓舞、心灵的激荡。在特定的条件下(如以某一事件为背景或在集会的场合等),又可以创造一个特殊的环境,给人以意想不到的教育。这就是文学艺术的魅力所在。

我们还可以通过现场和实物进行环境的创造。一块普通的红绸布是

没有政治意义的,可当把镰刀、锤头绣上之后,就是一面党旗,千千万万共产党员在她面前宣誓为共产主义而奋斗;当把五星绣上之后就成了一面国旗,所有中国人在她高高飘扬的威武雄壮中感到了祖国的威严和至高无上,即使外国人也会从她光彩夺目的气势中感到新中国的伟大与尊严。同样,当我们走进圆明园,置身在那片大火之后的乱石之中,一种奇耻大辱的感觉令人不堪回首,一种对侵略者的仇恨令我们切齿,恨煞国贼和洋人为中华民族留下的这抹不掉的历史遗憾。此时,只有此时,我们才可能产生这样的感情,这就是环境的作用。在这样的环境下,人们的千差万别都隐去了,只剩下一种共同的爱国激情和对敌人的仇恨。《中国青年报》1994 年 11 月 7 日第 1 版评论题为《且说英雄瞬间成》,说的是一位青年船工在湘江大堤即将决口的危难之际,毫不犹豫地将自己的两条水泥船沉到堤口,从而保护了大堤和人民的安全,堪称英雄。当然,他之所以能在瞬间成为英雄,也是他长期磨炼的道德反映。孟子说,人皆可以为尧舜。托尔斯泰认为,每个人的灵魂中都潜伏着高贵的火焰,有一天会使他成为一个英雄。那么,这个"有一天"何时到来? 显然,一旦环境具备,英雄便会产生。我们应该珍惜这一英雄的火种,让它长燃不熄,在平时的"时刻准备着"之中等待某一瞬间放射出夺目的光彩。

利用实物进行的环境创造更加直截了当,也更加现实可信,所激发的感情会更加真挚。走进博物馆看到帝国主义用来屠杀中国人民的凶器,走进"万人坑"看到那被杀害的中国人的累累白骨,都将激起我们的愤慨! 同样,当我们看到当年缴获的敌人的件件武器,看到被我军击落的美制 U-2 型飞机残骸,心中又是何等的痛快与自豪! 当看到改革开放以来内政外交、国防科技、工业农业、金融财贸等的一系列成就,我们心中又是多么激动与自信!

当然,环境的创造还包括对人的心理环境的创造。乐观向上的心态与颓丧无聊的心态对外界环境的感觉是绝对不一样的,前者是积极地接受和改造,后者则是心烦意乱,视美好为草芥,不加珍视、毫无激情。因此,心理环境又可影响外界环境。

总之,万物之灵的人类创造了环境,又通过环境影响人类自身。这就是创造激情中环境创造的意义。

四、博学审问

知识是创造激情的基础。很难想象，一个孤陋寡闻、不学无术的人会被千古名句所感染，一个没有音乐细胞的头脑会为一曲《梁祝》而激动，一个不懂科学的人会为环境污染而担忧。正像有人指出的那样，一个文盲也可以经商，但他只看到了倒卖的矿物的商品价值，而看不到矿石美丽的色彩以及它丰富的内涵。因此，自古以来，人们把热心学习、崇尚科学作为一种传统美德而发扬。汉代刘向说："且夫天生人而使其耳可以闻，不学，其闻则不若聋；使其目可以见，不学，其见则不若盲；使其口可以言，不学，其言则不若喑；使其心可以智，不学，其智则不若狂。"刘向在此道出了"学"与"闻""见""言""智"之间的因果关系。在今天，这些道理已是常识。

然而，在学习的重要性问题上，从古至今有不少认识上的谬误。其一，把学习作为进入仕途的阶梯和捞取个人荣华富贵的资本，如"书中自有黄金屋""书中自有颜如玉""天子重英豪，文章教尔曹。万般皆下品，唯有读书高"。其二，认为学习惹烦忧，还是不学为好。有人感慨："人生识字忧患始，姓名粗记可以休。"其三，"读书无用论"，如"搞导弹的不如卖茶蛋的""写歌的不如唱歌的""拿手术刀的不如拿剃头刀的""写书的不如卖书的"等，从功利的角度出发，自己不学，还怂恿别人弃学。郑板桥说得好："凡人读书，原拿不定发达……科名不来，学问在我，原不是折本的买卖。"其实，还有一个更深刻的道理他没有说出来，这就是博学之人精神富有，眼界开阔。因此，"富有莫过于知识，贫穷莫过于愚蠢"。所以，在现代社会人们越来越把知识、精神视为富有的尺度。显而易见，前面那些言论不管出于什么背景，都是谬误。

在创造激情中，之所以如此强调博学审问，还因为激情不是想拥有就可以拥有的，高尚的激情更不是轻易可得的。人们只有达到一定的知识水平，才有可能使认识提高到更高层次。在平常人、无知之人看来平淡无奇之处，有知识、有教养的人却可洞察其中奥妙。有了知识，才有可能兴趣广泛,从而发现更多的灵感与激情的火花,也才能较多地接收外来的信息,从而激发感情。无知之人对外来信息要么视若无睹,要么无法理喻,表现出一种茫然失措、不置可否的愚昧状态,又何谈激情呢!因此,荀子在《劝学》中说:"无冥冥之志者,无昭昭之明;无昏昏之事者,无赫赫之功。"冥冥和昏昏都是指专心致志、思考不杂,一心一意地去学习。"不登高山,不知天之高也;不临深池,不知地之厚也。"这些话都意在鼓励博学审问、勉人虚心。

当然,我们从创造激情出发强调学习,决不否认学习的最终目的是改造自然,促进社会发展,尤其在建设社会主义现代化的过程中,在发展的新时代,学习科学就要为振兴祖国的建设事业做贡献,这是决不含糊的。从管理的角度,从创造环境、创造激情的角度同样毫无疑义地需要学习,学习,再学习!

在即将结束本章的时候,笔者依然激情澎湃——用满怀的激情讲述激情,用切身的感受彰显激情。珍惜它吧,它会使你的一生充满美好!保持它吧,它会伴你成为一个高尚之人!创造它吧,它会帮你达至理想境界!

第七章

心灵调控

——柔性管理方略之三

　　愤怒改变常态,使人失去理智;嫉妒扭曲心灵,使人失去温情;猜疑蒙住眼睛,使人失去清醒;气馁丧失信心,使人失去聪慧……人们心理的天平一旦失衡,就会惊奇地发现:自我变成了另一个连自己也讨厌的人。人生不是百花园,人生充满了坎坷路。承认困难,并且用惊人的意志将困难征服,便会铸造出一个不屈的人生!可是并非所有的人都能如此,一旦愤怒、嫉妒、猜疑、气馁……统治了纯正的心灵,理智、温情、公正、聪慧……便失去了本来的面目,这就是心理的失衡。我们必须懂得对这种失衡的反抗,抛弃心理的负面效应才能迎来真正的人生。我们展示失衡的心灵,是要抚平心中的阴影,给人生创造一个宽松的环境。实际上,这也是柔性管理的思维背景。

第一节　现实中的心理失衡现象

人是一个矛盾体。主观愿望与客观现实的对立统一不断地反映到这个矛盾体中，使得矛盾的内外结合，呈现愈加复杂的状态。矛盾理顺了，心境悠然自得；矛盾激化了，心理生出不安。人们的一生总是在希望与失望、困惑与求索、知足与欲望、高兴与苦恼间往复摆动，于是就形成了许多人生的辉煌时刻，同时也产生了一系列心理失衡现象。心理失衡的原因不同，其表现也有种种不同。

一、烦躁——意乱茫然的失常

烦躁虽然表现为情绪上的不安，根源却在于心理失衡。烦躁到来的时候会对一切都失去兴趣，看什么都不顺眼，对谁都可能莫名其妙地发火，令人不可思议，乃至伤及无辜。烦躁带给人们的情绪上的不安既是痛苦的又是普遍的，在烦躁之中人们失去的是理性和灵感。谁也不愿意拥有它，可谁又都难以避开它。人们常常是在冷静下来之后方得以大彻大悟。

就一个人来讲，他感到了生活的严酷、世事的艰辛之后，可能怨天尤人，也可能自问自责。在稍微冷静之后，在经历了世事与挫折之后，在生活这个无与伦比的严师的启示下，他终于明白：现实总是以最严厉以至于让人难以接受的方式改变你，强迫你接受它的意志和安排，只有心平气和地对待人生才能懂得人生，为不知道应该怎样揪着自己的头发离开地球而烦恼是不值得的。常常去刻意地追求清风明月般的散淡飘逸，却恰恰不如人意；常常以淡泊宁静为境界，却又往往难以逃脱凡尘杂事；常常企盼偶然的机遇，却又使得机会擦肩而过；总希望良好的愿望变成现实，却又隐隐恐惧人生价值不能充分体现……于是便自我发问：早该不惑，却时时困惑，以至于常常引来烦躁不安，是不是人人都必须挣扎在这烦躁的羁绊中？这心锁究竟如何解开？对此，一个简单的回答就是"前进一步天地宽"，敞开博大的胸怀，心中自有风光无限。

二、愤怒——不满情绪的直接发泄

愤怒是一种不满情绪的外露，从心理上表现为痛苦、紧张，以及无法压抑的感情爆发。它的表现形式常常是攻击（吵架、谩骂甚至拳脚相加）和牢骚。对愤怒如果不及时给予引导，往往会造成破坏性后果。

愤怒表现为攻击时，往往失去理智，情绪激动，语言尖锐，直截了当，有时甚至出格。这时人们的心理防卫能力极其脆弱，极易被人利用和欺骗，从而做出不理智的事情来。愤怒的形成和出现反映了一定问题的存在。这时对愤怒者及时引导，很可能就是解决问题的一个契机。管理者应当采取宽容的态度，分清是非，对症下药。一般地讲，愤怒本身就是一种发泄，发泄之后心理上会得到暂时的平衡，若再加上及时的引导工作，就会平息愤怒，稳定情绪。

愤怒表现为牢骚时，多半是把自己看成愤愤不平的勇士，把自己的行为视为为国呐喊、为民请命的英雄之举。于是茶余饭后，众人之前牢骚一番，讲到激动之处还叫骂几句。不可否认，牢骚之成必有一定的背景，我们不必回避问题，而应采取积极的态度加以解决，从而除掉牢骚的源头。同时，也应看到，有些人一味地抱怨，乐于牢骚，长于牢骚，并自命这就是有思想，这就是忧国忧民的英雄之举，那就未免太浅薄了。至于那些完全出于私心而发牢骚的人，对他们没有多少道理可讲，他们需要的是放弃自私自利，顾全大局。总之，牢骚者或者看到了存在的问题，或者因人生之艰辛，或者心胸狭窄，或者个人欲望没有满足，于是便迁怒于他人，迁怒于社会。

三、嫉妒——缺乏度量的恨

嫉妒是一种不正常的恨，是人类的一种劣性。许多人容忍得了别人的平庸,却容忍不了别人的非凡。嫉妒者大抵是些无能者,"闻人一善,如乱箭攒心"。他们恨不得把所有出类拔萃者都统统逐出地球,"世无英雄,遂使竖子成名"。斯大林在 1929 年给波兰费里克斯·康的信中指出,有嫉妒心的人大多是没有出息的人,他们自己无力干出成绩,而又希望别人都和自己一样;可是别人偏偏比他干得好,于是他就不舒服了,只好用找毛病、造流言、泼脏水等各种手段去贬低别人。谁都知道,冤家须有对头,债务须有借主,但嫉妒有点特殊,被嫉妒者用不着冒犯别人,只要跑在别人的前面,就有人浑身难受,恨得咬牙切齿,而被嫉妒者却常常毫无察觉。

"流言止于智者"。忠诚正直、光明磊落的人,大可不必为流言蜚语而困惑伤神。其实嫉妒者心中更不痛快,这就有点像单相思,嫉妒者已经很投入了,被嫉妒者还蒙在鼓里。嫉妒的初期是红眼,羡慕中含有嫉恨,又在朦胧中有些自责,自责的不正常发展就进入了嫉妒的高级阶段——白眼。一个人一旦嫉妒别人到了白眼的阶段,就如同单相思到了茶饭不思的地步,痛苦得很,也凄惨得很。因此,对待嫉妒者的态度是:"两岸猿声啼不住,轻舟已过万重山。"走你的路,让他们说去吧!而对于嫉妒者本人,最好的办法则是将嫉妒转化为竞争,看到别人的长处,学习别人的优点,见贤思齐,急起直追,做一个聪明的后来者。

四、沉默——无声的反抗

一个正常工作、生活的人突然变得沉默不语,这是不正常的现象,这种表面上的沉默可能预示着内心的倒海翻江。他可能是因为压力过大、无力回天而导致的情绪压抑,也可能是内心的紧张、不安、焦虑、失去信心而导致的不知所措。从表面上看来似乎对压力漠不关心、冷淡无为,实际上内心痛苦不堪,严重者将引起精神抑郁。

沉默可能预示着爆发。表面上的沉默并不说明内心平静,相反,可能是在对问题不停地思索、试探、解释,而当这一切努力都没有结果时,便有问天不应、呼地不灵、走投无路的感觉。若没有及时疏导,久而久之就可能精神失常或者突然间爆发出极端行为。

沉默可能预示着反抗。面对流言,面对挑衅,面对无知,面对不平,有时需要"此时无声胜有声"的策略。鲁迅先生说"沉默是最好的反抗",因为这种无言的回敬常能使对方自知理屈,自觉无趣,获得比强词辩解更佳的效果。

沉默可能预示着觉醒。在无言的思索之后,心领神会,豁然开朗,"百思不得其解"的痛苦一扫而光,满腹的愁云忧绪不知不觉地冰消雪化,好像走进了另一个天地。毫无疑问,这是人人都希望的理想状态。

五、气馁——无可奈何的放弃

气馁是丧失信心后的一种情绪表现,是一个心理上 180 度的大转弯。此前,他可能踌躇满志,信心百倍,充满幻想,充满希望。然而一次次事与愿违,一次次现实中的打击,使他开始怀疑自己的能力,怀疑预先的设想是否真的有道理,以至于最终心理上彻底崩溃,无可奈何地放弃原来的一切理想与计划。

气馁是丧失信心后的一种消极情绪,它导致人们心灰意懒、精神萎靡,表现在工作上是顺天应人,毫无主动;表现在生活上则对一切失去好奇与热情;表现在同事关系上是消极应付,给人以灰暗之感。所以说气馁是一种无可奈何的放弃,而不是积极的放弃。积极的放弃是在受挫以后,经过冷静思索,明智地另寻他途,另辟蹊径。他没有放弃美好的愿望,没有怀疑自己的能力,而是一如既往地奋斗,这与气馁毫无共通之处。

气馁以后的心理走向是单一的,它没有积极的一面,只有消沉。这种消沉的转化在两种情况下可能发生:一种情况是被动等待,等待外部条件发生如自己所愿的变化,重新燃起希望的火焰;另一种情况是别人及时发现并给予合情合理的、本人可以接受的劝导,用人为的力量启动已经关闭了的心扉。

六、自卑——失去自信的畏缩

　　自卑是自我意识的一种。和那些从不自卑且一向莫名其妙地自我感觉良好，甚至无所顾忌、无所不用其极的寡廉鲜耻之辈比起来，自卑者显然有着相当的自知之明和羞耻之心。自卑者大多性格内向，或因对自己的先天缺陷和后天不足有清醒的认识，或因深知山外有山、人外有人，痛感自己的渺小和浅陋，于是固守一隅，好自为之。

　　自卑是一种心理失衡。俄国作家陀思妥耶夫斯基对此有过形容："如果您鼻子上或脑门上长了个瘊子，您总觉得所有的人在世界上只有一件事要做，那就是瞧您的瘊子，并为此笑您、骂您，即使您发现了美洲大陆也无济于事。"自卑者往往对自己的"弱项"极为敏感，并将它进行了无数倍放大。而事实上，每个人都有自己要干的事，怎么可能如此关注另一个人呢？

　　自卑是一种自我压抑。自信的人一般都积极，乐观，心胸开阔，心态开放，持进取、有为之态度；而自卑者则消极，悲观，画地为牢，故步自封，不敢冒险，不相信自己，每每自我放弃努力，丧失发展和完善的机会。工作中不敢想超过别人，社交中生怕被人瞧不起，求职时不敢充分推销自己，晚会上不敢当众高歌一曲，甚至到了恋爱的年龄，对自己看上的人始终没有勇气表白，总觉得自己配不上人家……就这样，自卑导致自我弱化，自我弱化又加重了自卑，这是一个心理失衡的怪圈。

　　自卑的背后往往是一颗矛盾着的要强的心，是一份过分的自尊。越是要强，越易自卑，经常的心理失衡和顾影自怜，使得自卑者在保持诸多"无为"的同时，又极为看重自己有限的"有为"之处，希望通过某些"有为"的成功而一鸣惊人，从而获得成就感和社会承认。因此他往往不允许失败，一旦心想而事不成，沉重的心理抑郁便可能令其走向崩溃，这种自卑和自尊的结合甚至会爆发出毁灭性的力量。自卑渴望自尊，自尊需要成功，一旦走向失败，脆弱的自尊会引来更深的自卑。

　　自卑者需要的是勇气，是韧性，是辩证法，自卑者需要抬起头来，挺直腰板,笑迎现实!

七、儿戏——"看破红尘"的玩世不恭

儿戏是以一种不严肃的态度面对生活,把一切视为无所谓。清高而无人赏识,骄傲而没有资本,于是便自残自贱,自以为"看破红尘",采取"游戏人生"的态度,甚至走向极端时连人格也不顾及。他可以拿严肃的事情开玩笑,拿别人的痛苦寻开心;他可以视丑恶为美好,视正常为非常;他可以导演出许多恶作剧,从而扰乱别人的正常生活。因此,儿戏常常失去了道德的规范,在社会生活中是一种起污染作用的变态心理。

何谓红尘?红尘有两个意思:一个指闹市街头的飞尘,形容都市繁荣;另一个指人世沧桑,是佛家用语。人们常说的红尘多指人世间的事。所谓"看破红尘",就是说把人世间的事看透了,看明白了。有些人自命"看破红尘",实际上是心灵上受过创伤或事业上遇到逆境,于是采取一种消极悲观、自暴自弃、不敢正视现实、对己对人极不负责任的态度。

人生不可能尽善尽美,生活中往往是"有所得必有所失",然而得到的往往不去珍惜它,失去的倒常常惋惜不已。可儿戏人生的人连这一点也不懂。今天是最现实的生命展示,把今天"儿戏"过去是人生最大的失误,因为今天的魅力就在于它只有一次。如果漫不经心,甚至随心所欲地对待它,总有一天,他会明白,抛弃他的不是别人,正是自己。儿戏是在不断地丢掉契机,儿戏实际上是彷徨畏缩,儿戏是无知的"潇洒"。因此,儿戏者不要再自作聪明、自命不凡,收起无人赏识的那一套,再不要满不在乎而留下终生悔恨,也不要放任销蚀今天,而要鼓起勇气,回归理智,开始正常的生活。

八、疾病——心理失衡的窗口

疾病固然不都是心理失衡所致,但心理失衡却可以导致疾病。因此,疾病有时成为心理失衡的窗口。

医学研究证实,精神忧郁、心理失衡会降低机体免疫力,使发病机会增加。精神创伤、事业挫折、生活孤寂、情绪悲观、缺乏信心、猜疑嫉妒等都可使人体细胞分裂脱离正常轨道,从而导致疾病。不良的心理因素可通过机体类固醇作用,使胸腺退化,影响免疫性 T 淋巴细胞成熟,抑制免疫功能。

大千世界,形形色色,无奇不有,当你碰到麻烦,不能一马平川之时,该如何对待? 有了烦恼不能自解,又得不到外来的及时援助,病魔就会乘虚而入。情绪还反映心理活动。祖国医学认为,人的精神状态是与脏腑气血的功能互为影响的。人的精神状态不好,脏腑气血的功能就会下降,抗病能力就差。蹙眉、咬唇、怒目、切齿、掩面之间身体内部已经遭到了损害,任何感情变化之际,人体最高司令部大脑都在忙着调兵遣将,继而导致心脏、血压、呼吸、体温、代谢等一系列的变化。因此,疾病不仅仅是人生理失调的反映,许多时候还可能是心理失衡的反映。

心理失衡现象是普遍的现象,有人偶发,有人经常;有人此一表现,有人彼一表现;即使是同一个人,此时是一种表现,彼时可能又是另一种表现。可以这样说,对绝大多数人来讲,一生中总难避免出现心理失衡现象,只不过有时是主动的,有时是被动的,有时是短暂的,有时是持久的罢了。因此,我们研究心理失衡现象,最终目的在于减少它、转化它。

第二节　心理失衡追本溯源

任何一种现象都不是无缘无故地产生和消失的,现象的背后总是隐伏着内在的原因,现象就是受这个内在的原因作用和支配的。心理失衡有种种表现,任何一种表现都有其内在的根源,如果只看现象,不看根源,或者只看现象,不看本质,就无法从事物内部把握现象,就不可能成为一个好的、清醒的管理者。基于这样的道理,我们有必要对心理失衡的内在原因进行分析,以便从根本上消除或弱化心理失衡。

一、社会分配不公

在改革开放之初,人们常常苦恼的一个问题是"分配不公"。以农民为例,改革开放初期他们的确得到了许多实惠,然而在生活刚刚好转之时一些看不见的手伸向了他们的腰包。农产品与工业品价格上的比例失调使得农民收入相对滑坡,所以才有了后来国家对农民、农村问题的一系列倾斜政策,才有了后来农村脱贫攻坚、乡村振兴的世纪大行动。再如知识价值的问题,在改革开放初期,知识分子囊中羞涩,"读书无用论"一次次来袭,所反映的就是"知识贬值"的社会现实。与此同时,有的人却一掷千金、挥霍无度,而他们的财富有的并不是靠诚实劳动得来的。

马克思主义认为,对个人利益的追求是"天然必然性"。列宁指出"从个人利益上的关心,能够提高生产"①,社会主义的劳动也要依靠个人兴趣,依靠个人利益。毛泽东也早就告诫我们:"马克思列宁主义的基本原则,就是要使群众认识自己的利益,并且团结起来,为自己的利益而奋斗。"②因此,我们号召群众、动员群众就不能不顾群众利益,不顾个人利益。过去我们曾经片面强调国家利益、集体利益,而忽视甚至否定个人利益;片面夸大精神作用,而忽视了"利益驱动"原则。因此,邓小平讲:"革命是在物质利益的基础上产生的,如果只讲牺牲精神,不讲物质利益,那就是唯心论。""不重视物质利益,对少数先进分子可以,对广大群众不行,一段时间可以,长期不行。"③这就是说,对于个人利益,不仅要承认,而且要处理好,使人们感到分配公平。

因此,我们有必要进一步认识美国心理学家亚当斯提出的公平理论。亚当斯是在分析人的积极性与分配方式的关系时提出这一理论的,他认为,人们都力图获得社会的公平对待,报酬的公平程度与人的满意程度呈

---

① 列宁选集:第 4 卷[M]. 北京:人民出版社,1972:572.

② 毛泽东选集:第 4 卷[M]. 2 版. 北京:人民出版社,1991:1318.

③ 邓小平文选:第 2 卷[M]. 2 版. 北京:人民出版社,1994:146.

正相关关系。人们对报酬公平程度的判断,主要是通过对自己所获报酬与他人所获报酬的社会比较而做出的,只有当个人与他人之间的报酬指数相等时,个人才认为分配是公平的。用公式表示为:

$$\frac{O_p}{I_p} = \frac{O_o}{I_o}$$

式中,O_p——自己的收入(报酬);

I_p——自己的投入(贡献);

O_o——他人的收入(报酬);

I_o——他人的投入(贡献)。

一旦发现 $\frac{O_p}{I_p} < \frac{O_o}{I_o}$,个人就立刻产生不公平感。为了消除由此带来的心理紧张,平衡个人的心理,他希望通过以下五种方式改变这种不公平状态,使个人与他人的报酬指数相等:

(1)谋求增加自己的收入,即增加 O_p 值。但这不是个人说了就算数的,是个人无法左右的,个人只能具有这样的愿望。

(2)谋求降低他人的收入,即减少 O_o 值。这同样是不以个人意志为转移的事。

(3)谋求增加他人的投入,即增加 I_o 值。这也是个人无法左右的。

(4)减少个人的投入,即减少 I_p 值。这是唯一可以自己做主的,不过这样做的结果必然是消极怠工、人心涣散。这样做对个人而言并不是明智的选择,只是个人面对不公平的一种无可奈何的应对。显然,这种状态也不是管理者所希望的,如果许多人都出现了这种状态,那就是管理的失败。

(5)改变比较对象。若换一个报酬指数更高的去比较,则结果是更感不公平;若换一个报酬指数低的去比较,则无异于自欺欺人,阿Q精神再现,同样解决不了问题。

由此看来,分配不公必然引起心理失衡,心理失衡便引出许多行为来。而在这些行为方式中,管理者可控制的是前三种,个人所能控制的是后两种,管理者的任务就是通过控制协调前三种方式来避免后两种方式的出现。

但是公平不等于平均。分配不公不对，过去搞"一大二公三平调"也不对。公平分配的原则是"按劳取酬"。因此，合理拉开收入差距是推动经济发展的强劲动力；允许一些地区、一些人先富起来是为了发挥引导带动作用，最终达到共同富裕的目的。在过去"大锅饭"体制下，收入大体平均，大家都过穷日子，搞得好的地区和企业与落后的单位基本上处在同一个收入档次上，甚至经济发展越快、效益越好、上缴利税越多，越是鞭打快牛，使积极性受挫，隐藏在群众中的潜力难以持久发挥。有经济学家说，旧的体制使得"干部变笨，职工变懒"，这是非常可怕的。改革开放以来，我们坚持公有制和按劳分配为主体，其他经济成分和分配方式为补充，使我国经济社会迅速发展，人民生活水平普遍提高。随着我国治理体系的进一步现代化，社会公平将会更加彰显。

关于一部分人先富起来的问题，究其原因在于中国是一个大国，各地自然条件不同，经济基础不同，客观上不可能同步富裕。我们承认这一现实，并且给予正确引导，先富带后富，最后共同富裕。至于分配与效益相结合，稍有经济常识的人都明白，这是必须遵循的客观规律。但是有人却不惜牺牲效益买"公平"，在奖金发放上，完全背离奖金是超额劳动报酬的性质，变成人人有份，个个平均；在奖罚方面，既不敢重奖，也不敢真罚。这种靠牺牲效益买来的"公平"实际上是不公平，它是对主客观条件差异的人为抹杀，是不顾效益好坏、贡献大小的利益均分，是平均主义盛行的最深刻的根源，因而也是一种把道德原则摆在经济原则之上的泛道德和思辨论。如果不发展生产而强调公平，不去创造社会财富而只求索取，则只会如马克思、恩格斯早已指出的那样："那就只会有贫穷、极端贫困的普遍化；而在极端贫困的情况下，必须重新开始争取必需品的斗争，全部陈腐污浊的东西又要死灰复燃。"①

因此，分配不公不行，而放弃按劳取酬的公平原则，不讲效益，搞平均主义的"公平"也不行。

---

① 马克思恩格斯选集：第1卷[M]. 3版. 北京：人民出版社，2012：166.

二、社会生活中的腐败

引起人们心理失衡的第二个原因就是腐败。腐败是社会的毒瘤，不仅会引起民愤民怨，而且会葬送改革的前程，动摇国家的根基。自然，腐败并非改革开放的中国的"专利"，从当今世界一些名流要人各色各样的腐败丑闻中可以看到，虽然时代不同了，但作为世界一种"流行病"的腐败现象依然没有摆脱与金钱之间千丝万缕的联系，甚至可以说，这种联系比旧时更加如胶似漆。

我国的腐败现象集中表现在权力的金钱化这一点上。我国以前"短缺经济"的特点使权力具有垄断性、神秘性和随意性，从而使权力的"含金量"增大。其实"富有经济"又何尝不是如此？因此，当我国社会从计划经济走向社会主义的市场经济之后，有些当权者将"社会主义"这一具有巨大约束性的定语抛诸脑后，将权力也抛向市场：就像货物间的贸易一样，一方付出金钱，另一方付出权力。就这样，在一部分人手里，权力本身成了一种可交易的"商品"。而这种交易已经由开始认为是见不得人的、秘密的、"地下的"，发展到成为公开性的、集团性的、行业性的、岗位性的腐败。在权力的支持下，腐败现象越来越公开化了。于是，许多权力都被标了"价"：盖一个章多少钱，批一张条多少钱，承包一个工程回扣多少钱……敲诈勒索、索贿受贿、贪赃枉法、徇私舞弊都在"制度"的名义下发生了。在一些地区和部门，"携权进入市场，换钱出入官场""不给好处不办事，给了好处乱办事""重贿之下，必有'勇夫'"，于是权力成了掠夺社会和他人财富的一种重要手段。这种毒雾的蔓延，不知毒害了多少纯洁善良的心灵，不知给多少人带来悲愤与不平。

为什么腐败现象发展得如此广泛呢？为什么它变得不好根治呢？原因是腐败现象发展到今天这般地步，既非一日之寒，也非孤立生长，而是一些年来拜金主义层面不断扩大、日趋加重的结果。透过上述现象我们清楚地看到腐败现象与拜金主义之间赤裸裸的、公开化的"血缘"关系。

极左年代的结束，拨乱反正的进行，使穷怕了的国人开始奔钱思富。

这其中,有些人渐渐地步入另一个极端,对金钱的追逐到了昼思夜盼、不择手段的程度,不管前面是壕沟还是深渊,一股脑儿往前扎。市场经济使这些人的认识误区加深,于是更加陷入"一切向钱看"之中不可自拔。哲学家朗加纳斯说过,金钱的贪求和享乐的贪求使我们堕入深渊。正是这样的氛围,为腐败现象提供了土壤和条件;也正是这样的土壤和条件,使腐败现象难以根除。当然,这只是经济领域的腐败问题,与之相配合的还有政治领域、思想领域、文化领域和社会生活领域的腐败现象。因此,反对腐败不可孤立进行,要从社会各个领域全覆盖地进行,要从理论上、思想上、认识上进行道德劝喻、澄清是非、明辨荣辱,还要从体制机制、法律制度上形成一种谋财有道、用钱守道和腐败必纠、腐败严惩的社会舆论和行为,在全社会形成不敢腐、不能腐、不想腐的天罗地网。

三、生活中的挫折

有人说,生活像一首诗;有人说,生活像一幅画;还有人说,生活是一支歌。总之,不管把它比作什么,都是一个意思:生活是美好的。然而,回到现实中来看,这未免有点理想化和浪漫化了。事实上生活是一本书,它记载下人们的成功与失败、世间的热情与炎凉,记载下人们的悲欢离合、喜怒哀乐。正像一首歌中唱的:生活是一团麻,生活是一杯酒。有人说,人生逆境,十之八九。这话可能有些夸张,但道出了一个事实:生活绝不都是如诗、如画、如歌。生活带给人们许多欢乐,也抛给人们许多烦恼;生活带给人们许多成功,也留给人们许多失败;生活给人以许多鼓舞,也给人们制造了许多颓丧。生活有时扮演慈善老人,表现出大慈大悲;有时又扮演严酷的判官,摆出一副铁石心肠,让你无可奈何。所有这些,都不断地给我们以希望,又常常使我们受挫折,而挫折常常使毫无思想准备的人产生心理失衡。

生活中的挫折来自各个方面,但主要是事业上的不成功、人际关系的紧张以及婚恋和家庭的不和谐。

事业不成功是很影响人的心理和情绪的,尤其是一个有所追求的争强好胜者,一旦事业上不成功,所受的打击是很大的。然而,需要明白的是事业绝对的不成功是很少的。一次乃至几次的失败不能叫事业不成功,即使目标确实没有实现,也可以从中得出教训、学到知识,在确定下一个目标时就有可能取得成功。因此,不能轻易为自己下事业不成功的结论。

人际关系紧张是最能影响人的心理平衡的因素。人们所处的环境分自然环境和社会环境,自然环境是相对稳定的、短期内无法改变的,所以社会环境就成了人与人之间最现实、最有机的联系。一个人的自尊心是需要维护的,这种维护要靠周围人的认可,自尊心的强弱是由他人抱持的态度所决定的。一个人生活在社会上,工作在组织里,如果周围的人视其可有可无,不屑一顾,或者攻击诋毁,这个人心理上就会承受非常大的压力,甚至感到无法生存下去。因此,人际关系紧张是造成心理失衡的最可怕的因素。

至于婚恋和家庭的不和谐使人心理失衡的道理是显而易见的。一个人有一大半时间生活在家庭中,家庭气氛的压抑必然造成心理上的压抑。尤其在我们这样一个伦理道德观念强烈的民族中,夫妻不和、子女不孝都会给人精神上以很大的刺激,从而造成心理失衡。

四、无知与偏见

世界上许多本不该发生的事却偏偏发生了,究其原因,无知与偏见占了相当大的成分,它把美好引向灰暗,把无事变成多事,把小事变成大事,从而引来诸多不应有的麻烦。

列宁的著作中至少有两处谈到真理、无知与偏见三者之间的关系。一处是"偏见比无知离真理更远",一处是"无知比偏见还接近真理一些"。两处的语言虽然不同,但意思是一致的,是明白的。我们要研究的是列宁的这一论断给了人们什么启示。

真理是客观事物及其规律在人们头脑中的正确反映。人们能够认识真理,但并不是每个人都能把握真理。除了客观条件外,关键是个人的主观努力。认识并把握了真理，人们观察世界、认识现象、理解事物就符合规律，合乎人之常情。

　　无知则不同，它表现为没有知识或不了解情况，当然更把握不了真理，于是无知便必然人为地导致心理失衡、庸人自扰。我国民间故事"杞人忧天"便是一例，国外一些人由于担心地球末日来临而集体自杀的事件也是证明。改革开放初期，一些人盲目下海，盲目南下，许多时候表现为无知。北京某大学一名18岁的大学生甚至自动退学，回家走"逆境成才"的道路，领导、老师、同学们都一再挽留他，他却颇带自负地说："当我有一天搞出名堂来，你们就理解我了！"他终于走了，留给人们的是深深的思考。且不说别的，这名大学生的行动首先反映了他的无知：他不知道，人要成才就要学习，而对年轻人来讲，向书本学习是最好的捷径；他不知道，人之成才关键是个人意志和能力，而不是环境；他不知道，逆境成才的概率远小于顺境成才的概率，同样的内部条件，还是顺境更易成才；他更不知道，他的行动是无知的典型表现，反而莫明其妙地踌躇满志。岂不知，逆境下的坚韧、顺境下的理智、常境下的有恒才是成才的根本规律，离开了这些去奢谈成才就像离开能量守恒定律去制造永动机那样荒唐和无知。因此，无知可以给人带来心理的失衡，"少年不识愁滋味，爱上层楼，爱上层楼，为赋新词强说愁"。但是，无知并不可怕，任何人都不是生而知之的，都需要经历一个由不知到知的过程。只要虚心学习，努力实践，总可以做到学而知之，最终把握客观真理。毛泽东告诉我们："由于努力学习，可以由无知转化为有知，由知之不多转化为知之甚多……"①于是人们就会根除因无知而引发的各种复杂事端。

　　偏见与无知截然不同，它是对客观事物存在着错误的成见。持偏见者并非无知，甚至可能很有知识，只是由于有了一个先入为主而又执着不化的主观"框框"，有了一个错误的主导思想，因此对任何正确的知识、客观的情况都一概不接受、不承认。所以，与无知相比，偏见距离真理更远。改革本来是件好事，可持偏见者却对打破长时间以来阻碍生产力发展的

① 毛泽东选集：第1卷［M］.2版.北京：人民出版社，1991：325.

旧模式不能接受；有人立功受了重奖，持偏见者仍抱着"物质刺激"的大帽子捶胸顿足；学习国外先进的管理经验，持偏见者视为崇洋媚外而暴跳如雷……总之，在社会剧烈变化的时候，持偏见者仍然守着过时的信条，还以为是坚持真理。说到底，实质上就是除了自己的认识以外，根本不承认客观事物的存在，不承认客观事物的发展。所以，这种人只有丢掉偏见，才会从自我失衡中解放出来，才能登上真理的殿堂。

五、胸怀与度量

谈到胸怀，论及度量，人们会自然而然地想到两句话："宰相肚里能撑船，将军额头跑得马。"人们常常以此赞赏那些豁达大度、宽厚仁慈之人。胸怀广、度量大在为人处世中可以避免许多因小肚鸡肠带来的不快。心胸狭窄的人恰恰相反，他容不得别人的"无礼"，所有人都按他的意志行事才算是有序；他容不得办事"越轨"，要不合他的心意，就斥之为大逆不道；他也容不得自己的过失，常常因一时一事的不遂人愿而懊丧。他是一个完美主义者，爱听赞扬的话、顺心的话，不爱听批评的话、逆己的话。他听到好话就沾沾自喜，听到批评就意乱心烦。

胸怀大小是一个人的修养问题。在生活之中、同事之间，由于各人的经历不同、所处的环境不同、实践经验不同、工作作风和生活作风不同，对一些问题的处理总是会有一些差异和矛盾。有了宽大的胸怀，就能正确处理这些矛盾，容忍别人和自己有某些不一致的地方，而不会由于这些小的差异和矛盾逐渐在彼此之间形成嫌隙，进而产生裂痕，影响工作，影响团结，也影响自己的心理平衡；若没有这样的胸怀，就会终日纠缠在一些非原则性的个人纠纷中嘀嘀咕咕、不能自拔。我们提倡胸怀广、度量大，还因为它可以使我们保持清醒的头脑，不为个人的得失和意气所激怒、所干扰，在工作中清醒地对情况进行分析和判断；否则就容易纠缠于细枝末梢，对人抱持成见，遇到问题不是考虑如何解决，而是关心"对我的影响如何""是否伤及我的自尊心"等，完全用个人的得失作为衡量是非、评判好坏的标准。历史上齐桓公不计恩怨，宽宏大量，启用曾经射他一箭的管仲为相,成就了一代霸业;唐太宗向曾经反对过他的人纳谏,采众人之议,使唐王朝达到鼎盛。对照古人,我们理应比他们做得更好。

但是,我们倡导胸怀广、度量大,并非无原则地包容一切。世上的万事万物都是有限和无限的统一,宰相肚子又何尝不是如此。一叶扁舟是船,万吨巨轮是船,挟雷裹电的核潜艇也是船,它们的质与量是不可同日而语的。以有限的"宰相肚子"去装各种各样的船、无限多的船,那怎么可能呢?这就是说,在重大原则性的问题上,度量不仅是个人修养问题,更重要的是原则问题,不能因其度量大而包容并蓄。宋代名相张齐贤发现家里一个仆人偷银杯,他佯装不知,30 年没声张。后来这个仆人因自己总没得到升迁而向张齐贤诉冤,张齐贤才把问题挑明:"这事我藏在心里30 年了,始终没有告诉别人,我是一个宰相,任免百官,要提拔德才兼备的人,怎能荐引一个小偷去做官呢?"容忍一个小偷在身边 30 年并为之保密,其度量不可谓不大,但涉及升迁之事的时候却又毫不含糊地加以拒绝。因此,胸怀广不等于放弃原则,度量大不等于包庇纵容。

到此为止,我们分析了引起心理失衡的五大因素,这些因素既有外在的,也有内在的。原因找到了,问题也就解决了一半,我们可以因果分明地去对症下药,可以追根溯源地去根除弊端。虽然这些弊端有个人所为、有历史传承、有国家和社会现象,可能不全属柔性管理的范畴,但是知之根底便可断其要害,这是毫无疑问的。

第三节 心理健康的调适

心理健康是一个人成熟的标志。说到成熟,人们往往想到世故圆滑、善处关系、擅长周旋等,其实人的成熟应该是一个内涵极为丰富的概念。人的成熟是以人们摆脱自发、达到自为的程度为标志的。人的心理健康的调适与保持是离不开人的成熟这一基础的。调整心理失衡必须从心理健康的调适开始。

一、心理健康的标准

心理健康的标准问题是一个众说纷纭的问题。有人说,善于自处和共处是心理健康的表现;有人认为,沉着果敢、遇事不慌是心理健康的表现;有人说,能够自我纠正错误是心理健康的表现;有人说,不爱生气、乐观练达是心理健康的表现……不同的时代,不同的社会,不同的文化,不同的境遇,总会导致人们在认识上产生差异,对心理健康标准的构成做出不同的解释。实际上,心理健康的标准应由以下四个方面构成:

(一)理智的行为

心理健康会使人的行为达到高度的自由状态。孔子所说的"不惑""知天命""从心所欲"大抵就是这样的状态。心理健全、人格高尚的人是具有云水襟怀的人。当然,人的心理和行为在不同的心理发展阶段是不同的,不同年龄的人的知觉、思维、记忆、情感、兴趣、行为方式等有不同的特征,如老年人深沉持重,青年人热情奔放,少年儿童天真烂漫等。如果青年人还像少儿那样喜怒无常,或许会被认为是"大器晚成";如果少儿像成年人一样老练庄重,就会被视为是"早熟"。总之,不管什么特殊情况,心理健康的标准对任何人都是一样的。理智的行为就是在矛盾激化时不为感情所左右,在感情出现大波大折时不为表象所迷惑,从而把问题处理得恰到好处。

(二)不懈的意志

不懈的意志表现为三个方面:① 自觉性,就是说人的行为要有明确的目的性。意志的建立不是无缘无故的心血来潮,而是经过深思熟虑之后的决心。② 果断性,主要是指能够适时地做出决定。机会对每个人来说都是平等的,有人凭着执着的追求、不懈的意志,善于捕捉机会,一举成功;有人则在机会擦肩而过时无动于衷。③ 顽强性,是指排除干扰将目标坚持到底的决心。目标确定固然不容易,而坚持目标更困难。因为确定目标可能在过程上是不公开的,在时间上是短暂的,而坚持目标是公开的、长期的,这就会为执行带来许多干扰。能否有效地控制自己的行动,不受外界的干扰,把事情做到底,是一个人心理是否健康的标志。

（三）愉悦的情绪

愉悦的情绪表示一个人的身心活动处于一种较佳的和谐状态。一个人只有心情愉悦,才能使自己处于积极向上的状态,才能对生活充满信心、主动地对待生活,才能不怕困难、敢于迎接困难,也才能够坦然自若、"笑对人生"。否则,一个人若是常常愁眉不展、灰心丧气,便是心理不健康的前兆,他就会对一切失去爱好、失去信心,莫明其妙地烦躁不安。愉悦的情绪表现在精神层面是阳光的,表现在生理机能上则是容光焕发、生机勃勃,它在给人带来自信的同时,还带来了健康。

（四）正常的智力

智力是一个人自立于社会、贡献于社会的基本要素之一。心理健康表现在智力上,就是记忆清晰,思维敏捷,对外部事物的刺激反应敏感、准确,精力易于集中和持久。

此外,一个心理健康的人还表现为善于适应环境、善于理解人、与人关系融洽等。而所有这一切都要靠日积月累,靠不断地学习和锤炼,所以说心理健康常常是一个人成熟的标志。然而,成熟并不是说一个人与社会、与他人不发生矛盾,不遇到烦恼,而是在遇到矛盾、遇到烦恼时能够如上所述,从容行事,正确处事。既不是茫然失措、一筹莫展,也不是感情巨变、失去理智。这就是心理健康自然的表现。

二、心理健康的调适

心理健康对一个人的生活、工作、学习、进步起着至关重要的作用,以至于当今社会出现了心理门诊、心理医生、心理咨询机构等。不仅大学普遍建立了心理咨询室,社会上也成立了相应的组织,医院里挂起了心理门诊的牌子,其目的都是帮助人们了解、发现心理健康问题,助其调整心理失衡,恢复心理健康。这些调整应该从影响心理健康的内因与外因两方面发挥作用。以下四个方面将为我们进行心理健康调适提供有益的启示。

（一）学会自我说服

在生命的长河里,人生的甘苦、事业的成败常常相伴而生,不可能时时事事心想事成。曾以百倍的信心为事业而冲刺,得到的却是说三道四;怀着美好的愿望攀登科学的高峰,却常常以失败告终;以真诚之心去换取纯洁的友谊,得到的却是淡然冷漠;对心怀叵测的人恨之入骨,却因某种原因不得不笑脸相迎;对世俗偏见不屑一顾,却又身陷其中无法回避;对自己要求完美无瑕,却又恰恰顾此失彼……人生就是这样充满了矛盾,希望与失望同在,卑鄙与高尚共存。这既是客观现实,又是事物发展的必然,矛盾的存在是正常的、普遍的和绝对的。古希腊哲学家德谟克利特有一句名言"对立造成和谐",或许就是"相反者相成"的道理吧！因此,一味盲目地、固执地追求完美无缺不仅会使人精力劳瘁,而且空耗光阴。事物的本来面目就是难易相成、苦乐共生、成败轮回的。

因此,缺乏自制力的人常常会出现感情上的大起大伏:有时踌躇满志,有时心灰意冷;有时欣喜若狂,有时痛不欲生。而当这种感情爆发的时候,人们最需要的是劝慰、控制,否则在关键的时候容易迈出遗憾的一步。伦理学家瓦西列夫说过:"情感放纵无度会导致灾难性的后果……失去理智控制的炽烈感情会烧毁心灵。"法国思想家蒙田也指出,心灵之高尚"在于知道如何控制与约束自己"。而这种最及时、最有效的控制与约束只能是来自个人,这就是自我说服、自我疏导。能否避免心理失衡,乃至人生悲剧的发生,就看个人在情感的波涛到来的时候能否识时明势,发挥自我说服的本领,借以达到心理的平衡。这就是说,人要学会爱自己。在经历了种种失败而又痛苦无助、孤立无援的时候;在矛盾无人知晓,必须独自在黑洞洞的雨夜穿行的时候;在独自支撑着人生的磨难没有他人能分担的时候:我们要送自己一束鲜花,给自己一个明媚的笑容,然后怀着美好的愿望勇往直前,坚韧地走过一个又一个鸟声如洗的清晨。就像《鲁滨孙漂流记》的作者说的那样:"即使在最不幸的处境之中,我们也可以找到聊以自慰的事情。"因为只有这样,才是对生命的崇尚和珍重,才是对心灵的丰富与升华,才是心理健康的能动性发挥,也才是对事业投入的真诚而无限的爱。否则,只是被动地去注意心理的失衡,愈是注意愈是烦恼,愈是烦恼愈是注意,使注意与烦恼形成一个相互强化的反馈圈:为自己爱生气而生气,为自己易紧张而紧张。许多负性的情绪都是由于这种"递进"而最终演变成心理障碍的。因此,自我说服是一种能力,是一种修养。

(二)培养健康人格

人格是指人的道德品质和做人的尊严。许多人都表达过这样的遗憾:人类把智慧运用在技术上,创造了一个物质丰富的世界以及足以把人类自身毁灭的武器,却没有运用同样的智慧来创造更好的人及人格。这种思想实际上在传递一个信息:人们对健康人格有热切的向往和关注。

那么,什么是健康人格?下面从两个方面进行回答。

1. 自　尊

由于我国过去长期处于封建社会,许多现代人仍表现出一种"自我萎缩型人格",即其优势的或者首先的需要没有向较高层次——自尊的方向发展,而是停留在较低层上,如归属、安全、生理等方面的需要。中国农民的最高理想曾经是"三十亩地一头牛,老婆孩子热炕头",旧时知识分子则常以"无官一身轻,有子万念休"来自我解嘲,对需要的追求最终以低层次状态为终结。

随着经济的发展、物质的丰富,人们追求精神满足的欲望变得越来越突出。人们要探究什么是最健康、最理想的人格以及向这种人格发展的有效途径是什么,从而促使更多的人向健康人格方向发展。这是加速社会发展的一个必要条件。一个社会若忽视了对理想人格的追求,则将在某种程度上失去精神支柱。正因为如此,世界历史上有过不少理想人格设计,如中国儒家哲学的"圣人"、基督教的"圣徒"、尼采哲学的"超人"等。

中国传统的人格之所以是自我萎缩型,原因固然有很多,但从文化的价值系统方面追溯,主要在于理想人格设计本身有缺陷。这是一种片面的"道德力量型人格",它对于道德力量的强调远胜过对智慧力量和意志力量的强调,而智慧力量、道德力量、意志力量是达到健康人格必须具备的三种力量,缺一不可。《礼记》里说:"知、仁、勇三者,天下之达德也。"似乎三种人格力量都涉及了,其实,三者地位是不同的。以《论语》来剖析,我们发现:从道德意义上谈"仁"的地方共有 100 处,作为智慧、聪明之意谈"知"的地方有 25 处,而作为胆量、勇敢之意谈"勇"的地方只有 16 处。此外,意志力量和智慧力量的内部结构也是残缺的。例如,心理学上的意志力量一般包括独立性、果断性、坚持性、自制性、竞争性,而中国传统儒学文化主要强调的是有毅力,坚持维护一种既定的东西,缺乏意志品质中那种对抗权威、反对传统的独立性和果断性。

西方强调意志力量以及追求知识、探索真理,但同样存在片面性。陆九渊说:"不识一字也要堂堂做一个人。"与此形成鲜明对照的是苏格拉底所说的:"知识就是道德。"在歌德的《浮士德》里,一个人为了新的体验和知识的需要,甚至不惜出卖自己的灵魂。这种片面的强调必然引起人格的片面发展。意志力量的片面发展产生了尼采的"超人",智慧力量的片面发展产生了极端的现代派艺术家和学究,道德力量的片面发展产生了"无可救药的老好人"。中国人的人格有相当部分仍然停留在归属型人格的水平。中国社会要发展,这种普遍人格就非要从归属型向自尊型转化不可。

自尊型人格的特点主要表现在:① 积极进取的人生态度;② 独立自主的人权意识;③ 争强好胜的竞争精神;④ 惜时如金的效率观念;⑤ 平等互利的合作习惯。自尊型人格的产生取决于每个人潜在的自尊需要,这种需要的表现和发展在很大程度上依赖于社会环境。如果社会提供了均等的竞争机会,人们的自尊需要就可以以一种积极进取的人生态度表现出来;如果社会没有提供均等的竞争机会,人们的自尊需要就往往以一种消极甚至病态的方式表现出来,这就是心理失衡。

自尊型人格的形成在今天首先取决于经济结构的变化。可以说,市场经济发展完善的过程也是中国普遍人格从归属型向自尊型转化的过程。其次,政治结构、文化传播结构的变化也与人格变化密切相关。最后,人格的变化还取决于个体的自我改进。

2. 自　　主

在传统的农业社会中,封闭安稳的环境使中国人的权威人格得以滋生和成长。它表现为安分守旧,求稳惧变;人分上下,盲从权威;思想刻板,绝对看人;对上唯诺,对下严厉;封闭内向,自我压抑;追求地位,看重钱财;慎用表扬,惩罚取向……这种权威人格之所以形成,与社会角色的规范、内向的性格及家庭抚育和教育方式有关。我们的社会位置界定得愈清楚分明,人们的言行举止就愈加模式化和循规化。在这种角色服从心态中,一个人的自我意识就比较萎缩,对权威的遵从和依赖感就自然形成和加强。内向羞怯的性格既是权威人格的特征之一,也是权威人格的致因之一。许多人往往只愿意或习惯于跟谈得来或好相处的人在一起,而不愿意面对无关的人以及不爱做的事,久而久之,封闭、保守、怀旧以及自我约束的心理与行为便油然而生。而现代化对人的影响和改变是必然的,传统的权威人格正在逐渐丧失其生存的土壤:新型职业不断出现,人才流动越来越频繁,社会角色的快速转变使人们难以用固定的套路招式来应对变化的世界,开放、竞争、快节奏的社会步伐使羞怯内抑、胆小沉静的人只有加快脚步才能不被落下。权威人格的社会心理基础正在动摇和瓦解,而伴随着中国现代化的历程,一种新的人格——自主人格正在形成。

与权威人格相反,自主人格不再以上下分等的眼光来看人看物,他们不安于稳态的生活,不信奉“以不变应万变”的生活准则;他们承认人的存在的复杂性和多面性,摒弃非敌即友、非善即恶的二值逻辑,一个人不是完人但未必是坏人,未能达到目标并不意味着失败;他们还知道人的价值并不完全取决于官职的大小、钱财的多寡、出身的贵贱;他们既能对别人和自己的过错进行直截了当的批评与反省,又能在他人和自己取得成绩时毫不吝啬、毫不掩饰地给予赞许和鼓励。总之,他们既没有恐惧感,也没有依赖感,对自己自知、自信、自爱,凭着自己的品德、智能和心理素质,面对茫茫人海、漫漫人生,自立于社会大潮之中。"十大杰出青年"张山曾有一段话:"不怕失败比渴望成功更可贵……每一位渴望成功的人都应该不怕失败。正是有了这种心理基础,我才能勇敢上阵。"人生在世,谁不企望成功? 但生活告诉我们,一蹴而就的事太少了,困难不断在前进的道路上出现。尤其在竞争日益激烈的今天,机会多,风险亦多,失败的概率也随之增加了,这就要求我们努力强化自身素质,形成自主人格,不依不靠,凭着自己的智慧、信心和勇气去迎接胜利。

未来更加健康完善的人格,应当是融合了东西方文化优点的人格,其中包括西方文化的重视个体自我实现,东方文化的讲究整体、和谐、平衡……

(三) 实现社会公平

这是从健康人格形成的外部环境上讲的。几千年来,社会公平问题是历代哲学家、政治学家、经济学家和法学家关注的难题之一。马克思主义的诞生为人们科学地认识社会公平问题提供了正确的立场和方法。以科学社会主义为指导、以集体主义精神和共同富裕目标为基本准则,这是社会主义公平根本区别于以往各种"社会公平"的本质因素。我们所提倡的社会公平是较高层次的公平,它的实现将呈现三级渐进的基本走向。

1. 实现社会公平的起始点——承认人格平等

人格平等作为一个社会范畴,是指社会成员在人格上一律平等,没有尊卑贵贱之分;作为一个政治理论范畴,意味着社会承认一切个人或主体在不违背我国社会秩序和规则的前提下享有充分的独立性和自由;作为一个历史范畴,它产生于广大劳动人民和先进阶级反对封建主义的斗争中,并随着社会主义制度的确立而获得了更为深刻的社会含义和崭新的内容。

2. 实现社会公平的第二级次——权利平等

这包括经济权利、政治权利、社会权利、文化教育权利等多方面的内容。只有全体社会公民在这些领域真正享有了平等的权利,社会公平机制的运行方能进入第三级次。

3. 实现社会公平的第三级次——公平竞争

全面的公平竞争蕴涵着两个关键因素:其一是机会均等,其二是法律和政策面前人人平等。

上述实现社会公平的三个级次是逐次递进的,是任何一个社会、任何一个单位和管理者都必须认真解决的问题;否则,就不能指望群众积极性的发挥,就不能指望群众持久性的心理稳定即实现心理健康。

(四)管人者自管

实践证明,造成人们心理失衡的重要原因之一是那些管人者放纵自己,只约束别人而自己思想不纯、作风不正,尤其表现在廉洁奉公方面的不检点上。因此,管人者首先须自管,给人们做出榜样,以便使人效法。

春秋时期,有人献玉给宋国大夫子罕。子罕不要,那人说,这可是宝贝呀!子罕说,你以玉为宝,我以不贪为宝。我如收了你的玉,你我将各失其宝。所以,你还是把玉收回,我们各怀其宝吧。2 000 多年来,子罕"不贪为宝"的故事为后人所称颂,这种高贵品格已成为中华文明宝库中的一件瑰宝。其实,子罕何尝不知道美玉是宝,只不过他把操守看得更为珍贵。这与近代革命者"生命诚可贵,爱情价更高。若为自由故,二者皆可抛"的价值取向是一个道理。从现代人的观点来看,他的心理需要已超越了一般的物质需求,达到了相当高的精神境界。还有一个法官,他同样拒贿,理由却不同于子罕。他对行贿者说,我不是不爱钱,但我珍惜目前这个待遇优厚的职位。我一旦受贿,就可能丢掉这个职位,那么今后就没有钱了。同是清官,同是拒贿,但境界全然不同。子罕无须监督制约就足以洁身自好,堪称圣人;后一位在监督制约下能廉洁守法,可谓君子。假如做官者都如子罕一样,那还愁什么党风不正、政风不廉?可惜高尚的品质毕竟不像时装、美食那样容易推广普及。所以,对一般人而言,子罕有些高不可攀,而后面这位可能更使人觉得可信、可敬,它说明没有圣人的觉悟,照样可以廉洁奉公。

不幸的是,我们总是千方百计地塑造一些似乎不食人间烟火、毫无普通人欲望的典型,作为普通人效仿的样板,以为这样一来,就可以"六亿神州尽舜尧"。表现在廉政建设方面,则是片面强调觉悟,幻想经过几次学习便可使广大公职人员都廉洁自律,而漠视物质基础和法律的作用。因此,解决这个问题必须从两方面做起:

1. 建立起严密与严厉的监督惩戒机制

所谓严密,是说法网恢恢,疏而不漏,足以制止一切侥幸心理;所谓严厉,是指不仅要让受罚者感到刻骨铭心之痛,产生一失足成千古恨的终身忏悔,而且要使其他人受到警诫。由此,从外在的作用上推动管人者自管的自觉性。邓小平多次指出"制度是决定因素"①,"制度好可以使坏人无法任意横行,制度不好可以使好人无法充分做好事,甚至会走向反面"②。所以,解决管理者的他管与自管问题,关键是建立一套适应市场经济的法律制度和监督机制。

2. 教育管理者学会"慎独",并自觉服从监督

谁也不是圣人,人人都有七情六欲,甚至可以说,在大多数人身上,真善美和假恶丑的基因同在,管理者就是要抑恶扬善,做一名诚实正派的公仆。由于对管理者的监督在时间和空间上往往存在鞭长莫及和覆盖不到的"空挡区",因此管理者的"慎独"境界是非常必要的。就是说,管理者应该在任何时候、任何情况下都严格要求自己,学会自己约束自己,自己监督自己。即使是在无人知晓、无人监督、个人独处的情况下,也能自觉地、一丝不苟地遵守规章制度和道德规范。这正是管理者高尚之所在,也是管理者思想工作的难度、深度和功力之所在。

无须赘述,只要上述四个方面做得好,心理健康的形成与持久便有了最基本、最稳固的条件。

---

① 邓小平文选:第 2 卷[M]. 2 版. 北京:人民出版社,1994:308.

② 同①333.

第八章

心理管理

——柔性管理方略之四

心理管理即在一定的时空,根据多数人的心态所形成的心理指向,通过实施一定的影响引导人们形成共同的心理意志,发挥精神的作用而进行的管理。这种管理的有效性体现在管理者与被管理者双方心灵的"互动"上,这种心灵的互动是从精神,即意志、情绪、思想上表现出来的。从生理学上讲,人的心脏是没有思维功能的,人心是不会想问题的。这里所说的心灵、心理是指人的思想、精神、感情,是人的头脑反映客观现实的过程。我们平常所说的"心里想的",实际上是大脑想的,一个人的心理状态实际上是这个人的精神状态、思想状态。因此,心理沟通就是思想沟通,心灵互动就是思想呼应。由于人们已经习惯了这种表达,所以就沿用了下来。在柔性管理中,心理、心灵、思想、精神是作为同义语来使用的——尽管它们之间存在着一些区别。

我们研究心理活动,是因为它所表现出来的精神力量是巨大的。它可以激励人、感化人;可以给人以压力,也可以给人以动力;可以使人绝处逢生、化险为夷,也可以使人步入绝境、身败名裂。正由于此,柔性管理特别重视精神的作用,注意理顺人心的工作,从而使人们产生振奋、鼓舞、信任、激励之感。这种心理小则可以左右个人的行为取向,大则可以形成万众一心的力量。心理的作用是一种无形的武器,也是一匹难以驾驭的烈马,管理者只有寻其源头,认识规律,才能发挥出它的威力来。

第一节　心理资源的精神价值

人之所以成为地球上的万物之灵,源于人有复杂的心理活动。这种心理活动既是体验,又是反应;既是冲动,又是行为。它产生于内,又诉之于外。它是有生命的人所具有的一种潜显意识的复合状态,是以喜、怒、哀、乐、愁等形式表现出来的精神。有了这些,才演绎出了五彩缤纷的人生世界。

一、精神的神奇作用

人的所有活动都离不开精神的支配,即使下意识的行为也是精神久而久之作用的结果。我们把精神视为一种资源,是因为精神的力量表现出巨大的弹性,它可以使人萎靡不振,也可以使人表现出超常的行为和能力,它的奥妙与神奇是不言而喻的。而所有的精神表现都是由心理活动引发的。

(一)精神引发超常行为

心理活动引发的超常行为是举不胜举的。大地震发生时,平时胆小如鼠的人可以表现出莫大的勇气,平时笨拙如牛的人可以表现出惊人的灵活性,平时优柔寡断、不置可否的人可以当机立断,表现出高度的果断性……这一切超常表现皆因心理活动的高度紧张导致。看过喜剧大师卓别林的影片的人都还记得那个穷困潦倒、手握一根拐杖、头戴圆顶礼帽的流浪汉,这是他给观众留下的一个可爱、滑稽而又十分深刻的形象。而今,他扮演流浪汉用过的礼帽、手杖和皮靴成了收藏家争相抢购的"珍品",三件道具在英国以 12.1 万英镑的价格被拍卖。这三件很普通的物品由于是卓别林的道具而身价倍增,成为"珍品",这完全是精神价值而绝非自然物的价值。可见,心理的作用在此充当了多么重要的角色。

据说,日本桓武天皇延历二十三年(公元 804 年),第 12 次遣唐使团抵达长安。使团中有一名叫伴小胜雄的年轻人,其棋艺为日本第一。他到大唐翻译家陈舟家中做客,邀陈舟对弈,陈舟觉出伴小胜雄身手不凡。陈舟约了几位高手与他对弈,结果全部败北。此事传到了皇帝那里,皇帝命顾师言与伴小胜雄较艺。伴小胜雄多次设计,均被顾师言识破。伴小胜雄心悦诚服,他悄悄问顾师言:"尊驾是贵国第几手?"顾师言笑道:"第三手。"又问:"可否见第一手?"答:"抱歉!敝国规矩,胜第三手可见第二手,胜第二手可见第一手。"伴小胜雄归国后终日为自己敌不过大唐第三手而嗟叹,竟因此而患上了忧郁症。转眼 30 多年过去了,第 13 批遣唐使团赴唐归来,为伴小胜雄带来了陈舟的一封信。信中道:"吾兄昔日负于顾师言,其人乃大唐第一手。"伴小胜雄看后拍案大叫:"骗我好苦!"吐出一口血,竟然大病痊愈。心理作用竟是如此之奇妙,它可以致病,也可以治病,而且来无影、去无踪,不需医生,不需药引。

(二)精神的道德作用

心理与精神的作用还可以与道德相联系。有关专家研究认为,经常做好事的人心血管疾病和感染病的发病率低。做好事为什么可以产生保健效应呢?专家们进行了如下的实验:让一部分学生为当地居民做好事,事后对他们的唾液进行分析,发现唾液中免疫球蛋白 A 的含量大大增加了,溶菌酶也大大增加了。前者是抵御感染病的抗体,后者是重要的抗菌物质,有抗感染作用,所以口内生疮或不小心咬破舌头时会很快痊愈,有的动物舔伤口也是这个道理。一个经常做好事的人,由于本身的行为和因此而建立的良好人际关系,会经常感受到温暖和愉快,获得精神上的平衡和舒展。这种良好的心态和情绪可以使人的神经、内分泌、心血管等系统的功能调节处在最佳水平,从而促进身心健康。相反,如若背道而驰,则会招致祸患。巴西医生阿尼塞托·马丁斯历时 10 年,研究了 583 个病例,得出了一个非同凡响的结论——卷入腐败行为的人易患癌症、心肌梗死、脑出血等症,并以《腐败导致死亡》为题发表了文章。他认为,腐败本身并不导致生病和死亡,但违反伦理道德准则会引起人体激素分泌紊乱,使人在精神和肉体上受到自体攻击,加之外界舆论的谴责,担心受到法律的制裁等,惊恐、羞愧、不安等共同作用,最终导致生病直至死亡。

(三)精神的生理作用

心理与精神的作用最直接的是对人的健康产生重大影响。研究"人生延寿法"的胡弗兰德有一句名言:"一切对人不利的影响中,最能使人短命夭亡的就是不好的情绪和恶劣的心情。"

做了许多有益的事,不但不被人理解,反遭诽谤;事业正在前进中,遭受曲折,被人诬陷,受了冤屈;在领导与被领导、家庭婚恋等方面碰到麻烦等,都可能使心理失衡、思绪不安。这是因为,从医学和生理学的角度分析,精神稳定和心安理得,就会博大自如,不受外界干扰,大脑皮质的兴奋和抑制相对稳定,体内的酶和乙酰胆碱等活性物质分泌正常,还能增强大脑皮层的功能和整个神经系统的张力,促进皮质激素与脑啡肽类物质的分泌,使肌体抗病能力大大增强,并能极大地活跃体内免疫系统,强化神经活动,加速新陈代谢,延缓衰老;反之,心理机能不佳,精神状态不好,有了烦恼不能自解,疾病就会乘虚而入。精神不仅是一个人对周围环境刺激的反映,而且往往决定其生死存亡。因此,碰到不如意之处,定要豁达大度,自我解脱,切莫耿耿于怀,从而导致心理的压力和精神的抑郁。

精神的作用是如此之大,以至于可以物化,可以使行为超常,可以致人生生死死。因此,我们要从医学和生理学的角度去研究和开发它,从柔性管理的角度去应用它。

二、让精神力量春风化雨

人的心理和精神对实践的作用已越来越引起管理者的重视。马克思主义认为人的心理,如意志、情感对社会实践具有重大的能动作用。恩格斯指出,历史发展的"最终的结果总是从许多单个的意志的相互冲突中产生出来的"[①]。列宁也说过:"没有'人的感情',就从来没有也不可能有人对真理的追求。"[②]当代美国著名管理专家杜拉克就特别强调人的因素,他指出,人是企业所有资源中最丰富、最有多方面才能、最有潜力的资源。因此,管理者的首要任务就是把他的资源首先是人力资源之中所蕴藏的一切力量都挖掘和发挥出来。这就是说,在管理中,尤其是在柔性管理中,要特别注意"许多单个的意志""人的感情""人的资源",即精神力量的开发与应用。

注重精神力量的应用,就要注意理顺情绪。情绪即人的心情、心境,心理学上又指人们随着复杂的无条件反射而产生的兴奋、满意、反感、愤怒等心理体验。在一定的时间和空间,多数人的心态即共同意愿、要求等心理指向,构成众人的情绪。环境不同,条件变化,众人的情绪就各不相同,但归结起来无非两大类,即消极情绪和积极情绪。柔性管理就是要牢牢把握众人情绪变化的脉搏,有的放矢地做好理顺情绪的工作,化消极为积极,发挥精神力量的正面作用。

毛泽东说过,群众利益、群众经验、群众情绪都是领导干部们应时刻注意的,民心顺了,一顺百顺。人都是生活在社会中并受到主客观诸多因素制约的,反映出不同的情绪是正常的。我们历来把群众的情绪和反映作为衡量和检验工作的"第一信号",只要绝大多数人拥护就说明是正确的;若多数人有意见,就要进行调整,以增强科学性和可行性。即使是群众中反映出消极情绪也不能一味地指责、埋怨,例如社会上较流行的"牢

---

① 马克思恩格斯选集:第 4 卷[M]. 3 版. 北京:人民出版社,2012:605.

② 列宁全集:第 20 卷[M]. 北京:人民出版社,1958:255.

骚"就不能靠"急风暴雨"式的批判或斗争那一套办法去解决。引起牢骚的原因是多种多样的,用哲学的语言来说,牢骚乃是社会心理积淀后的迸发。从更深层的意义上来说,乃是社会存在的折射或投影。社会文明程度愈高,牢骚也就愈深沉。没有牢骚是不可能的。群众的许多情绪、许多意见都是从牢骚中表露的。不让人发牢骚是武断的,希望没有牢骚是幼稚的,不会发牢骚是麻木的。应当看到,个体的牢骚是微不足道的,而一经转化为群体牢骚,则是一股强大的心理走向和舆论力量,能够对社会产生较大的影响。因此,我们必须区分情况,对症下药,把淤积的情绪化解开来。一般说来要注意三点:一是加强教育和宣传,从国家、单位的长远利益、根本利益出发,处理好局部与全局、眼前与长远、个人与集体之间的关系;二是时刻关注群众的利益需求,多为群众办好事、办实事,同时对群众过高的期望值加以引导,不能"杀鸡取卵",为让群众一时高兴而牺牲长远利益;三是管理者要深入群众,与群众共患难,身体力行地说服群众、教育群众。

精神力量的运用要注意满足人们的不同需要。人的精神需求来自不同需要,不加区分地给予满足,有时反而会适得其反,起不到激发精神力量、达到心理满足的作用。当人们取得了一定成绩或有了一定进步的时候,管理者不仅应该看到,而且应该不失时机地给予鼓励。一般来说,人们都希望得到管理者的承认,然而不同的人希望得到的鼓励方式是不同的:有人希望得到精神鼓励,有人希望得到物质奖励;有人希望公之于众,有人只希望得到管理者认可。家庭经济宽裕者、重视声望者、长期落后受人歧视者往往在取得成绩后不注重物质奖励,而重视声望,在他们那里,荣誉、承认、尊重的分量远大于物质上的需求;有的人比较务实,或者家庭经济困难,或者努力工作的目的就是提高收入,这时只发荣誉证书他是不满意的,更重要的是物质上的回报;还有些人性格内向、不愿抛头露面,或者单位风气不正,先进者受气,因而往往对取得的成绩不愿声张,认为"领导知道就可以了"。因此,同是对成绩的肯定,采取的方式应因人而异、因需而异。只要符合心意都可以调动积极性,从而使精神力量得以发挥。同样,当人们在工作中出了问题或犯了错误时,对待的方法和原则也应有所区别。管理者要考虑不同素质、不同性格的人的心理承受力。对于自尊心很强或者偶犯错误者,在一次小组会上批评产生的效果可能比对那种疲疲沓沓的人通报批评的作用还要大,因而在错误面前,同样要结合不同的情况。

精神力量还可以用来调整心理,促进健康。在现实生活中,尤其在这样一个改革开放、许多观念都在发生变化的时代,人们面临的困惑也多了起来:有对问题不理解、不认识引起的,有个人奋斗受到挫折产生的,有社会分配不公造成的,有因个人私利不能满足引起的,还有心理不健康(如犯红眼病)引起的……于是有的人精神失落、愁容满面,从此一蹶不振;有的人"吃肉骂娘"、牢骚满腹,以致痛断肝肠;有的人甚至在"一念之差"下走上了绝路……不管哪种情况,都是面对困惑失去了精神支柱的一种非理智状态。其实,困惑是生活中难以避免的现象,"人生逆境,十之八九"。人非圣贤,遇到这些问题不能化解,就会以"困惑"这种心理失衡、情绪失调的方式出现。一般地说,人们遇到以下情况时特别容易产生困惑:当对改革的期望值过高而缺乏心理准备时,当对复杂的、剧变的社会缺乏应变能力时,当用"只想获得、不想付出"的心态投入社会时,当总是用过去僵化的、过时的观念来审视变革中的一切时,当只用个人利益的得失来衡量新生事物时,当找不到适当的方式来宣泄自己所遇到的种种挫折时,当缺乏稳定的心理素质而忍耐不了各种困境的心理煎熬时……总之,当一个人成为剧变社会和剧变思维的奴隶而不能驾驭它们时,就很容易掉进"困惑"的陷阱而难以自拔,于是就不可避免地带来了身心方面的灾祸,导致疾病加身,影响身体健康。

寻求解脱的方法主要靠精神,靠健康的心理,靠乐观向上的情绪。具体地说可以用以下诸"乐"伴君身心愉悦:

(1)知足之乐。当前,人们对知足常乐并非完全持赞赏的态度。我们取其积极的一面,不是说不求上进,而是在个人物欲和名利面前不要勉强自己,以至于终日凄凄惨惨。名不贪,利也不贪,恬淡寡欲,知足赛过吃"长生药"。

(2)学习之乐。许多人因不学而无知,因无知而无能,故自寻烦恼或遇到烦恼时不可自解。博览群书、丰富知识、增加智慧,不断更新观念和接受新的事物,以提高认识世界和改造世界的知识能力,这应是生命中最快乐的精神追求。

(3)忍让之乐。我们从积极的方面理解"能忍者自安"的警语,这不是放弃原则、苟安偷生,而是在不触犯原则的小事上提倡可贵的忍让精神、高尚的宽容态度,如此便会从容处世,不为烦恼所困。

(4)宽容之乐。宽容比忍让涵盖的内容更广,忍让主要指对人,宽容则可对人、对事、对社会现象。应允许他人的缺点存在,容许社会不公现象的暂时存在,然后以豁达大度的态度泰然处之,使自己情绪稳定、坦然面对。

(5)助人之乐。心地善良、帮助别人以至于成为"下意识",对于个人心理来说是一种愉悦和满足,对于他人来说将会形成感激之情。于是,助人者内部与外部皆形成良好的环境,因而心安理得、胸襟坦然,无疑会促进人体健康因素的活跃。

(6)平静之乐。平静本身就是一种健身之道。平静方能从容不迫,平静给我们带来的是淡雅、洞明和宽怀。生活中,平平淡淡才是真。任尔东南西北风,我却静观沧海巨变,这本来就是修身养性的方法。

(7)想象之乐。想象不是想入非非,不是胡思乱想。这里所说的想象是对过去美好与幸福的追忆,在这种基础上继续延伸,由过去到现在,再到将来,勾画未来社会生活的美景,设想自己事业的美好目标,无疑对于活跃身心、激励思维都是有好处的。

(8)运动之乐。生命在于运动,生命的活力因运动而保持,这是人的生理规律。运动还有另外的作用,在工作之余,当生活烦闷之时,到运动场上,到大自然中活跃一番,你会发现自己变成了一个生机勃发之人。

(9)交友之乐。人既然无法游离于社会,又不可能与家人朝夕厮守,就必然要有知己之友。在成功时,有人祝贺;遇到难题时,有处相诉,有人相助。尤其是忘年之交,年长者可产生愉快、轻松、充满生机之情,年轻人则有宽慰、依托、胸有成竹之感。

(10)天伦之乐。系于血统的亲情是中国传统的、至高无上的、稳定的人际关系纽带,中国的家庭是世界上最稳定、温馨的组织。夫妻之情、父子之情、母子之情、兄妹之情能够迅速地把人带入家庭的港湾。

精神资源的应用是多方面的。从柔性管理出发,开启人的心扉,理顺人的情绪,振奋人的精神,将是永恒的主题。

第二节 心理资源开发

人的精神作用如此神奇而巨大,应用如此广泛而有效,必然会引起人们对这一资源开发的兴趣。人的潜力不仅表现在体力上,而且表现在精神上和智力上。现代生理学认为,人脑可以经受住 10 倍于日常生活中的负荷。但是,由于这种力量是潜在的,平时不易发挥出来,所以需要进行开发。然而,心理资源不像自然资源那样具体、有形、可度量。心理资源是无形的、弹性的、不可度量的,这种特殊性决定了对其开发的方式也必须是特殊的。

一、发挥理解的魅力

在对越自卫反击战中到过老山前线的人都会发现,战士嘴上的"万岁"很多:炮火支援下,战士攻上了山头,高喊"炮兵万岁";从阴暗潮湿的猫耳洞来到灿烂的阳光下,战士高喊"太阳万岁";姑娘把纯真的爱情献给新一代最可爱的人,战士高喊"姑娘万岁"。然而,在前线喊得最多、最响的是"理解万岁"。血与火中的战士需要同龄人的理解,需要后方人的理解。前方和后方,一边是炮声隆隆,一边是鸟语花香;一边是前线握枪望星空,一边是月下情侣甜相逢……战士们在保卫着后方的安宁,每时每刻都可能流血牺牲。他们图什么?战士们说得好:"我们不是苦行僧,也不需要怜悯,我们只需要后方的人们理解我们。"

战士渴望被理解,是因为有人不理解。有人给前线战士写信,问他们是否后悔、害怕,是否觉得默默地牺牲不公平?这中间充满了太多的不理解。而更多的人是理解,山东大学 8 名女同学就是其中的代表。8 名女同学绣制了一面 8 颗红心向红星的锦旗,表达对前线战士的敬意。这在前线引起了强烈反响,他们将锦旗复制了 250 面,发到各战斗小组。8 名女大学生的行动成了理解战士的象征。许多战士表示:"我们回答这 8 颗红心的将是 80 枚乃至 800 枚军功章。"理解可以转化为多么巨大的精神力量,转化为多么强大的战斗力!

　　管理者应该由此得到启发,对人对事善于理解。因为理解像一个火种,可以点燃心中的圣火,发出无尽的光和热。这种理解在柔性管理中每时每刻都是需要的。人们在生活和工作中除了要与物打交道之外,更多更重要的是与人打交道,于是就出现了人际关系问题。这种关系可能是融洽的,也可能是紧张的,于是管理者与群众的关系便成为考核管理者的重要指标。面对管理对象的日益高层次化,善于理解他人就成为管理者一种不可或缺的能力。管理者善于理解人,就能在矛盾出现时将心比心,体谅他人;就能心平气和、理智行事,使矛盾得到缓解;就会尊重他人和得到他人的理解与尊重。管理者要有博大的胸怀,且不可做"志大而量小、才有余而识不足"的贾谊式人物。在与人相处中既要表现出较高的文化素养和美好的人格,又要不脱离群众、高高在上。理解就要沟通,因为理解有个过程,相互的感情交流是理解的基础。对越自卫反击战前线有个宣传干事看到战士们坚守在高温、潮湿、闷热、满是泥水的猫耳洞里,衣服都沤烂了,他流着泪抢拍了战士裸体坚守阵地的镜头。但到昆明一家照相馆冲洗时,有位老同志不明就里,拒绝冲洗。这个干事委屈地哭了,他把前沿阵地的艰苦情况讲给老同志听,老同志也感动得掉了泪,不仅马上冲洗,而且免费! 这就是沟通所起的作用。思想交流了,心灵也就相通了。无独有偶,四川某县火车站附近曾经发生过这样一件事:一辆救灾车在往路边停靠时剐坏了一个小伙子的自行车,有人躲避时又碰翻了一位老人的豆腐摊,雪白的豆腐洒了一地。小伙子和老人揪住救灾车司机不放,周围的人用辛辣的、近于粗俗的话指责司机,给小伙子和老人帮腔,让司机赔偿。"这人拉的是抗洪物资!"有人喊道。现场立刻静下来,小伙子接司机赔款的手退缩了,卖豆腐的老人也停止了斥责。"算了算了,我这破车就算捐给灾区抗洪了,你赔老太太点钱就行了。"小伙子仗义地说。"莫赔了,你救灾车把细(小心)点,快走吧。"老人也很宽容。说话间,卖包子的老板用一张报纸包了几个包子递给司机:"你不是没吃饭吗,我请你。"司机捧着包子,愣在车前,一米八几的汉子,泪水在眼眶里直打转。由原来的剑拔弩张、各不相让到后来的彬彬有礼、友好体谅,由开始的恶言恶语六月寒到最后的良言真情三冬暖,是沟通、理解引发了人们的正义感,这才留下了如此精彩动人的真实故事。

　　理解就要尊重。我们提倡互相理解,是希望人们不是只站在自己的立场和角度上,而是从客观地了解对方和真诚地尊重对方的基点出发来考虑问题、处理问题,设身处地地为别人着想,以情感人,处理好矛盾。我们在一些交通路口可以看到这种景象:一块高高竖起的标语牌,一半画着热闹的街景、来往的汽车和井然有序的行人,另一半则画着一位身穿制服、举手敬礼的交通民警,画面下方写着"向遵守交通规则的人们致敬"。每当此时,我们把目光投向正在值班的民警时会突然感到特别亲切,不由得对他肃然起敬。这是我们受到尊重之后产生的一种真挚的回报。一位名叫池田大作的日本朋友走访桂林时经历了一件至今使他保留着美好回忆的事:那天,桂林山水雨雾空蒙,码头附近有两个卖药的少女,年纪约莫十五六岁,一脸天真烂漫的神情。她们手提装药材的篮子,用清脆的声音吆喝着:"要什么药有什么药,药到病除,快来买哟!"她们多半是帮家里干活儿,池田大作觉得其精神可嘉,便笑着问她们:"那么,请问有能使脑子变聪明的药吗?"这出乎意料的要求使她们愣了一下,但随即用响亮的声音回答说:"真对不起,那种药刚刚卖完。"这随机应变的巧妙回答使日本朋友感到尊重、礼貌、智慧的力量,胸中荡起一阵和煦的春风。直到12年后,池田大作回忆起这段美好的过往时还说:"每当我回想起那次和妻子从少女们手中买下药材时略输于她们一着的情景,心里还感到暖融融的。"这是互相尊重产生的动人故事。可以推测,如若没有少女们对游人的尊重,没有那充满了尊重而又智慧的话语,也许就没有这段难忘的故事了。尊重成了通往精神宝库的桥梁。

　　柔性管理强调理解,不只包括上面所说的生活中的礼貌行为,还包括更高层次上的尊重人的志趣、尊重人的民主权利和尊重"小人物"。我国正处在社会主义初级阶段，人的理想、爱好和追求表现出层次性，管理者应考虑这一现实，在遵循共同理想的基础上，支持、鼓励人们有不同的志趣。我们应当避免"曲高和寡"的现象。同样，管理者必须发扬民主作风，不搞"舆论一律"，鼓励畅所欲言，接受管理对象的监督，并创造条件让群众参与管理。管理者还应特别注意尊重"小人物"、无名望者及潜在人才，这些人中蕴藏着巨大的潜力。但是有的管理者往往视而不见，听而不闻，总认为他们年轻、没经验、没资历，这会严重挫伤他们的积极性。由于权威效应，名家的三流之作往往求之不得，而"小人物"有见地的血泪结晶常常明珠暗投。从这个意义上讲，尊重就是力量，尊重就是智慧。

理解就要真诚。邓颖超在做全国政协主席时常说，共产党人不要使人觉得可畏，而要使人觉得可亲。可亲如何来？真诚带来亲切。在柔性管理中，真诚是深入群众、沟通感情的桥梁，真诚是打开人们感情大门的钥匙。要做到真诚就要平等待人，就要以心换心，就要长相知、不相疑。我们要把管理对象视为共同奋斗的伙伴，一方面有自知之明，不把自己装扮成"真理的代表者"，处处教训人，大事小事套原则。"水至清则无鱼，人至察则无徒"，我们应从中悟出一定的道理来。另一方面要把群众的智慧、意见放在心上，视群众为智慧之源，便自然会平等相待了。人们常说以心换心，是指感情这东西既不能是单向的，更不能是掺假的。管理者要善于运用"心理位置交换"，把自己摆在对方的位置上，去体验、感受他的思想感情，从而理解对方，推心置腹地交心，既有"慈母心"，又有"兄弟情"，人心换人心，必然会带来心理交融。至于长相知、不相疑实际上道出了一个与人相处的道理。人与人相处，尤其管理者与群众相处，贵在互相了解，贵在知人知心，这便是相知的意思。而长相知是不容易的，因为人是在不断变化的，经常地、深入地了解人的内心世界，才能达到长相知的境界，产生手足之情，于是也才会有不相疑的结果。不仅不相疑，而且可以准确地发现人的价值所在，正确地领悟用人的真谛。这里，贵在一个"知"字。古时地方官吏叫知县、知府、知州，辛亥革命后的好长一段时间里，人们依然称县长为县知事。为何要加个"知"字呢？清朝进士汪辉祖在《学治臆说》中解释为："名为知县、知州，须周一县一州而知之；有一未知，虽欲尽心，而不能受其治者。"意思是说，当了官就应当了解当地情况，不了解情况，是办不好事的。知国情，知实情，知人心，可以说是治国从政的先决条件。春秋战国时郑国正卿子产就是遵循"先知国情而后筹良策"的原则，使郑国很快强盛起来。同样，对一个单位、一个部门来说，管理者必须在"知"上下功夫。知而不随，知而不钝，知而能治，知而善谋。若对人对事的了解若明若暗、似是而非，怎么能有长相知、不相疑，怎么能有妙计良策，怎么能不讲空话、不办错事呢？管理者的真诚又从何而起、用之何方呢？他怎么可能会有真正的理解呢？

社会是一个大家庭，这个大家庭是由各种不同角色的人组成的，这中间有职业、文化、年龄的不同，有个性、人格、思想的不同，有个人切身利益的不同，因此彼此的看法、要求、主张也不尽相同。这个大家庭要和谐和睦地创造新生活，一个很重要的条件，就是要减少隔膜，消除误会，彼此谅解，通过心灵上的沟通达到协调一致，通过理解搭一座桥，从不同方面和角度为克服困难、统一意志、解决矛盾形成一致的精神力量。

二、强化心理承受力

外部条件突如其来的变化，生活中的突发事件，许多心想事不成的现实，往往对毫无思想准备的人造成严重的精神创伤乃至致命的打击。因此，提高人们的心理承受力，保持成熟稳定的心理状态，不管前进道路上遇到什么问题，生活之中出现什么磨难，都能够从容应对、泰然处之，都能不灰心、不气馁，保持一如既往的高昂精神和矢志不渝的奋斗热情，这是令精神资源永不枯竭的方略。

人的心理承受力可以简单地用下式表示：

$$心理承受力 = \frac{实现值}{期望值}$$

比值越小，心理承受力就越小；反之，心理承受力就越大。心理承受力小，人们的心理就失去平衡，此时往往产生埋怨、牢骚、泄气等情绪，心理就特别脆弱,易被他人鼓动或易受偏激情绪左右,不易听取劝导;而心理承受力大时,人们情绪稳定,精神振奋,工作效率高,待人热情,易于听取不同的意见,并自觉加以取舍。

实际上,心理承受力太大太小都不好。因为我们强化心理承受力的目的是开发精神资源,调动积极性。显然,心理承受力太小,即期望值过大、实现值过小,就失去了激励作用。这里有两种情况:第一,期望值过大。不顾客观现实条件、没有科学依据的高指标非但不能调动人们的积极性,而且让人感到高不可攀、望而却步,反而使人泄气。"文化大革命"结束后,当时一位领导人提出 20 世纪末要建设十来个大庆,不能不说是一个宏伟的目标,期望值高到了惊人的程度。然而这个目标在整个石油系统不仅没有激起广大石油工作者的热情,相反,凡了解石油发展状况的人都表现出了极大的怀疑。几十年过去了,事实已经给出了答案。一些社会现象也是如此。我国改革开放刚刚开始的时候,社会上出现的"端起碗来吃肉,放下筷子骂娘"的牢骚风,原因是多方面的,其中有一条就是期望值过高导致人们心理承受力变小了。一段时间内不恰当地宣传高消费,宣扬"能挣会花",宣扬发达国家的物质文明,使人们的期望值越来越高。改革开放,国门洞开,发达国家的物质文明使一些人眼花缭乱,忘记了中国的国情,看不到改革开放以来我们在各个方面迈出的步子,看不到我们物质生活提高的速度,而一味地和人家相比较,自然引来不满情绪。1987 年 10 月 7 日,《人民日报》载文《改革阵痛中的觉悟》中的一段话对这种现象做了恰当的解释:"在一些发展中国家,由于开放引来所谓的发达国家'示范反应',普遍出现了一些学者所说的'期望上升'的现象。因'消费超前'和纷繁复杂的'民主问题',带来了社会的不稳乃至危机。"因此,我们主张期望值要适度,不能不切实际,成为"水中月""镜中花"。第二,实现值过小。当期望值较高而实现值较小的时候,人们产生不满的情绪是自然的,是容易理解的。以改革开放后人们议论颇多的奖金问题为例,当自己拿到的奖金与左邻右舍相比较偏低时,必然要出现埋怨情绪,并且把这种情绪发泄到管理者的身上,或者发泄到单位、行业上,进而产生思迁思想,这就是非常危险的事。所以,管理者此时所采取的办法就是在力争增加实现值的情况下,降低期望值,即采取"丑话说在前"的做法。这比先夸海口,之后难以兑现的办法要主动得多,思想上轻松得多,因为这样可以使人们理解前进中的困难,增加心理的承受力。当然,丑话并非说得越多越好,以致人们感觉不到希望,而是适可而止,恰到好处。大港石油机械厂曾一度面临倒闭的危险,工人们纷纷要求调离。新任厂长并没有大吹大擂,而是承认现实,承认困难,承认矛盾,同时又分析有利条件,语言中肯,光明磊落,让工人既看到困难,又感觉到希望,在困难与希望并存之中努力寻求希望,结果调动了大家的积极性,一年上一个大台阶,三年大翻身,迈进全国优秀企业行列。可见,降低期望值,实现值虽小也能调动积极性,但这只能是短期之内的维持,长此以往,实现值仍没有增加,积极性是不会长久的。

如此说来,是不是心理承受力越大越好呢?理论上讲是对的,但实际应用中则不然,因为我们的目的是调动人们的积极性。我们仍以奖金为例,假设给群众的期望值是"1",年终得到的是"10",当然从管理者到群众都皆大欢喜。然而在这一年当中,"1"对众人究竟有多大鼓舞力呢?就是说,如此低的期望值怎么能调动起人们的积极性呢?既然调动不了积极性,高额的实现值又有什么保证呢?所以,这种假定实际上是矛盾的,如此低的期望值不可能调动内在的积极性,因而最终的高实现值也是难以达到的。

因此,强化心理承受力并非简单的数字推演,而是蕴涵着高超的管理艺术和深刻的哲学道理,不能采取极端的办法,而要把握好一个"度"。一般来说,我们把心理承受力控制在"1"的上下波动,愈接近"1"愈好,使期望值与实现值基本吻合,这时才反映了计划与现实的统一,决心与实践的统一。这时,群众会对管理者投以信赖的目光,感到管理者言行一致,决策得当,具有先见之明。这样,管理者既取得了工作的主动权,又增强了群众的心理承受力,调动了群众持久的积极性。

三、创造机会均等的环境

实践当中我们发现,在付出与获得之间,人们往往不在乎付出,而更多地在意获得,只要这种获得是公平的,人们对多大的付出都可以毫不吝惜。这里的获得包括物质和精神两个方面,具体地说有工资、奖金、职称、职务、培训、荣誉等。就是说只要机会均等,分配公平,人们就愿意做出最大的贡献;反之,人们潜在的能力就不能发挥。某企业职工外流严重,招工困难,人员紧张,设备停开,其原因是"工资制度不公平,不合理"。某厂的知识分子对所调查的 40 个问题给予了 39 个中性以上的满意答复,唯独对"以往所进行的提薪实际情况是否公平"给予了不满意的答复。在一些风气不正、管理者作风不纯的单位,人们看到晋升靠关系,提拔靠人情,表扬靠弄假,奖励靠数字,于是便失去了信心,失去了锐气。他们诙谐地说:"干部嘴里出数字,数字堆里出干部。"辛辣地讽刺了弄虚作假的不正之风。

因此,管理者要把创造机会均等的环境、创造公平竞争的条件视为管理的重要手段,努力在这些方面下功夫,这往往是一个管理者能力、水平、作风、人格的综合体现。当然,人们感到机会不均等的原因是多方面的:第一,管理者作风不正,"明察秋毫而不见车薪,非不能也,是不为也";第二,管理者能力不强、水平不高,心有余而力不足;第三,政策不合理,缺乏竞争机制,没有监督制约;第四,单位风气不正,是非不辨,良莠不分,先进受压,干的不如混的;第五,人们心理上往往有一种倾向,总把别人的成绩估计过低,而把报酬估计过高,人为地造成心理不平衡;第六,少数人认为公平就是平均,均等就是理所当然的获得,而忘掉了付出,这是认识上的错误。

所以,通过创造机会均等的环境来开发人们的精神资源应是两方面的工作:一方面,管理者要去创造条件,让所有的人在所管辖的大环境下参与实践,增长才干,发挥潜力;另一方面,对于每一位被管理者来说,机会来了,你能抓得住、用得上吗?人们总是对那些成功者油然而生一种赞叹、羡慕之情,但也有些人常常把别人的成功理解为偶然因素的作用,认为他遇上了机会。然而,成功者给出了理智的回答:"机会并不等于现实,更不等于成功。"把握适当的机会,由此开启成功的大门,离不开充足的心理准备,离不开创造条件以及捕捉机遇的艰苦努力。机会只是一个外部因素。事实上,在许多时候,机会对于每个人都是公平的,只是由于主观努力、心理准备状况不同,才使一部分人成为幸运儿,另一部分人则在机会面前踌躇不前,束手无策。因此,要在机会均等的环境中把握时机,就必须努力培养捕捉机会的能力。这就需要个人对未来目标怀着坚定的信念并付出坚持不懈的努力。

四、引导兴趣

兴趣是精神资源开发的催化剂,是推动参与实践的起点,是探索成功的内在动力。因此,管理者要注意发现个体和群体的兴趣,并培养和引导这种兴趣,尤其是学习兴趣和实践兴趣。

学习兴趣是培养一个人良好心理素质的最现实、最活跃的因素,它可以影响人的情绪和意志,影响注意力、观察力和想象力,影响创造力和求知欲。在学习过程中,兴趣起着一种支配性的作用。管理者要善于引导这种兴趣:第一,培养明确的学习目的。尤其是成年人,其学习与青少年在校学习是不同的,成年人的学习必须有明确的针对性和实用性才能产生浓厚的学习兴趣。第二,学习的内容要有新颖性,方法富有灵活性。一个人既不会注意太熟悉的东西,因为司空见惯的东西他不感兴趣;也不会注意太生疏的东西,因为这些东西和他离得太远,与已有的实践没有联系,除非个别人出于欣赏的目的或出于好奇才会注意。因此,学习内容既要具有新颖性,又要具有实用性。第三,注意提供良好的学习条件,包括教师、教具、教室、图书等。从人的高级神经活动规律看,生动的、灵活的、直观的、新颖的刺激物最容易引起大脑皮质的兴奋,甚至形成强烈的兴奋灶。第四,注意学习中的情感交流。管理者对勤奋好学者要给予精神上的支持和物质上的适当资助,对于他们学习而获取的学历要给予充分的承认,对于通过学习提高而提出的见解要给予充分的重视,对于学习中发现的个性特长要及时给予引导和支持。如果管理者能把群众的兴趣引导到渴求知识的学习上来并创造一定的学习条件,他的管理就有了成功的基础。

实践兴趣是在学习兴趣基础上的延伸。因为实践既是一切知识的源泉又是对已有知识的印证,开发人的潜力必须让人有实践的机会。重担可以压出毅力,困难可以磨炼意志,实践可以增长才干。学习的目的是应用,学习的成效必须从实践中体现,甚至学习的动力必须来自实践中的需要。日本企业家土光敏夫认为,重任、磨炼是培养人才的捷径,也是发挥人才潜能的上策。他甚至还提出让人在关键时刻独立决断,解决问题,使之切身承受此种情况下的苦恼与重压。实际上,他在这里是强调了实践出真知、实践长才干的道理。千里马不经训练何以至千里?将它禁锢于槽枥之间,只会扼杀其才能,哪能发挥其潜力?对于人的潜力的开发同样如此,管理者的高明之处就在于善于引导大家把实践转化为一种兴趣,从而自觉地在实践中发挥每个人的潜能。

当然,引导兴趣绝不只有学习和实践两个方面,人们在工作和生活中的兴趣是广泛的、多层次的,管理者要善于把那些积极向上的美好的兴趣加以引导和放大,甚至使之成为单位的文化传统,从而发挥它的凝聚作用。

人的心理资源的开发还可以从行为科学、生理科学、思维科学等不同的方面进行研究,在以后的章节中还会有所涉及。

第三节 架起心理沟通的桥梁

"国之交在于民相亲,民相亲在于心相通。"这是 2017 年 5 月 14 日,习近平在"一带一路"国际合作高峰论坛开幕式上演讲时借用《韩非子·说林上》的话。意思是说不论国家交往还是人际交往,必须跨越"交—亲—通"两个台阶,就是说相交须相亲,相亲须相通。国家如此,人与人亦如此。

心理资源开发的一切行为离不开人们的理解,只有理解才能自觉、自为。而理解的先导是沟通,沟通为互相理解提供必要的条件。因此,管理者要创造一个和谐的环境,使人们体会到互相沟通、互相理解带来的充实感和依托感,让人们知道管理者与大家是在同舟共济、共赴前程。人们不会忘记,三年困难时期,苏联的背信弃义使我们的建设和生活处于极端困难的境地。然而由于党中央和全国人民心心相印,出现了全国上下同仇敌忾、共渡难关的动人局面。人民没有牢骚,没有怨气,而是卧薪尝胆、勒紧腰带搞建设。这就是政府与人民互相沟通、理解与信任的力量。因而管理者要舍得在人情往来、决策往来、学习往来以及文化往来上花时间,通过往来沟通上下关系,创建一种信任、平等、理解的氛围。有的管理者吸取群众意见时平等待人,回信时亲自动笔,挤出时间参加群众活动,从而实实在在地达到了心理沟通的目的。

心理沟通的重要手段是谈话,由于谈话的动机、方式方法不同,效果有很大的不同。有的谈话给人以启迪和振奋;有的谈话彼此倾心,化解了矛盾;有的谈话则平平淡淡,使人无所受益;有的谈话甚至导致矛盾的加剧,与谈话的目的背道而驰。因此,我们必须从正反两个方面对心理沟通的艺术加以研究。

一、导致心理沟通失败的原因

时下,各种对话作为化解矛盾、理顺人心的有效方法,正以其特有的形式和作用受到人们的欢迎。管理者是这样,群众也是这样;国内是这样,国外也是这样。如前所述,美国麦道飞机公司为充分调动员工的积极性,成立了一个谈心部,专做职工的思想工作。凡有想法、有情绪的职工,都可以到谈心部去谈心,适当地发泄或提出批评、建议。据这家公司一名高级管理人员介绍,麦道公司的谈心部是参照中国思想政治工作经验成立的。可见,对话对沟通人们的思想,消除不必要的隔阂,协调各种不同的社会利益和矛盾所起的积极作用已经受到普遍的重视。但是,任何一

种良好的形式,如果运用不当,同样不会达到预期的目的。在谈心中,由于各种原因导致失败的情况时有发生,其主要原因是:

(一)装潢门面,缺少诚意

谈心的目的是消除矛盾、增进理解。任何一方缺乏诚意,都会导致谈心流于形式而失败。曾经有一位领导找一位老干部谈话。老干部刚说了没几句,就被领导堵了回去:"你不要说了,这个问题我明白。"老干部换了一个话题,说了没几句,这位领导又说:"你不要说了,这件事我知道。"老干部强按心中的气愤,又一次转换内容,可得到的答复又是:"这个问题你也不要说了。"这样三次之后,老干部拍案而起,愤怒地说"你根本就没有诚意找我谈话",之后愤然离去,谈话就这样失败了。这种没有诚意的谈话实际上是对人的不尊重。尤其是与高层次人员谈话,那种赶潮流、求时髦、应付人的虚情假意,对方一眼便可看穿,剩下的便只有逢场作戏了。其结果不仅于事无补,还会败坏名声。

(二)准备不周,仓促上阵

成功的谈心不仅需要管理者对问题深思熟虑、了如指掌,能够从多侧面、多角度进行透辟的论述,同时也需要给谈心对象留有一定的思考时间。只有经过谈心双方的共同准备和努力,尤其是管理者的充分准备,才能使谈话的内容具有针对性并取得成效。毛泽东在井冈山时就为我们做出了榜样。当时,他为了动员农民武装首领王佐参加革命队伍,事先研究了他的心理特征和气质性格。针对王佐的火暴性子和多疑的特点,毛泽东在与王佐谈话时谨慎小心、心平气和、注意分寸;针对他出身苦、讲义气的特点,谈话时态度诚恳、平易近人、坦率自然。就这样,毛泽东很快就取得了王佐的信任,说服他参加了革命队伍。毛泽东在总结这方面的经验时指出:"谈话前,须调查谈话对象的心理及环境。"[①]这是对谈心工作的

---

① 中共中央党校毛泽东思想研究室编写组. 思想政治工作文献选编[M]. 北京:中共中央党校出版社,1989:16.

科学总结，离开了这一条，就离开了科学规律的轨道，其结果是不言而喻的。

（三）居高临下，目中无人

日本学者涩谷昌三认为谈心的双方"说话态度不宜嚣张""禁止说些志得意满的话语""说话语气必须尊敬"。因为下属约请管理者谈话是经过再三考虑、非常慎重的，甚至精神紧张、心理不安。而有些管理者不理解他们的心情，在谈话过程中表现出不屑一顾的神情，头不抬，眼不看；轻易打断对方的谈话；不理智地发怒、训斥，破坏谈话的气氛；谈话间进来了熟人，立刻将注意力转移，从而冷落了对方。这一切都给对方一个不受重视的感觉，本来想说的话不说了，本来三分气变成了八分气，还谈何心理沟通？

（四）大话套话，表面文章

谈心就是交心，是人的感情和想法的现实碰撞，不管双方认识是否一致，都能袒露心怀。而有些人名为谈心，却满口大道理、标语口号、外交辞令，让人既无法反对又无从接受。这种表面文章实际上反映了谈话人的三个问题：一是谈话人虚伪，令人厌恶，不谈还好，越谈心中的壁垒越高；二是谈话人本来就没有水平，心里空虚，谈不出多少东西，只好拉大旗做虎皮来吓唬人；三是谈话者例行公事，应付差事，不得已而为之。总之，一切华而不实的空话、大话、套话都只能让对方"倒胃口"，产生逆反心理。

（五）内容庞杂，议题过多

社会矛盾纷繁复杂，各种信息瞬息万变，企图通过一次对话解决所有的问题或者了解所有的情况，必然妨碍对问题的深入探讨，影响谈心的深度和质量。面面俱到或许主观愿望是好的，但最终总是使每个问题似是而非地结束。导致这种现象的原因往往是谈话人求胜心切、方法简单，企图一次性解决问题；或者是期望值过高，把谈话看成是解决矛盾、理顺人心、获取信息的万能钥匙；或者是思维混乱、理不清头绪、抓不到主要矛盾,因而随心所欲,四面出击。这种谈心必然与主观愿望相背离。

(六)避实就虚,避重就轻

这种谈心同样是离开了重点,但从本质上讲又与内容庞杂、议题过多带来的重点不突出是不同的。回避问题、避重就轻已不是客观因素所致,而是主观行为的结果。谈心当中有时难免触及问题的焦点处和关键处。这时可能会刺痛谈话人的心,或者使问题真相大白,或者使谈话的一方面临承担责任的局面。于是人们的"自我防卫"心理开始发生作用,对敏感问题闪烁其词、含含糊糊,甚至避而不答、弄虚作假,使对话难以进行下去。此时对话的另一方要么胸有成竹、主动引导,从而把问题澄清;要么停止对话、缓和气氛,从发现的蛛丝马迹当中分析问题或另谋他路,以求双方都有一个缓冲的余地、思考的机会。此时毕竟不是在审理案件,而是在谈心,因而对于敏感问题、焦点问题、担风险的问题应推心置腹、坦坦荡荡。

(七)缺乏耐性,猜疑威胁

能言善辩的人很多,耐心的听众却很少。有人长期观察统计发现,不管售货员态度多么热情,消费者等待的耐性极限是 32 秒,此后还拿不到他要买的东西,便会开始出现焦躁反应。根据一家面食店的统计,前来吃面的客人最多只能等待 6 分钟。同样,和人谈话也有一个耐性问题,只不过这种耐性主要表现为自我控制、自我约束。轻易地打断别人谈话,或者不负责任、不合时宜地评论,或者心不在焉、不时看表、东张西望,都是没有耐性的表现,是不礼貌的表现,也是缺乏涵养的表现。尤其对谈话人无端地猜疑和威胁,更会使人精神紧张,从而失去信任的基础。

(八)逆反心理,离心倾向

一种微妙的特殊心理——逆反心理,是心理沟通不可逾越的障碍。不把它排除,谈心活动就无法进行。逆反心理是一种心理失衡现象,是人们在接受外界影响的过程中产生的一种内发的反向力量。你若讲理想,他说这是空的，没有用；你若讲纪律，他偏明知故犯，给你点"颜色"看看；你若表扬某人某事，他越给某人某事找茬、闹别扭；你越批评某种行为，他越支持效法；等等。总之，他与你离心离德，对着干、顶着走。带着这样的心理去谈心，管理者不仅收不到应有的效果，反而会把心情搞坏。此时，必须首先对逆反心理进行调整。短期的办法就是"此时无声胜有声"，用不予理睬的办法回应他，用视而不见的方式观察他，让其自省自查。长远的办法即最根本的办法是管理者树立良好形象，抑恶扬善，主持正义，正面教育，树立信心，让环境熏陶，然后辅之以心理沟通。

影响心理沟通的因素还可以列举一些，如语义曲解、表达不清、信息传递中的演变和损失以及遗忘、担心、恐惧等，但主要是上述八个方面。我们应避免这八个方面的负面行为，合理地确定心理沟通的方式方法。

二、心理沟通的艺术

心理沟通如何做到入情入理、由浅入深地把道理讲得通俗明确、充分透彻，使人听之入心、思之有理，使双方思想达到"共鸣"？这除了端正指导思想之外，还要讲究心理沟通的艺术。

（一）人在情理之中

在讲述心理沟通的艺术之前，我们还要就心理沟通的指导思想做进一步的强调。尽管它不属于"艺术"的范畴，但由于它在心理沟通中具有指导作用，所以我们不仅要做进一步的说明，还要把它放置于首位以示强调。

心理沟通要做到感人、服人，首先离不开情和理。通情与达理就其所起的作用看，并无主次之分。重情而轻理就会感情用事，流于浅薄；重理而轻情，板起面孔说话，就不能发挥以理晓人、以理服人的作用。人们都有这样的体会：受感染而接受的道理，才能铭记在心；动情以后所发生的转变，才有牢固的基础。有些管理者与下属的沟通常常归于失败，一个重要的原因就是很少顾及谈话对象的感情，缺乏对人的同情、理解、关怀和尊重,居高临下,呆板凝滞,用违反人之常情的做法空讲大道理。对方听后不禁在心理上产生"少来这一套"的感慨,当然不会有好的效果。所以,通情是达理的必要起步,达理是通情的正确引导。心理沟通的成功必须做到既通情又达理,使情与理巧妙地结合在一起,情到之处,理也通达。

此外,在心理沟通之前,管理者要有充分的准备,使所讲的话、所举的事例尽可能恰到好处,让对方从管理者说话的态度和内容上感到热心、活泼、自信、具有支配力。不善于在他人面前发表意见的人是不能成为管理者的,而一个好的管理者也并不是天生就能言善辩。美国第32任总统罗斯福连一分钟的演讲也要花一个小时的时间准备,所以每次演讲总能打动众人的内心世界。一般人在面对众人说话时内心总会感到不安,于是常常重复使用一个词,话说到一半接不下去,说错话,或者讲完以后才发现漏掉了原准备要说的内容。因为当众讲话易产生紧张感,面对陌生人说话较易怯场,被人们注视较易不安。因此,管理者首先要调整好自己的心态,使自己胸有成竹、处之泰然,然后去把握对方的脉搏,施展心理沟通的艺术。

(二) 发挥语言的魅力

语言是心理沟通的工具之一,而且是主要的工具。艺术地运用语言,加之必要的形体动作,会起到特殊的感染作用。优秀的讲演家富有魅力,不仅因为他知识渊博、反应敏捷,还因为他语言运用得体、形体动作配合得当。一个成功的报告、一堂生动的教学、一次情理交融的谈话都无不与高超的语言艺术相联系。因此,许多人,包括国家元首都在研究语言。美国前总统林肯说话时经常身体前倾、凝视对方,不时沉默。这种方式起到了吸引对方注意的效果。日本前首相大平正芳年轻时以雄辩著称,为了改变人们的既有印象,他故意放慢说话速度,甚至刻意制造沉思场面。他认为话说得流畅,不如掌握整个说话的气氛。据日本专家涩谷昌三的研究,说话时如能深具自信心,掌握说话的速度,便能吸引对方的注意。他认为说话速度较慢,一分钟约说330字的人,给人的感觉是可信赖、行事稳重;一个说话像连珠炮(一分钟约说500字)的人,一般被认为积极、有才干,但说服力不够。事实上,在说话过程中,不疾不徐最重要,运用语言时快慢相间、吐词清晰、表达准确,再加上遣词用句丰富多彩,必然会使谈话效果大增。

一位善于沟通的管理者在交谈中还会不时地附和一下。例如,对方说到精彩处时,说一声"好";对方讲清了一个问题,说一声"原来是这样";对方说到有争议的问题时,说一声"没关系""往下说"。与此同时,目光不时扫视一下谈话人,适时地点头、插话,做些简单记录等,都可以给谈话人一种亲切、轻松的感觉,使谈话人感到管理者对自己的尊重。这样,不仅把要说的话都说了,而且把没打算说的话也说了,使彼此达到高度的心理沟通。不管所提意见管理者能否接受,也不管双方意见是否还存在分歧,他都会满意地离去。

（三）从寒暄中了解对方

人们相见,常常先从寒暄开始。人们的感情与意图在寒暄中常常难以发现,甚至被有意识地隐匿起来,不论怀有敌意还是心存好感,刚刚见面时都会尽可能地藏于心中,不让对方察觉。但是压抑过久的情感需要宣泄的通道,在偶发的瞬间,仍然可经由表情、动作显现出来。就是说,虽是刚刚见面,但如能仔细观察对方的寒暄方式,还是有可能察觉对方的性格、情感与意图的。例如握手,一般认为,握手时的力量强弱与个性有关:力量强者大多是好动且信心十足的人;反之,就可能是一个个性矜持的人。

具体地说,通过握手了解对方的心态,不仅可以从握手的力度来分析,还可以通过握手时手的干湿程度来判断。从生理学上讲,人的精神紧张、兴奋,自律神经会立刻发生作用,导致呼吸急促、血压升高、脉搏加快以及汗腺亢进等。因此,在握手时,若是对方的手掌潮湿,就说明对方的精神处于兴奋状态,心理上处于不平衡状态。所以曾经有人建议在办案中采用握手审问法,即一开始和犯罪嫌疑人握手,等到触及要害问题时再次与他握手,如果原来干燥的手掌已处于潮湿状态,那么此人就很可能是真正的罪犯。实际上,有的测谎器就是根据汗腺的兴奋程度来工作的,它的原理与握手审问法是一致的。

寒暄从道声"你好"开始,到握手、交换近况等,有多种形式,细心的人会从开始的接触中初步了解对方。

(四)从表情中了解对方

人们的心理状态往往会表现在脸上,这已是人所共知的事实。但是想从表情中看出对方的心理,却是说起来简单做起来难的事。尽管如此,由于"表情是反映人类心态的镜子",经过长期的实践过程,人们还是理清了心态与表情的关系,不论对方如何压抑感情,装出一副若无其事的样子,甚至装出完全相反的表情,这种压抑和伪装都不会长久。例如,人在说谎时手势会跟着减少,用手摸脸的动作增加,身体不停地变换姿势,说话简洁,应答缺乏变化,笑容减少,点头的动作增加等。美国的丑角训练学校有一种训练法,即让学员在心中存有某一种感情,而脸上却表现出完全相反的表情。例如,心中满腹怨恨,表面上却笑容可掬,虽然大部分人都能表现得自如,但时间长了都不同程度地患上了神经衰弱症。所以,对于充满感情的人来说,想要创造出与感情完全不同的表情,是件非常困难的事。

还有另一种情形,就是看似没有表情,但没有表情并不等于没有感情。心中充满怨恨的人装出面无表情的模样,本身就证明他心中有矛盾,只是把复杂的感情压抑了下来。其实,只要细心观察就会发现他面部僵硬和紧绷的现象,虽然说话时毫无表情,但隐藏在内心的不满却无法逃脱人们的眼睛。

人的心情与表情的关系见表 8-1。

表 8-1　心情与表情的关系

部　位	喜	怒	悲	恐	厌
眉	平　静	两眉聚成八字,眉尖、额头有皱纹	两眉聚拢下垂,眉尖呈倒八字	眉上扬	双眉微皱
眼	下眼睑上扬,眼角有皱纹	张　大	部分或全部闭上	张　大	比平常稍细,眼珠活动

部　位	喜	怒	悲	恐	厌
鼻	正　常	鼻翼扩张	变得细长	鼻翼扩张	上扬,鼻根有皱纹,鼻翼扩张
嘴	露上齿	拉长、拉宽,露下齿	张开并弯曲	张　开	微上扬
唇	向后方伸展,上唇扬起	两角下垂,下唇用力	两角下垂,下唇颤抖	两角下垂	两角下垂,下唇突出
下　颚	下垂,颤抖	使劲向前突出	下　垂	固　定	上　扬

（五）从视线中了解对方

视觉是"五感之王"。人的眼睛是人最敏锐的器官,人 70% 以上的感知都来自眼睛。以食物而言,在没有吃到它之前,食物的颜色、式样具有相当大的感染力。假若在一个昏暗的环境中吃饭,即使桌上摆放的是美味佳肴,由于视觉受限,也会失去品尝的兴趣。因为在正常情况下,观赏食物同样是一种享受,看不清的话,再好的食物在人们心目中的价值也会大打折扣,因此饭店都特别注意装潢与照明。

眼睛不仅具有重要的"视"的作用,而且具有奇妙的"被视"的价值,即眼睛可以给他人传送许多信息。"眼睛是心灵的窗口",人心喜怒哀乐、惊恐厌恶,皆可从眼睛中得出答案,故孟子认为"存乎人者,莫良于眸子"。自古以来,人们对眼睛进行了许多刻画——含情脉脉、眉清目秀、望眼欲穿、暗送秋波、横眉冷对、怒目而视、目光呆滞、贼眉鼠眼等,从不同的角度反映出眼睛所传送给人们的感情。这些丰富的内容只有眼睛才能表现出来,而且表现形式含蓄、深奥、迅速、方便,可以不受时间、空间的限制。这一特殊功能使眼睛对人的感染力有时超过了语言。因此,管理者在与人交谈时既不可死死盯住对方,也不可"无视"对方。高明者常常可以从对方的眼神中取得意外的收获。所以谈话之中不时地扫视一下对方,不仅让对方感到亲切、自然,而且可以从对方"会说话的眼睛"中得到从口中得不到的东西。

（六）从谈话中了解对方

一位著名科学家说过："人类有两种表情，一种是出现在脸部的表情，另一种是出现在说话方式上的表情。"这已是被实践证明了的事实。在打电话时，虽然看不到对方，但只需要短短几分钟的时间，我们就能从对方说话的语调、速度中感觉出来对方是刚起床还是正在吃饭，是心情不好还是兴高采烈等。所以，说话的方式常常能流露出一个人的情感心声。说话的同时，人们常常下意识地通过说话的速度、节奏、音调的抑扬顿挫把心中的感情表现出来。

说话的第一个特征是速度。我们讲的不是一个人与生俱来的、反映本人个性和气质的固有说话速度，而是指不同于平时说话方式的反常速度。例如，平时说话慢条斯理，突然变得快速急促；平时能言善辩，突然变得吞吞吐吐；平时说话不得要领，突然间滔滔不绝等。一般来说，心中怀有不满和敌意时，说话的速度会减慢，而且欲言又止；反之，心中愧疚或者说谎时，说话的速度几乎是平常的两倍。一个人一旦心中不安和恐惧，说话速度就会大大加快，想迅速地将事情说出来，以解脱隐于内心的不安。然而如此一来，他便无法有更多的时间冷静思考，因此内容常常杂乱无章。有心的管理者由此常常可以窥见其中的奥妙。

说话的第二个特征是音调。从生理的角度看，女人比男人音调高，少年比成年音调高，这是就正常情况而言的。一个人反对他人的意见时，为了达到压制对方的目的，常常采取提高音调的方式讲话；一个人在激动时，不管是愤怒还是高兴，往往不自主地提高音调；一个人为了突出自己、引起周围注意，也要提高音调。相反，人们在沉默、颓丧、神秘、平静时常常降低音调。

说话的第三个特征是节奏。充满自信、内心坦荡的时候，说话必定富有节奏感；反之，缺乏自信或心中有鬼时，常常张口结舌、语无伦次。说话有节奏，说明此人心情平静，对所谈的问题充满信心，对事情十分清楚，不怕别人反驳；而说话急于求成或者语意暧昧，则常常是由于怕负责任，反映出一种处世圆滑的做法。

谈话人还可以从谈话对象倾听的状态中获取相关的信息。谈话人一边讲话,一边观察听者的态度、动作,可以了解对方的心态。如果听者坐姿平衡,眼光不断扫视讲话人,时而自然地点头,对打来的电话简明干脆地回绝,面色从容,就说明听者感兴趣、有耐心、尊重人;如果听者在谈话中视线转移,拨弄手指、钢笔,不断变换坐姿、发愣,接听电话并说个没完,则说明听者已是心猿意马,这时讲话人和听话人都应根据具体情况调整现状,确定谈话是终止还是继续。

（七）有效地引导

心理沟通不是一般的讲话、做报告,我讲你听就行了。它是心灵的双向交流,需要袒露内心的真实感情。因此,不是想沟通就必然成功的,而是常常需要将许多心理障碍排除之后方能如愿以偿。排除心理障碍靠笨拙的说教或行政命令都不可能达到目的。怎么办呢？这里介绍两个成功的方法。

第一,首先道出自己的缺点与失败经历。能够向别人坦承自己的一些缺陷,以及自己曾经有过的失败经历,这本身就是勇气,就是真诚,就是交心。即使这些缺点是讨人厌的,这些失败是很狼狈的,对方也会被这种诚意所感动,会觉得这是对自己的信任与尊重。于是两人的心理距离一下子会越过许多阶梯而拉近,甚至你的不设防会使对方也毅然撤去防线,使心理沟通省略了许多"前奏",一下子进入坦诚相见的境界。

第二,欲否定,先肯定。"欲否定,先肯定"是"退一步,进两步"战术的应用。某单位评定职称,有一位同志私下透露评不上职称就"割脉",单位和家庭都提心吊胆、压力很大。这时一位领导找到这位同志,开门见山："我今天请你来,是想和你说一下职称的问题。我认为你是够条件的,因为你工作任劳任怨,身体有病还坚持上班,生孩子没等满月就主动上班,你的工作经得起检验……"话到此处,这位同志"哇"的一声,一口气憋了好长时间才哭出声来。过了好一阵,她才平息下来,开口第一句话就是："这是我有生以来碰上的第一个理解我的领导。"在之后的谈话中,领导进一步肯定了她的成绩,并讲了"指标少,够条件者多"的矛盾,在一种融洽、信任甚至是感激的气氛中一直谈了四个小时,使问题得到了圆满解决。所以,对于不同的认识,一上来就针锋相对、讲大道理,往往不会带来好的结果。而先表示赞成,以"同路人"的身份进行对话,必然使双方都感到亲切和轻松,因而也就容易取得成功。

(八)创造轻松气氛

谈话的气氛是非常重要的。气氛凝滞、令人窒息,会使人心理压抑、草木皆兵,使人说话时句句小心、事事留意,感情上壁垒森森、严守中立;而气氛融洽、亲切活跃,则令人身心舒展、精神愉快、说话自然,使谈话体现出真情实意。所以,管理者要善于运用良好的气氛,甚至要故意创造这种气氛。例如,寒暄可不拘形式,寒暄后有意让对方自己去倒水,这并非不礼貌,而是消除对方的拘束感;或者随便先聊些家常,说些完全与谈话内容无关的话;甚至有人曾故意碰倒水杯,制造一个小的"失误",让对方看到即使是优秀人物也有平凡的一面,和自己一样会犯些小错误,反而对管理者增加了好感,感到管理者也并不是那么高不可及。然而,这种表演式的做法不宜多用,而且要看对象,注意自己的实力。如果自己在人们心目中一向平平庸庸,那么故意弄翻水杯就可能弄巧成拙,被对方认为是无能,而更被人瞧不起。

心理沟通的艺术在使用中要因人而异、因时而择、因地而定,不能机械呆板,更不能无病呻吟、硬性套用,关键是思想端正、目的明确、心地坦诚,且不可将艺术演化为权术。

第九章

行为引领

——柔性管理方略之五

行为引领就是在研究和把握人的行为规律的基础上,通过群体和组织以及组织以外的环境达到对人的行为的预测和控制。这是 20 世纪 60 年代后,随着行为科学的发展,管理科学的又一进步。在西方企业管理中,随着社会和生产的发展,管理者们越来越认识到人的因素的重要性,越来越感到棍棒政策对付知识化了的工作人员已经行不通了,就算胡萝卜加大棒的政策也难以在管理中奏效。于是,西方行为科学研究者们提出了要关心人、尊重人、目中有人的管理思想。1949 年美国芝加哥大学的一次跨学科会议提出了"行为科学"的概念,把人作为研究对象,探索人们的行为规律,随后就有了行为管理。

我国对于行为科学的研究始于 20 世纪 80 年代初,而对它的应用还要更晚,其研究和应用都还存在着很大的潜力。从这方面讲,有利于结合我国的国情,形成我们自己的特色。

第一节　行为的基本特征及规律

人的行为是千差万别、千变万化的。但是,不管男女老少,不管哪个阶层、哪个时代,不管哪个国家、哪个种族,人们的行为都具有共同点,这就是行为的基本特征。

一、行为的三要素

人们的思想是通过行为表现出来的,思想的复杂性决定了行为的多变性。与思想相比较,人们的行为是看得见、感觉得到的外在活动,因而对它的研究就比较直观、形象,这是由构成行为的三要素所决定的。

构成行为的三要素,一是表情,主要指喜、怒、哀、恐、憎等,通过面部动作、眼神、声音等来体现;二是语言,这是表达感情最充分、最深刻的方式,包括口头语言、文字语言和形体语言;三是动作,这是人们行为最明显的表现方式,如步伐、手势、体态。

人的行为往往不是由一种因素构成的,而是多因素的并举或连续,只有这样才能使行为协调一致,完美无缺。一个面对众人的演讲者,只用语言这个单要素是绝对不会产生感人的效果的,他必须有丰富的表情(高兴时喜上眉梢,愤怒时切齿痛恨,激动时慷慨激昂,悲伤时泪洒衣襟),同时再有协调的动作相配合——不一定手舞足蹈,恰到好处的举手投足足以使演讲有声有色、淋漓尽致。因此,全面地认识和把握行为的三要素,可以增加工作的有效性。

二、行为的基本特征

人们的行为尽管千差万别,但忽略形式上的不同之后,都具有普遍的、基本的特征。这些特征主要表现在行为的主动性、因果性、目的性、外在性和可变性上。

（一）主动性

人的行为是主动的，而不是被动的。外力能影响其行为，但无法发动其行为。外在的权力、命令、威逼无法使一个人产生真正的效忠行为，至多能够影响或在一段时期内强制人的行为。人的行为在本质上是自主的、主动的，只有主动的行为才是真正自觉的行为。行为的主动性是由人的价值观念决定的，凡主动性行为都是与本人的价值认识相一致的。从这一点上讲，人的行为正是自身对价值的追求。

行为的主动性说明，管理中运用纪律等强制手段虽然是必要的，但不能完全寄希望于外在的强制性，重要的是通过柔性管理，使人主动地产生管理者所要求的行为。

（二）因果性

人的行为都是有起因的。就这一特征而言，行为主义的"刺激反应"公式是有一定道理的。行为由内在需求引发出来，而内在需求又与外部条件密切相关，内在需求的层次越高，个人对外部条件的认识就越重要。低端的生理需求主要出自本能，高级的社会需求则在于对社会的认识、理解和责任。需求是潜在的，由于受到刺激才逐步强烈，强烈的需求成为行为动机，动机引起某种行为。

因此，行为的因果性告诉我们，行为是可以被激励的。激励就是一种刺激因素。行为理论以及在管理中的应用主要就是基于激励对行为的引导与强化作用。当管理者要求人们具有某种行为时，可以通过激励的办法使这种行为产生出来并加以强化。激励的因素可以是物质的也可以是精神的，可以采用奖惩的方法也可以通过学习、训练和宣传鼓动进行激励。管理者对人的行为的要求都有明确的目的，为了达此目的，必须寻求产生这种行为的起因，并运用影响行为的各种因素达到管理的目的。

（三）目的性

人的行为是有目的的，就是说人的行为不是盲目的和自发的，它不仅有起因，而且有目标。有时在其他人看来是很不合适或者不可理解的行为，对行为者本人来说却是合乎目标的；有时人的行为似乎表现出自发性和无目的性，但仔细分析仍然暗含着某种目标。行为的目的性也就是行为的指向性。行为指向目的，在目的没有达到之前，人们的行为不会自动终止，但是有可能改变行为的方式，如由外显行为转为潜在行为，由个人行为转为群体行为等。而这些转变都是为了达成目标所做的不懈努力。指向目标的行为又可分为目标导向行为和目标行为（如一个科技工作者确立研究课题是目标导向行为，具体实施研究则是目标行为），目标导向行为是为达到目标做准备，目标行为则是直接达到目标本身，这同运动员的赛前训练与参赛是一样的道理。需要注意的是，在达成目标的行为过程中，由于各种条件的限制，常常出现行为挫折现象。也就是说，由于各种阻力的存在，目标难以达到。这是影响人的情绪的重要因素。由于人的素质不同，对待挫折的态度也不同。意志薄弱者往往放弃原来的目标，意志坚强者则表现出坚定不移的持久性。

行为的目的性说明确立合理的目标对行为具有重要的意义。目标是人们所希望达到的状况，这种状况与现有状况存在着差距，行为的目的正是弥合这一差距。从行为管理来说，一方面要引导人们产生组织目标导向行为，另一方面又要力求符合个人目标导向行为，使两种行为相一致，从而产生最大的目标行为。

（四）外在性

人的行为在表现形式上具有外在性。它与影响行为的因素不同，这些因素许多都是内在的，如个人生理因素、心理因素、思想因素等。人的内心世界的活动、人的思维的展开，不管多么波澜壮阔，他人是难以感知的；然而，这种思维不管多么深沉，它最终又是必然表现出来的，这就是行为。行为的外在性说明人的潜在的心理活动是可以通过行为表现直接观察的,它是人的内在因素的外在表现。因此,透过行为可以洞察人的内心世界。尽管行为本身具有潜显相随、真假相伴的二重性,但我们仍然可以采用分析、统计、比较等技术把握其真实性。

（五）可变性

人们为了实现目标,不但可以改变行为的方式,而且可以改变行为的目标。人们经过学习、思索、总结等活动,在认识上有了提高,或者受他人的影响在观念上有了转变,可以放弃原来的目标而选择更加现实、更加理想的目标。这是人与其他受本能支配的动物所不同的,即人的行为是可塑的,是可以自我协调的。人的行为不仅因人而异,而且因时而异、因境而异。人的行为可变性的现实一方面反映了行为是动态的、可塑的,另一方面也反映了行为是可控制的。

人的行为为什么会有这些特征？如何来解释这些特征？心理学家认为人的行为都是动机性行为,所有人的行为都有明确的目的和目标。这种目标导向行为又总是围绕着满足需求的欲望进行的。一种没有得到满足的需求是调动积极性的起点,是引起一系列导向行为的初始动机。不管这种需求是生活的、工作的、个人的还是集体的,在未满足之前都会造成个人心理紧张,导致个人采取某种行为以满足需求,来解除或减轻心理的紧张。这就是人的行为表现出上述基本特征的原因。

三、行为的基本规律

行为的基本规律主要指行为的活动规律和行为的发展规律。

（一）行为的活动规律

行为管理的规律取决于行为本身的规律性。关于这个问题,马克思和恩格斯早已从理论上进行了论述。恩格斯指出:"行动的一切动力,都一定要通过他的头脑,一定要转变为他的意志的动机,才能使他行动起来。"①然而支配人们行为的动机并不是头脑中固有的,而是"外部世界对人的影响表现在人的头脑中,反映在人的头脑中,成为感觉、思想、动机、意志"②。这就是说,人们的一切行为是受思想支配的,而这种思想又是人们所处的社会条件、工作条件、生产条件、文化教养及环境影响等客观条件作用于大脑的结果。这就是人们思想和行为活动的基本规律,这一规律可以简要表达为:

外界 ——作用于大脑→ 思想 ——支配→ 行为

客观外界是复杂多变的,这些外界因素归结起来可以分为三类:一是物质因素,主要有物质生活资料、物质消费资料,而物质消费资料(包括吃、穿、住、行、用五个方面)又是更直接影响人们思想的因素;二是政治因素,主要有阶级关系、国家政权、政党组织、政治路线、政治立场、政治观点等;三是精神因素,主要有理想信仰、道德品质、思想观念、科学文化、友谊爱情、生活方式等。客观外界这三大因素反复作用于人们的大脑,就会影响人们的思想。而这种影响力表现在三个方面,即左右、动摇和改变已经形成或正在形成的思想,启发、刺激和诱导产生新的思想,辨别、检验和校正人们的固有思想。这种影响通过有组织和无组织、有意识和无意识、自觉和自发的途径与方式来起作用。这种客观外界因素的复杂性决定了它作用于人的大脑所产生的思想的多样性。这种多样性也表现为三个方面:一是思想修养,包括价值观、政治观、理想观、幸福观、苦乐观、生死观等;二是伦理道德,包括伦理观、道德观、荣辱观、美丑观、恋爱观、婚姻观、家庭观等;三是认识能力,主要指对人、对己、对事、对物的观察力、分析力、鉴别力和思想方法等。一般情况下,这三个方面综合起来对人的行为发生导向作用。

思想支配行为是行为规律的第二阶段。在支配行为的过程中,思想

① 马克思恩格斯选集:第 4 卷[M]. 3 版. 北京:人民出版社,2012:258.
② 同①238.

254

是以需要的形式表现出来的。人的需要是多方面、分层次的,有人把需要
分为五个层次,有人分为七个层次,而马克思主义把人的需要分为四个方
面:一是物质的需要,包括物质生产资料和消费资料;二是精神的需要,主
要是友谊、爱情、文化、道德、理想、信仰等;三是交往的需要,包括生产中
的交往和社会交往;四是劳动的需要,包括脑力劳动、体力劳动以及劳动
就业等。在这四种需要中,物质需要是最根本的,精神、交往、劳动三者的
需要则是高层次的,是保证社会存在、发展和进步的必要条件。所以,行
为管理不仅应重视人们物质的需要,更要重视人们精神、交往和劳动的需
要。通过启发、刺激和满足这些需要,使人产生某些意念、愿望,并转为定
向的动机,从而支配人的行为。

人的行为不仅受思想支配,还同人的个性有关,即与人的兴趣、习惯、
气质和性格有关,其中性格是个性的核心。个性也有积极与消极之分。
因此在行为管理中,除分析人的行为、找出思想根源之外,还要注意分析
人的个性,把握人的性格特点。从外界环境、思想、需要、个性等方面综合
考察一个人的行为动因,才能够做到科学地分析、评价和引导人的行为。

(二)行为的发展规律

不仅思想影响行为,行为反过来也会对思想产生影响。一个人的行
为在实践中总是遭受挫折,就可能影响他的决心和信心;相反,一个人的
行为总是一帆风顺,就可能使他过分自信,甚至导致自傲与狂妄。

思想支配行为和行为影响思想都不是最终目的。最终目的是用思想
指导行为改造客观世界,并且在改造客观世界的过程中改造主观世界,形
成新的思想,产生新的行为,进一步改造客观世界。如此循环往复、周而
复始、螺旋上升,推动事物前进,推动人类进步。这就是人的行为发展进
步的基本规律,用一个简明的模式表示就是:

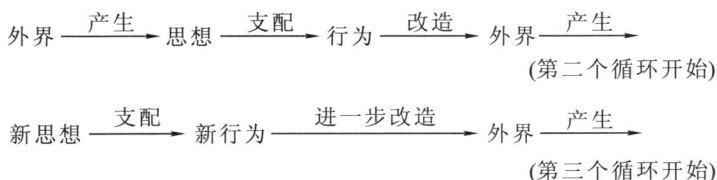

外界 —产生→ 思想 —支配→ 行为 —改造→ 外界 —产生→

(第二个循环开始)

新思想 —支配→ 新行为 —进一步改造→ 外界 —产生→

(第三个循环开始)

用一个更简明的模式表示就是：

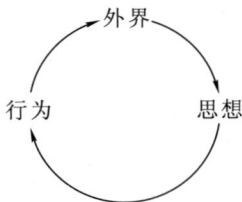

如此周而复始，无限循环。

行为的这些规律不仅为个人行为所具有，同时也为组织行为所具有。就是说，不仅个人可以成为行为主体，组织同样也可以成为行为主体。因此，管理者在实施行为管理中，不仅要注意个体行为的管理，而且要注意群体行为及组织行为的管理。

第二节　行为的受制因素

为了进一步研究行为的范畴，在分析了行为的特征和规律之后，还要进一步分析影响行为的各种因素。影响行为的因素有很多，归结起来可以分为内部动力和外部环境两种。内部动力即个人心理环境，主要包括个人的气质、兴趣、习惯、思维、文化水平、认识水平、生活经验等；外部环境主要指自然环境、社会环境和情境因素。用函数关系式表示为：

$$B = f(P,E)$$

式中，B——行为的方向、强度；

　　P——内部动力；

　　E——外部环境刺激。

一、心理环境

心理环境可能是健康的、积极向上的，也可能是颓废的、消沉的。心理环境是影响人的行为的内因,其表现是多方面的。

（一）气质与性格对行为的影响

一个人的气质与性格不同,其行为的方式、速度及程度也不尽相同。性格外向、自尊直爽的人一旦有了目标,其行为往往会明显而迅速地加强,而且变化的幅度也大;性格内向、优柔寡断的人则往往缓慢且隐晦,因而在短时间内行为稳定、不易改变,但一旦对问题有了理解、下定决心后,行为又是持久的、执着的。

（二）习惯与兴趣对行为的影响

"习惯成自然"是中国的一句古话,道出了人们行为形成的一条重要的渠道。习惯了的东西便是自然的东西,甚至某些习惯了的东西,久而久之成为人们的传统,成为人们的兴趣,人们常用"乐此不疲"来形容对某一事物的浓厚兴趣而引起的稳定的、高强度的行为。在社会公德蔚然成风的地方,公园里没有乱写乱画——游人已成自觉;在公交车上主动礼让——大家已成习惯;在外国人面前侃侃而谈,不卑不亢——人们认为这是理所当然;改革开放,摈弃"以阶级斗争为纲",转而以经济建设为中心,农村联产承包、民营企业、合资企业出现,市场经济体制确立与发展……这一切再没有人说三道四、评头论足——大家已经视为自然和必然。

行为管理就是要把人们的兴趣引向美好,把人们的习惯引向进步,因为兴趣和习惯并非都是正确的。良好的习惯和兴趣给人以奋进的力量,它可以产生美好,升华人格,形成共同的认识和优良的传统,因而具有凝聚力。负面的习惯和兴趣则会导致不求上进、离心离德。有人稍有不满意,便当众牢骚一番,这种习惯绝对于事无补;有人彻夜玩乐,这种兴趣恐怕不会为工作增色。这也从反面印证了习惯与兴趣对人们行为的影响。

（三）文化素质对行为的影响

文化素质直接决定了一个人的思维能力和认识水平。文化素质越高,对正确事物的认识、接受就越快、越主动,追求得就越强烈,在对其行为的正面引导上就越容易。例如,对待环境保护、资源开发、生态平衡,甚至男女平等、风俗习惯等一系列问题的态度,都体现了文化素质的影响。

文化素质还直接影响人的思维能力。中华民族有着善于理论思维的传统,曾经积累了许多富有哲理的箴言。韩愈在其《进学解》中所说的"行成于思,毁于随",对思维与行为的关系做了非常精辟的概括。所谓"行"就是行为,"思"就是思维,是想问题、分析问题。"思"与"随"是对立的。自古以来,勤思、善思才能有所发现,有所创造,有所前进,把行为引向正道,把事情办好;不思、乱思则似盲人骑瞎马——无法前进。东施效颦、邯郸学步之所以贻笑千古,都是随而不思的结果。南宋率众起义的邵青,也曾吃过随而不思的亏。公元前284年,齐国即墨守军田单用"火牛阵"打败了伐齐的燕军。时隔千余年之后,邵青仍沿袭这一套老办法,但由于宋将王德早有准备,结果火牛全部掉头奔回自己军中,引起自己军队的溃乱。原因何在呢?《宋史·王德传》上评述:"是古法也,可一不可再,今不知变,此成擒耳。"可见在问题面前不思不行,不善思更不行,而这一切结果都与文化素质密切相关。

（四）从众心理对行为的影响

生活中常常发生一些有趣的现象:路上本无事,几个人故作好奇,围观一样东西,必然会引来一群人围观;两个商店卖同样的东西,一个人多争购,一个无人光顾,再来的人必然不假思索地去挤人多的商店。生活中这种受他人影响,有意无意照着做的现象就是一种从众心理。不难发现,心理的从众趋向在不自觉地起着作用,它造成一种无形的压力,常常迫使一些人改变自己的行为。对大多数人来讲,"从众"是个不太受欢迎的概念。然而,不管喜欢不喜欢,情愿不情愿,有时你会在不知不觉中从众。从众心理是好是坏不能简单下结论,我们生活在社会上,就得依一定的传统规范行动,否则就会处处与社会格格不入。于是,"入乡随俗""客随主便"就成了人们行事的原则。可见,关键不在于是否从众,而在于什么情况下从众,什么情况下不能从众。这里不仅有文化素养的作用,而且有生活经验和工作经验的作用。实际上,经验就是一种实践知识,这种从实践中得来的知识对于辨别是非、判断好坏、指导人的行为具有更直接的意义。这种经验一旦上升为理论或与理论相结合，往往更容易使行为定向而持久。从这个意义上讲，经验也是影响行为的因素之一。

二、自然环境

自然环境指地理位置、资源状况、气候水土等自然条件。不同的地区、不同的自然条件，人们的行为表现和对行为具有支配作用的思想、性格具有明显的差异。

优美的自然环境可以使人消除疲劳、焕发精神、增强劳动热情，甚至可以消除愤怒与烦恼。特殊的环境可以使人产生特殊的行为，如绿色给人以生命力，蓝色使人感到安逸，黄色使人增加食欲，白色使人觉得洁净，黑色让人感到压抑。我国大西北"天苍苍、野茫茫"，宽广无垠、天高云淡，在这里生活的人们性格粗犷豪放、热情好客；东北地区长时间高寒，大地冰封，白雪皑皑，这样的自然环境养成了人们豪爽坚毅、无所畏惧的品格；江南水乡山清水秀，稻花飘香，烟雨小楼，流水人家，生活在这里的人往往感情细腻、精明强干。

所以说，环境对人行为的影响是不可低估的，哪怕是我们短时间处在一个特定的环境中，感情和行为也会受到影响。当我们面对大海而立，看那潮起潮落、水天一体的景象时，不仅会感到胸怀博大、忘掉一切，而且会有沧桑巨变、往事越千年的感慨，叹人生短暂，欲摆脱凡尘；当我们走进大森林时，那古树青藤、阳光点点，那鸟鸣声声、流水潺潺，会使我们仿佛发现了生命之源，一种与天地共存、与日月同在的幻觉油然而生；而当我们置身茫茫戈壁、漫漫大漠时，又是另一种心情，不免产生一种"西出阳关无故人"的孤独冷清之感，感叹个人的力量太渺小了，也就愈加崇敬那"丝绸之路"的探险者们，愈加崇敬 20 世纪 60 年代为我国第一颗原子弹的爆炸而奋战罗布泊的英雄们，愈加崇敬大漠深处、戈壁荒原那些竖起座座井架的石油工人们，也愈加崇敬那些祖祖辈辈繁衍生息、建设保卫在这块土地上的人们。

自然环境既多情又无情,它常常使"顺我者昌,逆我者亡"。置身在大自然造就的各种不同的环境之中,人们的许多行为都是为适应自然而形成的。人们不仅有改造自然的一面,同时又有受自然影响的一面。人们游览山水风光也是为了得到大自然的"恩赐",希望在自然环境中陶冶情操,在美的享受中放松身心,调整绷紧的神经。

环境的负面效应也是明显的,一个空气污浊、气候恶劣、万物凋零的环境不仅不能使人精神振奋、心情舒畅,相反还会令人心灰意冷、精神压抑。因此,行为管理中的一个辅助措施就是美化环境,创造令人身心愉悦的生活和工作条件,让环境激起人们对生活和工作的热情。

三、社会环境

社会环境对人的行为的影响是长久而深刻的。它通过社会制度、政治氛围、经济结构、法律法规、伦理道德、文化教育、科学技术等综合因素对个人和组织的行为产生影响。

(一)社会制度是国家的基本社会形态

社会制度从根本上决定了国家向何处去的道路和目标问题,决定了意识形态的建设以及与之相适应的各个方面的大政方针。在我国,确立社会主义制度之后,就是要解放生产力,发展生产力,消灭剥削,消除两极分化,最终达到共同富裕。这就是社会主义的本质所在。它从根本上规定了人们的思维方式、行动方向和行为指向,那就是要全力以赴,以经济建设为中心,坚持四项基本原则,坚持改革开放。人们的思想和行为不允许离开这个中心和基本点。同时,在某一阶段又允许一部分人先富起来,但最终要达到共同富裕,这就决定了贫富分化不可能向极端发展。于是先富帮后富、先进帮后进就成为新时期的社会风尚,成为人们的行为指向。

（二）政治氛围是社会环境的政治生态

国家稳定，作风民主，环境宽松，气氛融洽，人民参与国事、政事，就可以最大限度地释放蕴藏在群众中的积极性。在以阶级斗争为纲的年代里，时时事事上纲上线，采用批判斗争的方式对待人民内部矛盾，搞得草木皆兵，人人自危，极大地束缚了人们的积极性，人们的行为千篇一律，缺少特色，没有活力。十一届三中全会之后，人们思想解放，社会政治体制和经济体制的改革与完善都为民主宽松的政治气氛提供了条件。可以说，我国人民从来没有像今天这样享受民主、科学的洗礼，人们的行为从来没有像今天这样潇洒自如，这使得我国经济社会的发展出现了天翻地覆的变化。

（三）经济结构是社会生产力的空间布局

经济是基础，经济基础决定上层建筑。在过去单一的计划经济结构中，人们的思维方式呆板、僵化。几十年一成不变的计划经济体制使人们形成了思维定式，行为也就变得模式化、单一化，一切只靠上级指令行事，人们的主观能动性被抹杀了。改革开放以来，经济体制发生变化，多种经济成分并存，多种经营方式并举，不仅促进了国民经济的大发展，而且促进了人们思维方式和行为方式的多样化。

（四）法律法规是保障社会效率和文明的武器

一个社会逐步由人治走向法治，是社会进步的表现，是民主走向完备的象征。几千年的中国封建社会充满了王权、神权的统治。王言曰制，言出法随；君叫臣死，臣不能不死。社会成员没有独立的人格，更没有什么人格保障。管理的随机性和独断性导致了大量冤案的产生。新中国成立后加强了立法工作，但是法制不等于法治，由建立法制到依法行事、依法治理还有一段路程。我们不仅应致力于法制建设，更要落实法治，以确保人民的一切合法权益不受侵犯，确保人民在政治上、经济上、生活上有安全感。因此，2014 年，党的十八届四中全会专题研究部署全面推进依法治国这一基本治国方略,审议通过了《中共中央关于全面推进依法治国若干重大问题的决定》;2020 年,党的历史上首次召开了中央全面依法治国工作会议。

(五)伦理道德是社会共同的价值规范

伦理道德包括道德原则、道德水平及道德标准。中国是一个礼仪之邦,具有丰富的人伦道德传统。许多伦理道德规范历久不衰,维系了中华民族的团结与尊严,并深入人心,成为人们自觉的行为。这是中华民族宝贵的精神财富,它的博大精深渗透到各个领域:从结交朋友到为人处世,从与人相处到天人合一,从生产劳动到读书学习等,处处充满了智慧,充满了伦理。我们要在这个基础上摈弃糟粕,继承精华,发展与完善社会主义的伦理道德,使之成为规范、影响人们行为的最现实、最直接、最广泛的准则。

(六)文化环境是社会价值取向的灯塔

关于文化环境对人们的重大作用,前面已详细论述过,这里强调的主要是文化环境对人的行为的影响,即人类一切文化活动和文化创造成果对人的行为的影响,主要是指民族心理、价值观念、社会意识等,它们构成了精神层面的文化环境。文化环境在人的心理上的积淀构成了文化心理素质。现在,人们越来越远地离开了自然状态,生活在自己创造的文化环境之中,文化心理素质深藏在人们内心底层,对人的行为起着潜移默化的作用。任何人都不可能游离于这个文化环境之外,都必然自觉不自觉、情愿不情愿地受着它的影响。

(七)科学技术是引领社会发展的第一动力

科学技术的应用和提高不仅可以增强民族自豪感,从精神上给人以鼓舞,而且可以直接影响和改变人们的行为。现代化生产不仅在经营管理中而且在生产操作中,使脑力劳动的比重越来越大。体力劳动与脑力劳动所占的比重在现代化水平低的情况下为 9：1,在中等情况下是

6：4，而在现代化操作的情况下为 1：9。尤其在计算机越来越普及、越来越精密的情况下，不仅人们的许多工作方式要改变（如在家工作、网络服务、自动控制等），而且许多生活方式也要改变。人们延续了几个世纪的工作制度，乃至农村几千年日出而作、日落而息的生产模式，已经或即将成为历史。所以，科学技术作为社会发展的第一动力，对人们行为的影响是巨大的。

四、情境因素

情境因素是在某一局部某一时刻所形成的即时场景。如果说社会环境对人的行为具有潜移默化、持久稳定的作用的话，那么情境因素对人的行为具有立竿见影、一触即发的作用。

在一个良好的风气中，在一个正义主导的环境里，人们的行为会向着正向发展，人们的崇高精神会得到最充分的发挥。在华山闻名于世的"太华咽喉"千尺幢出现游人遇险的危急时刻，一群大学生自动组成人梯忘我救助遇险游人，而其他游人也悄悄加入了这个队伍；石家庄沉缘湖畔，涌现出了一个救人的英雄集体，成员大多是年轻的党员和共青团员，在救人的过程中，放在岸上的钱、手表和衣物一件不少……这些抢险救人的英雄们一方面向我们传达了这样一个信息：他们不是个人乐善好施，而是集体的见义勇为；不是相识者结合而成的集体，而是素不相识的人们协同努力；不是下意识的行为，而是带有明确的主观意识（辽宁一位参与救人者说得好：我做事就是要让别人知道人不是自私的）。同时也向我们表明：英雄的行为主要是平时积累的结果，但也有情境因素的促进。在这些抢险的队伍中，有作为时代骄子的大学生，有逆境中成长的青年，也有回头的浪子。他们身上闪烁的是真理和正义的光芒，只不过有的人意识到了并上升到了理性的高度，有的人还没意识到。相反，一个缺少良知、陷于麻木的环境则可能抑制人们的正义之举，甚至诱导出负面行为。可见，情境因素同样存在着二重性。从这一点上讲，不管大环境如何，管理者根据自己的权限创造一个良好的局部小环境，不仅是可能的，而且是必要的。

人的行为在内部受心理环境的影响,在外部受自然环境、社会环境和情境因素的影响,这是行为表现的一个特征,体现了它的被动性。由于行为还具有主动性和目的性,因此行为并非只受环境的影响,它还反过来影响环境。这就是说,行为和环境是互相渗透、互相作用的。由此也表明,所谓行为,就是人与环境相互作用中内在心理活动的外在表现。因此,管理者对行为的引导既要着眼于人的内部因素的调动,又要注意外部环境的构建。

第三节　行为管理

行为管理是一个实践性很强的工作。行为科学虽然围绕着"行为"提出了许多理论和观点,但总的来看,主要集中在分析引起人们行为的心理因素上,而且基本上局限于考察个人行为,没有提出行为管理的概念,也没有对行为管理的方式进行深入的探讨。因此,我们有必要结合我国实际情况,提出行为管理的基本方式。

行为管理的对象主要是个人,本节虽然提到群体行为或组织行为,但实际上是研究个人与群体、个人与组织的关系,是把群体和组织作为行为管理的"工具"使用的。所以,本节所讲行为管理的实施主要是针对个人的。

一、协调人际关系

任何一个工作群体都由一定数量的成员组成。他们由一定的目标、任务联系在一起,共同工作甚至生活。这样,成员之间就有了各种各样的联系和关系。所谓人际关系,就是人们之间的这种独特的联系以及联系的方式和程度。就组织来讲,群体内的人际关系是反映并影响群体凝聚力的一个因素,它对人们的行为甚至群体绩效都会产生影响。研究它的目的,在于通过人际关系来观察、衡量群体凝聚力的状况,并通过改善群体内的人际关系促进群体凝聚力的提高,从而提高群体士气,达到更好的群体绩效。就个人来讲,是为了理顺个人与他人、个人与群体的关系。

人生的最大悲哀莫过于孤零零地来,孤零零地去,没有任何人与自己分担忧愁,也没有任何人与自己分享快乐;没有和任何人一起共患难,也没有和任何人一起拼搏过。这种人际关系也可以用贫与富来形容。日常生活中,我们说某人贫穷,通常指他没有足够的钱财。而事实上,除了这种可用钱来衡量的贫与富外,还有另一种贫穷,那就是人际关系的贫穷。组织内人际关系的贫穷表现在组织没有精神支柱,管理者与群众关系紧张,组织内团伙派系互相斗争、人与人之间互相戒备等;个人人际关系的贫穷表现在个人和别人相处不好,没有知心朋友,没有和睦的家庭关系,常常讨人厌、招人嫌等。人际关系贫穷者的痛苦与悲哀其实更甚于缺少钱财的贫苦人。自己瞧不起自己、自怨自艾的人,清高自负、孤芳自赏的人,不讲道德、人格低下的人往往都是贫穷队伍中的成员。这些人常常由于人际关系的贫乏,生活中缺乏欢声笑语,寂寞无聊、茫然无措地了却一生。

管理者在人际关系的处理中,着力避免的也正是这些问题。如何更好地协调人际关系呢?有三种办法可资参照。

(一)强调义务的尊严

对于义务,有人常常理解为可做可不做、可干可不干的事,因此认为做这些事当然是好的,但不做也不算错。其实,这是一种狭隘的理解。分析人与人之间的相互关系就会发现义务实际上是一种人人都需要具有的社会责任感。比如说,我们走在大街上,与周围的人素昧平生,好像彼此间并不存在义务。然而此时有一位陌生人猝然病倒,这时人与人之间马上就出现了一种彼此间的义务关系。如果有人说,我不愿尽这个义务,从而袖手旁观、见死不救,则肯定会受到公众舆论的谴责。

"各人自扫门前雪,莫管他人瓦上霜",这样一种自私自利的为人处世态度不仅是不应提倡的,而且是根本不可能实现的。人之所以为人,正因为他是社会的一分子,要和许许多多人发生联系。那种清淡自守、与世无争、不帮人也不求人的想法如果在过去还被认为是天真的话,那么在现在看来就是脱离实际。流落荒岛的鲁滨孙需要人们营救才能逃出苦海,他体验到了没有他人相助的孤独与渺小。人的一生会遇到许多难处:小有难处,大也有难处;少有难处,老也有难处;贫有难处,富也有难处。有了困难,没人管没人问,行吗? 没有别人对你的义务,你是难以生活下去的。那么同样,当别人有困难时,每个人都应毫无保留地尽自己的义务;否则,只讲他人对自己的义务而没有自己对他人的义务,就是社会义务的不对称,就会引起社会道德的倾斜。

管理者理顺人际关系时不要忘记强调义务。义务是一个内涵非常丰富的概念,对人要尽义务,对事要尽义务,对单位也要尽义务。每个人都应从这样的高度来理解"义务"的含义——助人不是施舍与恩赐,也不是报恩和图报;济困不是良心发现,也不是侠肝义胆。义务是一种新型道德观的积极体现,履行义务是良知之升华,是人生之高尚,是生命熠熠生辉的动力源。

(二)性格互补

在不少情况下,看起来性格迥异的人却可以成为挚友,这往往是由于互补产生的和谐。性格外向的人可能与十分内向的人成为好朋友,急性子可以和慢性子友好相处,刚毅的人可以与柔顺的人成为亲密伙伴。

从自然规律上讲,同性相克,异性相生;从哲学的观点看,对立面统一,相反者相成。事物是这样,人际关系也常常表现为如此。两种不同的性格可以互为优势,彼此弥补,形成连续。从实践上看,刚是柔的补充,柔是刚的缓冲,这就是刚柔相济、对立和谐的道理。三国演义中的关羽和张飞性格上一柔一刚,因而配合默契,终成大业。试想,若关羽是第二个张飞,那后果会是什么样的?

同样,人们同处于一个单位,单位中有许许多多的岗位,从事着不同的工作,完成着不同的任务。在不同岗位人员的分工过程中,在基层组织的组建中,人员的性格搭配是行为管理中的一条重要原则,管理者务必注意这一点。此外,从性格互补中我们还可以得到启示,那就是不仅要注意性格的互补,还要注意知识的互补、专业的互补、年龄的互补等,以求从多方位完善行为管理中的互补效应。

（三）利益驱动

利益关系是人们之间的一种重要关系。有很长一段时间,我们忌讳谈利益问题,似乎一谈利益就不那么高尚了。其实,利益原则是马克思主义的基本原则之一,利益关系是人类社会中一种基本的社会关系。地主和农民、资本家和工人之间的剥削与被剥削关系,实质上是一种利益关系,只不过表现为一种互相冲突的形式罢了。社会主义人与人之间的关系,包括平时所说的同志关系,实际上也是一种利益关系,只是这种关系是建立在根本目标一致的基础上的。然而,这并不是说人与人之间就没有利益冲突了。只要按劳分配的原则不变,利益冲突就要存在下去。这种冲突主要表现为贡献与获得的矛盾。这种矛盾有政策造成的人为因素,有机遇带来的自然因素,有个人感觉上的心理因素。正因为如此,行为管理才可能通过利益的杠杆,调整人们的行为。

对人际关系的协调,除强调义务、注意性格互补和利益驱动之外,还要注意协调工作关系、交往频率、人际距离、心理冲突、态度和需要等。实践证明,这些都不失为协调人际关系的有效方法。

二、发挥知识道德的力量

淡泊宁静,不为外界的喧嚣嘈杂所动,全部精力用于事业,有人嘲笑之;心地坦荡,不斤斤计较个人得失,不耿耿于个人恩怨,有人讥笑之;戒烟戒酒、喜事简办、捐献财物、轻车简从、抵制歪风……有人耻笑之。原本圣洁的情操、高尚的品德,为什么会落得一些人的耻笑呢? 显然,只有一个解释,耻笑者大抵是些缺乏教养的人,由于无知无能,他们在美好面前茫然失措,在正义面前颠倒原委,面对这些人一时是很难把道理说清楚的。因此,这些人需要学习,需要提高,从而强化知识道德的力量。

有人认为文化知识与思想道德是对立的,因而主张"绝圣弃智";相反,有人认为"知识包括了一切的善",有知识就有道德,德存在于知识之中;也有人认为文化知识与思想道德毫不相干,人为地在文化知识与思想道德之间掘开了一条不可逾越的鸿沟。显然,这些认识都将问题极端化、绝对化,因而都是我们所不能接受的。

诚然,文化知识与思想道德没有必然的因果关系,有知识并非必然道德高尚、思想先进,同样道德高尚也并非必然学识渊博。然而,没有"必然",却存在着"自然"。知识与道德不存在互为条件的关系,但可以互为基础、互促互动,从而德才相济,共同提高。众所周知,高尚的道德、远大的理想不仅能够使人立志,而且可以促其有恒,有志有恒方能正确处理矛盾,取得事业上的成功,这就是"志不强者智不达"的道理。同样,有知识、有文化方能深明大义、崇尚真理,正所谓"玉不琢、不成器;人不学,不知义"。当年,列宁为了提高共产党员的素质,曾经不容置疑地指出,摆在全党面前的任务"第一是学习,第二是学习,第三还是学习"。他痛斥那些不学无术、只会空喊口号的人是妄自尊大的家伙,指出这些人甚至比资产阶级出身的科学家距离共产主义更遥远,因为他们无知,无法接受共产主义。"只有用人类创造的全部知识财富来丰富自己的头脑,才能成为共产主义者",这就是列宁的结论。他明确地告诉我们知识对道德理想的促进作用。多年以前,在中国人民的革命史上,一名即将奔赴刑场的共产党员、年仅 23 岁的英雄母亲,留给襁褓中女儿的最后一句话是:"好好读书,才不负你父母的期望。"从革命导师到普通战士都如此强调学习,如此大声疾呼,又殷切叮咛,这绝不是巧合,而是他们从伟大的实践中发现的真理——教育对理想的树立和道德的提高具有巨大的促进作用。不论是社会道德的进步还是个人道德的进步都与知识水平呈正相关的关系,孜孜以求、知识丰富的人往往也是通情达理、道德高尚的人。从这个意义上讲,知识水平体现了一个人自我完善的能力水平。道理是明白的:一个文化素养较高的人往往尊重规律、实事求是、视野开阔、思维敏捷,因而具有较强的洞察力,对于真假、善恶、美丑善于做出判断和选择;他自强自信、光明磊落、坚持真理、主持正义,对于正确的东西敢于坚持,出现错误易被说服;他居高声远、力达四方、眼界开阔、是非明辨,不仅对真理易于接受,而且对错误思潮具有抵御力,对诸如宗教、神学、古文化、洋文化中带有伪装色彩的东西具有筛选和消化的能力。总之,知识使人博学审问,慎思明辨,善于斟酌,正确抉择,直到笃行、慎独、自我升华,在政治上坚定勇敢、成竹在胸,在生活中己立立人、己达达人。

于是,我们得出结论:知识不仅增加了人们战胜自然、改造社会的力量,而且增强了人们战胜自我、完善自我的力量,这就是"知识就是力量"的全部内涵。

三、注意养成教育

人口综合素质的提高离不开教育,思想道德水平的提高是这样,文化科学素质的提高也是这样。因此,从一般意义上讲,人口综合素质的提高主要是发挥教育的功能。作为柔性管理的教育功能应该体现在哪里呢?这是一个必须明确的问题。

我们承认,任何管理者都不是全知全能的,他没有必要也不可能是一个万能教育者,因此柔性管理的教育职能主要体现在对管理对象实施思想道德素质的教育上,以此去带动其他素质的提高。否则,柔性管理的教育工作就偏离了大方向、离开了主旋律,他就是一个不清醒的管理者。

从实际情况看,由于改革开放带来了一系列变化和冲击,人们的观念不断更新,人们的思想不再僵化,作为现代社会的自然人,其道德价值观念必须与时俱进。目前,道德教育主要存在三个薄弱环节:一是过分强调道德规范的表面化教育,而忽视了更基本、更长远的道德人格教育。二是对公德和私德的教育不分。过去提倡"修身、齐家、治国、平天下",集多种品格于一身,在这里我们强调公德建设,多讲职业道德,把握社会角色,加强社会公共管理职能的宣传。三是对道德、价值观的教育多以灌输为主,忽视了示范作用,这要求管理者通过不断提高自己、完善自己,有意识地用自身良好的形象发挥示范和感召作用。

从实践上看,思想道德教育有其潜在性和滞后性的特点,它排斥短期行为,容不得急功近利。养成教育不能寄希望于立竿见影,它是一个往复循环、周而复始的过程,是一个潜移默化、润物无声的过程,需要春风化雨、水到渠成,需要全身心投入,产生心理共鸣。所以,从事这样的工作,不只要雷厉风行,还要坚持不懈;不只要运筹帷幄,还要不厌其烦地重复和等待。这是管理者远见卓识、胸有成竹的大将风范之所在。它要求管理者首先在知识上先人一步,在人格上堪称楷模,在思想上给人以启迪。

我们相信,人心不仅是可测的而且是可塑的,人的思想和行为也是可塑的。塑造人们思想的途径主要靠教育,管理者应同时还是教育者。

四、正确引导交友

物以类聚,人以群分,任何时代、任何组织都是这样。在一个组织中,总会发现有些人之间的联系十分频繁,关系特别密切,感情特别融洽,这些人互相称为朋友。朋友的作用是不可轻视的。爱因斯坦曾经说过,世间最美好的东西,莫过于有几个头脑和心地都很正直的、严正的朋友。马克思与海涅的友谊在欧洲文学史上传为美谈,虽然两个人的直接接触不到一年的时间,但彼此结下的友情却是十分深厚的。1845 年初,马克思被迫离开巴黎前夕写信给海涅说:"在我要离别的人们中间,同海涅离别对我来说是最难受的,我很想把您一起带走。"海涅也说:"我们只需用几个符号就可彼此明了的。"海涅刚认识马克思的时候,虽然他的作品早为马克思所赞赏,但他的诗主要停留在对爱情和夜莺的歌唱上,显然不能适应面临的"山雨欲来风满楼"的革命形势。马克思批评他沉湎于这种"无止无休的爱情怨诉",要他放弃它。海涅不是对一切批评都乐于接受的人,尤其是市侩们那种"岂有此理"的批评使他十分气恼。但他对刚露头角、年龄比他小 21 岁的青年马克思却十分尊重,他听了马克思的批评后决心另走一条路,写出"具有更高的政治气息"的作品。后来海涅获得了"政治诗人"和"革命鼓手"的称号,他以这些诗的"火"与"剑"加入了马克思、恩格斯的战斗队伍,成为他们忠实的战友与朋友。这在很大程度上应归功于马克思这位净友的指导和帮助。因此交友要交净友和挚友,他们可以给人以帮助和鼓舞,在共同的切磋中启发高尚的志向和健康的生活情趣。

然而,有人交友不慎,或者交友无道,交上了一些"昵友""狎友",甚至"贼友",常常在烟雾酒气中智昏智穷,在哥们义气中迷途失路。你若喜修口福,他便慷慨解囊,让你在感官享乐的诱惑下去偷去摸;你若好奇,他则以淫秽物品相赠,让你明里暗里去模仿;你若爱讲哥们义气,那更是求之不得,演它一幕真假"桃园三结义",让你在"有福同享、有难同当"中充当一个为朋友两肋插刀的"拼命三郎"。这就是"同声相应,同气相融"的最终结果。

古语讲:"染于苍则苍,染于黄则黄,所入者变,其色亦变。"这是一种规律。实际上任何性质的朋友,不管人数多少,都构成一种非正式群体,这是一个以观点、兴趣、爱好为基础,以彼此感情为纽带,自然形成的,没有固定组织形式的小型联合体。这种联合体具有"所入者变,其色亦变"的作用,故而管理者除要教人以交友之道外,还要掌握这些非正式群体的有关规律。

非正式群体大致可以分为以下六类:

(1)亲缘型——以家族或亲属关系建立起来的群体,这种类型的群体关系最密切。

(2)地域型——以时空的相同或相近自然形成的群体,如同学、同事等。

(3)情感型——以相互了解、相互信任,有共同经历、共同语言为基础建立起来的群体,如战友、病友等。

(4)爱好型——以各种个性心理特征和兴趣爱好为基础建立起来的群体,如因爱好音乐、艺术而经常聚于一起的人们。

(5)信仰型——以共同的思想、宗教、民族图腾为纽带,以实现某种抱负为基础建立起来的群体。

(6)利益型——由于某种利益或观点上的一致而形成的群体。

非正式群体具有以下六个特征:

(1)一般不带政治色彩。带有政治色彩的非正式群体容易形成小集团。

（2）它是为满足个人发展的需要而形成的。

（3）有较强的凝聚力，群体压力较大，对其成员具有精神上的支配权，具有自卫性和排外性。

（4）有自然形成的核心人物，且对他人影响较大。

（5）有灵敏的信息传播渠道，成员间彼此沟通灵活。

（6）具有两重性，对正式群体有辅助作用或者削弱作用。

非正式群体的行为取决于它的利益、爱好、观念以及与正式群体目标的吻合程度或相关程度，其作用可能是积极的、无害的，也可能是消极的甚至破坏性的。非正式群体的产生与存在是一种客观现象，它一旦形成便对其成员行为产生重要影响。这种影响主要表现在以下四个方面：

（1）控制作用。非正式群体具有一种很强的约束力，它要求任何成员在思想和行动上都保持一致，否则精神上就要被孤立，甚至被惩罚。

（2）改造作用。每个成员都要按照群体的态度和行为办事，它通过压力影响每个成员，其改造效果往往是明显的，效率是高的。可能有这种情况：某成员犯了错误，管理者批评教育不见成效，而内部成员的几句话就可以使之悔悟。当然，若做相反的工作，其作用也是明显的。

（3）激励作用。非正式群体的群体观念是很强的，其成员在正式群体中甘愿落后，在非正式群体中则可能不肯示弱。

（4）协助作用。这是就非正式群体自身而言的。由于非正式群体成员行为具有一致性，若协调得好，会成为推动集体目标实现的可贵的积极力量；否则，也可能成为严重的销蚀力量。

因此，管理者要对不同类型的非正式群体采取不同的方法，有的给予支持保护，有的给予积极引导，有的加以改造，有的严格控制。同时，要注意做好非正式群体中核心人物的工作。

五、运用群体压力

群体压力是指一个人在与群体的舆论和行为相悖时，产生的一种心理压力。这种压力不是某个权威的命令，不是组织临时的号召，而是群体的意志和行为。它来自群体的内部，不同的群体会形成不同性质和不同强度的群体压力，它是群体成员能够明显感觉到的、目的在于使之遵守群体规范的、弥漫在整个空间的一种力量。有的中学生高考落第，总感觉周围的人对他另眼相看，从此见人矮三分，一蹶不振，甚至会产生轻生的念头，这是一种精神上的压力。《晋书·乐广传》记载，乐广有一次请客吃饭，挂在墙上的弓映在酒杯里，客人以为是蛇，回到家就病了。这就是成语"杯弓蛇影"的出处，人们常用它比喻疑神疑鬼、枉自惊慌的现象。事实上许多病人的病情并不严重，但仅从症状来看又好像很厉害，这主要与他心理压力过大有关。群体压力与这些情况相类似，它主要通过以下方式对成员的行为产生影响：

（一）模　仿

"近朱者赤，近墨者黑。"人们在日常的生活交往中会自觉不自觉地产生潜移默化的互相影响，这种影响常常是通过模仿发生的。在一个风气好、学风正的班级中，品学兼优的学生会成为其他学生仿效的榜样；在企业里，技术过硬、劳动效率高的工人同样也会成为其他工人的榜样。模仿本身就反映了群体压力的作用。在班级中，学习落后的学生会感到精神和心理上的压力，虽然这种压力的"威胁"可能仅仅是个人内心产生的落后恐惧感，但它与这个群体所具有的群体规范是有密切关系的，在这个班级中，学习落后一定是不光彩的。

（二）舆　论

在一个群体中，什么行为可以接受，什么行为值得赞扬，什么行为不能容忍，都会通过舆论表现出来。人们对于那种大家都认为是耻辱的东西，自己也绝不会引以为豪；对大家都认为是高尚的东西，自己一旦拥有，也必然感到欣慰。之所以会有这样的感觉，不仅因为个人的是非荣辱观念在起作用，还因为群体舆论也在起作用，因而人们特别重视文化氛围的再塑或重构作用。什么样的舆论环境熏陶出什么样的性格和行为，因此管理者可以通过舆论的作用引导健康的行为，扼制不健康的因素。

（三）亲　　疏

群体压力会表现在成员间关系的变化上。一个轻诺寡信的人，人们不会对他表示尊重；一个骄横自大的人，人们会对他敬而远之。在群体内，一个成员若违反了共同的意志，人们便会对他另眼看待。即使有时表面上是客客气气的，也会感到心理和感情上的疏远。这种感情上的变化有时会使人难以承受，于是要么精神上被压垮，再也无法正常工作和生活；要么回心转意，顺应大家共同的意志，使心理上产生依附感和安全感，使生活和工作恢复正常。一般人都渴望正常地生活在群体之中，希望得到周围人们的信任和尊重，因而成员间关系的亲疏足以影响人们的行为。

管理者应善于通过群体压力来引导、强化和改变人的行为。采用的方式主要是加强宣传、形成舆论，对真善美的东西、对积极上进的东西进行持久、广泛的宣传，支持正义，排斥邪恶。同时还要善于运用感情影响，创造条件，使先进者心情舒畅，使后进者感到压力，配合必要的规章制度，形成人们的群体意识。

六、实施纪律规范

纪律，这是一个严肃的字眼。在它的面前，人们的行动变得有序，人们的生活变得井然。

纪律本应属于外在管理的范畴，因为它带有强制色彩，然而又与法律不同，它具有对人的行为要求更加具体、更加细微的特点。在一般情况下法律要经过国家、政府制定并颁布，而纪律则可由一个单位、一个班组乃至一个人制定；法律具有比较持久的效力，少则几年，多则几十年乃至几百年都在起作用，而纪律则有较大的时间上的灵活性，几天甚至几个小时之内也可以发布纪律规范，时间过后自行作废；触犯法律常常是犯罪，而违反纪律常常是犯错误。

纪律是一种约束，一种限制，但如果细心体会，就能感觉到这些条文的表层下面有着内在的和谐美。人们学习、生活、工作在集体中，大都渴望自己的集体是和谐的,在这样的集体中会得到美的享受,而纪律恰好可以充任维系这样的集体的卫士,它配合人们的行为一起创造着和谐与美。所以它与人们的行为一方面相矛盾,一方面又相统一。古希腊哲人德谟克利特有一句名言:"互相排斥的东西结合在一起,不同的音调造成最美的和谐。"从另一方面讲,良好的纪律是社会文明的一个标志。文明的社会不是不要纪律,而是人人遵守纪律,自由的环境是由纪律来守卫的。

管理者要善于运用纪律,把遵守纪律作为对人们基本素质的要求,作为人们自我修养的过程,从而养成自我约束、自我控制的能力。换言之,严明的纪律产生于自觉,虽然强迫甚至惩罚有时也会使人醒悟,但管理者应立足于启发自觉,真正的和谐是从自觉中产生的。

此外,加强教育以提高人们的文化水平和道德修养,从根本上指导和决定人的行为,也是至关重要的措施。

第十章

形象感召

—— 柔性管理方略之六

实践向人们展示了一个真理：成功的管理者必然是有效的管理者。这种管理的有效性，除运用岗位赋予的权力进行经济驱动、制度规范乃至法律约束之外，另一个重要的方面就是运用岗位以外的非权力影响力，即靠自身较完美的形象，在被管理者心目中产生一种魅力，从而使被管理者在信任与鼓舞中努力工作。这就是"形象感召"。

随着社会的进步和人们知识水平的不断提高，管理者的形象感召愈来愈显得重要和必需，"领导就是服务""权力就是责任""成功的管理是权力与魅力的复合"等理念被越来越多的管理者所接受。因而，形象感召不仅具有理论意义，而且具有实践意义。

第一节　管理者的影响力

管理者的影响力是一种具有神秘感的东西，人们虽然看不到它的形象,但是能感受到它巨大而真实的存在。这种影响力运用得好,可以提高管理的有效性,否则就会损害管理者的形象,甚至导致管理的失败。因此,这是一个管理科学需要加以研究的重要课题。

一、管理者影响力的来源

如果我们对管理的有效性进行一番考察,会发现它受三个方面因素的制约。这三个方面的因素是施行影响的管理者、接受影响的被管理者以及一定的环境条件。在管理者、被管理者和环境条件三者的关系中,由于管理者处于支配地位,因而起着主导作用,可以影响被管理者,也可以依据一定的规律和手段改变环境条件,即管理是否有效以及成效的大小最终取决于管理者。因此,提高管理者的影响力,使之对被管理者产生更大的影响,应当成为管理者所关注的重要问题。

那么,什么是管理者的影响力呢?

人们生活在社会中,人与人之间必然要进行社会交往,发生各种联系。影响力就是一个人在与他人的交往中,影响和改变他人的心理和行为的能力。管理者的影响力就是管理者有效地影响或改变被管理者的心理和行为的能力,也即管理者的形象在被管理者身上产生的心理效应。管理者如果不能影响或改变被管理者的心理和行为,就很难全面地、高质量地实现管理的功能。所以,从这个意义上讲,管理者的影响力是实现有效管理的必要条件。

管理者靠什么去影响被管理者的心理和行为呢? 也就是说,管理者的影响力包括哪些因素,来自哪些方面? 一般认为,只要处于管理的岗位,手中有了权力,就可以影响、改变被管理者的心理和行为。我们承认,岗位、权力是一种影响力,然而却不是全部的影响力,甚至在某些时候也不是重要的影响力。除了权力、岗位,管理者的影响力还包括管理者的品格、素质、知识、能力等因素。我们把岗位、权力产生的影响力称为权力影响力,而把品格、素质、知识、能力等产生的影响力称为非权力影响力。

了解权力影响力和非权力影响力的作用及其关系,对管理者来说是非常重要的。在现实生活中,存在着一种片面的管理观念,认为单靠权力就可以进行有效的管理,甚至由于受封建意识的影响,那种认为"有权就有一切""权力就是真理"的错误观念在一些人的头脑中至今没有完全消除。因而,现实中常常有人只顾用权,只顾强化权力,而忽视或根本无视非权力影响力。这种情况对于事业的发展,对于管理水平的主动提高,对于改进人际关系乃至对外交往都是十分不利的。因此,我们需要对权力影响力和非权力影响力的作用及其形成进行全面科学的分析。

二、权力影响力

应当肯定,权力影响力是实现有效管理不可缺少的条件,因为没有权力就没有管理。但是不能把这种影响力过分夸大,将其看成是决定性的力量。这是由权力影响力的性质以及它同非权力影响力的关系所决定的。

权力影响力由以下三种因素构成:

(一)传统因素

这是一种观念性因素,是一种长期形成的人们的"下意识",即对管理者应当服从。这种对管理者的服从心,使得管理者的言行有了一定的自然影响力。这种影响力是传统附加给管理者的,是岗位赋予的,它产生于领导行为之前,与管理者本人的素质高低和能力大小没有直接的关系。也就是说,只要走上了管理岗位,就自然获得了这种影响力。

(二)职位因素

这是一种社会性因素,是指个人在社会组织中担任的职务以及所处的地位。居于领导地位的人依据职务的赋予,拥有相应的法定权力,这种权力体现为管理者在自己职责范围内的一种支配力量。有了这种法定的权力,就可以支配被管理者,如工作的分配、职务的升降等,从而使被管理者在心理上产生一种敬畏感。职位越高,权力越大,人们对他的敬畏感也就越强。这种影响力仍然是产生于领导行为之前的，是社会和组织赋予的。

（三）资历因素

这是一种历史性因素，是指一个人的资格经历。资历深浅也会给被管理者以一定的影响。对于新来的管理者来说，人们对他的了解往往是从其经历开始的。被管理者一旦发现管理者拥有渊博的知识、资深的管理经历、显赫的管理业绩以及众多的职务等，就会对他产生一种敬重感，从而就容易接受他的管理。

综上所述，传统因素、职位因素、资历因素所形成的影响力都不是由管理者的现实领导行为造成的，而是由社会和历史赋予的。权力影响力的一个重要特征就是具有一定的强制性，被管理者接受这种影响时带有一定的被动性。这种影响力的作用主要是使被管理者产生服从感、敬畏感和敬重感。然而，权力影响力自身还不能使被管理者产生敬佩感和信服感，还不足以使被管理者甘愿接受管理，更不足以在群众中产生众望所归的管理效果。一个有效的管理者，还必须具备非权力影响力。

三、非权力影响力

非权力影响力也称为自然影响力，是由管理者本人的素质和行为形成的。这种影响力不是产生于管理行为之前，而是产生于管理行为之中，管理者的形象与影响力是同步出现的。一般情况下，我们所说的"形象"是指管理者自身的形象和管理者以外的典型。如果一个管理者自身就是一个较完美的形象，就是本行业或本单位的典型，那么这种形象的影响力将比一般典型的影响更强烈，更具有教育意义。

因此，这里所强调的形象管理主要不是指运用管理者以外的先进典型的示范作用所进行的管理，而是指管理者靠自身的形象所进行的管理。我们介绍权力影响力和非权力影响力，目的就在于在全面了解影响力的基础上，突出非权力影响力，从而体现柔性管理的特征。

非权力影响力由四种要素构成,即品格因素、才能因素、知识因素和情感因素。

(一)品格因素

品格因素是指管理者的道德、品行、人格和作风等。从广义上讲,品格因素包括公而忘私、以身作则,勇于担当、善于体谅,诚实诚信、公道正派,严于律己、宽以待人,礼贤下士、平易近人等。品格因素是决定管理者影响力的根本因素,具有高尚品格的管理者容易使人产生一种敬重感。最典型的例子就是人们对周总理至今仍然十分敬爱,就是因为周总理具有高尚的品格。

品格高尚的管理者具有巨大的号召力、动员力和说服力。一个管理者如若品格不好,即使职位高、资历深,其影响力也不会很大。一个管理者若以权谋私、言行不一,要求群众遵守的自己首先违反,要求群众做到的自己总是做不到,他的威信和影响力就会大大降低,他的话就会失去号召力,人们将会表面上服从,背后却投以鄙夷的目光。所以,能不能赢得人心,关键不是权力、地位,而是品格。

(二)才能因素

才能是指一个人在工作、生活中所表现出的各种能力的总和。对管理者来说它主要包括观察判断能力、信息捕捉能力、风险决策能力、组织管理能力、开拓创新能力和预测预见能力等。管理者的才能高低是决定其能否胜任工作以及工作中获得成就大小的重要条件,所以才能是一种实践性因素。才能高的管理者会使人产生敬佩感,人们不仅乐意在他手下工作,而且精神振奋,对完成任务充满必胜的信心。可见,才能是一种重要的影响力。

(三)知识因素

知识是人类实践经验的总结和升华。如果一个管理者精通业务知识,又有丰富的管理知识以及其他相关知识,就会使人们对他产生信赖感。因此,管理者不仅要有丰富的知识,而且要有合理的知识结构。知识渊博、结构合理,就会无时无刻不透露出才气。

知识和才能不能等同。知识丰富,不一定才能高,但知识丰富,有助于才能的提高,因为才能是在知识的获取中发展起来的。我们常常看到有的人在工作中显示出较好的才能,但又因知识不足而制约了才能发挥的情况。所以,有才能不一定知识丰富。知识与才能只能互相促进,相辅相成,而不能互相代替,彼此等同。因此,一个好的管理者应当既重视知识的学习,又重视能力的提高。知识渊博,能力又强,其影响力必然被大大强化。

（四）情感因素

情感是一种心理因素。如果管理者与被管理者之间建立了亲密的感情联系,互相愿意讲心里话,就会使被管理者产生一种亲切感。俗话说"感人心者,莫过于情",说的就是这个道理。管理者应当以平等的态度对待被管理者,使之感到管理者的可亲可敬,从而建立起志同道合的友谊,彼此互相理解、互相支持、互相体谅。因此,管理者不仅应是被管理者的上级,而且应成为被管理者的朋友。

四、两类影响力的关系

权力影响力与非权力影响力不是矛盾的,而是相辅相成的。不过,在这两类影响力的关系中,起决定作用的是非权力影响力。这是因为非权力影响力是权力影响力的基础。权力影响力的大小、起作用时间的长短并非权力影响力自己所能决定的,而是在很大程度上取决于非权力影响力。一个管理者品格高尚、才能出众、知识丰富、同被管理者感情融洽,就自然会提高非权力影响力,同时也有助于提高权力影响力。如果一个管理者的非权力影响力几近为零,那么他的权力影响力的质量就会大打折扣,人们对其管理只是表面的服从,而且这种服从也不会持久。可见,要提高管理者的影响力,应当把权力影响力同非权力影响力很好地结合起来,使管理者成为"权力与信任""权力与责任"相统一的典型。这种统一型的管理者能否形成,关键就在于其非权力影响力的水平。因为权力影响力是组织赋予的,是与岗位共存亡的,是外在的,管理者自己无法左右;非权力影响力则不然,它可以靠管理者自己的努力去取得,所以在提高非权力影响力上,主动权完全掌握在管理者自己手里,管理者在这方面有施展才华的广阔天地。

提高管理者的影响力,除了要十分注意非权力影响力的提高之外,还要注意对权力恰如其分的运用,不要显示权力和炫耀权力,更不能以权压人、以权欺人,甚至玩弄权术。因为这样不但不能令人信服,而且会使被管理者产生抗拒行为,工作中一旦形成群众性抗拒行为,管理者的非权力影响力就有可能完全丧失,而权力影响力也会受到削弱。

当代管理的发展已呈现出一种趋势,就是随着社会文明的进步、民主水平的提高、人民群众科学文化素质的增强,那种单靠权力来推动工作的管理方式已越来越不适应时代的发展。因而非权力影响力的作用会越来越大,越来越重要。这使得对管理者的品格、才能、知识等非权力影响力诸因素的要求也越来越高。一个清醒的、富有远见的管理者在正确应用权力影响力的同时,必然会倍加注意非权力影响力的创造和应用。

第二节　管理者的形象致损因素

在形象管理中,管理者的形象如何直接决定了形象管理的成败,这是无可辩驳的道理。在这里,对于管理者应该具备的形象我们先不做正面回答,而是采用不相容选言推理的方法,从分析影响管理者形象的因素入手,否定负向行为,树立良好形象。具体地说,致损管理者形象的因素有以下几个方面:

一、决策失当

管理者或者因为能力不及，或者因为优柔寡断，常常坐失良机、决策失当。有些管理者决策前不进行调查研究，不进行科学论证，只凭自己的老经验、想当然地做决定，这种决策方法我们称为拍脑袋。这种"情况不明决心大，胸中无数点子多"的决策，必然会引起尊重科学的人们的反对。而当他没有理由说服不同意见时，就拿出最后一招——拍胸膛，大言不惭："出了问题我负责！"这种盲目决策又听不进不同意见的行为，其结果十有八九要出问题。一旦真的出了问题，他那拍胸膛的勇气早就丢到爪哇国去了。"我负责"的许诺变成了"走为上"的逃遁，"拍胸膛"变成了"拍屁股"。这就是所谓决策失当的"三拍"过程。

决策失当造成的后果常常是战略性、全局性的，因此危害特别大。我们在这方面吃的苦头够多的了，教训也够深刻的了。国家的财产、人民的血汗被他们这样三拍两拍，顿时化为乌有；天赐良机被他们这看似胸有成竹、实为无能之举的乱拍变成了擦肩而过的遗憾。与此同时，这种管理者的形象在人们心目中也一落千丈。

二、人格低下

在《论语》中，孔子多次回答弟子们关于如何为政的提问，他讲了许多原则，其中有一条叫作"政者，正也"。他认为只有正己，才能正人。管理者能够正己，就可以不令而行，这就是人格的力量。

有的管理者高傲自大，经常以"一览众山小"的态度对待同事和部下；作风不正派，歪点子极多，经常靠不讲原则或慷国家之慨来收买人心；在利益分配时经常一马当先，毫不客气地向自己倾斜；对敢于提意见者或敢于"顶撞"他的人，则经常搞些小动作；总是"亲小人，远贤臣"，因而导致贤者不至；常常信口雌黄，使得单位经常为他的错误"交学费"。总之，此种管理者借助权力之威形成一种"最可怕和最野蛮的威信"（苏联杰出教育家马卡连柯语），而这种威信只是短暂的、脆弱的、易受损害的，对于被管理者来说，接受他的影响也是被动的、非意愿性的、无奈的、勉强的。

所以管理者在做人上要正大光明，视权力如眼睛，既要很好地爱护它，又要正确地使用它；要严于律己，宽以待人，对上不阿谀奉承，对下不颐指气使；知错必改，磊落光明，不搞文过饰非；在利益问题上规规矩矩，礼让三先。上梁不正下梁歪，中梁不正倒下来，就是对管理者的告诫。管理者应首先从人格做起，政治品质端正，专业知识渊博，待人处事公正，然后推及其他，加强自身的影响力。

三、不学无术

许多管理者都是"半路出家"，其含义有两层：一是说本来不是学习管理专业的，结果改行搞管理；二是说在从事其他业务工作若干年后，又走上管理岗位。不管哪种情况的"半路出家"，只要兴趣导向、学而不厌、勤于事业，许多管理者都能做出辉煌的业绩。对其本人来讲，"半路出家"反而多了一个优势——既懂专业技术，又懂管理之道。按说，这正是今天所要求的"专家型领导者"。这方面的典型古今中外早已有之：白居易、苏东坡都在杭州吟诗作文，然而并未耽误他们的正业；康熙奠定了"康乾盛世"的基础，与他诚心向学、懂得几种专业有关；苏联科学院院士卢勃辛斯卡娅 50 岁时学外文，后来在生物学上建功立勋；鲁迅曾经学过采矿、医学，后来文学却成了他取得辉煌成绩的专业；至于马克思，他简直驰骋于法律、历史、哲学、经济甚至数学、物理等各个领域。因此，我们不仅不惧怕"半路出家"，反而应提倡适时适地地"出家"、诚心诚意地"出家"。

然而，有的管理者常常自谦不是管理的内行，说是"半路出家"，似乎找到了不谙管理之道的根据；有的管理者为自己碌碌无为而辩解，也推说是因为"半路出家"；有的管理者为了逃避矛盾、调整岗位，也常常以"半路出家"为借口。岂不知，上至中央，下到地方，那种"一路出家"的管理者恰恰是寥寥无几的，正是孜孜不倦、勤于学习，才使他们成为我们民族的财富。

有的管理者上岗看报表、发号令,对下属说些过时的、陈旧的话,语言枯燥无味,用空洞的大道理说教,甚至说一些外行话,缺乏高人一筹的见解和富有感召力的话语,这种管理者的威信是很难建立起来的。

学问之道,浩如烟海。以有涯之生,穷无涯之知识,当然是不可能的。然而学以致用、立竿见影,不仅是可能的,而且是必要的。管理者必须在原有知识的基础上不断学习新的知识,使之互相渗透,互相补充。学问的大江大河就是这样汇百川而成的,管理者的水平就是这样水涨船高的,管理者的形象就是这样由渐变到突变的。

四、志大量小

管理者应是虚怀若谷、心地坦荡之人,然而现实生活中有人却不然,因而在人们心目中的威望很低。典型的表现是:"闻人一善,如乱箭钻心。"自己的部下与自己平起平坐,甚至成了自己的领导,总感到别扭;有人提工资、定职称走在了自己的前面,心中便充满了不快;有人反对自己的意见,即使人家是对的,也感到不舒服……实际上这是缺乏度量、嫉贤妒能的心理反应。他恨不得把出类拔萃之人都逐出地球——"世无英雄",岂不使"竖子成名"!在这种思想支配下,有的管理者甚至使出了小人伎俩,无中生有,造谣中伤;趋炎附势,落井投石;灵魂卑下,"不复知人间有羞耻之事"。这种卑下的做法实在是当代管理者的大忌,谁与这种小人作风沾了边,即使是一贯令人肃然起敬的人,人们一旦拨开云雾,识破伪装,也会把他幡然唾弃。

五、贪得无厌

一名外国人说,年薪1万美元的人认为年薪3万美元日子才好过,年收入100万美元的人觉得达到200万美元日子才宽裕……这不禁让人想到了《解人颐》里的一首打油诗:

终日奔波只为饥,方才一饱便思衣。

衣食两般皆俱足,又想娇容美貌妻。

娶得美妻生下子,恨无田地少根基。

买到田园多广阔,出入无船少马骑。

槽头拴了骡和马,叹无官职被人欺。

县丞主簿还嫌小,又要朝中挂紫衣。

做了皇帝求仙术,更想登天跨鹤飞。

若要世人心里足,除是南柯一梦兮。

这首诗比大家熟悉的"人心不足蛇吞象"更精彩。人的欲望不能一概反对,若是求进步,则应当鼓励。所谓艺无止境,学海无涯,百尺竿头,更进一步,都是追求不断进步的意思。因为不进则退,须时时绷紧待发的弓弦。若是求实惠,占便宜,欲壑难平,最后必不能自拔,必不择手段地攫取,那就只能以"南柯一梦兮"而告终了。一些管理者腐败行为的直接思想原因就在这里。而腐败行为在被管理者心目中所激起的不满与愤怒,对管理者形象的巨大冲击,已是不言而喻的了。在此,我们不去分析腐败行为产生的来龙去脉,只是指出贪得无厌给管理者带来的严重后果。

六、媚上鄙下

对于绝大部分管理者来说,对下是管理者,对上又是被管理者,因此这就有一个处理上下关系的问题。这里,我们要指出一种影响管理者形象的不正常现象:对上"拍马",对下鄙视。一般来说,此类管理者多是些平庸之辈,这种人在其位而不谋其政,上班无所事事,下班上蹿下跳,喜欢围着上级转,鞍前马后,左右逢源。他们"宁损千资,毋伤一官""宁肯得罪一片,不可得罪一个""不怕众人怨,只求一人爱",总之就是事事看上级眼色行事,在上级面前一言一行都"恰到好处"。显然,这是一种庸俗之举,就连他们自己心中恐怕也很清楚。那么为何又有人乐此不疲呢?其一,此举不必劳其心志、伤其筋骨,也不必破费钱财、损其家产,仅凭一张巧嘴、一副笑脸便可拍响;其二,此举有利可图,以"拍马"为阶梯,或许可以爬上个几层。然而事实上,这些庸俗之风未必奏效,倒是把自己的人格丧失殆尽。

对上"拍马",对下便必然鄙视,因为此类管理者等级思想严重,"上级来了一顿酒,同事见了握握手,干事来了瞅一瞅",对上自卑恭维,对下又目中无人。此类管理者最终只能招致众人的鄙视,即所谓吹人者终自吹,鄙人者犹自鄙。

七、缺乏稳重

管理者的容忍、大度、体谅首先是从遇事稳重体现出来的。管理工作中可能会遇到各种不符合个人心意的事情,这种情况可能是别人引起的,责任在别人;也可能是自己引起的,责任在个人。不管是谁引起的,不管责任在何方,管理者首要的是稳重冷静,使问题的处理留有余地,这是最明智的做法。

然而,有些管理者却不然,几句话没说就失去了常态,双目圆睁,出言不逊,使得气氛紧张,场面尴尬。从工作上讲,把问题推向了不容商讨的极端境地;从同事关系上讲,令人敬而远之;从个人身心上讲,这种火暴脾气有损健康,有伤大雅。令人不解的是,有的管理者不仅没认识到它的严重性,反而自觉不自觉地欣赏这种脾气,认为这是性格耿直,直来直去;认为这是坚持原则,是非分明;甚至认为这是"男子汉的气魄",是一种阳刚之气。此种观念不改,长此以往必招灾祸。此类例子还少吗?《三国演义》中的张飞,武艺高超,性格耿直,"虎牢关上声先震,长坂坡边水倒流"。结果呢,就是因为性暴如火,遇事不稳,不近人情,丧生于自己的末将之手。某校一位教授,学术上堪称专家,但因性情暴躁,不近人情,以至于学生们毕业若干年后谈起他还是摇头否定。

看来,缺乏稳重,脾气暴躁,过分外露,像干柴一样一点就着,不仅于己无益,而且于事无补。

八、清谈虚伪

有一类管理者说起话来振振有词,慷慨激昂,一副英雄相;可是办起事来马虎应付,推诿扯皮,又是一副伪君子相。这种管理者只会坐而论道,夸夸其谈,而不办实事,不愿付出心血去解决人们共同关心的问题。这种作风令人失望,这种管理者令人感到可有可无、无足轻重。

管理工作中最大的毛病是什么?恐怕许多人,包括管理者自身都有体会,那就是高谈阔论,不办实事,应付下属,作风虚伪。到处都可以发现这种令人头疼的现象:早该解决的问题,偏偏没有解决;有成千上万个理由应当办妥的事情,却总未办妥。原因何在?就在于从无意到有思、从有思到行动的两级落差的存在,而管理者又不及时地、连续地将这两级落差的工作做彻底。"无意"是官僚主义的反映,"有思"较"无意"进了一步,是调查研究、听取意见的结果,但只停留在"有思"上则是花架子的虚伪反映,只有与"行动"相结合才是务实作风的体现。

管理者应当明白:摆在每个管理者面前的,与其说是一道道思考题,让你天南海北、云山雾罩地高谈阔论,不如说是一个个方程式,需要你理出求解的思路,并求出完备的答案。我们的管理者如果对每一个问题都能锲而不舍,一竿子插到底,办一件成一件,那么自身形象之光彩也将与日俱增。

九、语言贫乏

语言不仅是表达意志的工具,而且是体现管理者魅力的窗口。精彩的语言,或诙谐,或诚挚;或富于哲理,或耐人寻味;或慷慨激越,或娓娓动听。它不仅给人以深刻的启迪和向上的力量,也使人得到美的享受。

据说,古希腊一些著名的演说家在演讲时是要收费的,而且往往形成争购门票的场面。印度诗人泰戈尔的《飞鸟集》中有这样的散文诗句:"不是锤的打击,乃是水的载歌载舞,使鹅卵石臻于完美。"这正是对似水柔情、力胜千钧的诠释。所以,语言的论辩力不在于声色俱厉之中,而在于深邃的义理与丰富的感情相结合,在于语言生动丰富。有则笑话,说一位蹩脚的演说家在演讲中忽然说了这样几句话:"在我演讲的时候,如果诸位拿出表来看时间,我是可以忍受的;但若把表拿起来放在耳朵旁,听听是否停了,那我就不能不认为是对我的侮辱了。"这不足以发人深思吗?

由此,我们想到有的管理者做报告、谈思想常常让人坐不住,吸引不了人,更感染不了人,除了一些言不由衷的大话、套话外,就是摆出一副架子教训人,语言又是那么干瘪无力,再加上数不清的"嗯""啊",使得听众近乎受罪。列宁曾经对宣传工作者提出过这样的要求:要成为善于对群众讲话,善于用自己的热情之火打动群众的人民演说家。语言是思想的衣裳,好的愿望要有好的形式来表现,这就是我们提倡管理者学点演讲艺术、提高管理效率、优化自己形象的根据所在。

十、不拘小节

在日常生活中,不拘小节常常被作为一种待人随和、生活简单的美德加以赞扬,似乎这样才能显示一个人的真实,有的人也常以不拘泥于小事、不修边幅为傲。如果这种认识也被管理者所接受,那就是对生活态度的一种扭曲,甚至是一种悲哀。周总理深受全国人民的爱戴,凡是和他接触过的人,无不感到一种伟大和平凡浑然一体的魅力。然而周总理却从来不曾忽视生活小节,他进行党性锻炼的特点之一就是将从大处着眼和从小处着手结合起来。千里之行,始于足下;万丈高楼,起自平地。对于每一个生活细节,他都一丝不苟。

因此,管理者不仅要在大事上认真,而且在日常待人接物中同样不可马虎,它是一个人良好形象的一部分。装模作样逗乐,用以吸引别人;不加掩饰地咳嗽,打嗝,咂唇,打喷嚏,随地吐痰;观看演出、展览或欣赏音乐时不断地讲话;诡谲地谈论异性关系,发出放纵的笑声;衣冠不整,手脸、指甲不洁,身上有令人讨厌的气味;对事物过于吹毛求疵;自吹自擂,无理争三分;对他人之事过分好奇,刨根寻底;遇事暴躁,动辄发脾气;行动迟缓,办事不紧凑,漫不经心;爱唠叨,尽找别人的岔子;不等别人把话说完就打断,爱随便插话;听取别人意见时三心二意,不耐烦,做小动作;与别人共餐,不讲礼貌,不讲卫生……如此之多的生活表现,其实都是讨人嫌的习惯。管理者怎么可以不拘这些"小节"呢?

我们承认,人无完人,管理者自然也不是神仙,每个人身上总存在着对立的两个方面,但管理者应通过不断的努力,使美好的东西不断放大,使不足之处不断减少。旧的矛盾被不断克服,新的矛盾还会产生。只要管理者心中不忘"兴利除弊",他就能不断地提高自身素质,不断完善自身形象。

第三节　管理者的形象感召

当历史的车轮把我们带进 21 世纪的时候,新世纪的曙光令我们陶醉,新纪元的"涛声"又令我们不安。变幻莫测的时代风云和激荡澎湃的世纪之行促使管理者们做好充分的心理准备,着力于当前,放眼于未来,培养新时代必备的素质,以不负时代的重托。

一、众说纷纭的管理者要素集合

迎着新时代的曙光,管理者是否依然可以叱咤风云,成为时代的先行者? 这个问题管理者在考虑,专家学者也在考虑。他们从不同的角度提出了各自的主张,可以说是智者见智、仁者见仁、百花齐放。

孔子的"尊五美屏四恶"说是对管理素质的高度概括。"五美"即"君子惠而不费,劳而不怨,欲而不贪,泰而不骄,威而不猛"。用现在的话说就是既要造福于民又尽量少耗费财力,差遣百姓而又使百姓毫无怨言,渴望仁德但不贪求私利,雍容大度又不盛气凌人,仪表威严但不凶猛。"四恶"即"不教而杀谓之虐,不戒视成谓之暴,慢令致期谓之贼,犹之与人也,出纳之吝谓之有司"。翻译成现代语就是对群众事先不教育帮助,有了错误就处理叫作残酷;事先不做任何规定,不提出要求,凭一时愿望就要人家拿出成果,这叫暴躁;传达上级政策缓慢,布置任务不积极,规定完成任务的期限却很短,这如同害民之贼;该拨下去的经费总是要拨发的,但拨发时总想方设法克扣,该奖励的却迟疑吝啬,这叫小气。

法国的法约尔在 20 世纪初提出管理者应具备的六条素质:① 身体素质;② 精神素质;③ 道德素质;④ 一般教养;⑤ 专门知识;⑥ 经验。

美国著名的人事管理专家麦克劳克林先生提出了管理成功的三个条件:① 能把有才能的高级人员留下来;② 能吸引新的有才能的人;③ 能创造人员流动的环境。同时,他还提出了十二条管理原则:① 提供安全、卫生的工作环境;② 坚持信奉社会伦理道德及公司行为标准;③ 尊重每个人并认识到每个人都有其独到的才能;④ 克服对种族、宗教、性别、年龄、出身的歧视;⑤ 禁止顶替制和裙带关系;⑥ 在企业内建立公正和平等的待遇,并保持和其他同类企业报酬相比的优越性;⑦ 及早发现有才能的人,按成绩而不是按资历晋升人员;⑧ 使每个人都对自己的工作和公司的发展负责,尽量给每个人创造发展的机会,在企业内部提升人员;⑨ 雇员收入根据工作表现确定;⑩ 和雇员共同分享公司的利益;⑪ 提供一定的劳动保护,如生命保险、医疗保险、工作保障等;⑫ 细心听取雇员的意见,诚恳坦率地对待他们,以便增加相互的理解。

英国《金融时报》1994 年 1 月 4 日载文《2000 年的管理人员应具备哪些条件》,指出管理者应有三个条件:① 肯信任下属,允许其他人去做一些冒险的事,并承担他们的错误;② 肯结交,善于建立人际关系,形成一个关系网;③ 肯改变,可以在咨询后做出改变。

日本在对管理者的素质研究方面更加广泛和深入,对企业界管理者提出十项品德和十项能力的要求。十项品德是使命感、责任感、信赖感、积极性、忠诚老实、进取心、忍耐性、公平、热情、勇气,十项能力是思维决定能力、规划能力、判断能力、创造能力、洞察能力、劝说能力、理解人的能力、解决问题的能力、培养下级的能力、调动积极性的能力。

新世纪人才的十二个意识:① 新的视野;② 新的思想;③ 新的知识结构;④ 新的能力;⑤ 新的思维;⑥ 新的风貌;⑦ 经济意识;⑧ 市场意

识;⑨ 科技意识;⑩ 开创意识;⑪ 风险意识;⑫ 进取意识。

新世纪人才的四个素质:① 知识化;② 创造性和开拓性;③ 实干精神;④ 讲效益。

管理者四要素:① 坚韧不拔的意志;② 见微知著的认知;③ 不骄不躁的情绪;④ 健全崇高的人格。

管理者"十要":① 脑要清——清醒的头脑、清晰的思维;② 心要诚——谈心、共事要有诚意;③ 气要平——遇到困难、挫折和"顶牛"的事,要平心静气;④ 眼要明——眼观六路、目光敏锐,善于发现新事物;⑤ 耳要聪——耳听八方,及时听取意见和反映;⑥ 嘴要勤——勤于宣传,勤于做思想工作;⑦ 手要短——不以权谋私,不伸手捞好处;⑧ 腿要长——经常深入基层了解情况,掌握第一手材料;⑨ 行要正——作风正派,起表率作用;⑩ 笔要直——发扬"秉笔直书"的优良传统,做人做事都要客观公正。

笔者于 1992 年在《跨越与造就》一书中曾以《跨世纪领导人才如何迎接未来的挑战》为题提出了管理者应正确处理的十大关系,实际上也是对跨世纪管理者的十条素质要求:① 信念与追求;② 权力与服务;③ 改革与继承;④ 超前与务实;⑤ 通才与专才;⑥ 顺境与逆境;⑦ 实践与总结;⑧ 理解与尊重;⑨ 能力与魅力;⑩ 愿望与体质。

以上汇集了古今中外关于管理者素质的众多研究成果,目的是开阔我们的眼界,给我们以启迪。我们只可借鉴,不可照搬。

下面,我们从柔性管理的原则出发,结合我国的实际情况和被管理者的心理与行为规律,对管理者从事形象管理必备的基本素质提出具体要求。

二、管理者的形象感召力

管理者的形象是其思想与行为的外在表现,是其素质的"外化"和"物化"。管理者的形象感召力表现为十个侧面。

（一）心灵纯洁，人格高尚

《北京日报》曾以《您一定是共产党员》为题报道过这样一件事：公共汽车上一个小学生的眼镜被人撞碎，镜片碎渣进入眼睛，北京市劳动局干部、共产党员李君典见状，在司售人员协助下，迅速将孩子送入医院抢救，终于化险为夷。匆匆赶来的孩子母亲将药费还给她，她不要；问她名字，她又笑而不答。孩子的母亲激动地拉着她的手说："您虽不肯说出姓名，可我知道您一定是共产党员！"在群众的心目中，共产党员应该而且都是高尚的人。笔者也曾经历过类似的感动。那是1976年的冬季，笔者去南京给母亲看病，火车上与一位同行的老人聊天，谈到自己是共产党员的事情。火车到达南京后，老人将两个大提包托付给笔者看管，一去就是一个多小时，回来后笔者有些埋怨地对他说："你就不怕我把提包拿走吗？"结果，老人回了一句话："你不是共产党员嘛！"

是啊，正如人们认识海，常常是从河湖开始的，群众认识我们的党，也首先是从一个个党员开始的。在他们的眼中，很多时候共产党员的那个"员"字是省略了的，他们把党员的一言一行和整个党紧密联系起来，把一个个管理者同党的干部整体联系起来，往往以个别衡量全体。在艰苦的战争年代，共产党员吃苦在前、冲锋在前、牺牲在前，群众看在眼里、记在心上，他们确信共产党是为穷人打天下的，于是纷纷把儿子、丈夫等亲人送上前线。在改革开放的今天，又有多少共产党员放弃优厚待遇、舒适生活，到贫穷村寨、亏损企业、落后地区去为改变落后面貌而无私奉献？他们的所作所为既体现了思想觉悟的崇高，也体现了人格力量的非凡。

我们在此强调管理者要有纯洁的心灵和高尚的人格，因为这是做人的尊严，是搞好工作的基础，它主要包括公而忘私、公道正派和襟怀坦白的品质。

公而忘私是管理者净化思想、完善人格的基础，也是管理者所应具备的品质规范。在困难和艰险面前，管理者挺身在前；在待遇和享受面前，管理者又走在人后。对此，人们决不会无动于衷的。他们或与管理者共同分忧，或者以火热的激情投入工作。一幢房子先让给群众去住，招工、提资、评定职称不与群众争指标，这样做的潜在价值是无法直接计算的。我们常常看到这种现象：有的管理者令人肃然起敬，他对人们有一种潜在的支配力；有的管理者则让人愤而远之，他对人们的影响是表面的、形式的。两种不同的现象必然产生两种不同的管理效果。

公道正派是指管理者对被管理者一视同仁，在执行制度上，赏不避仇，罚不避亲。我们的生活中常有这种情况：群众有了解决不了的问题，总爱有选择性地找某一位管理者，而避开另一位管理者。众人的这种倾向鲜明地反映了管理者的差异性，这种差异性主要表现在管理者的工作作风和人格上。众人这种自发的选择实际上是对管理者的一个评价，是对管理者是否公道正派的一种心理承认。只有被群众从心理上承认的管理者，才能说话有人听，办事有人助。这也就是让有道德的人谈道德、让守纪律的人讲纪律的道理。

襟怀坦白就是管理者要实事求是，以诚待人，并且勇于承担责任，具有"知耻而后勇"的精神。"金无足赤，人无完人"，一个人有缺点、有失误，不仅是正常的，而且是常有的。管理者若勉强把自己打扮成"完人"，必然要增添虚伪的色彩，在管与被管之间产生心理上的隔阂。管理者应敢于在群众中"亮相"。"事无不可对人言"就是这种作风的体现。襟怀坦白还包括对个人委屈的隐忍，对他人过失的谅解，有忍他人所不能忍、容他人所不能容的胸怀。雨果说过："世界上最大的是海洋，比海洋大的是天空，比天空大的是人的胸怀。"这既应该是对管理者的要求，也应该是对那些宽宏大量、虚怀若谷的管理者的赞赏。

（二）思维敏捷，决策果断

一个现代管理者，在信息庞杂、市场万变的环境里，在激烈的竞争乃至与各种诡辩欺诈的斗争中，能否通过对巨大的信息量的分析，把握稍纵即逝的机会，见微知著、明察秋毫、善辨真伪，并及时决策，有时对事业的成败起着关键性的作用。

管理者敏捷的思维主要靠后天努力形成，博学广识和丰富的经验增强了管理者的应变能力，使之在顺利时居安思危，不断捕捉新的信息；在危难时刻稳住阵脚,转危为安。

现代管理者要做到思维敏捷,还必须适应思维方式的变化。这就是:第一,思维背景的变化,即管理者的思维要从封闭变为开放,由单调变为多彩;第二,思维坐标系的变化,即思维要由单维变为多维,由纵向变为纵横结合;第三,思维模式的变化,主要是由相斥选择变为相兼选择,即由"或者……,或者……"变为"不但……,而且……"。这种思维方式的变化会使整个思维变得更加活跃,更加敏捷,更加周到,更加全面,更加实际。

决策的果断性是和思维的敏捷性密切相关的,但又不等同于思维的敏捷性。思维敏捷不一定有决断魄力,只有既思维敏捷又决策果断才能产生效益。

时间是现代管理的一大资源。管理必须不失时机,把握机遇。拖延本身不仅常常坐失良机,还会带来新的风险,所以果断决策是成功的重要因素。但是,决策果断不等于决策正确。管理者不仅要决策果断,还要决策正确,人们对管理者的敬重最终还是由决策正确而来的。然而,世界上的事物是复杂的,有些可以理解、把握,甚至可以量化;有些虽可理解,却无法用数字描述;有些甚至是只可意会、不可言传的模糊现象。因而,我们应允许管理者出现决策失误,但不允许关键时候拿不出决策或决策延误。

一位思维敏捷、决策果断的管理者是群众的主心骨,他带来的是信心和力量。

（三）见微知著,明察秋毫

管理者实施柔性管理,常常以被管理者心理上的蛛丝马迹为先导。在生活和工作中,人们有各种各样的心理活动,这些心理活动直接影响着他们的行为方式和行为结果。而这些心理活动又常常是隐蔽的,甚至是被伪装起来的。管理者如果善于把握信息、发现苗头,并采取有针对性的措施,就能收到意想不到的效果。大港油田有一位厂长,新到任时,职工中有传言说他是文工团出身,不懂技术(其实他是技术权威)。尽管是少数人在怀疑,可新厂长并没有忽视这一情况。他感到这一思想一旦传播开来,必然会影响工人的信心,影响工厂目标的实现,这不是个人的小事,必须妥善解决。于是他把自己发表的论文以及获得的各级科研证书等专门拿到厂里复印。此事很快在厂里传开,大家这才知道新来的厂长不简单,有专家、教授的水平,于是情绪迅速稳定下来。这种处理方法充满了智慧,又有效地运用了形象管理。

"见微知著"出自"……少而明学阴阳,见微而知著","明察秋毫"见于"明察秋毫而不见车薪,是不为也,非不能也"。二者都是辨人、知物的方法,是通过人和事的细微征兆认识其实质和发展。这种处理问题的方法不要求对事物做详细、全面的考察即可准确判断,使认识过程简化,使管理者及时做出反应、采取相应对策,从而大幅度提高管理效率,更好地适应动态发展的变化过程。有人认为这是管理者的管理技巧和艺术。其实不然,从根本上讲,这是管理者的素质水平之所在。这种灵活性绝非一蹴而就,它需要管理者有长期的生活积累,平时对事物性态、过程能细致入微地观察,并在大脑中建立起相应的反应模式,一旦外在事物触发,则迅即和已有模式相连,从而做出料事如神的判断。古人所谓"内圣外王"的形象就是这样一种表现。一个人只有内在感受圣贤,内在素质提高,才能在行动上有圣贤之举,产生"外王"的精明强干的行为。古代有位张小舍善识盗贼,一次他在街上见一穿戴整齐的人顺手抽了几根稻草去厕所,于是顿生疑心,觉得此人有问题。后经审问,那人果然是一个小偷。有人问他是如何识破小偷的,他说,上厕所解手用草,这是无赖小人的习惯,而那人穿戴讲究,说明有问题。电影《南征北战》中,我军师长从敌人发射炮弹的弹着点分散、毫无目标的细微现象中判断出敌人要逃,于是迅速采取行动,消灭了敌人。因为在正常情况下,准备充分时发射目标都集中且准确,只有逃跑时匆忙发射才毫无目标。师长抓住这一细小迹象,使战斗取得了胜利。同样,在第一次世界大战中德、法交战时,法军巧施"隐身术"搞得德军不知所措。德军一个参谋从望远镜里发现一只皮毛干净、发亮的家猫每天八九点钟出来晒太阳,他分析认为周围无村庄,附近无居民,这猫肯定是从附近掩蔽部里出来的,并且一定是高级军官养的,因为下级军官和士兵无心在战争中养猫。由此,德军认为前方可能是法军指挥部,于是集中了六个炮兵营的火力向该地轰击。事后查明这确实是法军的一个指挥所,里面的人员全部丧命。

所以,管理者的见微知著、明察秋毫是一种伟大之举,而这种伟大不是人人可以理解的,更不是人人可以做到的。只有崇尚这种伟大,塑造自己的心灵,积累丰富的知识,培养自己的能力,锻炼自己的思维,才能接近和达到这种伟大。

（四）博采众长,从善如流

一个人的能力是有限的,一个人的精力也是有限的,要用有限的精力造就巨大的能力,唯一的途径就是学习、实践。汇百川方能成大河,集江河方能成海洋。高明的管理者、有效的管理者往往都是善于博采众长、从善如流的人。他除了向书山攀登,从书本上学习,平时在实践中还勤于向他人学习,善于倾听众人的意见,将大家的智慧集中起来,变成自己的知识和能力。

这同样不能仅仅视为方法问题。对于管理者来讲,更主要的是个民主作风问题,是群众观点问题,因而是一个素质问题。许多管理者对待工作表现出强烈的事业心和十足的干劲,可是对待下属却没那么多的热忱与民主,因此缺乏吸引力和感召力,自身的才华也难以施展。分析起来,很重要的一个原因就是民主作风欠佳。

民主,从范畴上讲,是上层建筑,是一种国家制度的原则;从政治上讲,是承认和尊重绝大多数人在政治、经济、文化、生活等权利上的平等;从管理上讲,是尊重他人意见并善于集中众人智慧。从宏观上看,它是历史的,是社会进步和发展的必然产物;从微观上看,它是具体的,是人民群众按照自己的意志,通过各种途径和形式,反映和表达对国家及社会事务的意见、要求、看法,甚至直接参与管理。民主对于被管理者来说是权利,对管理者来说既是权力又是责任。民主是实实在在的实践活动,它大量地以具体的形式存在于我们的生活与工作中。突出民主格调,对权力能起到平衡与监督作用。权力只有同人民群众的意志和利益结合起来,才是有价值、有力量的。正因为如此,若不抑制超越民主的弄权,滥施、乱用权力,定会导致权力性质的异变和管理者自身的霉变。突出民主格调,对服务精神能起到倡导作用。一个好的管理者懂得怎样尽管理之责,怎样去感动群众,换取他们的亲近和信任。突出民主格调,对管理者民主作风的形成与巩固具有警示作用,使管理者注意调动人的积极性,让被管理者亲身体验当家做主的尊严;使管理者平易近人,公允办事,能够听取自下而上的批评,创造一个畅所欲言的环境。突出民主格调,还可以提高管理者的修养。耐心地听取别人讲话,尤其是耐心地听取反对意见、下属意见和错误意见,对管理者来讲是一种修养。可以看到,有的人为维护以我为中心的地位或为留给他人一个良好的印象,常常用一些毫不相干的插话打断别人的发言。聆听要全神贯注和自我约束,不能傲慢无理,不能装腔作势、三心二意,不能轻率地表示赞成或反对。对别人的意见只有在理解的基础上才能判断,只有在尊重人格的基础上才能表态。这方面往往体现出一个管理者的修养水平。总之,在注意了以上问题之后,管理者才能真正做到博采众长、从善如流。

（五）放权授权,真诚合作

管理者既不是神仙也不是"超人",他的能力和精力都是有限的。因而,管理者只能想大局、议大事,而不能事无巨细、事必躬亲,更不能大权独揽、搞一言堂。前者是个方法问题,而后者既是体制问题又是个人素质问题。邓小平在讲到这个问题时非常严肃地指出:"权力过分集中于个人或少数人手里,多数办事的人无权决定,少数有权的人负担过重,必然造成官僚主义……"①他又说,这种官僚主义的"主要表现和危害是:高高在上,滥用权力,脱离实际,脱离群众,好摆门面,好说空话,思想僵化,墨守陈规,机构臃肿,人浮于事,办事拖拉,不讲效率,不负责任,不守信用,公文旅行,互相推诿,以至官气十足,动辄训人,打击报复,压制民主,欺上瞒下,专横跋扈,徇私行贿,贪赃枉法,等等"②。因此,即使从体制上解决了

---

① 邓小平文选:第2卷[M]. 2版. 北京:人民出版社,1994:329.
② 同①327.

权力过分集中的问题,管理者仍然有一个如何放权授权、合作共事的问题。

首先,管理者思想意识要好。关于这一点,我们在管理者的人格形象中已经作了强调,管理者如果思想意识不好,就不能对人对事一碗水端平,办事不光明正大,说话不理直气壮。我们常常可以看到有一种人,即使和他共事的人很少,他也要人为地制造对立,拉一部分人,打一部分人——哪怕这"一部分人"只有一个人。他以此为乐趣,以此为能耐,而这恰恰反映出其灰暗的心态和颓废的思想意识。因此,不能给此种心态以存在的余地。

其次,管理者必须摈弃家长制作风。家长制是历史上形成的一种社会现象,其管理方式带有浓重的封建色彩。如果将这种作风带入现代管理的范畴,其结果除使个人高度集权之外,还容易使个人凌驾于组织之上,变组织为个人的工具。如此一来,管理者不仅污染败坏了正常的工作环境,而且必然把自己推向孤家寡人、四面楚歌的境地。于是,合作共事也便必然成为一句空话。

最后,管理者应当相信他人。管理者要想调动所有人的积极性就要相信他人,而相信他人就要让他人有职有权,否则对一个有职无权的人提出过高的要求是强人所难,因为在这种情况下他只能从事低水平的、木偶式的工作。因而,本来可以通过放权授权而产生的效益被人为地损耗了。而管理者因能力和精力所限,即使日月相接、身心劳瘁也无法包揽和代替所有人的工作。同时,在这种情况下下属必然将各种矛盾上交,各种摩擦不断出现,彼此合作与协调困难,人与人之间关系紧张,破坏了形成良好工作环境的基础。

(六)宽恕礼让,虚怀若谷

管理者与一般人的不同之一是管理者具有容天地万物的气度,主要表现是虚怀若谷、宽恕礼让、容纳异己、以德报怨,形成一种和谐融洽的局面。这种胸怀主要反映在对己对人两个方面。

对待自己严字当头。"人非圣贤,孰能无过?"有了错误,一不文过饰非,二不诿过于人,这是君子之风。几乎挨了大半辈子批判的李立三就颇有这种君子之风。他在 1930 年 6 月至 9 月犯了"左"倾冒险主义的错误。错误得到纠正之后,他痛定思痛,由衷地说出了这样一句话:"如果党需要我当'反面教员',我就当好这个'反面教员'。"于是,他把自己的错误坦率地向熟悉的同志讲,向素不相识的同志讲,向自己的子女讲。3 个月的错误讲了 30 年,检讨了 30 年。他认为,一个人犯了错误决不能为了顾全个人的面子而百般掩盖。可是,有的管理者却持有一种陈腐的世俗之见,把自己装扮成"完人",对于缺点、错误死不认账,人皆道其有,他却辩其无。到了不得不讲的时候,也是吞吞吐吐、躲躲闪闪。更有甚者,将自己的错误嫁祸于人,以致玩弄权术,寻找"替罪羊"。而到头来,总是像毛泽东所说的那样:"一害人民,二害自己,总是吃亏。"

对待别人忍字领先。管理者的虚怀若谷、宽恕礼让表现为对人不计前嫌,即以礼对待非礼,以仁对待非仁,以此达到心灵感化、心与心的激励。历史上的齐桓公不记私仇,用曾经射了他一箭的管仲为相,成就了一代霸业;韩信受胯下之辱,不失大志;上海刚解放时,陈毅作为市长,对那些有一技之长但又有各种各样毛病乃至罪过的人并没有弃之不用,而是团结他们,改造他们,这种胸怀实在是难能可贵的。任何一个人都难免出现过失,这时管理者不应小题大做,而应综合判断,得饶人处且饶人。

管理者的这种匡天下之志、容天下之量对事业的成功至关重要。能够容人、容事、容天下,才能有稳定、积极、健康的情绪,才能统观全局、沉着冷静,走出一步步令人拍案叫绝的好棋。

(七)己立立人,己达达人

对于一般人来说,能够做到"己立""己达"已属不易,应该受到赞赏。然而,对于管理者来讲,必须同时做到"己立立人,己达达人"。这里有两层意思:"己立""己达"都是自律,"立人""达人"都是律人。这是管理者育人的两部曲,即首先自律,然后律人。可是,有些管理者律人可以,自律困难。这就不能不说是一个思想素质的问题。

美国著名管理专家杜拉克 1985 年为他的《有效的管理者》一书再版

作序时指出:"一般的管理学著作谈的都是如何管理好别人,本书的目的则在于如何有效地管理好自己。"在杜拉克看来,一个有能力管好别人的人不一定是好的管理者,只有那些既能管好别人又能管好自己的人才算得上是好的管理者。在这里,杜拉克把自律与律人统一了起来,即管理者要做到律人,首先必须自律。这与2 000多年前孔子、孟子、荀子等人主张的"正己安人""修身治国"的思想是一致的。

对于管理者来说,自律是重要的,又是困难的,因为"自律之殿堂,须经他律之大门"。而"他律"的重要方面是来自管理者的律人职能。所以,对于管理者来说,自律和律人是同等重要的,二者在地位上不能区分主次。但是不同的管理者在自律和律人两个方面投入的精力是不同的。就是说,在实施的过程中两者的难度是不一样的:有人认为自律容易,律人困难;有人则相反,认为自律困难,律人容易;而更多的人则认为自律不易,律人更难。显然,认识不同,感觉不同,反映了管理者自身素质的不同。

从因果关系上讲,只有做自律之典范,方能达律人之效果。自律在这里充当了有效律人的前提。没有这一条,管理者就无权行使形象管理。正因如此,自古以来人们总是强调统御者的自身修养。《礼记·哀公问》中孔子回答鲁哀公为政之策时说:"君为正,则百姓从政矣。君子所为,百姓之所以也,君所不为,百姓何从?"意思是说,君主行为端正,百姓就服从政令。君主怎么做,百姓就跟着怎么做,君主不做出样子,百姓怎么跟着做?唐太宗也认识到:"若安天下,必先正其身。未有身正而影曲,上治而下乱者。"《周书·苏绰传》中有一段形象的比喻:"凡人君之身者,乃百姓之表,一国之的也。表不正,不可求其影;的不明,不可责射中。今君身不能自治,而望治百姓,是犹曲表而直影也;君行不能自修,而欲百姓修行者,是犹无的而责射中也。"大意是说,君主本身就是黎民百姓的"表"(古代测时用的标杆),就是一个国家的"的"。"表"立得不正,不能要求得到笔直的影子;"的"不明显,不能要求射中目标。如果君主不能自律,而希望治理好百姓,就如同"表"歪而要求影子直;如果君主不能修己,而要百姓修养德行,就如同没有"的"而要求射中目标。

这些论述都是讲正己与正人的关系,其核心是正人必先正己。古代君王如此,外国企业家如此,中国的现代管理者同样应该如此。

问题的另一方面就是管理者自律之后的律人。作为管理者,从管理的意义上讲,自律虽然是重要的,但绝不是最终的目的。最终的目的应该是落实在律人上,否则管理者就没有尽职尽责。这就是"己立立人,己达达人"的全部内涵。

(八) 勤奋好学,才华横溢

知识是人类实践经验的总结和升华,是一个浩瀚无垠的海洋,因此对于任何一个人来讲都是学海无涯,也就学无止境。但是,人们的求知欲不同,勤奋的程度不同,智力条件不同,因而所占有的知识多寡也不同。管理者在知识上应有特殊的要求,即既要精通某个专业,具有知识的深度,又要尽可能多地了解相关知识,具有知识的广度,以确保知识上的权威性。一个不懂专业知识,其他知识又很贫乏的人充当管理者,于人于己都是一种不幸。在当今知识和信息激增且瞬息万变的时代,科技发展节奏大大加快,新技术的产生、新产品的开发令人目不暇接。因而,管理者应有意识地丰富自己,不断地调整自己的知识结构,从而使知识水平与所从事的工作相适应,与发展着的科学技术相协调。许多管理者在新的形势下,不受世俗偏见的影响,舍得下本钱,舍得花力气,把自己所能利用的学习条件用尽用足,不断吸收别人、别国的新知识,在心理上产生充实的成就感,显示出管理者的才华,从而在不同的岗位上各领风骚。这不仅在无形之中孕育了自信心,同时也使被管理者产生了力量和依托感。群众看到如此勤奋好学、才华横溢的管理者,心中自然会敬服和感到骄傲。

管理者无须故意显示自己才华出众、博学多识,而应带领下属进行强有力的组织、决策和创新,靠实实在在的工作将才华物化。他懂得韬光养晦的内涵。表面的风采艳丽是未成熟的果子在阳光下反射出来的美,只有经过寒暑易节,掩蔽锋芒,避免被飞禽随意叼啄,方能成熟。"穗满头低垂"要比风采艳丽更能引起人们的崇敬之心。

（九）善于理解，长于关心

管理者应该是富有感情的人，应该是常人优秀品质的"综合体"，因而他舍得感情上的投资，在生活中善良、诚恳、亲切，乐于助人，善于理解人。

管理者对群众的理解非常重要，它是做好思想工作的基础，是心理相通的前提。因为只有管理者理解群众，才有群众对管理者的理解。而理解的基础是尊重。把群众视为手足，才能尊重他们的人格，尊重他们的需要，尊重他们的喜怒哀乐。理解就要有情，有情才能缩小人际距离。只有这样才能去掉神秘感，将平凡与伟大相结合才能产生人格的魅力。唯物主义者认为，伟人也是有七情六欲的，他需要像普通人那样生活、交往，需要生活在普通人中间。

在现实生活中，一些管理者为了保持自己在群众心中的威望而高高在上，不苟言笑，令人难以接近。一些人之所以常常给自己披上"神秘"的外衣，孤独自傲，毫无理解心和同情心，原因有两个：一是不能正确认识自己，忘记了自己在社会上的双重角色。由于自己卓然高标，很少与一般人交往，缺乏衡量自己的尺度或照鉴自己的镜子，往往对自己估计过高，夜郎自大。二是不能正确评价别人。由于缺乏与一般人的交往，因而就缺乏对别人的了解，考虑问题总以自我为中心，凡事从自己的角度出发，怎么能做到设身处地理解别人呢？所以，管理者首先自己要成为普通人，从人格上讲求民主、平等，从感情上与普通人相通，然后才能做到理解和关心人。

管理者理解了群众，群众就会理解、感激管理者。河北唐山地区打击刑事犯罪时发生了这样一件事：开滦煤矿的一位工人把自己新买的摩托车主动开到派出所去，供公安战士抓捕罪犯用。某冰棍厂在公安人员帮助下解决了流氓滋事问题，于是厂服务部贴出标语："公安战士吃冰棍不收钱！"这些都是互相理解的结果。所以，当人们的生活和工作出现矛盾时，管理者需要给予理解；有人一时说错了话、做错了事，管理者需要理解；有人不讲究方式发泄不满，管理者更需要理解。理解本身就是对人的关心，理解可以拂去人们心中的不快，理解可以抹平人与人之间的沟壑，理解可以使管理者形象变得高大。

（十）体魄健康，风度高雅

人们的一切成功首先产生于良好的愿望，但良好的愿望并不等于现实。要把意愿变为现实，除了德识才学诸因素之外，还要有强健的体质。因为身体是德识才学赖以存在的载体，是奋斗的物质基础。我们说人生就是奋斗，有两层意思：一是说事业的成功需要奋斗，二是说生命的延续需要奋斗。人们旺盛的精力、积极乐观的态度、敏锐的感受力以及对各种环境的适应力、对突发事件的承受力等，无一不是来自健康的体魄。影片《人到中年》中，傅家杰望着疲劳不堪的妻子，深情地说："金属也会疲劳。先产生显微裂纹，然后逐步扩展，到一定程度就发生断裂……"连金属都会疲劳，更何况我们的血肉之躯！因此，居里夫人总结自己成功的经验时说："科学的基础是健康的身体。"阿拉伯有句谚语说得好："有两种东西丧失后才发现它们的价值——青春和健康。"无论历史上还是现在都有不少人在人生半道、才华横溢之时英年早逝，这些人纵有宏图大志也只能无可奈何花落去，留得遗憾在后人。

在科学技术迅速发展的今天，各种系统提供的信息使我们的思维负荷越来越重，人们在精神上、心理上、体力上都要承受巨大的压力，有时人体机器不得不超负荷运转，所以健康的体质不仅是个人的幸福和幸运，而且是事业的需要。管理者健康的体魄和高雅的风度是干事创业的物质基础和精神风貌。管理者要比一般群众在精神上、心理上、体力上承受更大的压力，健康的体魄不仅可以使管理者更好地适应工作，而且可以给群众以事业兴旺发达的感觉，成为群众和事业的希望。越是高层次的管理者，群众的这种感觉愈是强烈。故而管理者应该意识到身体健康的重要性，个人的身体已不完全是自己的私有财产，它是群众和事业所共有的物质财富和精神财富。

健康的体魄是事业成功的物质基础，是外在的；高雅的风度则是一个人的气质和修养的集中反映，是内在气质与修养的外化，因而是内隐与外显相结合而存在的。管理者仪表非凡，对外交往不卑不亢，对内交往彬彬有礼,始终表现出一种友好善意和从容敏捷,即使在悲伤和愤怒的时候也不失常态。对于这样的管理者,群众乐于接近和交心,并为有如此精神风貌的管理者而自豪。周恩来就十分注意仪表风度,从青年到晚年,一生都是面净、发整、衣挺、头正、肩平、胸宽、背直、不傲、不暴、不怠。他那落落大方的举止、机敏智慧的谈吐,曾给多少人传递了一种愉悦和敬仰的美感!可谓高山仰止,景行行止。管理者要学习这一风范,注意自己的身份,树立良好的形象。蓬头垢面、龌龊不堪自然令人嫌弃,而动辄发怒、斥骂、发牢骚等同样是与管理者身份不相容的,都是不理智的举止或者不成熟的表现,它给人带来的是心理上的灰暗和精神上的厌恶不安。

到此为止,我们对管理者所应具备的形象进行了基本分析,从柔性管理的角度看,这就是管理者权威性之所在,是非权力影响力的来源,是管理者产生巨大的内聚力和支配力的根据。这种力量可以使管理者的聪明才智得到淋漓尽致的发挥,可以使被管理者的积极性充分释放。这样的管理就是成功的"形象管理"。

第四节　权力、能力、魅力

下面我们从管理者的安全角度论述管理者的形象。当今,一部分管理者身居要位,拥有权力,也不乏能力,然而却没有魅力,甚至沦为"反面教材",还何谈形象感召?之所以如此严肃地提出这个问题,是因为这种现象的出现有其深刻的社会背景:第一,社会资金涌流——随着国家的强盛,各级各类管理者手中的权力越来越大,可支配的资金越来越多,一些人在金钱诱惑下走向犯罪;第二,科技密级提升——随着国家科技水平的迅速提高,科技成果的大量涌现,科技秘密越来越高端化、密集化,确保科技安全已经迫在眉睫;第三,外敌颠覆策反——随着对外开放的力度、广度越来越大,外部势力的渗透、策反、窃密、破坏活动越来越频繁;第四,国内公权异化——依法治国尚未全面形成机制,加之腐败现象推波助澜,公权受到越来越严峻的挑战。

于是,一些堪称人才的领导者、管理者没有实现安全发展,在施展才华的过程中出了问题,走向了人民的对立面,不仅不利于个人发展,而且使国家安全受到了威胁。这些人在应用权力的时候失去了定力,没有做到事忙人不茫,人忙心不盲。他们对公权不是充满敬畏,而是随心所欲地亵渎。他们不明白权力、能力、魅力的递进关系,以为有了权力就有了一切。实际上,有权力不一定有能力,有能力不一定有魅力。明代王阳明认为,君子欲济天下之难,不能不操之以权。现在看仅此还远远不够,有了权力仅仅是开始,之后一个永恒的任务就是矢志不渝地强化能力与魅力。

一、权力、能力、魅力定位

当今社会的一个普遍现象就是权力至上、能力本位、魅力崇拜,然而现实中却出现了权力背反、能力异化、魅力缺失。这些人即便拥有良好的愿望也不可能实施形象感召,因为他们没有把权力、能力、魅力的定位搞清楚。

(一)权力定位

权力是法律赋予的享有某种作为或不作为的许可。通俗地讲,权力就是法律赋予的支配力。权力具有三大特征:第一,权力具有使命性。权力是一种责任和使命,干部是人民的公仆,为民造福是行使权力的根本目的。权高不忘责任重,位尊不忘公仆心。第二,权力具有指向性。权力是在规定的岗位、系统、领域发挥作用的力量,只能在法定的范围内发挥作用。权力在法定的领域是主导力,在其他领域只能是辅助力,而且在法定的领域之外不强调主动施权。第三,权力具有时限性。权力因岗位而存在、因离职而消失,就是说,权力与岗位共存亡。权力在握可以指挥千军万马,一旦离任则回归一介平民。

(二)能力定位

能力是达成目标的过程中表现出的素质。能力的外延很丰富,如创新能力、协调能力、决策能力、组织能力……而这一切能力都是以下四个基本能力的延伸,这些基本能力成为能力的源头:第一,学习能力,主要指知识更新能力、知识融合能力、接受新事物能力、萃取众人智慧能力。当今社会是一个信息社会,知识浩如烟海,所以学习是人生的主题,学习必须不失时机。意大利军事家杜黑说过:"凡没有做好准备的将没有时间再准备,也没有时间改正以往的错误。"这就决定了学习的三原则:及时学习、随处学习、终身学习。第二,思维能力,主要指创新能力、分析综合能力、感知感悟能力、决策能力。当今是一个思者昌、从者亡的时代,是一个思维待深化、待活化的时代。自古以来,人类对"思"的呼唤从未停止过,从孔子的"三思而后行"到韩愈的"行成于思,毁于随",从笛卡尔的"我思故我在"到 IBM 的百年厂训"思考",从《第五项修炼》的核心思想"思考"到我国有媒体将成功密码归结为"择业、工作、思索"……都应了古希腊哲学家亚里士多德的一句话:人生最终的价值在于思考的能力。第三,人脉能力,主要指组织能力、交往关系、协调能力、合作共事能力。美国钢铁大王卡耐基说:"专业知识在一个人成功中的作用只占 15%,其余的 85%则取决于人际关系……能够掌握并拥有丰厚的人脉资源,你就在成功路上走了 85%的路程。"人脉可以定夺事业的江山,可以增强事业的合纵连横,可以取长补短、互通有无,可以振臂一呼、应者云集,可以见贤思齐、见不贤而自省。第四,驾驭能力,主要指指挥能力、落实能力、实践能力、坚持能力,具体表现为驾驭时局、驾驭团队和驾驭自我。当前面两个驾驭实现之后,驾驭自我就成为成功的决定性因素。法国思想家蒙田认为心灵之高尚"在于知道如何控制与约束自己",所以情商使人有了"平庸"与"杰出"之分。

以上四个基本能力为权力注入了无限的动力与活力,否则有权力而没有能力的结果一是毁业败业,二是权力短命。这是能力缺失的悲剧。

（三）魅力定位

魅力是一种令人倾情的吸引力和影响力,让人怦然心动、爱屋及乌,让人着魔着迷、挥之不去。魅力来自思如泉涌、才华横溢的感召力,不断进取、历久弥坚的意志力,一片冰心、品行高洁的亲和力,身心健康、风度高雅的生命力。具体地说就是:第一,能干事、干成事。能干事是精神,干成事是能力,这是行动与结果的完美统一。有思想、有作为、有成果是所有成功者的三部曲。第二,力行之、恒久之。人的平凡之处是容忍惰性、寄望轻松,小成即满、随遇而安,常立志、常无志。人们常常感叹于功亏一篑,何意? 就是一步之差,没有"再坚持一下"。所以,意志力是一种成熟的涵养,更是一种深谋远虑的坚持。我们倡导的是逆境下的坚韧、顺境下的理智、常境下的有恒。第三,品端正、行高洁。自古以来,人们倡导品端学粹、行能高洁,就是一身正气、光明磊落,不为利诱、不为物牵,不媚权贵、不鄙卑微。这种品与行润物无声,涓涓入心,持久而有效,是人品、能力、情感的综合体现,是一个人的人格魅力,是权力之外的影响力。第四,神智盈、身健猛。《道德经》讲的"神智聪赢,身健雄勇,不怒自威,玉树临风",就是对这种状态的赞美。非凡的体质、气质给人以自信、自豪。人们旺盛的精力、积极乐观的态度、敏捷的感受力及对各种环境的适应力、对突发事件的承受力等无一不是来自健康的体魄。

二、权力、能力、魅力异化

异化是指将拥有的东西转化成对立的东西。简言之,就是现实走向了本意的反面。

(一)权力异化

王阳明认为:"权为天下利害所系,小人窃之以成其恶,君子用之以济其善。"拥有权力本不是坏事,但是权力被"小人窃之"则成大患。由于中国几千年的封建专制影响深远,权力至高无上,中国人在权力面前诚惶诚恐且充满了强烈的追求欲,以至于一些人对权力朝思暮想、梦寐以求。元代大将严忠济讽刺这些人:"宁可少活十年,休得一日无权。"这种心态决定了一些人对权力顶礼膜拜,对权力的追求不择手段,对权力的使用随心所欲,以至于最终使公权走向异化。

当前权力异化主要表现在四个方面：第一，专权，无视民主集中制，有了权力一览众山小，独断专行，最终导致权力失控、决策失误、行为失范。第二，恃权，也叫弄权，即依靠权力傲视一切。恃权者以手中的权力为筹码要挟他人、玩弄权术、刁难服务对象，于是必然导致恃权傲民、恃权凌人、恃权乱政、恃权轻法。剧作家萧伯纳说，一切世俗的权力都会使人成为无赖。第三，渎权，即尸位素餐、为官不为，消极等待、坐失良机。渎权者是典型的不作为，这种人常常成为绊脚石、拦路虎，自己不为，让别人也无法作为。第四，乱权，即随心所欲、超越职权、为所欲为，对严谨、严肃的权力约束视若无睹，让权力信马由缰。

（二）能力异化

能力本应在其权限内服务社会发展和科技进步，造福于人类，然而能力一旦异化则走向反面。主要表现是：第一，能力用错地方。能力必须在权力界定的领域发挥作用，否则就用错了地方，如球赛赌博、医生推销药品谋利、高科技犯罪等。美国画家尼戈因制作20美元假钞被判刑，而他的三张肖像画被拍卖时每幅超过5 000美元。画一张20美元假钞所用的时间完全可以画一幅肖像画，可是他没有这样做，从而毁灭了自己的人格、尊严，亵渎了自己的人生价值。所以，中央巡视组的通报用"能人腐败"反映这一现象，就是指能力用错了地方。第二，能力受外力胁迫。即能力不再是展示个人意志的力量，而成为他人用来表达欲望的工具。这种外力主要来自家人、亲戚、朋友、同乡以及行贿者。行贿者为了要挟受贿人，有的会把送礼全过程录下来。所以，这些人伸手抓了一把钱，脖子上却套了一根索，不得不受制于人。第三，能力惰化。能力惰化是有能力却不愿劳神劳力，从而得过且过。马克思说过，凡是有人群的地方都离不开监督劳动。在人们的认识水平、思想觉悟尚未极大提高的时候，监督劳动将是极其必要的环节。

（三）魅力异化

当权力、能力异化的时候，魅力也就不见了。所以，权力、能力异化必然导致魅力异化。改革开放以来，出现了一批"英才""典范"，他们叱咤风云、魅力四射。然而，其中一些人忽而光环退去、魅力不再，甚至成为"阶下囚"。为什么？发人深思。

一些人利用手中的权力大肆作恶，到了疯狂的程度，他们都遵循着一个共同的规律挑战正义：有50%的利润就会铤而走险，有100%的利润就敢践踏人间一切法律，有300%的利润就敢冒上绞刑架的危险！一个人一旦失去了道德、践踏了正义，就从根本上失去了魅力。

（四）"三力"异化导致的后果

"三力"异化将导致毁己、废业、败家，甚至亡党、灭国。有这么严重吗？是的。毁己、废业、败家是显而易见的，更严重的恶果是亡党、灭国！敌对势力的"和平演变"就是从此开始的。苏联解体前曾任部长会议主席的雷日科夫出版《大国悲剧》一书，反思苏联解体的沉痛教训。其中讲到1945年美国中情局局长艾伦在总统杜鲁门面前大谈瓦解苏联的手段："人的脑子，人的意识，是会变的。只要把脑子弄乱，我们就能不知不觉改变人们的价值观念。""积极地和经常不断地促进官员们的恣意妄为，让他们贪婪无度，丧失原则。""官僚主义和拖沓推诿被视为善举，而诚信和正派将被人耻笑。""我们要把他们变成无耻之徒、庸人。"……40多年后，一切果然这样发生了。雷日科夫痛心地说："如果内部没有一个完全奉行苏联的敌人所树立的目标的'第五纵队'，而只靠外部力量，谁也不能把我们的国家怎么样。"

西方敌对势力对罗马尼亚实施了同样的战略，同样得逞。现在，他们又对中国如法炮制，而腐败者就是他们最容易猎取的对象，"三力"异化就是他们煞费苦心所要的结果。

这些年，一方面我国经济社会在发展，一方面社会风气受到污染，社会不稳定因素在积聚，社会的价值观在扭曲。一个贪腐者反思走向深渊的过程时说，看到别人捞，觉得自己不捞就是傻——人的行为到了善恶不辨、美丑不分的程度。人的价值观一旦扭曲，悲剧便接踵而至。防止权力、能力、魅力异化就是在保证我们的制度安全、道路安全、文化安全，乃至国家安全。

三、权力、能力、魅力安全

这个世界上没有哪个国家不反腐,只是形式、力度不同罢了。党的十八大以来已有很多人被查处,其中包括各级干部、专家学者等。这些人大多曾经是不可多得的人才,他们有的身居高位,有的成果累累,有的功劳卓著,到头来,他们的形象还有一点点感召力吗?没有。为什么?因为他们亵渎了权力,枉费了能力,糟蹋了魅力。我们不得不痛下决心,解决人才发展的安全问题,让"人情""天理""国法"三位一体、并重并用,强调权力自觉、权力约束及弄权惩处。

(一)权力自觉

权力自觉的基础是人民之情、组织之情、群众之情、家庭之情。权力本身不可能使人自然变得高尚,恰恰相反,权力失去了自觉就会走向反面。英国前首相皮特认为,无限的权力会毁掉它的占有者。所以必须强调权力自觉,让拥有权力者明理崇德、心有敬畏、慎权慎微。第一,明理崇德。核心是明白权力何来。权力何来?《中华人民共和国宪法》规定:"中华人民共和国的一切权力属于人民。"人民是权力的主体,权力是人民赋予的,服务是权力的本质。不把这一点始终牢记、始终高扬,就极易亵渎权力、滥用权力。有人感叹:"廉洁是 1,事业、功名、财富、尊严是 0。廉洁出了问题,一切都等于 0。"所以,职位可以增加人的权力,但增加不了魅力,增加不了高尚,人生必须明理崇德。第二,心有敬畏。权力在握,必须常有使命之感,常有敬畏之心。古人云:"天下之事,成于惧而败于忽。"惧就是敬畏。敬畏什么?敬畏人民、敬畏法纪。人民和法纪是威严的、神圣的,它对于背叛者是利剑,对于尊重者是盾牌。权力失去敬畏就必然远离理智走向贪婪,走向放纵。权力放纵的代价是高昂的,它祸国殃民,葬送前程,殃及家庭,终日惶恐。第三,慎权慎微。由于时间和空间的无限性,监督的职能往往存在鞭长莫及和覆盖不到的地方,此时主要靠自律,自律是一种至高无上的境界——摆脱自发、达到自为。人能够进入自律状态，就是由必然王国走进了自由王国。马克思有一句至理名言："一切差异都在中间阶段融合，一切对立都经过中间环节而相互过渡。"因为中间阶段、中间环节是模糊的、隐蔽的，关键是不失警觉、不疏细节。"温水煮青蛙"的故事说明走向堕落往往从"不拘细节、疏于忽微"开始。

（二）权力约束

权力制约和权力监督是人类政治生活的永恒主题。我国历史上长期存在着若干"无解"的问题：一是人治大于法治、人情压倒原则。这种状况导致不民主、反民主，导致政策、法纪、程序变得苍白无力，导致跑关系、走后门，打"擦边球"、搞"变通"，导致上有政策、下有对策，"抢绿灯""赶黄灯""绕红灯"。二是管理不闭合，系统运行缺乏内驱力。闭合的核心是有效地制约管人的人。管理系统的内驱力就是系统自身产生一种动力与活力，从而形成"自加压、自寻优、自运行"状态。三是监督制约机制不完善。监督制约必须形成全覆盖：立法者、执法者以及最高权威（一把手）被监督，形成便捷的监督网，有效保护监督者，对违规者迅速彻查深究。四是管理机构官多权大。我国改革开放初期官民比为 1：67，2014 年为 1：21，吃国家财政者快速攀升。这种现象导致权力集中与权力分散并存，致使权力分布畸形。这些问题必然导致决策的随意性，使管理缺乏权威，政策无法连续，执法不能独立。解决问题的唯一有效办法就是建立机制，约束权力。

法国思想家孟德斯鸠说："一切有权力的人都容易滥用权力……要防止滥用权力，就必须以权力约束权力。"有人把权力比作一辆疾驰的车，失去制动将会车毁人亡。所以，习近平再三强调："把权力关进制度的笼子里。"

（三）弄权惩处

国法是对天理的进一步强化，是伸张正义、明辨是非的最后手段，具有明显的强制性和不可抗拒性。到了这一步，执法与被执法都没有了后退的余地。孟子曰："人不可以无耻。无耻之耻,无耻矣。"对于无耻之徒别无选择,只有用法。所以,平时我们以法警人、以法育人,到了关键的时候就要依法治人、依法治世。放眼过去,几乎所有放纵者都是走了一条"自负—自恋—自恃—自毁"之路。开始,奋发有为;掌权,蜕化变质,终日心神不定、草木皆兵,于是食无味、睡无眠、行无力、情无常;入狱,悔不当初。看看那些阶下囚们,头发斑白,面容憔悴,眼神黯淡,精神萎靡,间或满脸悔恨的泪水。悔恨、歉疚、恐惧以及对未来生活的万念俱灭足以击溃一个人的所有心理防线。妄图为所欲为,结果一无所为;妄图得到所有,结果一无所有。

沉痛的教训让我们明白必须建立机制,规范权力。多年来,机制已经成为流行词,诸如成才机制、保障机制、用人机制、激励机制、流动机制……然而要问:什么是机制? 如何建立机制? 这些问题并非所有人都能正确回答。不搞清楚这些问题,对机制的理解就只能停留在表面。实际上,平时说的各种机制大都属于管理机制。管理机制是管理系统内各子系统之间相互促进、相互制约的内部质的规定性。建立机制必须做好组织准备、技术准备、作用发挥和评价反馈,用以保证机制运行的规范性、实践性、应用性和自为性,从而形成管理的"势",造就监督的"场",使权力约束时刻处于"箭在弦上、弹在膛中"的状态,以至于达到"明法至于无法"的最高境界。

总之,管理者形象感召的第一步是个人安全,否则一切都无从谈起。人才安全的实现一靠他律,二靠自律,而且起决定作用的是自律。人才发展的全过程都要心有良知,行有天理,胸有敬畏,知行合一。就是说,人必自助而后人助之,人必自助而后天助之!

第十一章

无为而治

——柔性管理方略之七

　　在丰富多彩的管理行为中,中国传统的无为而治思想从古至今都是人们研究探讨的重点之一。什么原因使得对这种思想的研究历久不衰?又是什么原因使这种管理行为得以继承和完善?回答是简单的,就是因为这种管理行为是有效的和科学的。以超脱超越为导向的无为而治思想,强调"为政以德""垂衣而治""为而有度"等管理行为,而这些思想与现代管理行为中的"象征性管理""分级管理""自动化管理"以及"控制跨度""'黑箱'艺术"等是高度吻合的,与柔性管理的基本原则是高度一致的。因而,无为而治这个古老的传统思想在今天的现代化管理中得以大放异彩。

第一节　无为而治与现代管理

　　无为而治的思想是极其丰富的,现代管理的许多思想和行为方式都可以在无为而治的思想宝库中找到雏形。我们不能不为前人惊人的智慧感到骄傲，不能不为我国传统文化的博大精深感到自豪。因此，我们在对柔性管理的实施与完善中，应不失时机地打开无为而治的思想宝库，选取我们所需要的东西。

一、无为而治的外延与内涵

无为而治思想的发展和统一是有一个过程的。先秦道家的无为而治主要指统治者应清静无为，"我无为而民自化，我好静而民自正，我不事而民自富，我不欲而民自朴"。老子还认为"不欲以静，天下将自定"，因而主张"少私寡欲""绝圣弃智""绝仁弃义""绝巧弃利"，使百姓"无知无欲"，则天下"无不治"。这就是所谓"圣人之治，虚其心，实其腹，弱其志，强其骨，常使民无知无欲"。同时老子又说："圣人处无为之事，行不言之教。"后来儒法两家均吸收了这一思想，形成了儒家、道家、法家的共同理想。孔子曾经正面赞扬："无为而治者，其舜也与？夫何为哉？恭己正南面而已矣。"无为而治的思想绝不是无所作为，而是"无为无不为"。韩非继承这一思想，并与其君主专制理论相结合，提出了"明君无为于上，群臣竦惧乎下"。融合了儒家、道家、法家思想的《管子》一书则明确提出："无为者帝，为而无以为者王。"总之，古代诸子百家对无为而治思想基本上形成了共同的认知、共同的目标。

那么，无为而治如何操作呢？一句话就是"无为无不为"。《白居易集》中讲："始则懑于修己，劳于求贤，明察其刑，明慎其赏，外序百揆，内勤万枢，昃食宵衣，念其不息之道。夫如是，岂非不有为者乎？终则安于恭己，逸于得贤，明刑至于无刑，明赏至于无赏，百职不戒而举，万事不劳而成，端拱凝旒，立于无过之地。夫如是，岂非真为者乎？故臣以为无为者，非无所为也，必先为而后至于无为也。"这就从哲学上也从实践上清清楚楚地界定了"无为"与"无不为"的关系，也道出了无为而治的真谛，即必先"有为"而后才能达到"无为"的境界。《朱子语类》还就体现无为而治思想的"为政以德"进行了论述："不是欲以德去为政，亦不是决然全无所作为，但德修于己而人自感化。然感化不在政事上，却在德上。盖政者，所以正人之不正，岂无所作为。但人所以归往，乃以其德耳。故不待作为，而天下归之，如众星之拱北极也。"这段话是从德治的角度再一次论述了"无为"与"无不为"的关系。

无为无不为是一种高超的管理艺术，哪些应该无为，哪些应该无不为，以及无为无不为达到何种程度，我们从先哲们的无为而治思想中同样可以得到回答。"天下有难，常过于为；天下无难，常不及为。过于为则扰，不及为则偷。"（《诚斋易传》卷十一）"君子于天下，无必欲为之心，亦无必不为之心，惟义是从而已，此本旨也。无此两者，惟有义耳。"（《黄氏日抄》卷二）实际上，这里是讲了一个"为而有度"的问题。

传统的无为而治思想有两个值得注意的要点：一是主张管理者无为，然后才能运用众智、众力；二是主张不扰民。"无为"很容易被理解为"什么都不做"，所以老子和庄子又进一步说"无为而无不为"，用"无不为"来肯定"无为"的达成。孔子倡导的无为而治是从有为而至无为，在过程上与老子、庄子有所不同。

那么，用今天的话来说，到底什么是无为而治呢？诸子百家称无为而治是"无为无不为"，然而达到无为而治的手段又各不相同：道家主张以清静达到无为而治，法家主张以专制手段达到无为而治，儒家则主张以道德导向达到无为而治。我们今天研究、借鉴无为而治思想，就是使管理者用最少的行为达到最佳的管理效果，用超脱的手段实现牵一发而动全身的功能，实现由"事必躬亲"向"垂衣而治"的转变，由"日月相接"向"不劳而成"的转变。这就是"无为而治"的全部内涵。

二、权威的需要与"权威病"的避免

管理者应当成为权威，没有权威的管理不会是有效的管理。然而，现代管理者的权威绝非专制政体之下产生的那种连稻草人都能胜任的"权威"。今天的权威应当是时势与自身努力造就的，是具有雄才大略、超人智慧、高尚人格的新权威。今天的权威懂得科学，尊重规律，以人民利益为宗旨,以实现中华民族伟大复兴为目标而一展才华。这些权威正是使全国人民到达理想境界的桥梁,中华民族的崛起非要通过这个桥梁不可。这些权威引领着时代的发展,引领着人民胜利抵达理想的彼岸之后,也就完成了他们的历史使命而成为前辈。然而,历史生生不息,新的权威还会再生,世人永远不可能没有权威。

从另一个方面讲,又不能搞权威崇拜。权威的过分崇拜、权威个人的过分自信、权威对事情的过分干预又导致了"权威病",出现了在权威光环的笼罩下由正确走向失误的一系列悲剧。由于拥有权威的人都是在某个方面取得了相当成就的人,他们往日成功的光辉常常掩盖了正在走向错误的危险,而这种危险在到来之前又往往不易被发觉。

"权威病"的危害是极其严重的。轻则误导群众行为,干扰下属的管理职能,使下属处于进退两难的境地,造成多头指挥和忙乱指挥;重则造成工作失误,生命财产受到损害,上下级关系紧张乃至对立。历史上,由"权威病"而带来的悲剧令我们不堪回首:托勒密的"地心说"使地球"停止转动"了 1 000 多年;牛顿对"以太风"的肯定几乎把对光的研究引入歧途;拿破仑的"军事天才"导致了 30 万法国大军葬身于向莫斯科进军的途中……在现实生活中,也有大大小小的"权威病"在为害一方,他们遵循着"过去正确,今后也一定正确"的错误逻辑,导演了一幕幕主观主义瞎指挥的人间悲剧,形成了与无为而治背道而驰的管理行为。

"权威病"与我们今天倡导的无为而治的管理思想是对立的。权威是必要的,它与无为而治是不矛盾的,而"权威病"则与无为而治的管理并不相容,因为它是对权力运行机制的破坏。由于权威的影响力是非强制性的,如果管理层出现了"权威病",便必然破坏民主,打击不同意见,使权力秩序由权威弱区向权威强区偏移与集中,使正常的权力秩序遭到破坏,从而在正常的、法定的权力结构之上形成一个新的、非正常的"权力场",使正常的权力结构失去效力。这显然违背了无为而治的"运用众智、众力"的原则,也违背了"过于为则扰,不及为则偷"的原则。可见,无为而治的思想并不是每一个管理者都能自然理解的,无为而治的艺术也并不是每一个管理者都能自然掌握的。

三、现代管理中的无为而治思想

无为而治思想集中地体现在"无为无不为"上,而"无为无不为"主要是指管理行为中的超脱、适度和感化。这些思想在现代管理中,尤其在柔性管理中都自觉地得到了体现。为了更好地认识现代管理中的无为而治行为,我们对现代管理中体现无为而治思想的地方进行系统整理。我们不去探究谁为源头,谁为因果,只是将现代管理中的若干原则与无为而治思想相对照。

(一)象征性管理

关于象征性管理,美国管理学家迪尔和肯尼迪在其合著的《企业文化》一书中解释道:"文化强有力的公司是由管理人员来引导员工支持和塑造企业文化的。我们把这些管理人员称为'象征性管理者',因为他们花费很多时间来思考文化的价值观、英雄和仪式,并把自己的主要精力放在由于日常工作的起伏而引起的价值观冲突之上。"迪尔和肯尼迪指出,任何一位管理人员都会遇到三类事情:一类是无关紧要的"小事",一类是值得注意的"一般事",再一类是事关全局的"大事"。象征性管理的职能之一,就是分辨这三类事情的轻重缓急。他们不会拘泥于"小事",而会成为料理"大事"的"演出专家"——在其中扮演着有名气的"演员"和"导演"的角色。他们从来不会放过可以加强和改进文化的核心价值观并使之戏剧化的机会。总之,我们把这些人称为"象征性管理者",因为他们无时无刻不对周围发生的文化事件给予象征性的影响。

在我国,我们不仅倡导企业文化应当成为统一意志、凝聚人心的重要依托,而且倡导整个社会创造环境,以期形成高尚健康的氛围,把有意识教育与无意识教育相结合,把非直观教育与形象化教育相结合,把物质文明与精神文明相结合,形成舆论,形成特色。尤其在柔性管理中,管理者将自身良好的形象施之管理的方法,更是直接运用精神价值导向的典范。

于是,我们不难看出,不管是象征性管理还是形象管理,都与儒家提倡的道德修养、道德教化、"为政以德"和"垂衣而治"等重视精神作用的主张相一致。

（二）控制跨度

所谓控制跨度，就是管理者控制直接管理的下属单位或人员的量。

一个管理者能够有效地管理多少下属呢？有没有最理想的数字呢？英国军事家汉密尔顿依据军事组织实践的历史经验得出结论：控制跨度应为3～6人。他认为，管理3个人将使管理者相当忙碌，而管理6个人也许管理者一天要工作10个小时。法国企业家、管理学家法约尔认为一名最高管理人员通常拥有四五名直属下级较为合适。

事实上，行政单位和企业的控制跨度不存在最好的、统一的方案。影响控制跨度的因素是多种多样的：第一，人的体力和精力有限，只能同时注意到一定数量的人和事，超过这个限度，工作效率就会下降。第二，人的知识面有限，控制跨度越大，所需的知识就越多。第三，控制对象的工作性质、任务相同或相近，控制跨度可大一些，因为它们之间共性的问题较多，有利于管理者集中精力；否则，控制跨度就要小一些。第四，控制对象的层次越高，一般来说控制跨度要小些，而基层管理的控制跨度可大些。第五，控制对象的地理位置分布也影响控制跨度。单位分散、距离较远，控制跨度就要小些。总之，管理者要掌握科学的控制跨度，以利于提高工作效率。

一般来讲，控制跨度小，有利于提高管理功效，但容易使上级对下属控制过多过严，不利于发挥下属的积极性和创造性，甚至使下属形成一种依赖思想。而控制跨度大时，好的方面是能够使下属充分发挥作用，独立开展工作，有利于人才成长。不好的方面，一是导致管理者挂一漏万，顾此失彼，以致瞎指挥、乱指挥，使管理效率下降；二是导致上级与下属以及下属与下属之间关系复杂化。例如，当1名管理者有2名下属时，各种关系的总数是6个；但若增加1名下属，则各种关系增加到18个。这个关系总数是根据古典管理学派的学者格丘纳斯提出的一个公式计算出来的，即1名管理者有 N 名下属时，可能存在的关系总和 C 为：

$$C = N(2^{N-1} + N - 1)$$

按照这个公式计算,若 1 名管理者有 8 名下属,则各种关系总和为1 080 个。如此复杂的关系要占用管理者多少精力可想而知。

控制跨度在我国被称为"管理幅度",即上一级管理者直接而有效地管理下一级的人数。研究认为管理幅度为 7~12 人。有的管理者不懂得管理幅度原则,或为了显示权威,或能力有余,越级越权向基层发命令、作指示。除特殊情况(危急时刻或下属缺位等)外,这是管理的大忌。一个管理者好比一个乐队的指挥,他的任务是组织乐师和歌手协同演出。管理者只要组织好几名直接下属,使他们有职有责有权,演出就一定能成功。若越级管理,一来浪费自己的时间与精力,二来只会造就没有主见、没有责任感的下属,从而加重自己的负担。《孙子·谋攻》中说:"将能而君不御者胜。"这句话告诉我们,作为管理者要不断提高自己的管理水平,因为有能之主才能用好有能之将,无能之主用不好有能之将;有能之主能使无能之将变有能,无能之主纵有有能之将而御其手足变成无能。正因为如此,有些企业甚至明文规定"上级领导不得撇开职工的直接领导向职工直接发布命令",就是为了给下属创造施展才华的环境,也是为了避免管理者越权代管导致工作效率降低。而今一些管理者从日出忙到日落,晚上加班加点,日复一日,年复一年,恨不得使出分身术来,酷似张天翼笔下的"华威先生":各项工作亲自参加,会议亲自主持,大小事情亲自到场……结果不该管的也管了,该管的又没有管好。

由此,我们不能不赞赏无为而治中的适度思想:"过于为则扰,不及为则偷""巧于使民""惠民不费""为而不为""行其所无事"。这些思想正是管理幅度、控制跨度的体现和根据。遗憾的是,有些管理者至今仍不通其意,不得其法,走着"事必躬亲"的事务主义道路,降低了管理效率,劳瘁了精力体魄,于事业无利,于他人无益,于自己无补。

(三)管理的"黑箱"艺术

国外现代控制论者提出一种所谓的"黑箱"管理艺术,其原理已在许多方面得到广泛应用。这种管理艺术把管理环节分为三个部分:

（1）投入（输入），指上层管理者将确定的目标任务、方针政策和必要的物资、经费等下达给下属单位或个人。

（2）黑箱，指下属单位或个人完成目标任务的方法、手段及全过程活动，即将投入转换为产出的全部活动。

（3）产出（输出），指下属单位或个人完成目标任务的结果。

这种管理艺术要求管理者只管理"黑箱"两头，让下属自主行使投入—产出的转换功能，即只管目标任务和必要条件的输入以及检查验收输出的结果，而不必花费精力过问中间过程，将中间转换过程模糊化。其过程如图 11-1 所示。

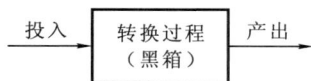

图 11-1 "黑箱"艺术示意图

像人们使用电脑一样，只需输入数据得到答案，而不需要了解电脑是怎样运作的，更不需要去干预电脑的运算过程（除非出现问题）。对下属的管理同样如此，除非下属遇到困难，不能完成任务，转换机制不能正常工作，上级才会去打开"黑箱"，解决问题。

根据"黑箱"原理，管理者的工作重点应放在以下几个方面：第一，确定目标，检查、评价目标完成情况；第二，制定政策和进行宏观管理；第三，挑选和任用人才。这与无为而治思想中的"明察其刑，明慎其赏""外序百揆，内勤万枢""劳于求贤"等思想是何其相似！

（四）自动化管理

美国管理学家米勒在其所著的《美国企业精神》一书中记载了一位企业总经理的体会："管理人员必须完全摆脱幻想。完全控制——事事都要插手，既不可能又不需要。有趣的是，我们的管理人员发现，不试图完全控制，反而能得到更多的权力——完成事情的权力。"这里所描述的，其实就是一种无为而治的境界，是一种"不管之管"的自动化管理方式。从现代管理的观点看，孟子提出的"行其所无事"的管理行为可以说是"不管之管"，也就是自动化管理。我国台湾学者曾仕强在谈到"中国式管理"的特点时说："中国人不喜欢人家管他，大多存有'自己会管好自己'的观念，大家都向往孔子'七十而从心所欲，不逾矩'的自动化境界。""中道"管理就是要"由有为而无为"，经由训练、辅导、考验，从不信任到信任，先管制而后放手让下属去做。可见，在这一过程中管理者不是不管，而是"成员由自助到自立，能按照预定的目标完成其任务或自动纠正其方向，将上级的监督和指挥减少到最低限度"。无为而治思想是儒家、道家、法家共同的理想，它的核心绝非简单的无为，而是要实现有为之下的无为，亦即自动化管理。

（五）分级管理

美国学者怀尔德汇集了当今世界各国著名管理专家的经验之谈，出版了《怎样管理》一书，其中谈到了分级管理原则。分级管理原则的主要观点是：通过有效地分权和授权，实行分级管理，逐级监督，各负其责。在以集权为特征的管理中，最高层完全集权的必然结果是消灭了必要的管理层次。实际上，任何有才能的管理者的管理幅度都有极限，超越了极限，只能造成管理的混乱和低效。只有分级管理，才能够使管理者摆脱其他事务，行使其主要职能。另外，领导群体应该有一个合理的职能结构，只有把具备各种专业知识和能力的人才组合在一起，才能发挥出整体的效能。因此，选人用人是组织工作最重要的一环。

可以看出，上述分级管理思想与儒家提倡的管理者要抓"大事"，"主能当一则百事正""任官得人""尚贤推德天下治""能当一人而天下取，失当一人而社稷危"的思想真乃"英雄所见略同"！

总之，中国古老的无为而治思想与当代管理理念与管理行为的高度吻合，一方面让我们深感东方文明是常青树，另一方面告诉我们管理的理念是相通的。

第二节 无为而治思想的应用与发展

无为而治思想是中华民族灿烂文化中光辉的一页。它的整个思想体系充满了智慧,充满了哲理;它独立于世界民族文化之林,充满了东方传统文化的"安人""至善""太极"思想;它既是管理的理论,又是管理的艺术。但是,由于无为而治思想诞生于古代,因而不可避免地带有时代的局限性,尽管如此,它仍不失为中华民族的文化瑰宝。

今日之世界已经跨越了 2 000 多年的历史,今日之中国远非当初之面貌,今日之管理也绝非当时所能比拟。然而,无为而治思想不仅具有它的历史意义,而且今天仍具有现实意义。我们应当而且可能在对其研究的基础上应用它、发展它,使它为现代化管理服务。无为而治思想在现代管理中的应用包括:规划今天,预见明天;组织人力,起用人才;形正影直,垂衣而治;监督检查,及时评价。

一、规划今天,预见明天

一位管理者要达到"治之至",即达到管理的最理想状态,绝不单纯靠披星戴月、早出晚归、昼夜不闲和亲自处理各种政务。此乃"伤形费神,悉心劳耳目"的"不知要故也"。此种事必躬亲地使用力气,任力而治,必然"弊生事精,劳手足,烦教诏",必然辛劳而效微。因此,我们提倡管理者抓"大事",首先就是要进行科学决策,把握方向,预测未来,这就是我们所说的"规划今天,预见明天"。

规划今天和预见明天都属于决策的范畴,它是一个问题的两个方面。规划今天是务实的需要,是效益的现实体现,是预见明天的基础;预见明天是规划今天的继续,是居安思危的深谋远虑,是事业充满后劲的保证。总之,对于管理者来说,这两方面一刻也不能放松。

（一）规划今天

规划今天主要是三个方面的工作：第一，确立目标；第二，制定政策；第三，检查评价。

目标是一切管理和实践所追求的终点。有了正确的目标，管理活动才有意义。目标制定得不切实际，唾手可得或高不可攀都会失去目标应有的作用。正如控制论的创始人维纳所说："了解干什么，比了解如何干更重要。"

目标是多重的。以企业为例，需要定出的目标有八个方面的内容：在市场上所要达到的水平、创新指标、生产率指标、物质和财政资源指标、赢利指标、管理人员的绩效和培养计划、工人的工作及态度要求、公共责任心要求等。这些目标有些是有形的，有些是无形的。前五项为有形指标，人们容易接受；后三项为无形指标，人们难以捉摸，常常对这些"看不见摸不着的东西"缺乏理解。然而，这后三项不仅对企业，而且对其他领域的目标确定都是不可缺少的。这些目标是看不见摸不着的，因而管理者有责任用自己的行动来使它们成为看得见摸得着的现实表现。忽视了这些，就有可能造成企业的无能、员工的混乱，至少是降低劳动生产率，并且由于不负责任的企业行为而引起公众对企业的不满。这样只会造就毫无境界、平平庸庸的现实主义的管理者。这种管理者只看到眼前利益，而不念长远、不顾企业的公益，因而变得卑微、狭隘和鼠目寸光。所以，美国管理专家杜拉克指出："所有的目标都必须包含有关管理人员的组织培养、工人的工作和态度以及公共责任心等有形的和无形的企业目标。任何其他的目标都是短视而不可行的。"

制定政策是规划今天的第二个重要内容。在刚性管理中，一切的管理都是通过政策和制度体现的。柔性管理同样是在政策导向之下的一种管理。所以，政策不仅是规范人们行为的依据，而且是实现单位总体目标的保证。任何一个地区、一个单位，事情都是庞杂的，且不说下属单位与单位、人与人之间的协调，只就人、财、物的管理，物质利益和权力的分配、制衡，各种思想的统一引导，各种力量的组织与检查，决策的方式、渠道与程序,各种奖励与惩处等,就足以使管理者应接不暇。因此,管理者必须在这些方面建立起制度、政策体系,用集中决策、分散管理、监督检查、信息反馈、总体控制的办法,充分发挥管理者总览全局、政策规范的宏观管理作用。第二次世界大战时,英军统帅蒙哥马利就提出,身为高级指挥官的人切不可事必躬亲于细节问题。他自己的作风是在静悄悄的气氛中"踱方步",将很多时间用于重大问题的深思熟虑上。如果过分斤斤计较细节问题,必将"明足以察秋毫之末,而不见舆薪"。

检查评价对于管理者而言是一个反馈调整的过程。这一工作之所以重要,是因为它把实现的成果与原来制定的目标相比较,从而取得经验或发现问题,以便及时总结和调整。这种评价是对系统行为结果的综合评价,也是对管理效益的评价。所谓系统行为,即系统对环境的反作用。我们之前在介绍"黑箱"艺术时已经讲到系统的输入、转换、输出三个环节,任何系统都是一个转换机构,其所有的转换活动构成系统行为。系统行为所获得的效益是目标所达到的程度,这是管理者最关心的问题。因此,管理者要制定评价体系,明确评价思想和原则,制定评价指标,选取合适的评价方法。最后,在检查评价的基础上,总结经验和教训,并对目标和政策进行必要的调整和充实。

（二）预见明天

预见明天同样属决策的范畴,和规划今天所不同的是,它具有"先见之明"。预见带有超前性、创造性、非精确性（模糊性）和待验性的特征。

随着社会的进步和科学的发展,管理者的决策特征发生了巨大的变化:在农业社会,简单落后的操作方式使人们的思维面向过去,只凭以往的经验办事;在工业社会,工业化加快了社会的进程,许多问题凭经验已无法应付,人们把注意力转向了现实;而在如今的信息社会、智能社会,一切都处于急剧的变化之中,人们刚刚做出的反应往往很快就落后于现实,因而迫使人们不得不面向未来。这就要求当今管理者在自身应具备的能力指标中写上"预见性"。

预见带有超前性,这是不言而喻的道理。它从现实事物出发,同时又超越现实事物的界限,使认识走在事物的前头;它以过去的实践经验为基础,以事物的客观规律为依据,预见事物未来的发展趋势和状况,即对当时尚不存在、将来才可能存在的事物的认识。预见的超前性还表现在它走在实践的前头,是尚未付诸实践的认识。广东企业家有一句口号——"干着今天,看着明天,想着后天",就是这种预见性的形象表达。正因如此,许多管理者才能够积极主动地适应未来,从容不迫地走向未来。

预见带有创造性。预见的超前性特征决定了预见带有创造性。这种创造性主要指冲破现实的樊篱,把当前尚未形成,而将来可能或者必然形成的因素以观念的形式创造出来,从而提出前人所没提出的问题,发现他人没有发现的新东西。马克思、恩格斯关于共产主义的预见,许多管理者、企业家对生产形势的预见,都带有鲜明的创造性。

预见带有模糊性。这种模糊性,即非精确性,是指预见只能大体上推断出事物的基本发展过程,推知未来的大概状况,而不可能周密地预知它的细节。这是因为:第一,规律只反映事物本身共同的、本质的、必然的东西,并不包括事物个别的特点以及一切属于非本质的、偶然的东西。第二,任何预见都只是反映目前以萌芽状态存在于现实中的东西。就是说,其本质的、内部的联系尚未得到展开。毛泽东曾经说过:"马克思主义者不是算命先生,未来的发展和变化,只应该也只能说出个大的方向,不应该也不可能机械地规定时日。"①

预见带有待验性。科学的预见并不等于真理,它只是依据科学规律对客观事物的超前认识,还是未经过实践检验的东西,具有一定的或然性,需要实践加以检验,这就是待验性。但它绝不等于现实的可疑性,因为它不是主观臆想的。如果仅由于预见的待验性而采取怀疑一切的态度,则结果只能是取消一切预见指导下的实践。

我们之所以如此强调预见明天,是因为预见功能对今天的管理者来说是不可或缺的素质之一。因为,第一,预见是管理者识时明势的关键。就是说,由于预见是在事物发生之前推断未来事物发展的趋势、基本途径

---

① 毛泽东选集:第 1 卷[M]. 2 版. 北京:人民出版社,1991:106.

和可能的结果,所以提高了自觉性,减少了盲目性,从而获得了行动的自由,掌握了主动权,使得方向明、决心大、办法多。第二,预见是决策的科学基础。就是说,预见为管理者进行决策提供了依据和供选择的方案。这个依据有三个:一是以往的经验,二是当今的现实,三是未来的预见。在某种意义上讲,第三个依据更为重要,因为决策是人们对未来实践目标、方向、原则、方法、途径做出的决定,是立足现实、面向未来、决定未来的活动。第三,预见是科学理论发展的形式。就是说,通过科学预见或假说,可以帮助人们发现新的科学理论,把认识推向前进。牛顿说:"没有大胆的猜想,就做不出伟大的发现。"哥白尼的太阳系学说、门捷列夫的化学元素周期律、爱因斯坦的光量子说、卢瑟福的中子说以及我国著名地质学家李四光关于新华夏体系沉降带的藏油理论等,在开始时都是一种科学假说,后来被实践证实才成为科学理论。自然科学如此,社会科学同样如此。

总之,规划今天、预见明天是管理者行无为而治之道的第一要诀。

二、组织人力,起用人才

组织人力和起用人才属于使用"众力""众智"的问题。《晋书·百官志》讲:"古之圣哲,深原治道,以为经理群务,非一才之任;照练万机,非一智所达。故设官建职,制其分局,分局既制,则轨体有断;事务不积,则其任易处。选贤举善,以守其位。"所以,任何伟大的天才管理者都无法胜任"群务"和"万机"的压力,他的聪明伟大之处在于组织人力和起用人才。

"人力"和"人才"是两个不同的概念:人力是指具有劳动能力的人口;人才是以其创造性劳动,为社会发展和人类进步做出较大贡献的人。显然人才是人力中的佼佼者。对于管理者来讲,对人力是个组织问题,对人才是个发现和使用问题。

(一)组织人力

人多是一种优势,然而组织不好便成为一种负担,一个包袱。因此,有人说,管理者的基本使命在于调动下属人员的智力和能力的资源来完成目标。一个管理系统实质上是一个人力使用系统,管理工作如果失去了"人"这个基本要素,就会变成"真空"。

人力资源包括三方面的内容:一是劳动者的体质,二是劳动者的智能,三是劳动者的思想觉悟和道德水平。组织人力就要从这三个方面着手,注意内在因素与外在因素并用,形成确定的目标、明确的责权、有序的机制,使每一个劳动者都在一个有效的组织中发挥作用。当然,管理者的层次不同,组织人力的工作方式也不同,有的管理者可能是直接的,有的可能是间接的。关于组织人力的方法,这里不再做进一步的介绍,但是有一点需要强调,就是在组织人力的过程中时刻不能离开创造公平环境。有人说,成功=能力+机遇;有人说,成效=能力×积极性。机遇的捕捉、积极性的发挥无不与公平环境有关,有公平才有竞争,有公平才有机会均等,有公平才有好坏良莠的区分。因此,有公平才有有效的管理,才能达到无为而治的境界。

一般来说,组织人力的工作是管理者通过政策、制度进行的,管理者依据政策实施具体的组织工作。

(二) 起用人才

组织人力是重要的,而起用人才更为重要,因为人才是人力之中的佼佼者,有时一个人才的作用可能胜过成千上万个人力。因此,起用人才是管理者实施无为而治的又一要诀。

大千世界变幻莫测,茫茫宇宙奥妙无穷。人们在征服自然、改造社会的征途中已跨出了一大步,但是仍有无数的未知领域需要我们去探索,尚有错综复杂的矛盾有待我们去处理。面对未知、面对矛盾、面对竞争,凭一夫之勇是以卵击石,凭人海战术是原始的无奈。唯一的出路就是靠人才。从远古起,就有尧禅让于舜、舜重用禹的美谈,后来商汤王重用伊尹、齐桓公重用管仲、唐太宗重用魏征、朱元璋重用朱升等,都是重用人才以成大业的典范。对于这个问题,我们总是习惯借用刘邦的一番精彩论述加以说明。公元前202年,刘邦在洛阳南宫举行的盛大酒会上,纵论他的成功经验及项羽失败的教训："夫运筹策帷帐之中,决胜于千里之外,吾不如子房。镇国家,抚百姓,给馈饷,不绝粮道,吾不如萧何。连百万之军,战必胜,攻必取,吾不如韩信。此三者,皆人杰也,吾能用之,此吾所以取天下也。项羽有一范增而不能用,此其所以为我擒也。"在这里,刘邦道出了一个亘古以来的基本道理,这就是人才难得、人才重要,重用人才更是重中之重。在我国的革命史上,在世界各国发展前进的过程中,由于重用人才而震惊世界的事例比比皆是。所以,当今时代人才的争夺愈演愈烈,对人才价值的认可达到了空前的程度。

人才有大小之分,有群体与个人之分。中国传统的无为而治思想表现在用人上,常常是"集体性"重于"英雄性",即强调集体的作用、共同的作用、协调的作用,而不像西方国家那样重"英雄性"——个人的作用。中国是把英雄集于一体、共同奋斗,到了"好像不见英雄性"的地步。楚汉之争,项羽显然带有英雄性,刘邦则似没有英雄性,结果刘邦能得天下,项羽却身败名裂;《西游记》中,不带英雄性的唐三藏为领导,而不由孙悟空带头;《三国演义》中,刘备领导了更带英雄性的关羽、张飞、赵子龙;《水浒传》中,不以林冲、武松这些十足的英雄为首领,却推举宋江来领导。[1] 下棋的时候,常有人赞叹"车""马""炮"的厉害,却没有听到过对"帅"的赞美,而这些纵横驰骋、带有英雄性的"车""马""炮"却恰恰是要保护这个看起来没有任何用处的"帅"。这不仅仅是一项娱乐活动,更表现了中国人的一个传统观念——集体性重于英雄性。

从这些微妙的关系中,我们可以悟出什么样的道理呢?或者说可以得到什么启示呢?当然不是让管理者都效仿"无用",今天的管理者非但不能"无用",恰恰相反,他必须高人一筹。有人评价美国前总统艾森豪威尔的成功时说:"无智,故能使众智;无能,故能使众能;无为,故能使众为。"这里所说的"无智""无能""无为"绝非一般意义上的解释,而是说一个人的智力、能力、作为都会受到客观的限制而无法达到"全才"。正如杜拉克所说:"谁也不可能是十项全能。与人类现有的博大知识、经验、能力

---

[1] 徐伟. 中国式管理的现代化[M]. 香港:星联出版社,1987:128.

的汇集总和相比,任何伟大的天才都不能及格。"然而人可以利用他的能力"使众智""使众能""使众为",从而达到"十项全能"。这就是管理者的伟大所在,也是无为而治思想的又一延伸。

三、形正影直,垂衣而治

儒家提倡无为而治,其基本的方式之一就是搞好管理者个人的道德修养和对下属的道德教化。即所谓"垂衣裳而天下治",实现"不管之管"而达到无为而治的"极致"。《论衡·自然》中对垂衣而治的解释是:"垂衣裳者,垂拱无为也。"这种垂衣拱手而治天下的无为境界,用今天的话来说就是管理者要用正派的作为形成良好的环境,让人们在榜样的感召下统一步调。《大戴礼记·子张问入官》中讲:"不先以身,虽行必邻矣;不以道御之,虽服必强矣。故非忠信,则无可以取亲于百姓矣;外内不相应,则无可以取信者矣。四者治民之统也。"就是说,统治者不以身作则,老百姓虽然执行政令却怀有异心;统治者不实行正确的治国之道,老百姓虽然服从却十分勉强;统治者不讲信用,则无法获得老百姓的亲近;统治者表里不一,则无法取得老百姓的信任。这四个方面正是领导民众的纲领。中国几千年的历史中确有一些统御者,以清廉、公正、无私为本,以廉生威,拨乱反正,造福一方,赢得人民的信赖。

清朝县令牛运震的为官"三字经"带给我们许多启示。《清史列传·牛运震传》记载,县令牛运震坚持做到为官三个字——"俭""简""检"。所谓"俭",即节俭、俭朴,爱惜财物,不浪费。它是为官者的重要品德。牛运震能"薄于自奉,量入为出",用他的话说就是,此乃"不婪脏之本也"。一句话,点到了问题的要害。"俭"与"奢"具有截然相反的功效:"俭"兴邦,"奢"误国。这是历史早就做出的回答。我们是一个拥有14亿人口的大国,压在我们肩上的担子很重,很重。"俭"不仅是为官的准则,而且是治国的方针。所谓"简",即简便易行,不烦琐。它是克服官僚主义的良方妙药。"令繁则民难遵,体亢则下难进。一切反之,毋苛碎,毋拘执,毋受陋规,毋信俗讳。仪可简简之,案牍可省省之。无日不与百姓相见,而询其苦乐,惟求一切便民。"我们今天坚持的"人民利益高于一切"的宗旨就是"无日不与百姓相见,而询其苦乐,惟求一切便民"思想的继承与发展。所谓"检",就是约束、检点。它是为官者自我修养的方法之一。"今日为官,吾仓库不畏后任;明日还乡,吾心迹可白朋友。"可谓为官清廉、光明磊落。为政而公,自古以来都为正直廉明之士所称颂。《淮南子·修务训》中说:"公正无私,一言而万民齐。"古人又云:"吏不畏吾严,而畏吾廉;民不服吾能,而服吾公。公生明,廉生威。"这些话都点到了管理者形正的要害之处。

显然,管理者的形正影直,其"形"绝不只是"俭、简、检"三个字所能包容的,"形"的内涵是丰富的,外延是广阔的。有关这方面的内容,我们在前面已经作了较为详尽的论述,重要的是管理者照此目标的实践。前人早已为我们做出了榜样:饮誉不衰的诸葛亮,除了政治上、军事上的辉煌业绩外,更受人崇敬的是他淡泊宁静、勤奋俭朴、为政清廉、表率群臣的高风亮节。在我们党的历史上,毛泽东、周恩来、朱德、刘少奇等之所以赢得万民称颂,同样也是因为他们"淡泊明志,夙夜为公,吃苦在前,享乐在后"。在社会主义建设时期,焦裕禄、孔繁森"鞠躬尽瘁,死而后已"的无私无畏永远是后人的楷模。在改革开放的年代,又是一批勇于开拓、形正影直的管理者立足大潮,成为中流砥柱。大港油田石油机械厂前厂长、大港油田前副总经济师徐志龙就是其中的一位代表。他在任厂长期间,多次以人格的力量、形象的力量令职工倾倒,令人心钦服。为了给大龄青年解决婚姻问题,他洒尽了汗水,令青年们感激、振奋、知恩图报;他亲自下厨为炊事员做菜、敬酒;他把门卫请到招待所,待为上宾,向他们深深地鞠躬;他在花好月圆的中秋节离开家人,与单身职工"共婵娟";他在春节期间背相机,为三世同堂职工拍照……他默默地奉献着爱心,把一个工厂管理得像一盘棋。他从不靠居高临下、发号施令去体现个人的意志,也不靠威严外露、咄咄逼人的气势去迫使他人顺从。恰恰相反,他靠知识和修养,靠深沉持重,靠不停地探索,靠自身的奉献,靠领导艺术,赢得人心。这就是无为而治在现代管理中的成功运用,也是管理者坚持无为而治的必由之路。

四、监督检查,及时评价

管理中的监督检查、及时评价是对目标的执行效果的衡量与校正,以便确保总体目标和为实现其目标所作的规划的落实。它体现了"黑箱"艺术输出阶段的工作,也体现了管理系统的"控制"职能。这种职能的具体实施分为三步:确定标准,检查效果,评价调整。

确定标准实际上是两个方面的工作:一是确定评价指标,即体现不同岗位本质要求的必要因素,它解决了"评价什么"的问题;二是确定评价标准,即对指标的表现水平进行把握的准则和尺度,它解决了"如何评价"的问题。就像到市场上买东西,只知道买什么不行,还要知道衡量商品优劣的标准,才能保证买回东西的质量。对人的评价远比到市场上买东西复杂得多、困难得多。评价的指标和标准是极其重要的,一旦确定,就会对人对事产生巨大的导向作用、规范作用和激励作用。实践证明,一个时期的评价指标和标准往往影响甚至决定着这个时期人才努力的目标和流动的方向。因此,评价指标和标准不仅是实施评价的依据,而且是人才和组织的行为准则;不仅是衡量事物水平的尺度,而且在组织和个人心目中具有"法"的意义。然而,标准是由人编制的,由于编制者水平不同、认识不同、阅历不同等,所以编制出的指标和标准具有很大的灵活性和可变性,一旦把握不好就会变为随意性,就会背离科学的原则和方法,出现脱离实际的机械化和形式化倾向,降低评价的效度。因此,在编制评价指标和标准的时候必须遵循一定的原则。正确理解和恰当应用这些原则才能确保评价指标和标准编制的科学性和可操作性。

检查效果需要在确定标准的基础上深入实际,深入现场,耳闻目睹,大量地、全面地搜集材料。这些材料包括定性的、定量的,看到的、听到的,直接的、间接的。这一阶段是管理者与群众接触,与现场接触,直接获取第一手资料的最好机会,客观上会对下属产生一定的压力。这种压力是必要的,只是管理者在方法和技术上应注意几点:第一,注意调查对象的选择。管理者不可能与所有的人都一一谈话,而只能选取部分代表。

代表的选择一要尽量体现随机性,即不带任何框框、不存任何偏见,甚至可以采取随机抽样的办法确定人选。二要考虑代表的素质、结构、数量等因素。即选取的代表要能主持公道,认真负责;客观上了解情况,具有评价能力;结构上尽量"立体",上、中、下各层次人员都有,数量上遵从大数定律。对于"均匀分布"的单位,即大家对问题的认识相对统一的群体,选取的代表可少些;而对于"非均匀分布"的单位,即大家对问题的看法各执己见,无一定论,也无核心意见的群体,选取的代表就必须能体现统计规律,数量太少不行。这样做充分体现了科学性,把人为的干扰降到了最低的限度。第二,注意调查时间的选择。一是要注意时间跨度,因为成效显露具有阶段性、时效性和周期性。由才能显示的客观规律可知,要想全面了解一个人的德才状况,评价工作不能在其工作刚起步的时候进行,而是要尽可能在一个完整的工作周期后进行。因为一个工作周期能比较集中、全面地反映出被评价人工作的质与量。在实践中,我们可区别不同情况来确定评价周期。不能在成果没有展现的时候去检查,也不能在工作的低潮期、决策的酝酿期、外界严重干扰期去检查,一般要选择正常工作期进行。二是要掌握调查的时机。时机与时间跨度是不一样的,即使从时间跨度上讲是符合的,但时机选择不好,同样得不到准确的信息。例如,单位有突击任务时、出现重大事故时或节假日之前等,此时人们的注意力分散,状态与平时不同,所以时机不理想。第三,注意调查方法的选择。一般情况下,调查方法不采取座谈会的形式。座谈会虽然可以形成一个互相启发、互相补充的环境,表面上看有利于对人才做出更加全面的评价,但更多的是给参与评价的人员带来心理上的干扰和压力,使评价人在其他人面前表现得拘谨、担心、应付、沉默、顾虑重重等,难以获得反面信息。所以,座谈会的形式对于评议优点或评议已调离的被评价者尚可使用,但对于评价现职,尤其是了解被评价对象的缺点乃至错误问题时是不适用的。定性评价要以个别谈话为主,要采取定性、定量相结合的基本形式。偏重于任何一个方面都是不完善的。因为有些指标可以量化,有些指标尽管重要,却难以量化,有些指标只可以"模糊把握"。总之,定量为定性提供了"度"的把握,定性为定量提供了"质"的说明。只有把两者结合起来，才能使调查达到想要的效果。

评价调整从某种意义上说是监督检查、及时评价的终极目的。通过监督和检查，一般会有两个发现：一是下属人员创造性地执行上级指令，工作取得超前的进展，甚至带动了全盘，因而有许多实践经验值得总结推广并上升为理论；二是在执行指令中出现偏差，或者力不从心、思路不对、方法不当，或者客观条件有限，使工作进程拖延，甚至走向了歧路，若不及时纠偏，将会导致全盘工作的"梗阻"，因而必须及时地调整计划，采取补救措施，以确保整个管理系统的正常运行。

在现代管理者实施管理的过程中，体现无为而治思想的四个基本方面构成了现代化管理中无为而治管理的闭合圈（图11-2）。

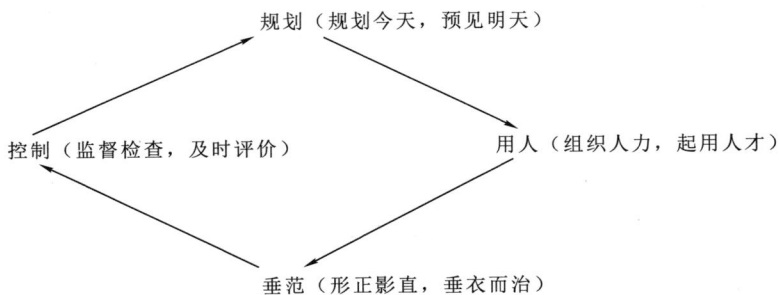

规划（规划今天，预见明天）

控制（监督检查，及时评价）

用人（组织人力，起用人才）

垂范（形正影直，垂衣而治）

图11-2　无为而治管理的闭合圈

规划是无为而治管理的起点。"运筹策帷帐之中，决胜于千里之外"的大将风度和英雄本色首先由此得到体现。用人则是由规划变为现实的转换过程，是组织浩浩荡荡队伍，"连百万之军，战必胜，攻必取"的组织阶段，是各项政策、措施的落实阶段。管理者在这一阶段要用人，而不是事必躬亲。而在整个转换阶段，管理者以自身的形象率先垂范，从而"施之以德"，达到"垂衣裳而天下治"的效果，实际上是为用人这一阶段服务的，是用人的辅助措施。最后，在前三个措施经过了一段时间的运行之后，管理者应施以控制，目的在于"扶正祛邪"，同时做到心中有数。在此基础上，对最初的规划进行检验和调整，实际上是对原规划的认可和完善或者提出新的规划，开始一个新的循环。

第三节　造就全时空管理场

管理场是指管理所及的范围及空间,它像空气一样无孔不入、无所不及、无时不在。这种管理场实际上是一种文化氛围。我们发现,管理过程中常常不同程度地存在着疲怠现象、衰减现象、内耗现象、离心现象、分配不公现象、忙闲不均现象、"天高皇帝远"现象等。这些现象的背后反映出的问题是缺乏管理、思想空转,是管理的境界不到、思路不到、制度不到、力度不到。总而言之是管理不到。

如何扭转这种局面? 就是造就管理的"势",形成管理的"场"。"势"就是制度保障、警钟长鸣,"场"就是环境氛围、文化时空。任何成功的背后都离不开人才、管理、文化三要素。人才凝聚必有无限的生机和杰出的成果,高能管理必将把各元素的作用发挥到极致,理性文化带给组织恒久的支撑力量。实际上,这种状态的出现已经预示了全时空管理场的形成,预示着管理文化的形成,具体地说就是法文化、和文化、爱文化、诚文化。这四类文化的形成与强化为组织提供了无坚不摧的管理场,为无为而治的管理境界实现提供了智慧与力量的源泉。

一、法文化

法具有神圣性、普适性、强制性,法文化就是对法的敬畏意识和自觉遵循的理念。柔性管理为何强调法文化? 其实,这个问题已经在第一章说清楚了。一位哲人说过:为了和平,我们发誓消灭战争;为了消灭战争,我们拿起了枪。这就是柔性管理与法文化建设的逻辑关系。

我国的法治建设之路走得太漫长、太曲折了。1957 年反右派斗争的扩大使新中国第一代律师蒙受深重灾难,大多数律师因为曾担任被告的辩护人而被错划为右派。我们的法治建设走到今天,何其漫长,何其艰难! 直到 21 年后的 1978 年,学术界反思"文化大革命",第一次提出依法治国,成为我国法治建设的第一次飞跃;19 年以后,1997 年党的十五大首次将依法治国确立为治国的基本方略,这是我国法治建设的第二次飞跃;2 年后,1999 年 3 月,全国人大九届二次会议将"依法治国"写入宪法,从党的意志转化为国家意志,反映了中华人民共和国治国方略的重大转变,这是第三次飞跃。以上三次飞跃历时 20 余年,却还是停留在务虚阶段,属于说在口上,写在纸上。直到又过了 15 年,2014 年 10 月党的十八届四中全会研究了全面推进依法治国若干重大问题,并通过了《中共中央关于全面推进依法治国若干重大问题的决定》,这是我国法治建设的第四次飞跃。至此,我们才开始了真正意义上的法治建设,开始用法典保证决策程序化、民主化、科学化,保证执行的彻底性和长久性,保证人民的自由和尊严。

从此,我国在各级各地的管理中也逐步绷紧了"法"的这根弦,对重大问题没有论证不决策,没有方案不决策,不经讨论不决策,临时动议不决策。在法典建设中注意使制度体系实现闭合,整体做到有制度、有管理、有执行、有监督,使管理无盲区、决策无误区。所以,管理中的法文化是无为而治管理的前奏、基础与依托。

二、和文化

中国自古崇尚"和为贵",追求和谐有序。和为贵,乃中国文化的优秀传统和重大特征。和为贵,是儒家倡导的道德实践的原则,出自《论语·学而》:"礼之用,和为贵。"就是说,礼的作用,贵在能够和顺。意思是,按照礼来处理一切事情,就是要人和人之间的各种关系都能够恰到好处,都能够调解适当,使彼此都能融洽。所以,自古以来在"和为贵"的思想基础上还有和气生财、和气致祥、和衷共济、家和万事兴,都是说的"和"。儒家的"太和"观念不仅讲和气,更多地讲和谐,讲自然界的和谐、人与自然的和谐、人与人的和谐以及自我身心的和谐。显然,这是一种高尚的、智慧的和文化,几千年来在中国历史的发展中,在各种社会矛盾的处理中,在中华民族的生生不息中发挥着灯塔的作用。

　　这与西方文化崇尚二元对立乃至多元对立，主张制约制衡形成了鲜明的对照。我们崇尚的是在人生必要的时候能够甘拜下风、甘当配角、知耻当改、见贤思齐。因为甘拜下风是大将的风度，甘当配角是日月的胸怀，知耻当改是君子的坦荡，见贤思齐是圣人的睿智。正反两方面的实践告诉我们，在质的方面必须倡导和谐、和善、和睦，必须摈弃勾心斗角、明争暗斗、斗法斗气，把人心斗得七零八散，把形象斗得黯然失色，最后误国误民误事业。其实这种倾向常常产生于一个错误的思想方法，那就是考虑问题充满敌意、疑心过重。所以，有时头脑简单一些、憨厚一些、透明一些常常会给自己带来意想不到的轻松与惬意。现在不仅管理讲"简单"，做人也讲"简单"。许多时候不要把问题搞复杂，不要推波助澜、捕风捉影。这就是"简单"的魅力、"简单"的可爱，这就是"和"的基础。

　　现在管理领域倡导简单管理与亲和管理，其源头都是一个"和"字。简单管理不是简单化管理，也不是随意性管理。简单管理是将复杂的管理理论通俗化、将烦琐的管理程序综合化的一种高效管理。简单地说，简单管理就是"一语道破""一目了然""一举多得"。简单管理对于提高工作效率，减少不必要的矛盾、误会具有决定性的意义。亲和管理是在行使权力的过程中表现出善意与合作的管理。这是一种高尚的管理，是领导者管理魅力的展示。然而有的人在权力面前表现得心胸狭隘、目光短浅、思维固执，对同事、下属不友好、不配合，本来商量一下就可解决的问题被人为扩大化。这种情况古代称作"不臣天子，不友诸侯"，现代称作权力固执和权力傲慢。实际上，权力固执的背后是权力自恋，权力傲慢的背后是权力恐慌。这已经成为我们工作中的一大内耗，成为人际矛盾的发源地，导致工作的低效率和庸俗作风。

三、爱文化

　　爱文化亦称奉献文化，是对我国"仁爱"思想的继承。爱文化历来是中华民族传统道德的重要内容，是儒家道德的核心精神。它提倡人与人之间应互相关心、互相尊重、互相友爱、互相帮助。孙中山倡导对人对事

"都用爱字去包括,这种中国固有精神应该发扬光大"。毛泽东在《为人民服务》一文中也特别强调人与人之间应当"互相关心,互相爱护,互相帮助"。中华民族这种道德传统和深厚博大的"爱"正是今天奉献为荣、助人为乐以及为了维护社会利益、人民利益而不惜牺牲个人利益的精神源泉。

今天倡导爱文化,从宏观上讲是爱祖国、爱党、爱社会主义,从微观上讲是爱专业、爱岗位、爱家庭,从本质上讲是奉献——奉献社会、奉献他人。因此,这种爱文化大气磅礴、气冲霄汉,它所展现出来的境界是大爱无疆、大爱无敌、大爱无求、大爱无声。创建爱文化就是让时空充满人文关怀,充满奉献精神。当年孔繁森两度进藏,请人写下了"是七尺男儿生能舍己,作千秋鬼雄死不还乡"的条幅。刚到西藏,他又写下"青山处处埋忠骨,一腔热血洒高原",以此铭志。1994 年 7 月,孔繁森带领阿里地区的同志到北京办事,一连数日都和同志们一起在街头的小摊上吃面条。随行的同志觉得一个地委书记吃小摊不雅观,可孔繁森却郑重地说:"咱阿里太穷,想想咱们那里还不富裕的群众,大鱼大肉咱能吃得下吗?"这就是奉献,这就是大爱。正像西藏人民在他的葬礼上送上的一副挽联所表达的那样:"一尘不染两袖清风,视名利安危淡似狮泉河水;二离桑梓独恋雪域,置民族团结重如冈底斯山。"同样,哪怕是一个"小人物",亦能展现大爱。大港油田某机械厂一名青年工人出差,上火车、转汽车,将一个 90 斤重的轴承扛上扛下,硬是从千里之外扛回厂里,就是为了给工厂省点托运费,展现了对集体的大爱和奉献精神。因此说,奉献精神是一种情操、修养。有了这种精神,人变得可敬,物变得有情,事变得精彩。

四、诚文化

诚文化即诚信文化,它是诚实与守信相统一的思想认识及行为准则。孔子对诚信的理解是"内不欺己,外不欺人"。在儒家文化的影响下,"诚信"的观念深入人心。《孟子·离娄上》讲:"诚者,天之道也;思诚者,人之道也。"在传统社会中,人与人交往始终主张诚实无欺、恪守信用。

"诚"是中华民族文化的重要元素,内涵十分丰富。第一,诚信的根本精神是真实无妄,它要求人们尊重客观规律,树立求真、求实的精神,坚持实事求是的思想路线。第二,诚信作为一种价值观念,具有公正、不偏的特性,它要求社会群体建立公正、合理的制度,要求每个社会成员树立起公正、公平的处事态度和大公无私的道德观念。第三,在现代市场经济体制和法治社会条件下,诚信所内含的人文精神要求人们自觉守法、真诚守信,树立适应市场经济和法治社会的价值观和道德观。

诚文化的重要性在于:第一,"诚"对社会具有整合作用。如果社会的个体和群体都有诚信意识,都严守诚信道德底线,讲求立诚守信,即形成诚信社会,则社会关系必然是和谐的,是一个有凝聚力的社会。一个有浓厚诚信道德氛围的社会必然使得越来越多的人求真务实,明诚向善,这是社会文明进步之道。第二,"诚"是个人立身之本,处世之宝。人生在世必须不断学习,以获得知识、增长知识,知识既是个人谋生的工具,也是个人为社会服务的工具。但是要真正做到对社会有所贡献,光靠"知识"工具是不够的,还必须有正确的价值观去指导,否则知识也可能成为滋生罪恶的工具。诚信精神就是培养人的高尚道德情操、指引人们正确处理各种关系的重要道德准则。个人以诚立身,就会做到公正无私、不偏不倚、讲究信用,就能守法、受约、取信于人,就能妥善处理好人与人、人与社会的关系。第三,"诚"是从商的道德准则。诚信历来是中国"良贾"的传统美德,也是儒家普遍推崇的商业伦理。而经济活动中的诚信问题与人们的功利行为息息相关。对利益和效益的追求是经济活动的重要目标,本无可厚非,但关键是看采取什么样的方式和途径去谋利,即正确处理"义"与"利"之间的关系。

总之,诚文化涵盖对事业忠诚、对人真诚、对问题坦诚、待人接物热诚,要求人们学会赞赏、懂得尊重,宽容他人、包容个性,将心比心、推己及人。

| 第十二章 |

未来展望

——柔性管理的科技化

在即将结束本书内容的时候，我们满怀着希望对柔性管理的未来进行预测和展望。柔性管理的重要性已经毋庸置疑，柔性管理的复杂性也是无可回避的事实。如何提高柔性管理的效率、增强柔性管理的效果，这是每个热心柔性管理的人不仅关心而且必须解决的问题，这其实也就是柔性管理如何科技化的问题。柔性管理的科学性不等于它的科技化。科学性是从柔性管理诞生的那一天就存在的，而科技化只有当科学发展到一定水平时才能实现。对于柔性管理来说，科学性和科技化既不能画等号，又不能同步进行。科学性解决的是"是什么""为什么"，揭示的是规律；科技化解决的是"做什么""怎么做"，是规律与技术的应用。科学提供实践的规律与可能性，技术提供实践的方法与现实性。

因此，柔性管理必须在科学性和科技化两个方面向前推进。

第一节　柔性管理中信息捕捉的困难性

柔性管理与刚性管理在管理过程上的最大不同是：刚性管理是规范执行的过程，它对管理者来讲是主动的、有序的和有的放矢的，因而省略了许多无效的、费时的和劳神的工作，减少了许多摸索、猜测和捕捉信息的苦恼；柔性管理则是捕捉信息、理顺人心的过程，由于信息具有潜在性、伪装性以及人为的隐蔽性，所以柔性管理对管理者来讲是被动的、随机的和难以捉摸的，这给管理者带来了许多无效的、费时的和艰苦的工作，造成了因信息不明、胸中无数和费时劳神而无从下手的被动与苦恼。因此，如何及时、准确、高效地捕捉人们心灵的信息，成为柔性管理最大的技术障碍。此问题不解决，管理者就无法避免低效的甚至是无效的劳动，柔性管理就难以提高效率、再上台阶。

一、柔性管理中的信息捕捉

在柔性管理中，除了一般性的宣传、号召和教育引导之外，更多和更有意义的是做好具体的、典型的，带有针对性和目的性的工作。所有这些工作的前提都是要准确、及时地把握信息。没有准确、及时的信息，柔性管理的许多工作就无从起步、无的放矢，就只能在猜想中主观地、盲目地行动，也就必然导致无效乃至适得其反的工作效果，这是显而易见的。因此，捕捉信息，尤其是捕捉人们心灵的信息是柔性管理的第一步工作，是柔性管理沿正确方向前进的先导，是柔性管理高效进行的关键。由于柔性管理中所要捕捉的信息不是来自自然界，不是来自物的相对稳定性，而是来自人的内心世界，来自不断变化着的心理反应，因而导致了信息捕捉的困难性和复杂化。在捕捉信息的过程中我们应着力把握如下三个问题：

（一）及时性

信息的价值标准之一是贵在及时,尤其是来自人心的信息,及时发现就可以把问题解决在萌芽状态,把矛盾化解在初露之时。在现实中,许多矛盾由于发现不及时而积少成多、积小成大、由简成繁,原本可轻易解决的问题成为长时期的隐患,造成众多的遗憾,甚至酿成骇人听闻的大祸。同样,对于人们心中的真善美,及时发现就可以不失时机地给以扶持、鼓励,使之发扬光大,否则便会因为管理者的"麻木"而挫伤积极性,将美好的幼苗扼杀在萌芽状态。

及时可以给管理者带来机会、带来主动,使管理者在及时提供的信息中赢得时间、节省精力,而且可以因能从容应对而取得良好效果。从这一点上讲,及时就是效率,及时就是效益,及时就是成功。许多管理者通过各种方式方法捕捉管理对象内心的信息,表现出了极大的自觉性,使工作避免了失误,使矛盾得到了及时的解决,理顺了人心,稳定了大局,同时也给自身树起了美好的形象。

（二）准确性

信息的又一个价值标准是它的准确性。及时性不等于准确性。及时性是从信息的发现速度上讲的,准确性则是从信息的质量上讲的,一个是快,一个是准。快必须以准为前提,否则,捕风捉影、一知半解、支离破碎,虽然做到了快,但在信息的质量上没有保证,也就失去了快的意义;同样,准必须以快为基础,滞后的信息尽管准确,却可能因丧失时效性而变得无足轻重。因此,信息的快与准缺一不可。

信息准确性的含义包括真实和全面两个方面。真实是指信息不是经过分析、推测、猜想和多次传递得到的,而是直接来自信息源——在柔性管理中是指人们内心真实、一贯的想法。全面是指信息的主次清楚,因果分明,过程连续。一个信息若达到既真实又全面的程度,就保证了它的准确性,管理者依此信息做决策时,就无须顾虑,无须再证实,可以恰到好处地把握分寸、采取措施。

（三）预见性

信息的预见性包含两个方面的含义：一是在某项工作、某个活动开展之前就预见到可能出现的矛盾、问题和成功，从而有意识地发现信息、证实所分析的结论的正确性，并主动地事先做工作；二是在已得到信息的基础上，通过分析发现更深、更新、更广的信息，发现此信息可能波及的其他领域，从而做好预防性的工作。总之，这种由此及彼、由表及里、由近及远的分析、判断过程就是信息的预见过程。这种带有预见性的信息既不是无端的猜想，也不是凭空的臆断，而是具有明显的因果关系，是一种逻辑推理，是自然规律的一种合理延宕。因此，信息的预见性有时给我们铺设了一条到达理想状态的捷径，它一旦为人们所接受，就会转化为一种潜意识、潜动力，最终转化为显效益。

可见，在柔性管理中，信息的捕捉是何等的重要！甚至可以这样说，一旦获得了及时、准确的信息，问题就解决了一半乃至大半。所以，在信息捕捉中，我们寄希望于第一时间、第一现场、第一知情人，就是说，寄希望于速度、深度、真实度。然而，在现实生活中，要从人们心灵深处掏出不加任何修饰和包装的信息十分困难。

二、信息获取的困难性和手段的落后性

在柔性管理中，管理思想的先进性与技术的落后性形成了鲜明的对比，构成了柔性管理中一个不和谐的音符。这种不和谐主要表现在信息获取的困难性和手段的落后性上。

（一）信息获取的困难性

信息获取的困难性表现在三个方面：第一，信息的潜在性。来自心灵的信息是潜藏着的，既无法观察又不能直接测量。人们自身的所有器官都无法直接感知心灵的奥秘，即使人与人摩肩接踵，对各自心中的奥秘仍然可能一无所知。第二，信息的防卫性。人们的心理本来就是一个"灰

箱"世界,这个世界既神秘又广大。就生理结构来讲它是有限的、微小的,但又可以通过思维的功能使所"想"的事情跨越古今,把所"想"的空间延伸到无限。这个"世界"里所思维的东西,有些是成熟的,有些是不成熟的;有些是正确的,有些是谬误的;有些是光明磊落的,有些是见不得人的。因此,人们不会把所有的信息都一览无余地暴露在众人面前,这就是人为的信息防卫性。诸如嫉妒、报复、犯罪、冒险、轻生等信息将会永远带有强烈的防卫色彩,而极尽所能地掩藏起来,不让他人知道。第三,信息的伪装性。伪装性是防卫性的进一步发展,是通过制造假象来迷惑他人。本来心理紧张,却故作平静自若;本来要实施犯罪,却表现得一如既往;本来妒火中烧,却是笑脸相迎;本来痛苦不堪,却表现得若无其事……总之,本来此意,却表现出彼态,这就是伪装的最大特点。这种伪装性使得信息常常呈现出鱼龙混杂、真假难辨的状况,导致信息失真,甚至得出相反的结论。

信息获取的困难性还不止这三个方面,外界环境的干扰、人为因素的干扰、信息的不断变化等都增大了信息获取的困难。

(二)信息获取手段的落后性

信息获取手段的落后性也主要表现在三个方面:

第一,"手工作业"带来的低效益。由于来自人心的信息的潜在性和防卫性,人们无法像获取物的信息那样获取人心的信息。在对物的信息的获取中,作为信息源的物是被动地被观察、被测量、被解剖,此时获取信息的人是主动的;在对人的信息的获取中,作为信息源的心灵若关闭了大门,人们便毫无办法,此时人是被动的。于是,为了获取信息,人们不得不付出巨大的精力,通过"旁敲侧击""顺藤摸瓜"来寻找蛛丝马迹,或以情、理诱导等方法达到目的,甚至还达不到目的。当前获取信息的主要方法有:① 诱导。这是大量地用于人民内部的一种获取信息的方式。它是通过动之以情、晓之以理的工作,在启发、等待中获取信息。这种工作着急不得、粗心不得,主要以谈心的方式进行,因而常常需要花费大量的时间,耗费大量的精力,而效果还常常没有保证。② 调查。这是通过中介间接获取信息的方式。调查得到的信息由于其间接性,可能是真实的,也可能是打了折扣的,而且靠调查获取信息的做法同样颇费周折、劳神费力。③ 审讯。这是司法机关常用的办法,主要用于向犯罪嫌疑人查问有关案件的事实。④ 威逼。这是一种非正当方式,然而在民间,在人与人交往中,常常自觉不自觉地、程度不同地在运用,主要形式是恫吓、强迫,甚至施以肉体摧残。在柔性管理中,获取信息既不能靠审讯,也不能靠威逼,只能用诱导和调查的方式。这种技术上落后的方式已成为制约柔性管理的一个很大的障碍。

第二,人为因素带来的低信度。由于信息的防卫性和伪装性,当人们没有达到心悦诚服的时候,为了应付谈心或者迫于情面,所提供的信息往往并非真实或部分真实,或者避重就轻,或者避实就虚,或者包装掩饰,甚至是与真实相反。这些信息虽直接来自信息源,却带有很明显的低信度。这种信息常常给管理者带来苦恼和误导,以至于贻误时机,酿成被动。

第三,信息分析中的思辨色彩。由于获取信息的困难性和手段的落后性,一旦作为信息源的人的心灵关闭了大门,人们就毫无办法获得直接的信息。于是人们采取了分析、推断、预测的办法,以求找到问题的根源。尽管分析不是猜想、推断不是武断、预测遵循规律,但是由于是一种定性的工作,没有量的依托,受人们认识能力和自身素质所限,难以避免地带有思辨色彩,难以避免人为因素的干扰。因此,靠分析、推测、预测得出的信息结论不可不信,也不可全信,只能参考,无法成为决策的可靠依据。

于是,对于柔性管理中信息的重要性和获取手段的落后性这一矛盾的解决,必须依赖技术上的革命。而现代科技的发展已经为柔性管理的这一革命提供了基础,为柔性管理的科技化描绘了美好的前景。

第二节　柔性管理科技化的曙光

柔性管理发挥作用的过程是"捕捉信息—有的放矢—理顺人心"。实践证明,缩短捕捉信息的时间、增强信息的准确性是提高柔性管理效率的关键,而捕捉信息的科技化手段是关键之关键。事实上,随着科技的发展,尤其是智能时代的开启,信息捕捉的科技化已经露出了希望的曙光。微电子技术、生物技术、现代通信技术、非线性科学等科技领域的发展,正在打开信息捕捉科技化的大门。

一、微电子技术

微电子技术是将电子元器件和电路微缩、集成,形成精准、高效的系统功能的现代化技术。现代微电子技术的一个典型进步就是推动了生命科学的发展。生命体是一个复杂多变、神秘莫测的巨量信息系统,微电子技术将生命科学与人工智能相结合,开启了探索人体奥秘的新时代。它通过神经电极、生物医学传感器、监护技术、植入式电子系统、生物芯片等实现了微电子技术的集成化、微型化、精准化。按照目前微电子器件微型化的趋势,医学器件尺寸很快就会达到分子和原子的水平,为人们更加精确地研究人体奥秘提供了现代化条件。

微电子技术在生物医学中的应用包括生物医学传感器、生物芯片以及微电子技术结合机器学习等。

生物医学传感器是探索人体乃至心理奥秘的现代化工具,主要有电阻式传感器、电感式传感器、电容式传感器、压电式传感器、热电式传感器、光电传感器以及生物传感器等,这些传感器把人体中包含的生命现象、心理状态及其走向、性质等生理信息转化为与之有确定函数关系的电子信息。目前,生物传感器、酶传感器、免疫传感器以及微生物传感器等多传感器的集成、融合与智能化大大地提高了传感器的测量精度。

生物芯片指的是集成了数目巨大的生命信息,可以进行各种生物反应,具有多种操作功能,可以对 DNA/RNA 分子、活体细胞、蛋白分子乃至人体软组织等进行快速并行分析和处理的微器件。目前已有多种生物芯片出现,最具代表性的是基因芯片、聚合酶链反应(PCR)芯片、毛细管电泳芯片。生物芯片技术利用微电子、微机械、化学、物理和计算机等技术,将生命科学研究中所涉及的不连续分析过程连续化、集成化、微型化和自动化。这些技术能够提高人体生命信息获取、诊断的准确性和效率。

微电子技术结合机器学习可以开发情景交互式情绪问题筛查技术，改变传统心理测评模式，实现心理特征的快速、准确量化与提取，改变了传统的问题式心理测评模式，实现了微电子技术操作下的"人机感应"，将获取人体及心理信息的效率、速度、精度提高到了前所未有的程度。微电子技术的应用大大助推了对人体慢性心理疾病和日常心理反应的发现，并通过评估体内化学物质的释放，为临床治疗提供更准确的信息。

总之，微电子技术作为现代信息技术的核心，已经渗透到诸如现代通信、医疗卫生、自动控制、生物科学等各个方面，成为一种既代表国家现代化水平又与人民生活息息相关的高新技术。同时，它也成为柔性管理中信息捕捉的技术依托，微电子技术对人体物质与精神的精准测量将把柔性管理推向一个崭新的时代。

二、生物技术

现代生物技术是随着生物学，特别是分子生物学理论的发展和当代各种尖端技术在生物领域中的运用诞生的一种具有划时代意义和战略价值的高技术。现代生物技术的进步在探索心理奥秘方面正在发挥着越来越重要的作用。生物技术使得科学家们能够更深入地研究大脑和行为之间的关系，以及心理状态如何受到遗传、环境和生活方式等因素的影响。

基因工程是利用分子生物学和遗传学的原理，通过体外 DNA 重组和转基因等技术，按照人们的意愿，对生物的基因进行"剪切"和"拼接"，然后导入受体细胞内进行无性繁殖，使重组基因在受体细胞内表达，创造出人类所需要的基因产物或新的生物类型。它的产生彻底改变了传统生物技术的被动状态，使人类按照自己的意愿改造生命的愿望成为可能。如果说基因测序是"读懂生命密码"，那么基因重组的设计合成就是在"续写生命密码"。基因工程技术以及随后产生的蛋白质工程技术等迅速渗透到传统生物技术的所有领域，于是就产生了现代生物技术。

我们相信，生物技术的发展不仅可以提高人类的生存质量，而且可以塑造人类自身的质量。与此同时,在不违背伦理的前提下,人类自身的所有信息也将会变得"一目了然"。

三、现代通信技术

现代通信技术是指利用电子设备和计算机技术实现信息传输和处理的技术,包括移动通信技术、互联网通信技术、卫星通信技术、光纤通信技术、无线局域网技术、蓝牙技术、射频识别技术、量子通信技术、物联网技术、云通信技术等多种方式和手段。在具体应用上,包括 2G、3G、4G、5G等不同能级的移动通信标准,利用地球同步卫星,通过有线或无线网络实现全球范围的全覆盖通信。现代通信技术的发展极大地促进了信息的快速流通和全球化交流。

在今天的信息社会、智能社会里,信息作为一种重要的资源和财富,在很大程度上影响着社会的运转和人类的生活。由于现代社会信息联系极其广泛和频繁,要传输各种不同形式的信息,必然要求信息网络具有大容量、高速度、高保真、高可靠、超小型、高覆盖的特点。于是传统的、被动式的通信网将变成有智慧的、主动的且充满活力的信息网,不仅使通信设备时刻处于最佳运行状态,而且其智能化的发展将为人类提供更具多样性和特殊性的信息服务,让人们的生活更加便捷和高效。

四、非线性科学

非线性科学是一门研究系统中非线性现象的交叉学科,它在探索人体奥秘方面有着广泛的应用。

线性和非线性本来是数学名词。所谓线性,是指量与量之间存在着比例关系,用直角坐标形象地画出来是一条直线。在线性系统中,部分之和等于整体,描述线性系统的方程遵从叠加原理,即方程的不同解加起来仍然是该方程的解。非线性则指量与量之间的非比例关系。在这里,叠加原理失效,非线性方程的两个解之和不再是方程的解。处理线性问题已经有了一套成熟的办法,而对于非线性问题,科学家却感到难以把握,只能具体问题具体分析,其变化形式常常是模糊的、灰色的、混沌的。

自然界和人类社会存在着大量的非线性问题,在计算机发展与应用的基础上,科学家以此为手段,开始处理以往用解析手段不可能处理的问题,从中找出规律性的认识。这一工作使科学工作者打破了原有学科的界限,从共性、普适性的角度来探讨各种非线性系统的行为表现。于是就形成了贯穿信息科学、生命科学、空间科学、地球科学和环境科学等领域,解析、计算和实验三种手段并用,揭示非线性系统复杂性、科学性和应用性的新领域——非线性科学。

非线性科学是正在迅速发展的基础研究领域。对于基础研究过早地提出实用要求,只会扼杀学科的发展,这里最重要的是鼓励人们去发展和认识未知的现象和规律。然而,认识世界的目的在于改造世界。非线性科学研究的对象许多是确定性系统中的"无规"运动——混沌性、随机性、无限性、不平衡性、非叠加性和非周期性。对于这一类现象的研究,人们已经达成了这样的共识:在较为低级的层次上,"无规"运动是应当设法回避的行为;在物质运动的高级形态(如生命现象)上,"无规"运动可能是具有根本意义的积极因素。

在这里,我们就生命现象进行一些考察。我们发现混沌行为在生命现象中无处不在、无时不有——这里所说的混沌不是无序的紊乱。一提到有序,人们往往想到周期或对称,混沌则更像是没有周期性的次序,在理想模型中,它可能包含着无穷的内在层次,层次之间存在着"自相似性"或"不尽相似性"。当观察手段的分辨率不高时,只能看到某一个层次的结构,提高分辨率之后,在原来不能识别之处又会出现更小尺度上的结构。对于混沌现象和行为,我们只能进行有限的观测和描述。只要承认有限性,决定性和概率性描述之间的鸿沟就消失了。于是,我们回到生命现象上来:各种各样的生物节律既非完全周期又非纯粹随机,它们既有"锁频"到自然界周期过程(季节、昼夜等)的一面,又保持着内在的"自治"性质。许多生物节律可用耦合的非线性振子模拟,人的一呼一吸完成了一个吐故纳新的循环,心脏的一次搏动也是一个循环。科学研究发现,人体的节律有 100 多种,这些节律按照各自的规律运行,形成了局部有序和整体混沌的现象。现在已经搞清楚了比较重要的三种节律的活动周期:体力节律以 23 天为周期,情绪节律以 28 天为周期,智力节律以 33 天为周期。这三个周期都按正弦波形变化(图 12-1)。

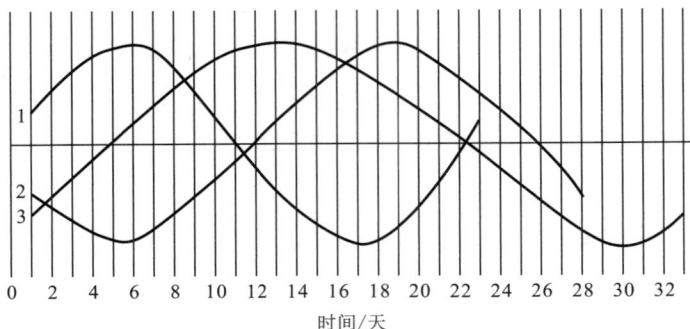

1—体力节律;2—情绪节律;3—智力节律。

图 12-1　人体生物三节律曲线

　　人体节律现象揭示的是人体本身存在着的生物钟变化规律。从诞生的那天起直到生命的终结,人的体力、情绪、智力总是周而复始按不同的周期依正弦波形变化,人的心理、工作效率等则根据这些变化的叠加而表现出不同状态。在管理中,管理者要根据这种规律有针对性地进行适当的调控、理解和协调。

　　2021 年,中国工程院外籍院士黄锷在一次演讲中指出,在非线性研究模式的赋能下,用于非线性、非稳定的脑波领域的探索具有采用傅里叶分析无法完成的功能;从非线性数据分析理论与方法出发,可针对初期老年失智、记忆力减退等病症进行更加准确的定量化诊断。目前,非线性科学已在自然科学和技术中得到了应用。我们相信,人们的大脑思维、心理行为、生理潜能以及生命现象中的诸多问题,必将随着非线性科学的发展被揭示、把握并变得可操作。

第三节　柔性管理科技化的思路

柔性管理是一门科学,具有自身的理论体系;同时,它又是操作性很强的实践,具有自身的方法体系。作为科学,需要再发展;作为方法,需要再完善。目前的情况是:柔性管理理论的科学性与方法的传统性已经成为突出的矛盾。我们在继续进行理论研究的同时更要注意方法的研究,以使理论与方法在同等水平上发展,因此对柔性管理的科技化必须给予高度重视。

一、柔性管理科技化的内涵与外延

从本质上讲,柔性管理科技化是指柔性管理从方法上体现出比较高的科技含量,是将理论运用于实践的现代手段,是将管理变得更加具有可操作性和高效率的技术措施。因此,柔性管理的科技化是柔性管理的一次革命,是柔性管理的一次飞跃。它将改变柔性管理的传统做法和工作思路,大大改变目前柔性管理方法的现状,从而引起人们许多观念上的变革。

柔性管理科技化的主要体现是在信息捕捉中手段的现代化。我们已经知道,柔性管理周而复始的过程是"捕捉信息—有的放矢—理顺人心"的不断重复运动。这一过程的低效性主要表现在捕捉信息阶段,由于手段的传统,大量的时间和精力耗费在这一阶段,而这种费时费力的辛劳使柔性管理变得效率低、效益差。因此,在整个柔性管理中,提高效率,增加效益,最现实、最有效的办法是减少捕捉信息阶段的时间和精力耗费。现代科技的发展使这种必要性变成了可能性。

二、柔性管理科技化的路径

柔性管理的科技化在不久的将来必然也必须成为现实。但是，对于目前的状况来说，柔性管理的科技化毕竟还不是客观的存在，它的实现还带有一定的假设性和预测性，我们只能在目前科技发展和思维的水平上勾画出一个未来柔性管理科技化的轮廓和思路。

（一）巡视心灵

微电子技术的高度发展使产品的微型化、超微型化变为现实。各种智能探测器不仅可以附着在人体表面，而且可以像水分和血液那样进入人体各个部位，甚至可以随血液循环"流"遍全身而毫无痛苦。人体每一个部位所发生的问题都能够随时向外界反馈。由疾病初起所引起的人体节律的微小变化，由心理紧张、思维异常引起的体温、血压、心跳、呼吸、内分泌等指标的微弱变化，都会通过体内探测器描绘得一清二楚。通过对这些信息（将来还会发现更多的指标）的分析，可以知道人体健康状况的变化和大脑思考的问题。这不仅具有医学上的重大意义，而且具有迅速准确捕捉心灵信息的管理学上的非凡意义。

（二）探索生命

目前生物技术的发展已经取得了突破性进展，基因工程技术的诞生具有划时代的意义和战略的价值。很多大胆而有意义的设想由此产生：导致人类产生疾病的基因可以拿掉，从而从根本上消除疾病；导致人体发育不正常的基因可以改变，从而使人的智力、体力、形体按照理想的方向发展；甚至导致人类心理异常、变态行为的基因一旦被发现就可以进行改变，乃至改变人的性格、脾气。这实际上是根据人类的需要部分地改变了人体自身。当然这一切都要遵守国家法律法规并以自愿为前提，以优化为原则。

（三）人机对话

将来的人机对话已不是现在一般意义上的、机械的人机对话。现在的人机对话实际上是人们对机器的操作，主动者是人，而未来的人机对话是机器对人的主动。

智能计算机可以将在人体内"流动"的探测器所发出的信号进行分析汇总，短时间内得出结论，根据这个结论及时地、自动地向被探测者"做工作"：当发现某种疾病时，及时地向人们提供医院、大夫、护理知识，并"做"好人的思想工作；当发现人们内心的矛盾无法自我排解时，及时地给以"指引"；当发现犯罪心理时，立即给予"警示""劝阻"，甚至声形并用，形象化地做工作，或者通知有关亲属、单位，以便及时制止这种行为的发生。

当思想和行为即将发生问题时，人们还可以向智能计算机咨询，它将向你陈述利害，并指出解决问题的办法，从而使得一些不便公开的疑虑得到答复，有效地代替管理者的工作。这种智能计算机的"智能"实际上是转化为生产力形态的知识，知识取之于人类，又反过来为人类的柔性管理服务。

（四）模糊控制

许多国家在模糊控制理论及其应用技术方面投入了大量的人力、物力，取得了丰硕的成果。

"模糊"一词看似与自然科学追求的精确、求实相违背，其实不然。模糊控制理论一改以往控制方法的思维模式，从更宏观的角度把握某一事物所处状态的深入程度，来确定控制规则和力度，以达到从整体上把握的效果。模糊理论不对事物作简单的肯定和否定，而是用隶属度反映一个事物属于某一范围的程度，可以进行多值逻辑运算和控制。

模糊控制技术就是针对那些复杂的控制对象，以人工控制经验为规则，经过模糊数学方法的处理与优化，对复杂控制对象实施控制，达到满意的调控效果。快速自寻优模糊控制技术就是在一般模糊控制的基础上，使模糊控制规则和调控参数快速进行自选择、自调整、自优化，从而取得最佳调控效果,在工业上使被调控系统处于最佳运行状态,从而达到节能降耗、提高产品质量和成品率、保障被控对象的安全运行等。

对人的模糊控制就更加具有非凡的潜力和意义,因为人的思维是连续的、模糊的,任何一个重大行为的出现都是思维积累到一定程度之后的表现,在此之前,二值逻辑是不适用的。一个思维不管是积极的还是消极的,都有一个过程。在这个过程中,模糊控制可以使积极的心态加强,消极的心态削弱乃至消失,于是模糊控制必然成为柔性管理的重要技术之一。

(五)自寻优

非线性科学的发展使得人们对自然界和人类社会中大量的模糊问题,即大量随机的、非周期性的、非对称性的现象有了越来越清晰的把握。人类生命现象中存在着大量的非线性问题,诸如人体健康状况与疾病的相互关系、人的生理功能与情绪的关系、人的思维幅度与行为的关系、人的心理状态与性格的关系、人的智力与食品因素的关系、人的各种生物节律自身的规律以及相互的关系等,都带有极其复杂的不规则性。人体远没有成为一个"白色系统",而是一个"灰箱"。就是说,人体生命现象中的许多奥妙还处于若明若暗或无人知晓的状态,然而我们相信,随着科学的发展,人体生命规律必然会被逐步认识。

随着人类对自身的认识更加清晰、更加完备的时代的到来,人们对自身"自寻优"的历程亦将开始。人们不仅对自身从物质到精神、从物理到心理等各方面的规律会有科学的认识,而且可以通过高技术的、智能的探测器对这些规律随时进行测量和预报。根据测量和预报的结果,人们可以知道如何发挥生理优势,避免因生物节律的"低潮"而导致的低效和失误。人们在进行一项工作时,同样可以预先测定自身的某些素质,以达到完成此项工作的最优选择。总之,在未来社会里,人们可以有目的地、有针对性地"使用"自己,既不伤害身体又获得最大效益,既提高工作效率又减少柔性管理中的心理障碍,而这一切都要归于自寻优的功劳。

（六）自体感应

早就有人指出人体周围存在着一个奇特的"场"，这个"场"不断向外部空间发送信号，传达着人体自身特殊的信息，这些信息甚至可以与另外的个体相互感应，被另外的个体所接收（如双胞胎之间、具有血缘关系的人之间等）。这种自体感应发出的信息还可以被仪器接收，如频谱仪之类的治疗仪器就是利用接收人体生物电波，与人体生物电波相共振的原理制成的。

我们通过自体感应所形成的"场"获取信息在不远的将来也会变为现实，那时我们就可以"未触其人，先明其心"。这对柔性管理的捕捉信息来说无疑又是一个飞跃。

总之，柔性管理的科技化具有巨大的潜力，而且这种科技化深入一个神秘而又神圣的领地——人们的内心世界，于是也就引来了一系列复杂的问题。

三、柔性管理科技化引发的问题

一般意义上的科技化是指运用科学技术提高人们驾驭自然、改造自然、促进社会发展和享受生活的能力和水平。与这种意义上的科技化所不同的是，柔性管理的科技化是把人们推向更大的独立性的同时，使人类自身也更加开放化：人体"灰箱"变得越来越明朗，不仅人们自身的优点和缺点几乎到了公开化的程度，而且连"隐私"也可能暴露无遗；人们不仅再无自身的秘密可保，而且这种秘密信号会被扩散开来；不仅心灵深处的所思所想无法掩蔽，而且思维基础也会被改变；不仅可以从外部窥视人体内部的微妙，而且可以从生理上改变人们的心理。于是，在某些方面，人们有可能失去个性，被改造得"千篇一律"；人们不得不处在一个每时每刻被"监督"的环境之中；人们将用自己发展起来的高科技"解剖"自己，展示自己。这一切，人们会接受吗？它会对人们的日常生活和工作带来什么变化？我们不得不思考诸如人权、法律、伦理、道德等问题。

然而,我们相信,从人类繁荣发展的历史来看,科学技术的发展总是同人类的物质文明和精神文明的发展联系在一起的。人类既然有能力发展科技,就有能力恰如其分地利用科技。我们毫不怀疑,科学技术将同社会准绳"法律",以及人类所特有的本性"良知"一起,引导柔性管理走向更加明媚的春天,引导我们这个世界走向更加有序的明天!

实践案例

在对柔性管理的诸多方式方法进行介绍之后,这里给出一个典型的案例,以便读者能够在"现场"感受柔性管理的巨大魅力。时至今日,柔性管理的案例可以说俯拾皆是。反复考虑之后,笔者决定选取一个更贴近我国情况的案例。这是一个发生在 20 世纪 80 年代的故事。1991 年初春,中央人民广播电台在早间新闻的黄金时段连续三天以头条新闻的方式对这个非同寻常的故事进行了报道。随后,笔者用了三天的时间到现场进行考察并写下了如下的文章,文章被收入了《跨越与造就》一书。

一个成功运用柔性管理的典型
——记大港油田原副总经济师徐志龙

这里我要向大家介绍一位受人尊敬的优秀企业家、一位成功的柔性管理的楷模。

他就是曾任大港石油机械厂厂长、后任大港油田副总经济师的徐志龙,他是共产党员、高级工程师、中国管理科学研究院研究员、石油大学兼职教授、石油部管理干部学院兼职教授。

无须多言,他的身份已经足以让人肃然起敬。

一、敬重的由来

大港油田有一个石油机械厂,其前身为汽车配件厂,由于管理不善,连年亏损,人们戏称"赔钱厂"。这个工厂有职工 1 042 人,却有两支"大军"长期困扰着工厂,动摇着人心。一支是 300 人的"迟到大军",一支是

260人的"请调大军"。面对每年亏损的工厂,他们早已失去了信心,心中所想的不再是如何使工厂重新焕发生机,而是盼望早点"黄"了,然后各奔前程。此时是1986年。

也就是在此时,徐志龙作为新一任厂长走马上任,这可是不折不扣的"受命于危难之中"了。

1987年3月,他来到了石油机械厂。此时,工厂问题成堆,危机四伏,困难达到了高峰。然而,时间不久,随着他的到来,这个工厂像是一个得了狂躁症的病人吃了一副镇静剂那样恢复了平静:一心要干下去的人增强了信心,失去信心的人看到了希望;"请调大军"撤回了报告,"迟到大军"销声匿迹;就连个别"难点"也心悦诚服。工厂生产秩序恢复了正常,就像过去的一切根本没有发生过一样。人们对新厂长的魅力感到惊奇。

一个连年亏损的工厂,他到任的第一年——1987年——计划产值是800万元,可是第一季度过去了,只完成了37.4万元。面对如此大的差距,看着800万元这个近乎天文数字的目标,人人摇头,黯然神伤。可徐志龙调查之后却说,800万元的目标低了,可以完成1 000万元,甚至达到1 100万元!没有人相信,甚至有人认为这个厂长心中无数,还在吹牛。然而,这年年底结算,产值达到了1 135万元,创利税109万元。震惊、感叹、狂欢,全厂沸腾了。1988年计划产值1 300万元,不少人虽受上一年的鼓舞,但还是觉得目标太高了,因为这个厂子起点太低了。然而徐厂长宣布:目标能够完成,完成目标后,春节提前一周放假,时间就是金钱,没有钱我奖励时间!最终,1988年完成产值1 609万元,创利税263万元,人们的情绪又一次被推向高潮,沸腾的情绪中又平添了一份敬重和信任。1989年计划产值2 000万元,对于这个更加庞大的数字人们却没有表示怀疑——理解了的人相信,不理解的人也相信,因为是厂长定的,他有神算!结果1989年实现产值2 500万元,利税401万元。1990年产值再攀高峰,达到3 150万元,利税547万元。这一年按照预定计划,实现了全厂的第一次腾飞,12月28日全厂召开职工大会,徐厂长讲了四分半钟的话,竟然22次被掌声打断。他的结束语是:"我们的工人太好了!"全厂起立,掌声雷动,厂长为之动容,工人泪流满面,就连当时在场的新闻记者也为之动情。

一个在石油机械行业经济效益倒数第一的工厂终于跃至榜首。面对这四年四大步，工厂起死回生、天翻地覆，人们在似梦似幻中为新厂长所折服。

他身材并不魁伟，衣着打扮也很普通，但风度潇洒，气质不凡，所到之处光彩照人。他到生产车间，工人情绪高昂；他到工人家庭，工人视为荣耀。他走到哪里，哪里就充满激情。没有场面，没有颂词，却有着发自工人内心的深情。他身上每日每时都辐射出一种凝聚力和感召力，像一个巨大的"场"，置全厂职工于"场"内，去为共同的目标自觉奋斗。

我不想再穷举下去了，仅此，还不足以使人敬重吗？然而我们更关心的是问题的所以然。

二、奥妙之所在

有人说，徐志龙的成功是能力和机遇的综合效应。对此，我没有异议，而且我认为这是千真万确的。但是用能力和机遇去解释一个人的成功未免太粗略了。人们的一切活动包括对机遇的捕捉都是能力的反映：成功了反映出一个人的能力，失败了也反映出一个人的能力。能力所辖的内容太广太大了，因此我只想通过他实践中迸发的几点火花去探索成功的奥秘。

（一）成竹在胸

徐志龙进厂的第一件事不是高谈阔论，也不是横加指责，而是调查研究、分析厂情。他懂得，治厂和作战一样，也需知己知彼，从而成竹在胸。

他首先调查了工厂职工的群体素质，发现职工中具有较强的奉献精神和创业思想，党员和干部具有率先垂范、吃苦在前的传统。一个是"位卑未敢忘忧国"，一个是"位尊不忘公仆心"，他有了信心。

他又考察了工厂的地理环境，发现工厂地理位置偏僻，生活问题是企业的一大负担，职工文化生活相对贫乏。这种情况虽然使企业不得不在生活服务方面自成一统，但从另一方面看，双职工多，生活独立，反而会形成企业的向心力，成为稳定因素。生活管理方面由于受外界干扰小，易于形成自己的企业文化,反而成为管理上的有利因素。

他还在职工中调查研究,从职工内心深处把握另一个世界的脉搏。他发现了影响职工积极性的五大因素:第一,政策失误;第二,社会分配不公;第三,社会上不正之风的影响;第四,思想政治工作薄弱;第五,职工素质不高。而影响机械厂发展的最关键的两个问题,一是良好传统未能得到充分发扬,群体缺乏内聚力;二是职工与领导之间尚未达到充分信任。于是他更加坚定了以人为本的工作方针,决心从感召力、内聚力上开始做工作。

情况明,决心大,他作为厂长的影响力开始展现了。然而这种影响力的展现主要不是靠发布命令,而是靠不断地发出信号,用一种柔性的、潜在的说服力去启发职工的积极性。

(二)人格力量

人格是一个人思想、品德、作风的体现,高尚的人格包括公而忘私、公道正派、襟怀坦荡、实事求是等。领导者高尚的人格就是对职工无声的命令和春风化雨般的教育。徐志龙深谙此理,他决心用领导风范、领导人格去赢得第一步。

面对几百名请调大军,他发出了肺腑之言:"咱们厂是有很多困难,我也怵头。但领导让我来,我想试一试,希望大家给我半年的时间,如果半年后咱厂还是这个奶奶样,我辞职,咱们一块走。"没有唱高调,朴实无华,但却字字千钧、句句在理。不容你犹豫,只有唯一的选择,就是熬也要熬它半年,支持新厂长的工作。

他是1965年北京石油学院矿机专业的毕业生,一直从事技术工作,曾获石油部颁发的新产品成果奖,又是管理干部学院兼职教授。1989年评定高级职称时,论条件他是没问题的,可他让了。对于每年3%的工资提升,他几乎形成了思维定式:此事与个人无关。紧俏物品平价供应,他从不伸手。他向工人宣布:干部若以权谋私,工人就可以消极怠工!这一切,人们耳闻目睹,为之倾倒。

他刚进厂时周围有一种议论:厂长是为出国而来的。不久,果然有了出国指标。作为一厂之长,又是技术上的权威,出国洽谈生意是顺理成章的事。然而徐志龙没有把问题看得如此简单，他深知此时他的行为效果是什么，他要用人格的力量去平息非议。在全厂职工大会上，他宣布："我长这么大，只从银幕上见过外国风光，哪能不想身临其境开开眼界。可是现在咱厂百废待兴，我需要的是倾注全力与大家共渡难关。"又是一番朴实、真诚的话语，毫不虚伪，推心置腹。狂风暴雨般的掌声中，他又一次征服了众人心。

人格，在一位企业家这里，就是这样在显示着神奇的作用。

（三）关心激励

激励的方法有许多种，徐志龙曾采用了11种激励方式，每一种激励方式都被应用得娴熟自如、丰富多彩。这里仅将他运用关心激励的几个精彩片段展示给大家，让人们去想，让人们去议。

当工厂还并不富足的时候，他把最好的建筑设计用在了学校和幼儿园，从而解决了职工最关心的子女教育问题。

当他知道一个30多岁的青年职工因解决不了婚姻问题要调走时，他与吉林省辽源市工会取得联系，并请工会副主席在辽源像开新闻发布会那样介绍大港石油机械厂，介绍小伙子的情和意，一下子解决了10对青年的婚姻问题。为了将女方户口办进大港，他洒尽了汗水。当然，换来的是感激、振奋、知恩图报。一位多次要求不再干采购工作的采购员似乎变成了另一个人，全年三分之二的时间奔波在外地，新婚前一天才赶回家；爱人生孩子，他照样出差。当然家中的一切均由工厂安排得比他在家还周到。为了给工厂节约开支，他身背90斤重的轴承上下车，还强装轻松，硬是背回了大港。

徐志龙还亲自下厨为炊事员做菜、敬酒；他把门卫接到宾馆，待为上宾，向他们深深地鞠躬；他在花好月圆的中秋节离开家人与单身职工"共婵娟"；他在春节期间身背相机为三世同堂职工拍照……他默默地奉献着爱心，把整个工厂协调得像一盘棋，而对自己的家庭却无暇顾及。他曾动情地说："我心里常常感到惭愧，没有尽到一个丈夫、父亲的责任和义务。但是，要完成自己的使命，要办好这个企业，我只有牺牲自己的小家。"有什么办法呢？人的精力是一个常数，这一边用得多了，另一边就必然减少。然而,一个人的高尚之处恰恰从这一多一少中显现出来。

(四)领导艺术

一位高明的领导者并不是靠居高临下、发号施令去体现个人的意志,也不是靠威严外露、咄咄逼人的气势去迫使他人顺从。恰恰相反,他靠知识和修养,靠深沉持重,靠领导艺术赢得人心。

徐志龙刚进厂时,有人说他是奔着出国而来的,他没有怒不可遏,而是心胸坦荡,以诚取胜。当有人说他是文工团出身不懂业务时,他没有急于辩驳,而是巧妙地把自己多年来发表的论文拿去复印。大家这才知道,新来的厂长可不简单,有教授的水平!群众情绪迅速稳定下来。

面对几百人的迟到大军,他在厂门口一一恭候。没有批评,更无指责,而是亲切握手询问生活中的困难。终于,"厂长几天的迎风而立使迟到早退的现象悄悄隐匿了"。为此一位经常迟到的女工写了一篇散文,感慨万千:"小厂那似乎'天经地义'的陋习被推翻了,推得那么轻柔,翻得又是那么巧妙,让人惊而不悸,思而有愧。这个独出心裁的厂长啊,你带来了惊魂破意的新鲜,就像那和风细雨般的问候……"

他尊重科学、精通管理,运用领导艺术的故事俯拾皆是。他的工作就像一首诗,就像一支歌,尽管诗中有艰辛,歌中有感慨,但吟诵时,我们无不从中得到教益和享受。

三、成功的思索

我们已将徐志龙的工作业绩展示给了大家,也将他的部分工作画面推到了众人面前。或许还很不全面,很不深刻,但无论如何,他的成功是大家不会怀疑的了。但是,在工作业绩和画面的后面,我们要知道,到底是什么因素促成了这一幕幕令人激动不已的场面呢?毫无疑问,一个无私奉献、合作共事的领导集体以及由此带出的优质的干部队伍和工人队伍是徐志龙得以顺利施展才华的保证。今天,我想还是从他自身说起。

(一)基层的磨炼

徐志龙 1965 年毕业于北京石油学院机械系矿机专业。20 多年中工作变动了 12 个岗位:有技术岗位,有行政岗位;当过"战士",也当过"将军"；享受过成功的欢乐，也经受过失败的折磨。生活中的磨难，工作中的坎坷，社会环境的艰辛，自然环境的恶劣，他都经历过。困难不仅锻炼了他的身体，同时也磨炼了意志，培养了精神。这一切使他见多识广、胸怀宽阔，使他信念愈坚、意志更强，使他精神富有、人格升华。

总之，丰富的阅历使他由专才变成了通才，使他从"战士"成长为"将军"——横刀立马、驰骋沙场是大将的风度，运筹帷幄、决胜千里是大将的风度，春风化雨、凝聚人心、使企业起死回生同样是大将的风度。

（二）坚定的信念

一个人的政治品质如何，不仅关系着他平时的行为，更能够在关键时刻对一个人进行检验。徐志龙强烈的事业心、舍小家为大家的献身精神、"挽狂澜于既倒"的胆识，说到底是与他坚定的信念分不开的。

坚定的信念具有丰富的内涵，但核心是革命的坚定性和奉献精神。当今世界政治形势风云变幻，未来充满了不确定因素，西方大国导演的"和平演变"这场没有硝烟、不见刀光剑影的战争将在政治、经济、文化等领域继续进行。在这场特殊的战争中，每一个人都将经受考验与检验。徐志龙有坚如磐石的信念，他当上厂长后在厂长任期目标中明确提出了加强思想政治工作的任务。在大会上他向政工干部三鞠躬，以示对他们辛劳的尊重与肯定。政治形势严峻之时，他召开全厂政工会，决定为政工干部设立专项奖，当场拨款 2 万元为政工活动经费，并宣布：经费不够还可追加！这样的举动，这样的气魄，在当时的情况下可谓大智大勇。

徐志龙至今熟记奥斯特洛夫斯基的一段名言："生命属于人只有一次。人的一生应当这样度过：当他回首往事的时候，不因虚度年华而悔恨，也不因碌碌无为而羞愧……"实际上这也是他为什么忘我奋斗的内心表白。他把这美好的情操变成了行动。超负荷的工作、过度的劳累使他患上了心脏病，家庭的重负全甩给了爱人，个人的得失全甩向了九霄。坚定的信念、强烈的事业心鼓舞着他，为了石油事业，义无反顾。

"立志欲坚不欲锐，成功在久不在速。"他这样想，也这样做。

（三）超群的才能

领导者超群的才能是一个诸因素的综合反映，同时也在被领导者中产生综合效应：纯洁的心灵、高尚的人格引来人们的敬爱和信赖，产生强大的说服力；勤奋好学、才华横溢可以稳定人心、鼓舞人心，甚至成为群众的骄傲；思维敏捷、决策果断可以给人们带来信心和力量；善于理解人、关心人会使群众感到亲切、理智、有情，从而产生发自内心的积极性；健康的体魄、高雅的风度则给人以事业兴旺发达的感觉，群众也常常引以为豪。

徐志龙在这些方面具有超群的表现，不仅因为他在这些方面的表现较常人深刻，而且因为他表现得较常人全面，并且一以贯之。

他一直保持着博学广识的才华，保持着关键时刻正确决策的实力，保持着一呼百应的组织力和感召力，保持着专家、学者的风度，保持着气度不凡的仪表。这一切决定了他的才能之树常青，生命之火长明。

（四）不休的探索

徐志龙是石油专业科班出身，在技术领域成为行家里手并不奇怪，让人惊奇的是他没学过政工专业却成了思想政治工作的专家，没学过管理专业却成了管理专家。

"大河不择细流，故能成其深；高山不让土壤，故能成其大。"徐志龙就是以大河不择细流的精神，以高山不让土壤的气概由专才变成通才的。这些年来，他除了深化自己原来的专业，还在行为科学、心理学、逻辑学、教育学、领导科学等领域潜心钻研，学有成效，这些"外围知识"不仅增加了他作为专才的知识深度，而且扩展了他作为通才的知识广度。

由于他在各个领域中广泛涉猎，因而比一般人具有更多的优势。经过不停地探索，成果一个接一个地出现了：他提出了管理中"水平距"与"感情距"的二元四重组合效应问题；提出了优化决策的不同模式；提出并解答了思想政治工作在企业如何有效地发挥作用的问题；实践并总结了人格力量在管理中的应用；将心理学、行为科学中的一系列理论成功地运用于实践。最后，他与大港石油机械厂党委书记钱虹章一起创立了"全方位激励法"，成为他一系列理论研究与工作实践的"集大成"。

我不禁想到，有人忙碌终生，由于缺乏研究、总结，到头来事业无所成就，头脑一片空白，于己没有提高，于人无所受益。而作为管理专家的徐志龙不仅明白实践出真知的道理，明白实践是创造的基础，明白只有实践才有驾驭,只有沉下去才能浮上来的道理,而且更明白理性总结的重要性。从某种意义上讲,只有总结才有发现,只有总结才有提高。实践好比耕耘,总结才是收获。只知耕耘,不知收获的人永远是一个贫穷者;只知实践,不善总结的领导者永远不可能成为帅才。徐志龙从正面为我们提供了一个无可争议的例证。

结束语

　　如同任何事物都有其发生、发展和消亡的条件一样,柔性管理作为人类管理的进步成果,同样有其存在和发展的条件,这些条件可归结为两点:一是科学、健全的刚性管理体系,二是良好的社会风尚和管理者形象。离开了这些,柔性管理就难以发挥应有的作用,甚至会出现相悖的效果。

　　柔性管理和刚性管理在最终的目标上是一致的。柔性管理必须按照与刚性管理共同的目标进行工作,否则就会因为没有目标、没有方向而陷入盲目,或者因为目标不一致而使管理陷入混乱。我们研究并强化柔性管理,决不是要否定刚性管理。恰恰相反,刚性管理是柔性管理不可或缺的先决条件。马克思说过:"凡是直接生产过程具有社会结合过程的形态,而不是表现为独立生产者的孤立劳动的地方,都必然会产生监督劳动和指挥劳动。"[①]这种监督劳动和指挥劳动的过程就是刚性管理的过程,它的必要性取决于以下原因:其一,监督劳动之所以必要,是因为即使在社会主义条件下,劳动也不可能很快成为人们生活的第一需要,旧的劳动分工的痕迹还存在,人们的思想觉悟、劳动自觉性还不可能达到很高的程度,社会上还有好吃懒做、游手好闲之人。其二,指挥劳动之所以必要,是因为生产的社会化需要通过直接的、科学的管理来进行组织和调节。就这一职能而言,社会主义和资本主义的指挥劳动没有什么本质的区别。显而易见,监督劳动和指挥劳动都属于刚性管理的范畴。而且就地位而言,刚性管理在整个管理中是必需的,是第一位的。它为整个管理工程构建了一个骨架,规定了管理的目标、幅度、时间、空间及必要的刚性手段,使组织和个人的一切行为都在这一框架下有序地展开。柔性管理则将人

---

① 马克思恩格斯全集:第 25 卷上册[M].北京:人民出版社,1974:431.

们的潜力发挥到最大限度，实现刚性管理所无法实现的功能，体现血肉对于骨架的作用。

柔性管理的另一个条件是良好的社会风尚和管理者形象，因为柔性管理在方法上主要是通过心灵感应实现的。很难想象，一个社会风尚低下、秩序混乱的环境，一个人格无力、行为不端的管理者会对人心产生正面的激励。因此，柔性管理中的创造环境、形象感召是至关重要的。否则，有效的教育、高昂的激情、互动的心灵、自觉的行动都将成为空谈，一切良好的愿望都将化为泡影，一切辛苦的努力都将付诸东流。

在即将为本书画上句号的时候，之所以又说上这番话，是为了摆正柔性管理与刚性管理的关系，不至于使人们在思维方法上偏执一方，从而简单地肯定一个方面而否定另一个方面，不至于在操作上将两种管理方式对立起来而导致形而上学。现实已经证明并且今后还将继续证明：成功的管理必然是超脱超越、刚柔相济、激情澎湃、充满活力的管理。